DROEMER✴

Barbara Demick

Buddhas vergessene Kinder

Geschichten aus einer tibetischen Stadt

Aus dem amerikanischen Englisch von
Barbara Steckhan und Karola Bartsch

Die Originalausgabe erschien 2020 unter dem Titel
»Eat the Buddha: Life and Death in a Tibetan Town« bei Random House.

Besuchen Sie uns im Internet:
www.droemer.de

Aus Verantwortung für die Umwelt hat sich die Verlagsgruppe
Droemer Knaur zu einer nachhaltigen Buchproduktion verpflichtet.
Der bewusste Umgang mit unseren Ressourcen, der Schutz unseres Klimas
und der Natur gehören zu unseren obersten Unternehmenszielen.
Gemeinsam mit unseren Partnern und Lieferanten setzen wir uns
für eine klimaneutrale Buchproduktion ein, die den Erwerb von Klimazertifikaten
zur Kompensation des CO_2-Ausstoßes einschließt.
Weitere Informationen finden Sie unter: www.klimaneutralerverlag.de

MIX
Papier aus verantwor-
tungsvollen Quellen
FSC
www.fsc.org   FSC® C083411

Deutsche Erstausgabe Februar 2021
Droemer Verlag
© 2020 by Barbara Demick
© 2021 der deutschsprachigen Ausgabe Droemer Verlag
Ein Imprint der Verlagsgruppe Droemer Knaur GmbH & Co. KG, München
Alle Rechte vorbehalten. Das Werk darf – auch teilweise – nur mit
Genehmigung des Verlags wiedergegeben werden.
Redaktion: Thomas Tilcher
Im Gedenken an die verstorbene Übersetzerin Maria Zybak.
Covergestaltung: Isabella Materne
Coverabbildung: gettyimages / jun xu
Satz: Adobe InDesign im Verlag
Druck und Bindung: CPI books GmbH, Leck
ISBN 978-3-426-28186-4

2   4   5   3   1

Im Gedenken an
Lobsang Chokta Trotsik
(1981 – 2015)

Inhalt

Teil IV
Von 2014 bis zur Gegenwart

Anhang

Einleitung

Über Jahrhunderte hinweg wurde Tibet als ein Einsiedlerkönigreich bezeichnet, als ein Land, dessen Wunder von den gewaltigen Bergketten des Himalaja verborgen wurden, das aber zugleich auch abgeschirmt war durch eine theokratische Regierung, die sich auf eine Erbfolge von reinkarnierten Dalai Lamas gründete. In der Literatur des 19. und 20. Jahrhunderts findet man zahlreiche Beispiele, wie Fremde, getarnt als Mönch oder Eremit, heimlich nach Tibet vorzudringen versuchten.

Gegenwärtig wird uns der Zugang nicht durch die Tibeter versperrt, sondern durch die Kommunistische Partei Chinas. Die Volksrepublik China beherrscht Tibet seit 1950 und zeigt sich als unerbitterlicher Torwächter, wenn ausländische Besucher um Einlass bitten. In Lhasa gibt es einen modernen Flughafen mit Filialen von Burger King und Geldautomaten, und aus dem einstmals religiösen Zentrum ist eine auf Vergnügungen ausgerichtete

Das Stadtzentrum von Ngaba, 2014.

Touristenfalle für fast ausschließlich chinesische Reisende geworden. Ausländer brauchen eine spezielle Erlaubnis, um in die Region zu gelangen, die China »Autonomes Gebiet Tibet« nennt. Und diese Genehmigung erhalten Akademiker, Diplomaten, Journalisten und alle anderen, die vielleicht unangenehme Fragen stellen könnten, nur höchst selten. Die östlichen Ausläufer des Tibetischen Hochlands, und damit die Provinzen Sichuan, Qinghai, Gansu und Yunnan, stehen theoretisch hingegen allen Reisenden mit einem gültigen Visum für die Volksrepublik China offen, doch Ausländer erleben es immer wieder, dass sie an Kontrollpunkten abgewiesen werden und ihnen die Buchung eines Hotelzimmers verweigert wird.

Als Korrespondentin der *Los Angeles Times* kam ich 2007, also ein Jahr vor den Olympischen Sommerspielen, nach Peking. Während ihrer letztlich erfolgreichen Bewerbung um die Austragung der Spiele machte die chinesische Regierung eine Fülle von Versprechungen, die Menschenrechtslage zu verbessern und China für Journalisten zu öffnen. Vor Ort sah es allerdings so aus, dass Reportern große Landesteile versperrt blieben. Mit am schwierigsten zu erreichen war Ngaba.

Um Ngaba ranken sich viele Mythen. Wenn es überhaupt auf englischsprachigen Landkarten verzeichnet ist, dann mit dem chinesischen Namen »Aba« (was ausgesprochen wird wie die schwedische Popgruppe). Die tibetische Bezeichnung dieser Stadt stellt Nichttibeter meist vor Probleme, da sie für sie wie Nabba oder auch Nah-wa klingen kann, je nach verwendetem tibetischem Dialekt.

Seit den 1930er-Jahren ist Ngaba der Kommunistischen Partei ein Dorn im Auge. Etwa alle zehn Jahre entwickeln sich in der Stadt regierungsfeindliche Unruhen, die unweigerlich eine Spur von Tod und Zerstörung nach sich ziehen. Da sich die Tibeter den Lehren von Tenzin Gyatso, dem 14. Dalai Lama, verpflichtet fühlen, der für sein Eintreten für Gewaltlosigkeit mit dem Friedensnobelpreis ausgezeichnet wurde, sind in jüngerer Zeit die meisten der Todesopfer auf tibetischer Seite zu beklagen. Während der Proteste des Jahres 2008 eröffneten chinesische Soldaten in Ngaba das Feuer auf Demonstranten. Mehrere Dutzend Menschen kamen ums Leben. 2009 übergoss sich in der Hauptstraße ein buddhistischer Mönch mit Benzin, und nachdem er lautstark die Rückkehr des Dalai Lama aus seinem indischen Exil gefordert hatte, setzte er sich in Flammen. Dies zog eine ganze Woge von Selbstverbrennungen nach sich. Bis zum heutigen Zeitpunkt haben 156 Tibeter diese Form des politischen Protests gewählt, nahezu ein Drittel davon in Ngaba und Umgebung. Der jüngste Fall ereignete sich im November 2019. Diese Todesfälle bringen Peking in große Bedrängnis, denn sie widerlegen die Behauptung, dass die Tibeter unter chinesischer Herrschaft glücklich und zufrieden sind.

Nach den ersten Selbstverbrennungen verstärkten die Behörden ihre Bemühungen, Journalisten an der Reise nach Ngaba zu hindern. Auf den Ausfallstraßen der Stadt wurden neue Kontrollpunkte errichtet, mit Panzersperren und Barrikaden, bemannt von Mitgliedern paramilitärischer Truppen, die in jedes Auto spähen, um sicherzustellen, dass sich keine Ausländer einschleichen. Einige wagemutige Journalisten kauerten sich auf dem Rücksitz zusammen und hielten die Kamera in die Höhe, um durch das Fenster Aufnahmen zu schießen. Mit unterschiedlichem Erfolg.

Journalisten lassen sich nicht gern etwas vorschreiben. Und wenn man uns von einem bestimmten Ort fernhalten will, werden wir wohl alles daransetzen, um dorthin zu gelangen. In meinem letzten Buch beschäftigte ich mich mit Nordkorea, was mich als Thema auch deshalb so gereizt hatte, weil das Land nur ganz selten westliche Besucher empfängt. Nachdem ich beschlossen hatte, das Leben in einer tibetischen Stadt aufzuzeichnen, fasste ich Ngaba ins Auge. Ich wollte wissen, weshalb die chinesische Regierung diesen Ort so beharrlich vor Reisenden abschirmt. Und warum waren so viele seiner Bewohner bereit, ihre Körper auf eine der schrecklichsten Weisen zu zerstören, die man sich nur vorstellen kann?

Darüber hinaus aber interessierte mich an Tibet das Gleiche wie andere Menschen aus dem westlichen Kulturkreis auch. Ich bin zwar keine Buddhistin, die in fernöstlichen Religionen Trost sucht (und in westlichen letztlich auch nicht), doch in unserer zunehmend gleichförmigen Welt erschien mir Tibet als ein Land, das dank seiner Spiritualität mit einer überaus reichen Kultur, Philosophie und Literatur hervorsticht – ein Umstand, den ich schätzte. Da ich mich intensiv mit chinesischer Geschichte befasst hatte, kannte ich die wichtigsten Fakten der chinesischen Invasion und der Flucht des Dalai Lama. Doch über die realen Tibeter wusste ich wenig – von den Klischees hohlwangiger spiritueller Männer in Höhlen und fröhlicher Nomaden, die Gebetsperlen durch die Finger gleiten lassen, einmal abgesehen. Wie ist es, im 21. Jahrhundert als Tibeter an der Grenze zum modernen China zu leben?

Die neuen Technologien haben die Welt vieler ihrer Rätsel beraubt. Google Earth macht es mithilfe einiger weniger Klicks möglich, in die unzugänglichsten Winkel der Welt vorzudringen. Doch Satellitenbilder können nicht erklären, was dort geschieht. Ich musste Ngaba mit eigenen Augen sehen.

Hier noch ein paar Worte zur Geografie: Nur eine Hälfte des Tibetischen Hochlands gehört aus Gründen, die ich später im Text erläutern werde, zu der von der chinesischen Regierung als Autonomes Gebiet Tibet bezeichneten Region. Die Mehrheit der Tibeter lebt jedoch in Teilen der Provinzen Sichuan, Qinghai, Gansu und Yunnan, die zwar nicht zum »offiziellen Tibet« gehören, aber trotzdem tibetisch sind. Zudem haben sich diese östlichen Ausläufer der Hochebene in den letzten Jahrzehnten zum Kernland Tibets entwickelt und einen überproportional hohen Anteil an berühmten tibetischen Musikern, Filmregisseuren, Autoren, Aktivisten und Lamas – darunter den gegenwärtigen Dalai Lama – hervorgebracht.

Ngaba liegt in der Provinz Sichuan, in etwa an der Schnittstelle zwischen dem Tibetischen Hochland und China, wodurch es gewissermaßen zu einer Grenzstadt wird. Der Weg dorthin führt gewöhnlich durch Chengdu, der Hauptstadt der Provinz Sichuan, die eine weitere von Chinas Megacitys ist.

Lässt man die geschniegelten Einkaufszentren mit ihren Gucci- und Louis-Vuitton-Filialen und die Betonhochhäuser mit ihren Wohnwaben hinter sich, fährt man zunächst ein Stück auf der Ringstraße und biegt dann ab Richtung Norden, in die Berge. In Luftlinie liegt Ngaba lediglich 330 Kilometer entfernt, doch die Fahrt durch den gemäßigten Regenwald des Qionglai-Gebirges, dem natürlichen Lebensraum von Chinas geliebten Pandas, dauert einen ganzen Tag. Enge Serpentinen, die nass sind von den beständig von den Felsen tropfenden Rinnsalen, führen unentwegt bergauf. Hat man die Hochebene erreicht, treten die Bäume zurück, und die Landschaft öffnet sich. Dies ereignet sich so unvermittelt, dass man das Gefühl hat, ein Tor zu durchschreiten und in eine neue Dimension einzutreten.

In alle vier Himmelsrichtungen erstreckt sich ein knotiger grüner Teppich und markiert die Konturen der Hügel und Hänge. Auf den Hochglanzfotos der Tibet-Bildbände ist der Himmel stets strahlend blau, aber während meiner Besuche, die meist in den Frühling fielen, waren die Wolken dick wie Wattebäusche und hingen so tief, dass sie die Berggipfel umhüllten. Die Dörfer an der Straße sind Ansammlungen flacher Lehmhäuser, und zottelige Yaks und Schafe ignorieren die wenigen vorbeirollenden Autos. Ausgesuchte Stellen sind für Opfer an die Gottheiten vorgesehen, die, wie die Tibeter glauben, alle Anhöhen und Bergpässe ihres Landes bewohnen. Auf den Kämmen flattern zu blassen Pastellfarben ausgeblichene Gebetsfahnen.

Ngaba liegt rund 3300 Meter über dem Meeresspiegel, was einem wegen der flachen Landschaft nicht unbedingt ins Auge fällt. Das Zentrum besteht lediglich aus einer schmalen, städtisch angehauchten Schneise durch das endlose Grasland. Die Nationalstraße 302 führt geradewegs durch den Ort, und wenn man sie entlangfährt, hat man ihn innerhalb von einer Viertelstunde von einem Ende zum anderen durchquert. 2013 wurde die erste Verkehrsampel aufgestellt. In dieser ländlichen Gegend ist es nichts Ungewöhnliches, Pferde und Reiter zu sehen, obwohl man heutzutage meist per Motorrad reist oder die Motorradrikscha nimmt. Ein Großteil der Älteren und auch einige jüngere Leute tragen die *Chuba,* das an der Taille mit einer Schärpe gebundene tibetische Gewand, viele aber wählen den Kompromiss zwischen Tradition und Konfektionsware und ergänzen sie mit einem Cowboyhut und flauschigen Schaffell- oder Daunenjacken. Die Frauen tragen oft lange Röcke.

Wie Buchstützen stehen an Ngabas beiden Ortsausgängen zwei buddhistische Klöster mit ihren im Sonnenlicht funkelnden goldbeschlagenen Dächern. Ihre Wände sind in leuchtendem Karmesinrot und Dottergelb gestrichen, den allein Klöstern vorbehaltenen Farben, durch die sich diese Gebäude deutlich von der eintönigen Landschaft abheben. Das Kloster Se steht am ersten Kontrollpunkt der Stadt, wenn man von Osten kommt, und im Westen befindet sich das Kloster Kirti, das größere der beiden, das oft mit den Selbstverbrennungen in Zusammenhang gebracht wird.

In der Straße dazwischen zieht sich eine Reihe niedriger Gebäude mit gefliesten Außenwänden dahin, die aussehen, als hätte man Badezimmer auf links gedreht. Meist befindet sich im Erdgeschoss ein Laden, und durch die offen stehenden Metalltüren kann man die unansehnliche Sammlung seines Sortiments gut erkennen: Autoteile, Eimer, Schrubber, Plastikschemel, billige Turnschuhe, landwirtschaftliche Geräte.

Die Fortschrittshörigkeit Chinas hat Ngaba den gleichen Stempel aufgedrückt wie unzähligen anderen Städten des Landes auch. Die Schilder werben für die staatseigene Volksbank, den staatseigenen Benzinkonzern und das staatseigene Telekommunikationsunternehmen. Ngaba ist eine Kreisstadt (und hat rund

15 000 Einwohner, während der Landkreis ungefähr 73 000 zählt) mit dem üblichen Komplex fader Verwaltungsgebäude, einem Krankenhaus, einer großen Mittelschule, den Stützpunkten der Polizei und der Sicherheitskräfte – alle auffällig mit roten Fahnen geschmückt. Nichts unterscheidet Ngaba von sonstigen Kreisstädten, außer der höheren Zahl von Streifenwagen und Militärfahrzeugen. Vor dem einzigen Warenhaus der Stadt steht oft ein gepanzerter Mannschaftswagen. Überwachungskameras zeichnen die Nummernschilder der Autos auf, die in die Stadt hineinfahren und die sie wieder verlassen. Immer wieder rollen mit grünen Planen bespannte Lkws des Militärs die Hauptstraße entlang, auf dem Weg von oder zu ihrem Stützpunkt jenseits des Klosters Kirti. Bei einer Zählung stellte man fest, dass in Ngaba ungefähr 50 000 Sicherheitskräfte stationiert sind, etwa das Fünffache dessen, was für einen Ort dieser Größe normal ist.

Aufgrund der schwer zugänglichen Lage haben die üblichen chinesischen Ladenketten und Schnellrestaurants noch nicht in die Stadt gefunden; allerdings gibt es zahllose kleine chinesische Garküchen mit Feuertopf und Teigtaschen im Angebot. Als sich vor einigen Jahren die Beschwerden häuften, der chinesische Einfluss würde in Ngaba zu deutlich zutage treten, verfügte die Lokalverwaltung, die Mauern der Gebäude an der Hauptstraße mit tibetischen Motiven zu bemalen. Nun verbreiten Wandbilder von Lotusblumen und Muschelhörnern, Goldfischen und Ehrenschirmen eine gewollte Fröhlichkeit. Hinzu kommen die roten, mit buddhistischen Symbolen verzierten Metallfensterläden. Chinesischen Ladeninhabern wurde empfohlen, ihre Werbung auch in tibetischen Schriftzeichen auf ihren Schildern anzubringen, was dann oft eine falsche Schreibweise zur Folge hatte, wie mir Tibeter sagten.

In Anbetracht der eigenwilligen Beispiele, die ich für die englische Sprache fand, konnte ich mir das gut vorstellen. Übersetzt stand dort etwa:

Ngabas Nächstenliebe und Reparaturwerkstatt
Glänzende Dekoration

Während meines siebenjährigen Aufenthalts in China entwickelte ich eine gewisse Kunstfertigkeit in meinem Projekt, die Tibetische Hochebene zu bereisen, ohne aufzufallen. Zwar griff ich nicht zu einer albernen Verkleidung wie die Entdecker des 19. Jahrhunderts, doch ich kaufte mir einen Hut mit schlaffer Krempe im Tupfenmuster und trug eine der in China zum Schutz vor Luftverschmutzung verbreiteten Gesichtsmasken. Das ergänzte ich mit einem weiten Staubmantel und Schnürschuhen. Und da es häufig regnete, konnte ich mich zusätzlich hinter meinem Regenschirm verstecken.

Insgesamt gelangen mir drei Besuche von unterschiedlicher Dauer ins Zentrum von Ngaba. Ich sprach aber auch mit aus Ngaba stammenden Menschen in anderen, weniger beaufsichtigten Regionen des Hochlands. Viele einstige Bewohner der Stadt, die inzwischen in den tibetischen Exilgemeinden in Nepal und Indien leben, teilten großzügig mit mir ihre Zeit und ihre Erinnerungen. Sogar in Kathmandu stieß ich auf eine Organisation von Bürgern aus Ngaba.

Bis zur Gründung der Kommunistischen Partei Chinas wurde Ngaba über Jahrhunderte hinweg von einem lokalen Geschlecht von Königinnen und Königen regiert, und ihre Nachfahren gaben mir Einblick in ihre ungeheuer reichen Kenntnisse aus der Vergangenheit der Region und ihrer Dynastie. Eine chinesische Wissenschaftlerin stellte mir freundlicherweise Übersetzungen offizieller Dokumente der chinesischen Regierung und von Erinnerungen an Ngaba zur Verfügung. Außerdem habe ich Verwandte, Freunde und Nachbarn der im Buch vorgestellten Personen interviewt, nicht nur, um deren Schilderungen zu untermauern, sondern um auch der Kritik von chinesischer Seite zuvorzukommen, meine Darstellung der Schicksale auf diesen Seiten sei übertrieben.

Alle Menschen, Ereignisse, Dialoge und Abläufe entsprechen der Realität. Es sind keine erfundenen Personen hinzugefügt worden. Allerdings wurden gelegentlich die Namen geändert, um jene, die sich hier ehrlich äußern, vor negativen Konsequenzen zu schützen.

N

Japanisches
Meer

NORDKOREA

SÜDKOREA

Beijing (Peking)
★

Huang He
(Gelber Fluss)

Gelbes
Meer

Xi'an

Nanjing

Shanghai

Jangtsekiang

Ostchinesisches
Meer

Chongqing

JAPAN

TAIWAN

Guangzhou

Pazifischer Ozean

VIETNAM

Südchinesisches
Meer

PHILIPPINEN

© 2020 Jeffrey L. Ward

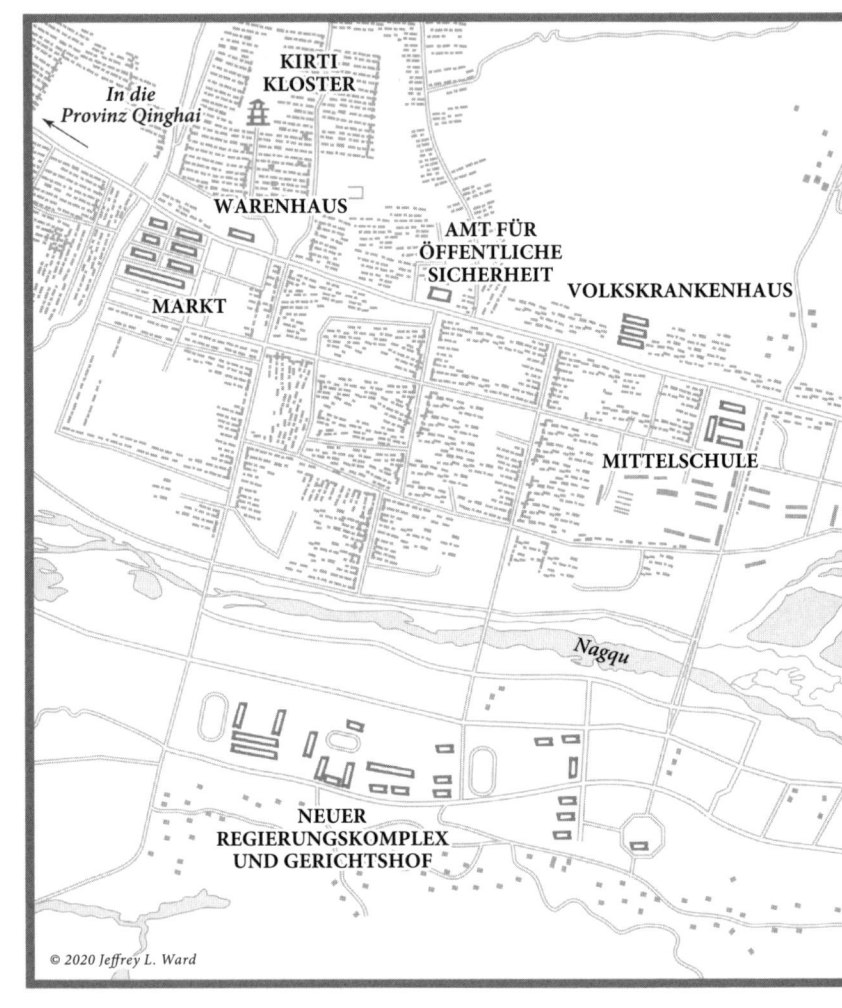

KIRTI
KLOSTER

*In die
Provinz Qinghai*

WARENHAUS

AMT FÜR
ÖFFENTLICHE
SICHERHEIT

VOLKSKRANKENHAUS

MARKT

MITTELSCHULE

Nagqu

NEUER
REGIERUNGSKOMPLEX
UND GERICHTSHOF

© 2020 Jeffrey L. Ward

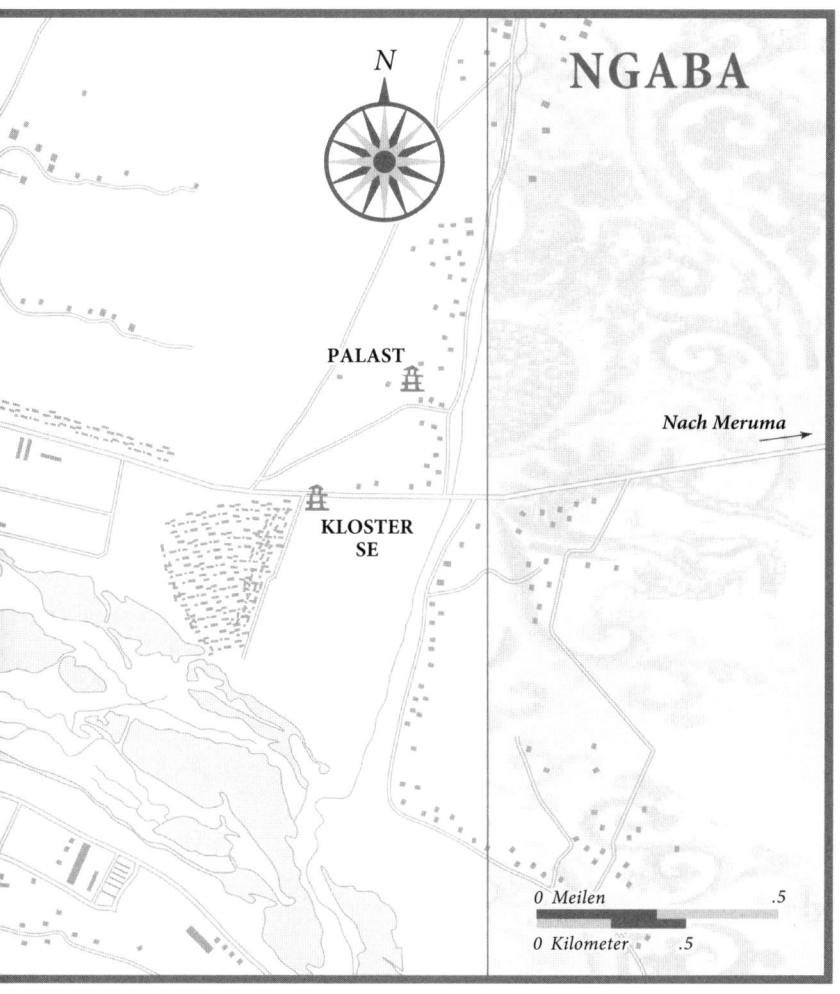

NGABA

N

PALAST

Nach Meruma

KLOSTER
SE

0 Meilen .5
0 Kilometer .5

Teil I
1958 – 1976

Die letzte Prinzessin

1958

Noch ehe Gonpo etwas sah, roch sie den Rauch. Mit ihren sieben Jahren kannte sie sich in der Tagespolitik nicht sonderlich aus, doch sie wurde stutzig, weil sie schon seit Wochen das Gefühl hatte, dass sich etwas zusammenbraute. Mit ihrer Mutter, Schwester und Tante sowie einem ganzen Konvoi von Bediensteten befand sie sich auf der Heimreise von den Bestattungsritualen für ihren Onkel. Als sie zu seinem Dorf aufbrachen, war es noch Sommer gewesen, aber nach den 49 Tagen – bei Buddhisten die traditionelle Trauerzeit zwischen Tod und Wiedergeburt – hatte der Herbst eingesetzt. In den kühlen Abendstunden hörte man bereits das Wispern des Schnees, der sich bald von den Berggipfeln herabsenken würde. Gonpo, die ein dickes, pelzgefüttertes Gewand aus Schaffell trug, bebte vor Kälte, weil ihr der Wind von unten in die Kleidung fuhr. Sie alle ritten ihr eigenes Pferd; wie die meisten Tibeter hatte auch Gonpo schon in früher

Die Königsfamilie von Ngaba, 1957. Gonpo steht vorn in der Mitte, direkt vor ihrem Vater, dem König.

Kindheit gut reiten gelernt. Sie folgten dem Verlauf einer erst kürzlich von chinesischen Militäringenieuren angelegten, aber noch ungepflasterten Straße, westwärts der untergehenden Sonne entgegen. An einem Wasserlauf, der in nördlicher Richtung zu Gonpos Zuhause führte, zweigte ihre Route ab, und als sie ein hohes Dickicht hinter sich gelassen hatten, konnte Gonpo auch sehen, wo der Rauch herkam. Hoch zu Ross hatte sie einen guten Blick auf ein halbes Dutzend Lagerfeuer und ebenso viele Zelte. Als sie näher kamen, erkannte sie, dass es sich nicht um die bei Tibetern üblichen Zelte aus schwarzem Yakhaar handelte, sondern um die kleinen weißen der Volksbefreiungsarmee.

Zu jener Zeit, 1958, neun Jahre nachdem Mao Tse-tung die Volksrepublik China ausgerufen hatte, war es keine Seltenheit, am Straßenrand auf ein Lager der Roten Armee zu stoßen. Dieses aber stand auf dem Anwesen ihrer Familie, und das verwunderte schon. Auf dem letzten Abschnitt des Zweitagesritts hatte Gonpo mit dem Schlaf zu kämpfen gehabt, doch nun war sie, neugierig und auch ein bisschen ängstlich, mit einem Schlag hellwach. Als eine der Ersten glitt sie vom Pferd, ohne auf die Hilfe der Bediensteten zu warten.

Während sie zum Eingang lief, fragte sie sich, warum niemand herauskam, um die Heimkehrenden zu begrüßen. Sie klopfte laut an das hölzerne Tor aus groben, von doppelter Mannshöhe großen Planken mit seinem massiven Sturz. Da niemand antwortete, rief sie aus voller Kehle:

»He! Wo seid ihr alle?«

Ihre Mutter war ihr gefolgt. Auch sie rief.

Schließlich kam Gonpos Kinderfrau herbei und entriegelte das Tor. Anstelle einer herzlichen Begrüßung beugte sie sich über das Mädchen hinweg, als wäre es nicht da, und flüsterte Gonpos Mutter etwas ins Ohr. Gonpo konnte zwar nichts verstehen, doch die Reaktion der Mutter ließ nichts Gutes vermuten. In letzter Zeit hatte sie ihre Mutter oft weinen sehen; der kürzlich verstorbene Onkel war ihr Lieblingsbruder gewesen, sie musste wohl immer noch traurig sein. Jedenfalls wollte Gonpo das glauben, obwohl alle Zeichen auf etwas anderes hindeuteten: der Rauch, die Zelte, das steinerne Gesicht ihrer Kinderfrau. Instinktiv wurde ihr klar, dass dies der Anfang vom Ende der Welt war, wie sie sie kannte.

Gonpo war Prinzessin von Geburt. Ihr Vater Palgon Rapten Tinley,* was in etwa »der ehrwürdige unerschütterliche Erleuchtete« bedeutet, war der 14. Regent einer Ahnenreihe im Königreich der Mei. Dessen Hauptstadt war das in der heutigen chinesischen Provinz Sichuan gelegene Ngaba. Zur Zeit von Gonpos Geburt im Jahr 1950 war Ngaba ein unauffälliger Marktflecken, in den Händler kamen, um Salz und Tee feilzubieten, und Viehhirten, um Butter, Häute und Wolle zu verkaufen. Die gesamte Region war wie ein Flickenteppich aufgeteilt in eine Vielzahl kleiner Lehenswesen, geführt von Fürsten und Königen, Prinzen, Khans und Warlords. Von den Chinesen wurden heimische Regenten wie Gonpos Vater als *Tusi* bezeichnet, was meist mit »Grundbesitzer« übersetzt wird, die Tibeter aber nannten ihn *Gyalpo* oder »König«. Englischsprachige Chronisten erwähnen ihn zu Beginn des 20. Jahrhunderts ebenfalls als Mitglied eines Königshauses. Dies war wohl auch der gesellschaftliche Rang, in dem Gonpo ihre Familie sah.

Als Kind trug Gonpo bodenlange, *Chuba* genannte Gewänder, die an der Taille gerafft waren. Da sich fast alle Tibeter so kleideten, ließ sich ihre gesellschaftliche Stellung nur anhand der Qualität erkennen. Gonpos Kleider waren mit Otterfell gefüttert, und ihren Hals schmückten Perlenketten mit Steinen groß wie Weintrauben – Koralle, Bernstein, und, am wichtigsten von allen, der gestreifte *Dzi,* ein tibetischer Achat, der sie vor dem bösen Blick schützen sollte. Ansonsten war Gonpo keine sonderlich mäd-

---

* Viele Tibeter haben keinen Familiennamen im westlichen Sinn, tragen aber oft mehr als einen Vornamen.

chenhafte Prinzessin. Sie war eher pfiffig als hübsch; mit ihren Lücken zwischen den Zähnen und der aufwärtsstrebenden Nase sah sie aus wie ein kleiner frecher Junge. Wie viele Mädchen in Ngaba hatte auch sie die Haare kurz geschoren – ein Zeichen, dass sie noch nicht im heiratsfähigen Alter war. Ihre Mutter und die anderen erwachsenen Frauen der Königsfamilie trugen von Quasten und Korallenschnüren gehaltene Zöpfe, die so kunstvoll waren, dass die Bediensteten manchmal zwei Tage zum Flechten brauchten.

Die Familie bewohnte ein imposantes Herrenhaus an der Grenze zum Stadtzentrum am östlichen Rand Ngabas. Es war eigentlich ein Palast, glich aber mit seinen massiven und soliden Wänden mehr einer Festung. Wie in Tibet üblich war es aus Stampflehm gebaut und in seiner graubraunen Farbe kaum von der Landschaft zu unterscheiden, wenn in der Trockenzeit auf der Hochebene kein Gras mehr wuchs. In Bodenhöhe waren die Wände bis zu drei Meter dick und verjüngten sich im Innern zum Dach hin, damit sie im Fall eines Erdbebens besser standhielten. Die langen schmalen Fenster hatten ebenfalls Trapezform und waren von hölzernem Gitterwerk eingefasst. Die Wände zierte kein Schmuck, abgesehen von zwei herausstehenden offenen Vorbauten auf der West- und auf der Ostseite des Hauses. Sie sahen zwar elegant aus, beherbergten aber die Toiletten. Was der Mensch ausschied, fiel nach unten auf den Boden, wo es, mit Asche vermischt, auf den Feldern als Dünger ausgebracht wurde.

Was dem Haus an Modernität fehlte, glich es durch seine Größe aus. Es maß 7500 Quadratmeter und hatte mehr als 850 Räume: von Verliesen, Ställen und Lagern im Erdgeschoss bis hin zu immer feineren und für repräsentative Zwecke vorgesehenen Räumen weiter oben. Es gab Schlafzimmer für die Kinder und ihre Mutter; ferner für das Gefolge des Königs wie Sekretäre und Beamte. In den höheren Geschossen waren die Räume mit Holz vertäfelt, um die Außenwände aus Lehm zu verbergen.

Das oberste Stockwerk war den spirituellen Ritualen vorbehalten und entsprechend gestaltet. Fresken und die *Thangka* genannten, in satten Farben gehaltenen tibetischen Wandbehänge erweckten die Räume zum Leben. Da buddhistische Erleuchtungswesen immer wieder reinkarnieren, findet man sie in jeglicher Form, männlich oder weiblich, schlicht oder reich geschmückt. Es gab den Buddha der Vergangenheit und der Zukunft, dazu zahlreiche Bodhisattvas, erleuchtete Wesen, die auf den Eintritt ins Nirwana verzichten, um zum Nutzen anderer wiedergeboren zu werden. Am wertvollsten war die im Zentrum des Gebetsraums stehende Statue von Avalokiteshvara, auf Tibetisch *Chenrezig,* der Bodhisattva des Mitgefühls und Schutzpatron der Tibeter, die dem König vom 14. Dalai Lama geschenkt worden war.

Der König, ein begeisterter Bibliophiler, besaß eine riesige Sammlung von Büchern und Schriften. Einige waren mit Gold oder Silber gedruckt. Im Stockwerk unter der Bibliothek befand sich die Eingangshalle, groß genug, um Tausende Mönche aufzunehmen. An buddhistischen Feiertagen war der Palast vom Klang der Gebete, Zimbeln und Schneckenhörner erfüllt – und von dem unübersetzbaren Mantra der Tibeter, mit dem sie ihren Schutzpatron, den Bodhisattva des Mitgefühls, anrufen:

Om mani padme hum

Auch das Alltagsleben im Palast war an den rituellen Praktiken des Buddhismus ausgerichtet. Der König begann den Tag mit mehrfachen Niederwerfungen vor einem Schrein. Aufrecht stehend faltete er die Hände über dem Kopf zum Gebet und ließ sich dann in einer einzigen Bewegung nach unten gleiten, bis sein Körper lang ausgestreckt auf dem Boden lag, um sogleich wieder aufzustehen. Mit diesem Ritual bewahrte er sich eine schlanke Figur und einen klaren Geist.

Bei all dem ließ sich nicht sagen, was auf Kultur und Gepflogenheiten beruhte und was auf Religion. Wenn Gonpo bei einer Lüge ertappt wurde, trug man ihr wiederholte Umschreitungen eines nahe gelegenen Klosters auf, wo sie unzählige Gebetsmühlen drehen musste – große, aus Metall, Holz und Leder gefertigte

Walzen in vertikaler Anordnung, die mit dem Text von Gebeten beschriftet waren. Sobald man sie an ihren Spindeln in Schwung setzte, war es, als würde man das Gebet laut aufsagen. Ein Kind musste dafür viel Kraft aufwenden, und die Strafe zwang Gonpo, sich mit ihrem Fehler auseinanderzusetzen.

Die Kinder – Gonpo und ihre sechs Jahre ältere Schwester – bewohnten mit ihrer Mutter einen separaten Flügel des Hauses. Nach dem Aufwachen brachte die Mutter die Mädchen zu den Gemächern des Vaters, damit sie ihm einen guten Morgen wünschten. Am Abend wiederholten sie den Besuch und sagten ihm Gute Nacht. Die Mahlzeiten nahm die Familie meist gemeinsam ein, wobei der Vater streng auf gute Manieren achtete. Vor dem Essen wurde gebetet. Die Kinder warteten, bis die Erwachsenen fertig waren. Der Vater ließ kein einziges Reiskorn auf seinem Teller übrig, denn er wollte seinen Töchtern vor Augen führen, dass die Bauern schwer arbeiten mussten, um für ihr Essen zu sorgen. Auf sein Beharren hin bekamen die Bediensteten die gleichen Portionen wie er, obwohl sie sie oft erst essen konnten, wenn sie schon kalt waren. Penibel, wie er war, achtete er darauf, dass seine Töchter trotz ihrer königlichen Geburt nicht verwöhnt wurden. Ungeachtet der vielen Dienstboten im Haus machte er sein Bett selbst.

Mit der festen Überzeugung, dass Mädchen die gleiche Bildung erhalten sollten wie Jungen, war er seiner Zeit voraus. Und da er keinen Sohn hatte, nahm er an, dass eine seiner Töchter ihm einmal als Regentin folgen würde. Gonpo hatte einen Lehrer, der jeden Morgen ins Haus kam und ihr das tibetische Alphabet beibrachte. Wie traditionell üblich, wurde Asche auf eine Schiefertafel gestreut, und Gonpo bekam einen Federkiel, um die Buchstaben zu ziehen. Die an nordindische Schriften angelehnte tibetische Schrift ist ausgesprochen schwierig und voller Konsonanten, die unter- oder übereinander gezeichnet werden. Gonpo verbrachte Stunden vor den verschlungenen Buchstaben, bis ihre Augen glasig wurden.

Sie war ein rastloses Mädchen, das sich mit den Einschränkungen des Palastlebens nicht abfinden konnte. Als sie klein war, band ihr die Kinderfrau eine Glocke um den Bauch, damit sie gewarnt war, wenn sie ausreißen wollte. Es dauerte lange, bis Gonpo die Abgeschiedenheit in dieser flüchtigen Phase ihrer frühen Kindheit zu würdigen wusste. Gleichaltrige Spielgefährten hatte sie nicht. Ihre ältere Schwester, eine eifrige Schülerin, die viel Zeit im Haus verbrachte, hatte kein Interesse, sich mit Gonpo zusammenzutun, wenn sie auf Streiche aus war. Am glücklichsten war Gonpo, wenn Mönche zu Besuch kamen, denn manche von ihnen waren genauso jung wie sie. Einer, den sie besonders gern mochte, galt als *Tulku*, als Wiedergeburt eines Lamas. Die Erwachsenen behandelten ihn mit großem Respekt, Gonpo aber zupfte ihn am Ärmel und forderte ihn auf, mit ihr in der Eingangshalle Fußball zu spielen. Außerdem stahl sich Gonpo oft aus dem Palast, um sich den Kindern in der Nachbarschaft anzuschließen. Einer der Jungen erinnerte sich später, dass Gonpo darauf bestand, ihnen bei der Hausarbeit zu helfen. Und weil es ihr unangenehm war, mehr zu besitzen als andere Kinder, versuchte sie, Kleidungsstücke zu verschenken. Einmal begleitete sie eine Gruppe aus der Nachbarschaft, die in die Palastgärten eindrang, um Bohnen zu stehlen. Dass die Bohnen ihr ohnehin schon gehörten, war ihr dabei nicht klar.

Als Gonpo älter wurde, stellte ihr Vater besorgt fest, dass es ihr am einer Prinzessin gemäßen Benehmen fehlte. So versuchte er, den Umgang mit Nachbarskindern, dem Nachwuchs seiner Untertanen, zu unterbinden. Sie musste sich damit begnügen, aus dem Fenster auf den Innenhof und über die Umgrenzungsmauern hinaus auf die Hügel zu blicken, deren endlose Wellen sich erst in den verschneiten Bergen im Norden verloren. So weit sie sehen konnte, war es das Reich ihres Vaters.

Das Gebiet der Mei erstreckte sich mindestens bis zu dem 135 Kilometer nordöstlich gelegenen Landkreis Dzorge (chinesisch: Zoige). Seine genaue Ausdehnung lässt sich nicht bestimmen, weil sich in dieser Gesellschaft Macht nicht nach Land, sondern nach Menschen bemaß. Grenzen zählten weniger als Treue, und es gab kaum stärkere Bande als die der weitläufigen Familie. Zeitzeugen berichten, dass der Mei-Regent mehr als zwölf Stämme und 1900 Hausgemeinschaften unter sich hatte, während in offiziellen chinesischen Dokumenten von 50 000 Menschen unter seiner direkten Herrschaft die Rede ist. Da sich der Wohlstand einer Familie über die Anzahl der Tiere definierte, die sie besaß, war sorgfältig Buch geführt worden: Das Königreich verfügte über 450 Pferde und eine Herde von 800 Stück Vieh, darunter Yaks, die gelegentlich mit Rindern gekreuzt wurden.

Zwar lag der Palast inmitten von Weiden, aber die Tiere befanden sich meist in einem gut 20 Kilometer entfernten Dorf namens Meruma, das für die Herden des Königs gegründet worden war. Dort besaß Gonpos Vater auch einen Sommerpalast. Zudem gab es einen kleineren Palast einige Kilometer weiter westlich auf dem Grundstück des von seinen Vorfahren gegründeten Klosters Kirti, in dem man auf Pilgerfahrten und an buddhistischen Feiertagen wohnte.

So wie Gonpo es sah, war ihr Vater der uneingeschränkte Herrscher über sein Land. Er bestimmte die Öffnungszeiten des Marktes sowie das dortige Warenangebot und entschied, welche Tiere zur Jagd freigegeben wurden. Als frommer Buddhist untersagte er die Jagd auf Vögel, Fische, Murmeltiere und sonstige kleinere Tiere. Da man Geschöpfe grundsätzlich für wiedergeborene Seelen hielt, tötete man besser große Tiere wie Yaks oder Schafe, denn damit bekam man viele Münder auf einmal satt. Der Handel mit Opium blieb in seinem Reich strengstens untersagt.

Nach dem Frühstück empfing der König einen stetigen Strom von Besuchern, die ihm ihre Kümmernisse und Konflikte vortrugen. Wenn jemand mit seinem Nachbarn über ein Stück Land im Streit lag oder ein Geschäft eröffnen wollte, ging er zum König und bat ihn um sein Urteil. Es kamen oft so viele, dass sie auf der Wiese vor dem Palast ihr Lager aufschlugen, um auf ihre Audienz zu warten. Und nicht nur Tibeter suchten seinen weisen Rat. Die Region beheimatete ein Dutzend verschiedener Ethnien, darunter Mongolen, die sich ab dem 13. Jahrhundert im Hochland angesiedelt hatten, und Qiang, die vom Aussehen her Tibetern gleichen, aber eine eigene Sprache und Kultur besitzen. Die Hui, chinesische Muslime, zählen ethnisch zu den Chinesen, doch die Männer erkennt man an ihren dünnen Bärten und den weißen Kappen und die Frauen an den Kopftüchern.

Außerdem kamen auch immer mehr Han-Chinesen ins Land. Die Han bildeten die Mehrheit in der chinesischen Bevölkerung, und die meisten, denen Gonpo begegnete, hatten irgendeine Verbindung zur chinesischen Regierung. Doch da auch sie dem Vater Respekt zu erweisen schienen, hegte sie keinerlei Groll gegen sie. Begeistert hatte sie verfolgt, wie chinesische Ingenieure und Arbeiter parallel zum Fluss jene neue Straße bauten, die sie dann später auf dem Rückweg von der Bestattung zu ihrem Haus führte. Eine ihrer frühesten Erinnerungen bezog sich auf die Eröffnungszeremonie für diese Straße von Ngaba nach Chengdu, die in Sichtweite des Palasts verlief. In ihre besten tibetischen Gewänder gekleidet und mit Perlen geschmückt, hatten die Mädchen den chinesischen Regierungsvertretern vor dem symbolischen Durchschneiden des Bandes Blumensträuße überreicht. Damals hatten sie zum ersten Mal ein Automobil gesehen. Ihre Mutter hatte später lachend erzählt, die Mädchen hätten die Laster mit Gras füttern wollen, weil sie sie für Pferde hielten.

An jenem Abend im Jahr 1958, bei der Heimkehr von der Bestattung, konnte Gonpo nur rätseln, warum die Chinesen ihr Lager vor ihrem Haus aufgeschlagen hatten. Sie bahnte sich einen Weg ins Innere und lief in den zweiten Stock. Wie zuvor schon ihre Kinderfrau schenkten ihr auch die übrigen Bediensteten kein Lächeln. Schweigend waren sie damit beschäftigt, Kisten zu packen. Einigen standen Tränen in den Augen. Gonpo musste sich eingestehen, dass offenbar etwas Schreckliches geschehen war. Von ihrem Vater fehlte jede Spur – irgendjemand sagte, er sei zu einer Unterredung fortgefahren, was Gonpo jedoch nicht recht glauben wollte. Auf der Suche nach dem Vater oder jemandem, der ihr eine Erklärung geben konnte, lief sie von Raum zu Raum. Niemand hatte eine Antwort für sie. Bepackt mit Kleidungsstücken und Wäsche, eilten die Bediensteten zwischen den Zimmern hin und her. In Gonpo wuchs die Angst. Wie viele noch viel kleinere Kinder, die sehr laut werden können, machte sie Lärm; sie stampfte mit den Füßen auf die Holzdielen, bis ihre Kinderfrau kam und sie am Arm packte.

Gonpo solle leise sein, mahnte sie. Ob sie denn nicht verstanden habe, wie ernst es sei? Nein! Gonpo verstand gar nichts. Aber da alle anderen zusammenpackten, wäre es wohl das Beste, wenn sie das Gleiche tat. Sie ging in ihr Zimmer und suchte ihre Spielsachen heraus.

»Die wirst du nicht brauchen. Lass sie hier«, fuhr die Kinderfrau sie an. Sie hatte Gonpo von Geburt an betreut, aber noch nie so barsch mit ihr gesprochen.

Daraufhin verabschiedete sich Gonpo von ihrem kostbarsten Besitz – einem Plastikapfel aus Indien, der, wenn man ihn öffnete, eine Reihe immer kleinerer Äpfel enthielt, wie die russischen Matroschka-Puppen. Noch etliche Jahrzehnte später, als sie schon graue Haare und Arthritis hatte, suchte sie in den Spielzeugläden Asiens nach einem Plastikapfel, wie sie ihn als Kind hatte zurücklassen müssen.

Bei Tagesanbruch am nächsten Morgen wurde das Haus, wie Gonpo sah, mit Absperrband versiegelt. Die Soldaten nagelten handbeschriebene Plakate mit großen chinesischen Buchstaben ans Tor. Offenbar enthielten sie eine wichtige politische Botschaft, die Gonpo aber nicht lesen konnte, da sie die chinesische Schrift nicht beherrschte. Hinter den zur Absperrung aufgestellten Soldaten standen die Nachbarn, die Gesichter tränenüberströmt. Darunter auch die Kinder, mit denen Gonpo Bohnen gestohlen hatte.

Innerlich begehrte sie immer noch gegen den Ernst der Lage auf. Sie bemerkte ein abgestelltes Auto, das sie wohl fortbringen sollte. Es war zwar nur ein Geländefahrzeug russischer Bauart und damit auch für die 1950er-Jahre nichts Besonderes, aber Gonpo war bis dahin lediglich Bus gefahren und hatte noch nie in einem Personenwagen gesessen. Sie war so aufgeregt, dass sie die Tragödie, die ihren Lauf nahm, für einen Moment vergaß; voller Vorfreude auf der Stelle hüpfend, wollte sie zu dem Auto hinlaufen.

Ihre Mutter rief sie mit einem harten Hieb auf die Wange zurück auf den Boden der Tatsachen – es sollte das einzige Mal bleiben, dass Gonpo von ihren Eltern geschlagen wurde. Sie hatte gegen eine grundlegende Verhaltensregel der Tibeter verstoßen und sich nicht ehrerbietig von ihrem Zuhause verabschiedet. Also trat sie zurück und stellte sich neben ihre Schwester, ihre beiden Cousinen und die Tante. Sie hoben die Hände, als wollten sie beten, und ließen sich dann niederfallen, um dem Haus, das sie all die Jahre beherbergt und geschützt hatte, ihre Dankbarkeit zu erweisen. Dann stiegen sie in den Geländewagen, auf dessen Dach sich ihre Koffer türmten, und wurden fortgebracht.

Zur Mahlzeit Buddhas

D as Hochland von Tibet ist mit keiner Region auf diesem Planeten zu vergleichen, eine einzigartige geologische Stätte im Herzen Asiens, die sich rund 5000 Meter über den Meeresspiegel erhebt. Man nennt dieses Hochland nicht umsonst das Dach der Welt. Die Chinesen rühmen sich gern damit, dass man vom All aus die Chinesische Mauer erkennen kann; tatsächlich aber ist es Tibet, das einem ins Auge fällt, wenn man Satellitenbilder dieser Region betrachtet. Es erscheint als riesiges landumschlossenes Plateau, gesäumt von weißen Pinselstrichen, den vergletscherten Gipfeln der höchsten Berge der Welt. Die Quellflüsse der größten Ströme Asiens fädeln sich durch die Landschaft, unter ihnen der Jangtse, der Mekong und der Gelbe Fluss, bei den Tibetern Dri-

Die chinesische Rote Armee auf dem Weg ins Hochland von Tibet, unterhalb des Berges Jiajin Shan, Juni 1935.

chu, Dzachu und Machu genannt. Sie versorgen die Hälfte der Weltbevölkerung mit Wasser.

Das Hochland wird im Süden und Westen durch den Himalaja, den Karakorum und den Pamir begrenzt, im Osten erstreckt es sich bis nach Zentralchina und nach Norden hin bis an den Rand der Wüste Gobi und der Taklamakan. Mit fast 2,6 Millionen Quadratkilometern entspricht es der Größe Indiens oder rund einem Viertel der Landmasse Chinas, aber wegen des unwirtlichen Geländes, der Höhe und der sauerstoffarmen Luft gehört es mit einer Bevölkerungsdichte von rund 2,5 Einwohnern pro Quadratkilometer zu einer der am dünnsten besiedelten Regionen der Erde.

Die genetische Abstammung der Tibeter stellt die Wissenschaft vor Rätsel. Zwar gibt es gemeinsame Vorfahren mit chinesischen, japanischen, mongolischen und sibirischen Bevölkerungsgruppen, und es bestehen auch starke Ähnlichkeiten zu einigen Stämmen amerikanischer Ureinwohner, doch sind Tibeter Träger einer einzigartigen Genmutation und körperlich dadurch dem Leben in großen Höhen ausgesprochen gut gewachsen.

Die Tibeter selbst haben einen fantastischen Schöpfungsmythos, mit Anklängen an den Darwinismus und Buddhismus. Im Kern stimmen die verschiedenen Varianten, die existieren, darin überein, dass das tibetische Volk der Verbindung eines Affen mit einer Dämonin entstammt, die sich auf einem Felsvorsprung über einem riesigen, einst das Tibetische Hochland bedeckenden Binnenmeer paarten (für den Teil mit dem Binnenmeer sprechen geologische Befunde). Wie es heißt, war der Affe eine Manifestation von Avalokiteshvara, des von Natur aus sanftmütigen Bodhisattvas des Mitgefühls, und die Dämonin eine erbarmungslose Kriegerin.

Diese Eigenschaften sollen auf ihre Nachfahren, das tibetische Volk, übergegangen sein und prägten in der Folge dessen Schicksal im Widerstreit von Mitgefühl und Grausamkeit. Selbst als im 7. Jahrhundert aus Indien der Buddhismus eingeführt wurde, zeigten sich die Tibeter kaum als Pazifisten. Anders als es Tibets neuzeitlicher Ruf als hermetisch abgeschottetes Königreich nahelegt, bestand durchaus Kontakt zur Außenwelt. In einer Ära, in der die Reitkunst die entscheidende Grundfertigkeit der Kriegsführung war, zogen Tibeter durch Zentralasien, brandschatzten Städte und unterwarfen andere Völker, die in das tibetische Volk eingegliedert wurden. Unter dem großen Herrscher Songtsen Gampo errichteten sie ein Reich, das mit dem der Mongolen, Türken und Araber rivalisierte. Für einen flüchtigen, doch kaum vergessenen Moment in der Geschichte waren die Tibeter sogar mächtiger als die Chinesen. Im Jahr 763 brandschatzten sie Chang'an, in der Zeit der Tang-Dynastie die Hauptstadt, heute bekannt als Xi'an und Heimat der Terrakotta-Krieger. Ihre Besatzung der Stadt dauerte lediglich 15 Tage, aber die Tibeter erinnerten sich noch lange mit Stolz daran.

Mitte des 9. Jahrhunderts zerfiel das Tibetische Reich in lauter kleinere Fürstentümer. Erst 1642 entstand unter der Führung mehrerer aufeinanderfolgender Dalai Lamas, die von den mächtigen Mongolen eingesetzt und unterstützt wurden, wieder ein starkes, zentralisiertes Tibet. Der fünfte Dalai Lama errichtete auf den Ruinen der Festung von Songtsen Gampo den Potala-Palast, um den Anschein einer sich aus der Vergangenheit herleitenden, ungebrochenen Nachfolge zu erwecken. Dieses Tibet war allerdings nicht halb so groß wie das frühere Reich, und die im Osten gelegenen, vormals tibetischen Gebiete waren jetzt weitestgehend aufgeteilt in verschiedene kleinere Königreiche und Lehen, von denen das von Prinzessin Gonpos Dynastie beherrschte Reich der Mei nur eines war.

Gonpos Vorfahren stammten ursprünglich aus dem Westen der Hochebene, nahe dem Berg Kailash – einer Region namens Ngari, auf die auch der Name Ngaba zurückgehen könnte. Wohl zur Stärkung ihrer Legitimität beriefen sie sich darauf, im Laufe des 9. Jahrhunderts, dem Goldenen Zeitalter Tibets, als Krieger unter dem Kommando der großen Herrscher in den Osten gekommen zu sein. Als das Tibetische Reich zusammenbrach, blieben sie einer offiziellen Chronik zufolge dort und begründeten ihr eigenes Lehen.

Für Abtrünnige gab es kaum einen besseren Ort als Ngaba. Es war wie im alten chinesischen Sprichwort: Der Himmel ist hoch, und der Kaiser ist weit. Von Ngaba bis nach Peking sind es über 1500 Kilometer – damals mindestens ein Monat zu Pferd –, und nach Lhasa ist es fast ebenso weit. Als sich das Reich der Mei im 18. Jahrhundert fest etabliert hatte, standen die östlichen Gebiete des Tibetischen Hochlands unter der Herrschaft der Mandschu, die China erobert und die Qing-Dynastie begründet hatten. Doch die Qing-Herrscher fühlten sich von der lästigen Aufgabe des Regierens überfordert. Berittene Krieger schickten sie nur dann, wenn Kämpfe zwischen aufsässigen Stammesführern das Reich gefährdeten. »Sollen die Barbaren sich selbst regieren« – so etwa schien man es zu halten. Viele Landesfürsten, darunter auch Gonpos Vorfahren, wurden von ihnen sogar mit dem Kaisersiegel als sichtbares Zeichen ihrer Amtsgewalt ausgestattet.

Ngaba bestand aber auch auf seiner Unabhängigkeit von Lhasa. Die Menschen in Ngaba betrachteten sich nicht als Untergebene des Dalai Lama, obwohl sie ihn als ihren geistigen Führer verehrten. Sie unternahmen Pilgerreisen nach Lhasa, besuchten zur Unterweisung die bedeutenden Klöster der Stadt und betrieben ihre Geschäfte; sie waren dort als gewiefte Händler bekannt. Was sie mit anderen Tibetern verband, waren die Volkszugehörigkeit, der Glauben und die Gebräuche. Sie besaßen dieselbe Schriftsprache – basierend auf einem nordindischen Alphabet –, auch wenn ihre jeweiligen Dialekte zu sehr voneinander abwichen, um sich verständigen zu können. Aber sie aßen dasselbe Getreide, die *Tsampa* genannte geröstete Gerste – in der Hochebene so überlebenswichtig, dass der Begriff »*Tsampa*-Esser« praktisch gleichbedeutend mit Tibeter war. Doch sie gehörten nicht zu den Untergebenen der Zentralregierung in Lhasa und folgten auch nicht deren Gesetzen. Statt sich als *Böpa*, als Tibeter, zu betrachten, verwiesen sie in der Regel auf ihren Stamm oder ihr Oberhaupt. Ansonsten erkannten sie die gemeinsame Abstammung dadurch an, dass sie sich als Volk aus dem »Schneeland« bezeichneten.

Eigentlich gehörte dieses Gebiet also nicht zu Tibet, doch mit Blick auf die Kultur war es durchaus keine rückständige Gegend. Der östliche Teil der Hochebene, von den Tibetern Amdo (der Nordosten) und Kham (der Südosten) genannt und von den Briten mitunter als »inneres Tibet« bezeichnet, brachte überdurchschnittlich viele angesehene Lamas, Gelehrte und Künstler hervor. So stammte etwa Tsongkhapa (1357–1419) aus Amdo, ein herausragender buddhistischer Philosoph und Begründer der Gelug-Schule, der mittlerweile vorherrschenden Richtung des tibetischen Buddhismus; außerdem der berühmteste lebende Tibeter überhaupt, der 14. Dalai Lama, der 1935 in einem Dorf namens Taktser zur Welt kam, rund 320 Kilometer nördlich von Ngaba gelegen. Aus Amdo kommt auch der 10. Panchen Lama, der dem Rang nach zweithöchste tibetische Lama und eine der Schlüsselfiguren der tibetischen Geschichte des 20. Jahrhunderts. Kham war der Herkunftsort von Rebellen unterschiedlicher politischer Couleur, darunter einige der ersten Tibeter, die der Kommunistischen Partei beitraten, sowie etwas später die radikalste antikommunistische Partisanengruppe überhaupt. Der legendäre Kriegerkönig des *Gesar-Epos* soll in Kham geboren sein. Heute lebt die Mehrheit der Tibeter in der östlichen Hälfte der Hochebene, in Teilen der Provinzen Qinghai, Sichuan, Gansu und Yunnan. Das sorgt für viel Verwirrung, denn nach Ansicht der chinesischen Regierung handelt es sich nicht um Gebiete Tibets, obwohl ihre tibetische Prägung unverkennbar ist, wie man feststellt, wenn man sie bereist. Trifft man gegenwärtig in New York oder London auf Menschen, die sich als Tibeter bezeichnen, stammen sie sehr wahrscheinlich von dort.

Die anschaulichsten Beschreibungen vom Leben im Reich der Mei entnehmen wir dem Werk *A Brief Chronicle of the Origins of the Mei King for the Ears of Future Generations*. Das dünne, in Seidenbrokat gebundene Büchlein wurde 1993 im Selbstverlag von einem Mann namens Chöphel herausgebracht, einem Sekretär von Gonpos Vater. Zur Zeit ihrer Herrschaft lebten die Mei-Könige in ständiger Furcht, da sie stets vor Umsturzplänen von Rivalen auf der Hut sein mussten. Waren Schwerter und Feuerwaffen nicht mächtig genug, riefen die Krieg führenden Parteien Schamanen hinzu, um dem Feind mithilfe von Beschwörungen zuzusetzen. Streitigkeiten wurden durch Reparationsleistungen beigelegt – Dörfer ganz nach Belieben der einen oder der anderen Seite zugeteilt. Die Besiegten wurden bestraft, indem man ihnen Gliedmaßen, Ohren oder Nasen abtrennte. Doch nicht alles drehte sich um Krieg und Vergeltung. Die Mei rühmten sich, hartgesottene Geschäftsleute zu sein und ihren Untertanen genügend Freiraum zu lassen, dem Beispiel der Herrschenden zu folgen. Der einzigartige Lebensraum des Tibetischen Hochlands brachte rare Produkte hervor wie die Duftdrüsen der Moschustiere, sehr gefragt bei Parfümherstellern in der arabischen Welt, und das aus Tibets zahlreichen verdunsteten Seen gewonnene Salz. Ngaba erwarb sich den Ruf eines geschäftsfreundlichen Umfelds; seine Kaufleute trieben von China bis nach Zentraltibet und Nepal florierenden Handel, vor allem mit Tee, der als Ladung ganzer Yakkarawanen quer durch das Hochland transportiert wurde.

Das Reich der Mei war kein Matriarchat; es entwickelte sich eher zufällig, dass die Königinnen die Könige in den Schatten stellten. Frauen waren in der Thronfolge zugelassen, sofern es keinen geeigneten männlichen Erben gab, was häufiger vorkam, weil einige Mitglieder der Herrscherfamilie an Unfruchtbarkeit litten und mindestens ein König geisteskrank war. Die Königinnen errichteten Klöster, unterzeichneten Verträge und führten Heere in die Schlacht. Eine Königin zog in den Krieg, um sich für ihren gehörnten Sohn an einer untreuen Schwiegertochter zu rächen. Derlei Angelegenheiten konnten Söhne ohne ihre Mütter nicht regeln.

Die im 18. Jahrhundert lebende Königin Abuza schmiedete ein Bündnis, das zum besonderen Merkmal der Mei-Dynastie wurde. Abuza war eine Außenseiterin, die in die königliche Familie einheiratete, dann ihren Gatten in seiner Machtposition aber rasch ausstach. Um 1760 traf sie den Vorsteher des Klosters Kirti, dessen Hauptsitz in Dzorge im äußersten Nordosten des Herrschaftsgebiets der Mei lag. Sie lud den Kirti Rinpoche (so die Ehrenbezeichnung des Klosteroberen) auf einen Besuch nach Ngaba ein.

Der Rinpoche gewann die Gunst der Königin, indem er eine zornige Gottheit bändigte, die das Königreich geplagt hatte – in Amdo besaß jede Anhöhe, jede Weide und jeder Fluss eine eigene Gottheit –, und eine andere Gottheit zur Schutzmacht des Herrscherhauses bestimmte. Daraus entwickelte sich nach dem als *Chö-yon* benannten Vorbild eine Priester-Patron-Beziehung. Der Priester gewährte spirituelle Unterweisung und verlieh dem Herrscher Legitimität; der wiederum bot materielle Unterstützung in Form von Geld, Viehherden oder Land. Gemeinsam waren sie erfolgreich und mehrten ihre Macht und Strahlkraft. Ein Jahrhundert später gründete Kirti eine Klosterniederlassung in Ngaba, die dann zu einer der einflussreichsten und politisch aktivsten wurde und mit zu Ngabas späterem Ruf als Hort der Aufständischen beitrug.

Auf die Königin ging auch ein einmonatiges, in jedem Frühjahr in Ngaba abgehaltenes Gebetsfest zurück. Dabei verbrannten die versammelten Tibeter Wacholderzweige und Räucherwerk und gaben gemäß der buddhistischen Geste des Mitgefühls für die Schlachtung vorgesehenen Tieren die Freiheit. Zur Unterhaltung veranstalteten sie Pferderennen und maßen sich im Bogenschießen. Die Leute aus der Gegend kamen mit Tonwaren, die sie zum Verkauf anboten. Das Keramikfest, wie es alsbald heißen sollte, war in Osttibet äußerst beliebt, bis es 2009 wegen der tibetischen Unruhen von den chinesischen Machthabern ausgesetzt wurde.

Die ruhmreichste aller Königinnen war Gonpos Großmutter, Palchen Dhondup. Zwar gibt es von ihr weder Fotografien noch Porträts, doch die Familienchroniken schildern sie als »sehr schöne Frau« und als »großherzig und intelligent«. Ihr Vater erzählte Gonpo einmal, dass ihre Großmutter »eine echte Kriegerin war, und wenn sie sich ihr Haar unter eine Kappe steckte, um in den Kampf zu ziehen, prächtiger aussah als jeder Mann«. Sie war in den späten 1890er-Jahren unter tragischen Umständen zur Welt gekommen. Ihre Mutter starb bei der Entbindung. Ihr Vater, König Gonpo Sonam, verlor 1913 bei einem außergewöhnlichen Unfall das Leben, als er den Bau einer Versammlungshalle im Kloster Kirti beaufsichtigte. Er wurde beim Einsturz des Daches erschlagen. So kam es, dass die verwaiste halbwüchsige Prinzessin, ein Einzelkind, dem Königreich vorstand. Nach tibetischer Tradition konnte eine junge Frau zwar als Herrscherin anerkannt werden, Voraussetzung war aber, dass es einen Mann in der Familie gab. Hastig wurde die Prinzessin deshalb mit einem Prinzen aus Golog nordwestlich von Ngaba vermählt. Doch obwohl er nominell als König fungierte, gab es keinen Zweifel, dass Palchen Dhondup die Zügel der Macht in den Händen hielt. Sie ließ sie selbst dann nicht los, als ihr eigener Sohn – Gonpos Vater Palgon Rapten Tinley – König der Mei wurde.

Die Königin Palchen Dhondup vollendete das verhängnisvolle Bauprojekt im Kloster, bei dem ihr Vater umgekommen war. Sie spendete Juwelen aus ihrem Haarschmuck, um damit Schnitzarbeiten an jenen Holzplatten zu finanzieren, die beim Druck des Gesamtwerks von Tsongkhapa verwendet wurden, dem Begründer der Gelug-Schule.

Aufgrund ihrer Bildung und ihrer Toleranz war die Königin hoch angesehen. Im Jahr 1924 kam der amerikanische Missionar

Robert Ekvall mit seiner Frau und seinem kleinen Sohn nach Ngaba, um Bibelübersetzungen in tibetischer Sprache zu verteilen. Zwar versuchten Mönche, ihn zu verjagen, doch er bekam eine Audienz bei der Königin. Schnell begriff er, dass sie diejenige war, die das Sagen hatte. »Der König war praktisch nur der Prinzgemahl«, berichtete Ekvall später in einem Interview.

Ekvall übergab der Königin Geschenke – ein Barometer, einen Kompass, Feldstecher und eine der übersetzten Bibeln. Während der Missionar sich noch immer unwohl in seiner Haut fühlte, durchblätterte die Königin die Bibel und kommentierte die hohe Qualität des Drucks. Dann las sie einige Passagen laut vor. Sie schien zwar nicht geneigt, zu konvertieren, ließ Ekvall aber wissen, dass ihr die ersten Sätze des Johannesevangeliums gefielen: »Am Anfang war das Wort, und das Wort war bei Gott.« Dies trifft sich mit den Glaubensvorstellungen im tibetischen Buddhismus, wonach die Sprache zum Wesen der menschlichen Seele gehört.

»Jetzt verstehe ich den Sinn«, sagte sie zu Ekvall.

Die Königin beeindruckte Ekvall als wortgewandt und wissensdurstig und, wie er in dem Interview sagte, »ausgesprochen mitfühlend«. Besonders hatte es ihr, wie er sich erinnerte, der kleine Sohn des Ehepaars angetan, weil sie, wie andere in ihrer Familie auch, nur unter Schwierigkeiten Kinder bekommen konnte. Überlebt hatte von allen bis dahin nur eins – Palgon Rapten Tinley.

Königin Palchen Dhondup hätte möglicherweise eine ruhmreiche Regentschaft gehabt, wäre diese nicht mit dem turbulenten Beginn des 20. Jahrhunderts zusammengefallen. Großbritannien und Russland hatten sich in einen heftigen Konkurrenzkampf um Einflussgebiete in Zentralasien verwickelt, und jeder, der ihnen im Weg stand, war gefährdet. Im Jahr 1903 führte der in Indien stationierte britische Oberst Francis Younghusband eine von ihm euphemistisch als »Expedition« bezeichnete Militäroperation in

Tibet durch. Dabei wurden mehrere Tausend Tibeter getötet. Obwohl er die Rückendeckung des indischen Vizekönigs Lord George Curzon hatte, distanzierte sich die britische Regierung von dem Einsatz und zog ihre Truppen ab. Der Schaden war insofern irreparabel, als dadurch die Qing-Dynastie aus ihrer Selbstzufriedenheit gerissen wurde. Die chinesischen Mandschu-Herrscher hatten sich vorwiegend mit den europäischen Offensiven zur Zwangsöffnung von Vertragshäfen an der Küste beschäftigt und darüber ihre Westflanke vernachlässigt. Sicher war es nicht in ihrem Sinn, dass Großbritannien vom Dach der Welt auf China herabblickte oder seine Wasserversorgung kontrollierte. Nachdem sie von den Briten mit der Nase darauf gestoßen worden waren, erkannten die Chinesen die strategische Bedeutung der Hochebene. Bis heute geben viele gebildete Tibeter Großbritannien die Schuld an den Katastrophen, die in der Folge über Tibet hereinbrachen.

Obschon die Qing-Dynastie militärisch geschwächt war, führte sie 1909 ihrerseits eine Invasion Tibets durch; die chinesischen Truppen blieben dort bis 1911, als das Kaiserreich zusammenbrach. Die Tibeter nutzten den Moment, um alle chinesischen Repräsentanten des Landes zu verweisen. In der Folge konnte sich Tibet wieder als selbstständiges Land etablieren, das eigene Reisedokumente ausstellte und eine eigene Währung einführte. Allerdings handelte es sich lediglich um eine De-facto-Unabhängigkeit, da Tibet es versäumte, die Aufnahme in den Völkerbund, den Vorgänger der Vereinten Nationen, zu beantragen; der Nutzen dieser noch in den Kinderschuhen steckenden internationalen Organisation wurde nicht in vollem Umfang erkannt. Gerechterweise muss man sagen, dass das Konzept der Eigenstaatlichkeit im frühen 20. Jahrhundert noch nicht ausgereift war und die internationalen Beziehungen des imperialen Asiens nicht ganz mit dem übereinstimmten, was man in Europa darunter verstand. Die Tibeter ersuchten die Briten, ihre Unabhängigkeit anzuerkennen, mussten sich aber letztlich mit einer Übereinkunft zufriedengeben, wonach China das Recht der »Suzeränität« oder »Oberhoheit« erhielt. Der Begriff hatte den Vorteil, dass keiner genau wusste, was darunter zu verstehen war. Aus dem Schriftverkehr der Jahre nach dem Untergang des chinesischen Kaiserreichs geht hervor, dass Briten und Tibeter um die Übersetzung und Definition von Begriffen wie Suzeränität, Souveränität, Unabhängigkeit und Autonomie rangen. Letztlich blieb Tibets Status ungeklärt, und das zu einem denkbar schlechten Zeitpunkt.

Der Zerfall der jahrtausendealten Kaiserherrschaft Anfang des 20. Jahrhunderts hinterließ in China ein gefährliches Vakuum. Die von Sun Yat-sen gegründete Republik China zeichnete sich durch Machtlosigkeit aus, denn in dieser auch als Warlord-Ära bekannten Zeit wurde der Großteil des Landes von sich befehdenden Cliquen dirigiert. Der junge Kaiser Puyi gab sich, nachdem er aus der Verbotenen Stadt vertrieben worden war, in den 1930er-Jahren in einem Marionettenstaat namens Mandschukuo, den die Japaner im Nordosten Chinas eingerichtet hatten, einem ausschweifenden Lebensstil hin. Das restliche China unterstand dem Kommando des nüchternen Generalissimo Chiang Kai-shek, der Sun Yat-sen an der Spitze der Kuomintang oder Nationalen Volkspartei abgelöst hatte. Dann aber rückten die Japaner ins Land vor; zugleich musste sich Chiang Kai-shek mit einer immer stärkeren neuen Rivalin auseinandersetzen, die ihm im Nacken saß: der Kommunistischen Partei Chinas – deren Vorsitz bald darauf Mao Tse-tung übernahm.

Die Tibeter in Ngaba wussten nicht viel über die chinesische Politik. Sie waren mit ihren eigenen Konflikten beschäftigt, die rivalisierende tibetische Stammesführer untereinander austrugen, und schenkten diesem Krieg in weiter Ferne kaum Beachtung. Chinesen im Kampf gegen Chinesen – das war schließlich eine innere Angelegenheit, die mit Tibet offenbar nichts zu tun hatte.

Die Kommunisten hatten sich knapp 2000 Kilometer weit entfernt an der Grenze der Provinzen Jiangxi und Fujian niedergelassen und dort einen von Sowjets regierten Staat ausgerufen. Als Chiangs Truppen 1934 einen Angriff starteten, um sie zu vertreiben, teilten sich die Kommunisten in drei Heere auf und flüchteten auf einem Rückzug, der als der Lange Marsch bekannt wurde. Für die Kommunistische Partei Chinas ist es ein Heldenmythos, verewigt in zahllosen revolutionären Balladen und Opern – in etwa die Entsprechung zum Auszug aus Ägypten, jedoch anstelle von Moses mit Mao als zentraler Figur, der die Rote Armee in sichere Gefilde führte.

Verfolgt von Chiang Kai-sheks Armee flohen die Kommunisten immer weiter in den Westen Chinas, bevor sie die nördliche Richtung einschlugen und auf die Provinz Sichuan zusteuerten. Für die Tibeter war dies die erste Begegnung mit der Kommunistischen Partei Chinas. Sie sollte nicht gut ausgehen.

Die Rote Armee der 1930er-Jahre war noch nicht die formidable Kampfmaschine, zu der sie sich später entwickelte. Den chinesischen Soldaten fehlte es an Ausrüstung, Verpflegung und Ortskenntnissen. Die letzten Lehensherren im Hochland, die Qing, gehörten zur Volksgruppe der Mandschu und nicht der Han; die Boten, die sie in die Hochebene entsandten, waren in der Regel Mandschu oder Mongolen. Viele Karten und offizielle Dokumente waren in Mandschurisch verfasst. Bei den Soldaten der Roten Armee aber handelte es sich großteils um Han aus den Ebenen im Osten und Süden Chinas.

So idyllisch Tibet in prächtigen Bildbänden auch wirken mag; wer mit den natürlichen Gegebenheiten nicht vertraut ist, erlebt es als unerbittlich – mit einem Wetter, das auf gefährliche Weise unvorhersehbar ist. Man kann völlig durchnässt sein und erliegt im nächsten Moment schon dem Zauber eines doppelten Regenbogens, ehe unter den UV-Strahlen der Hochgebirgssonne die Haut runzelig wird. Hagelkörner, so groß wie Hühnereier, können einen ausgewachsenen Yak töten und mitunter auch Menschen. Die sauerstoffarme Luft verursacht bei Neuankömmlingen Schwächeanfälle und Kopfschmerzen, und heftige Schneewirbelstürme haben zur Folge, dass selbst Tibeter sich verlaufen und erfrieren. Für die Chinesen war das Hochland von Tibet Terra incognita.

»Wo sind wir? Sind wir gar nicht mehr in China?«, fragte ein fassungsloser Soldat seinen befehlshabenden Offizier, als sie durch die Grasfluren bis östlich von Ngaba zogen – so schreibt Sun Shuyun in ihrem Buch *Maos Langer Marsch*. Der kommandierende Offizier gestand, er wisse es auch nicht. Er schlug vor zu warten, bis sie auf jemanden träfen, der Chinesisch sprach. Aber sie trafen niemanden.

Die dringlichste Sorge für die Rote Armee war die mangelnde Verpflegung. Zuerst stahlen die chinesischen Soldaten die Ernte von den tibetischen Feldern, selbst wenn sie noch nicht ausgereift war, und bedienten sich an den Getreidevorräten. Sie fingen Schafe und Yaks ein und schlachteten sie. Viele Jungkommunisten waren noch immer idealistisch und wollten den Armen helfen; deshalb hinterließen sie manchmal, wie in Aufzeichnungen berichtet wird, Schuldscheine, nachdem sie tibetische Speisekammern geplündert hatten. Viel half es nicht, denn die Tibeter hatten bereits alle Möglichkeiten zur Erzeugung von Nahrungsmitteln ausgeschöpft. Das Hochland konnte keine größere Bevölkerungszahl ernähren, und zigtausend neu angekommene Soldaten schon gar nicht. Erstmals seit Menschengedenken gab es in Tibet eine Hungersnot.

Irgendwann entdeckten die Chinesen, dass die buddhistischen Klöster nicht nur tibetische Kulturschätze bargen, sondern auch potenziell Essbares. Es gab Gefäße aus Tierhäuten, die verzehrt werden konnten, wenn man sie nur lange genug kochte – eine Methode, die die Soldaten kannten, da sie ihre Gürtel, Gewehrriemen, Ledertaschen und Pferdezügel bereits verzehrt hatten. Sie aßen sogar aus Gerstenmehl und Butter geformte Figuren, wie aus einem Bericht hervorgeht, auf den die Wissenschaftler

Jianglin Li und Matthew Akester stießen, die ausgiebig über diese Epoche geforscht haben. Wie es dazu kam, erzählt eine Schilderung aus den Erinnerungen Wu Faxians, eines früheren Politkommissars in Maos erster Armee. Er schrieb:

Einer unserer Quartiermeister besuchte einen lamaistischen Tempel. Beim Umhergehen stieß er die kleinen Statuen um, worauf er an einer leckte. Zu seiner Überraschung schmeckte sie süß. Er leckte ein zweites Mal, und sie war tatsächlich süß. Es stellte sich heraus, dass all diese kleinen verstaubten Buddhas, ganz gleich welcher Größe, süß schmeckten. Es war herrlich – als würde Kolumbus die Neue Welt entdecken! Er brachte einige kleinere Statuen mit zurück, säuberte sie und kochte sie dann mit Wasser auf. Sie waren alle aus Mehl und schmeckten richtig gut …
Von da an suchte der Quartiermeister in jedem Ort, in den wir kamen, nach lamaistischen Tempeln und kehrte dann mit Mehl-Buddhas zurück, die wir essen konnten.

Tibeter, die diese Zeit überlebt haben, erklären, die Chinesen hätten genau genommen *Torma* gegessen, bei denen es sich nicht um Buddhastatuen im eigentlichen Sinn handelt, sondern um Weihgaben. Die Chinesen aber sahen es anders: Sie gingen davon aus, im wahrsten Sinne des Wortes Buddhas zu essen. Dass dies ein Sakrileg war, wussten sie, doch es kümmerte sie nicht.

Die Tibeter leisteten erbitterten Widerstand. Die Königin ordnete an, Frauen und Kinder in die Berge zu bringen, während sie wehrfähige Männer zum Kampf einzog. Wenngleich strenge Buddhisten das Töten von Tieren verabscheuen und oftmals für eine Fliege beten, die in einer Schüssel Suppe ertrunken ist, können sie, einmal angegriffen, gnadenlose Krieger sein. Allerdings war es in Tibet grundsätzlich schwierig, eine Armee aufzustellen, weil in der traditionell ausgerichteten Gesellschaft rund 20 Prozent der Männer Mönche sind, die sich der mitfühlenden Seite der tibetischen Wesensart verschrieben haben. Die Königin war jedoch nicht bereit, Ausnahmen zuzulassen. »Wenn wir kämpfen, dann geschieht es zur Verteidigung der Religion und nicht nur des Landes«, so wies sie ihre Untertanen an, wie ein älterer Tibeter einem Chronisten mündlicher Tradition später berichtete.

Bewaffnet mit Speeren, Vorderladern und Musketen und mit amulettförmigen Gebetsbehältern um den Hals zum Schutz vor Gewehrkugeln, fochten sie auf heimischem Boden einen harten Kampf. Anfangs erzielten sie Erfolge und konnten in der Nähe des Klosters Amchok Tsenyi den Vormarsch der Roten Armee aufhalten. Das Kloster liegt an der Straße nach Chengdu, rund 15 Kilometer südöstlich von Meruma, wo die Soldaten der Mei ihr Hauptquartier aufgeschlagen hatten. Beinahe die Hälfte des chinesischen Regiments mit 1300 Männern fiel im Kampf, wie Wu Faxian in seinen Erinnerungen schrieb. Doch innerhalb weniger Tage schickte die Nachhut Verstärkung, die die Tibeter zum Rückzug zwang.

Alle wurden aufgefordert, in die Berge zu flüchten, hinauf auf die Hochgebirgspässe, wohin die entkräfteten und hungrigen Rotarmisten ihnen nicht folgen könnten. Sie nahmen so viele Tiere mit, wie sie in die Berge treiben, und so viel Verpflegung, wie sie tragen konnten. Alles Übrige wurde versteckt. Alsbald durchkämmte die Rote Armee die Grundstücke verlassener Anwesen; auf der Suche nach Wertsachen und Getreide gruben sie die Böden um und räumten die Felder ab. Leer stehende Häuser wurden samt Nebengebäuden in Besitz genommen, wobei die Klöster in der Regel als die erlesensten Unterkünfte galten. Mao selbst kam nicht durch Ngaba, aber der Oberkommandierende der Roten Armee, Zhu De, wählte für sich die Versammlungshalle des Klosters Kirti, die größte der Gegend. Die Rotarmisten rissen Bodendielen und Dachsparren heraus, die ihnen als Brennholz dienten, und zogen *Thangkas* von den Wänden, um die Leinwände als

Sitzgelegenheiten zu verwenden. Kupferschalen und Silberstatuen wurden zur Herstellung von Kugeln eingeschmolzen.

Inzwischen zeichnete sich ab, dass die Rote Armee wohl den Königspalast einnehmen würde, und Königin Palchen sah die Gefahr. Sie begab sich in den Gebetsraum und bat um Beistand. Ihre Untertanen vermuteten später, sie habe ein Orakel befragt, und es habe offenbar geantwortet, sie dürfe dem Feind nicht gestatten, von ihrem Heim aus eigene Zwecke zu verfolgen. Im Gebetsraum flackerten Reihe um Reihe Lampen, in denen geklärte Yakbutter verbrannt wird – die rituellen Lichter und das markanteste Merkmal tibetischer Klöster und Tempel. Sie nahm eine der kleineren Lampen, deren Flamme jedoch groß genug war, um an Vorhängen und Wandteppichen emporzuzüngeln. Und wenngleich die Außenseite des Palasts aus Lehm bestand, so war er innen aus Holz und die Möbel, Gemälde und Textilien leicht entzündlich, sodass der Palast in kürzester Zeit niederbrannte. Die Königin und ihre Familie flohen mit den restlichen Tibetern in die Berge.

Rund vier Monate blieben sie fort und warteten auf den Abzug der Roten Armee. Dann kehrten sie nach Ngaba zurück und ließen sich in einem Palast nieder, der hinter dem Kloster Kirti stand. Es waren magere Jahre. Die Armee hatte die Felder abgeerntet. 1936 kam die Rote Armee ein weiteres Mal durch die Gegend, und das Volk floh erneut in die Berge. Damals war Königin Palchen Dhondup überglücklich, als sie erfuhr, dass sie erneut schwanger war. In ihren späten Dreißigern, fast zwei Jahrzehnte nach der Geburt von Gonpos Vater, brachte sie ein Mädchen zur Welt, Dhondup Tso. Tragischerweise starb sie, wie ihre eigene Mutter, im Kindbett.

Die Rückkehr des Drachen

Als seine Mutter starb, war Palgon Rapten Tinley 20 Jahre alt. Er erbte nicht nur ein Reich, sondern auch die Verantwortung für eine kleine Schwester.

Der zukünftige Mei-König war ein so milder und nachdenklicher Mann, dass die Leute meinten, er sei eher zum Klosterleben berufen. Man hielt ihn sogar für die Reinkarnation eines berühmten Lamas. Aber Königin Palchen war eingeschritten; tibetische Mönche leben das Zölibat, und als Erbe des Titels würde ihr Sohn für Nachkommen sorgen müssen. Im Jahr vor ihrem Tod hatte sie eine Braut für ihn ausgesucht. Tashi Dolma, ein rundliches Mädchen mit dicken schwarzen Zöpfen, war die Tochter eines eher unbedeutenden Fürsten aus der Umgebung. Sie war fromm, gut erzogen und, wie ihr zukünftiger Mann, sehr belesen. Zwar hatten die Minister auf eine strategische Wahl gedrängt, die hilfreich gewesen wäre, um eine Fehde mit einem Rivalen beizulegen, aber die Königin hatte auf Tashi Dolma als die Richtige für ihren Sohn bestanden.

Von links nach rechts: der junge Panchen Lama, der Mei-König, der Dalai Lama und andere Repräsentanten auf ihrer Chinareise, 1954.

Obwohl sie bei ihrer Hochzeit erst 15 Jahre alt war, fiel es Tashi Dolma nicht schwer, die Bürde des Herrschens zu übernehmen. Fotografien der beiden zeigen ein Paar, wie es äußerlich kaum gegensätzlicher sein könnte. Im Laufe der Zeit wurde sie korpulent und entwickelte einen enormen Brustumfang, während ihr Mann spindeldürr blieb und mit seiner stets geraden Haltung und den prominenten Wangenknochen eher streng wirkte. In der arrangierten Ehe entwickelten sich Liebe und eine funktionierende Partnerschaft. Dhondup, die kleine Schwester des Königs, zogen sie gemeinsam mit ihren eigenen Töchtern Gonpo und deren älterer Schwester Dolma groß. Sie bauten den Palast wieder auf, den die Königin 1935 niedergebrannt hatte, und begannen in den Klöstern die Schäden zu reparieren, die während der Besatzung durch die Rote Armee entstanden waren.

Ende 1936 hatten auch die letzten versprengten Soldaten der Roten Armee das Tibetische Hochland verlassen; sie waren großteils nach Yan'an ins Zentrum Chinas gezogen, wo Mao seine Herrschaft über die Kommunistische Partei gefestigt hatte. Der chinesische Bürgerkrieg, zeitweise überschattet von den japanischen Eroberungen in Ostchina und dem Massaker an Hunderttausenden in Nanjing, flackerte mehrfach auf und ebbte wieder ab. Nach Ausbruch des Zweiten Weltkriegs hofften die Tibeter, dass sich die Weltmächte derart intensiv um die eigenen Probleme kümmern mussten, dass sie sich nicht auch noch mit ihnen abgeben würden.

Der junge Mei-König bewältigte seine Aufgaben mit offenbar angeborenem Talent. In einer offiziellen, von der chinesischen Lokalregierung herausgegebenen Geschichte des Reiches der Mei wird er als »gewissenhaft, scharfsinnig, kompetent und erfahren« beschrieben. Und amerikanische Missionare, die tibetische Fürsten sonst eher als abergläubische Hinterwäldler abtaten, fanden in Ngaba nach einem Besuch ein seltenes Beispiel für guten Regierungsstil. Insbesondere fiel auf, so heißt es bei Missionar Ekvall, dass weit mehr Menschen lesen und schreiben konnten als anderswo im Tibetischen Hochland und dass dies nicht nur auf Geistliche und den Adel beschränkt war. Robert Dean Carlson, der als Missionar in den 1940er-Jahren Ekvalls Spuren folgte, berichtete später in einem Interview, dass es in Ngaba glücklicherweise nicht jene Banden gab, die in manchen Regionen Tibets die Menschen terrorisierten. »So etwas ließ der König einfach nicht durchgehen«, sagte er.

In der chinesischen Propaganda wurde das Leben in der vorkommunistischen tibetischen Gesellschaft später als feudalistische Hölle beschrieben, in der Leibeigene dubiosen Torturen durch ihre grausamen Herren ausgesetzt waren – was einer der Vorwände für die Invasion von Tibet war. Carlson aber beschreibt eine ganz andere Gesellschaft: »In Ngawa [Ngaba] gab es zum einen die einfachen Leute und dann die Herrscherfamilie, und man hatte dort ein gutes Verhältnis zur Herrscherfamilie. Meiner Meinung nach kann man nicht sagen, dass es in jenem Teil Tibets deutliche Klassenschranken gab zwischen Gebildeten und normalen Menschen, zwischen oben und unten. Man hatte den Eindruck, es herrschte mehr oder weniger Gleichheit«, erklärte er Jahre später in einem Interview.

Im Königreich galt ein, wie man es heute nennen würde, progressives Steuersystem. Je nach Vermögensstand wurde man in eine von fünf verschiedenen Kategorien eingestuft. War eine Familie sehr reich, musste sie dem Heer des Königs drei Pferde, zwei Gewehre und 300 Kugeln überlassen. Eine arme Familie trat ein Pferd ab und einen Speer. War eine Familie so mittellos, dass sie keine Abgaben leisten konnte, wurde ein Angehöriger als *Keigyak* oder Ausrufer abgestellt, der dann in die Nachbardörfer reiste, um die Bevölkerung über die königlichen Weisungen und Dekrete zu informieren. Manche Familien schickten junge Frauen in den Palast, wo sie dann ein Jahr dienten. Sie trugen die Haare kurz geschoren – um deutlich zu machen, dass sie noch nicht im heiratsfähigen Alter waren und nicht als Geliebte oder Frau infrage kamen – und brachten ihren eigenen *Tsampa*-Vorrat mit.

Diejenigen, die nördlich des durch Ngaba fließenden Flusses namens Nagqu wohnten, zahlten höhere Abgaben, weil auf ihrer Seite die Berge in der Nachmittagssonne lagen und deshalb mehr Licht abbekamen. Die Schattenseite war zugleich auch die ärmere Seite der Stadt. Andere Formen der Abgaben waren Gerste, Yakdung und Wachholderzweige, die bei religiösen Ritualen als Räucherwerk verbrannt wurden. Im Haus des Königs bekamen die Bediensteten das Gleiche zu essen wie die Adligen.

Unter Palgon Rapten Tinley wurden die Bande zwischen dem Reich der Mei und Kirti noch weiter gefestigt, weil die Familie seiner Frau seit Langem in der Verwaltung des Klosters tätig war. Der König aber musste auch darauf achten, zu den oft untereinander im Streit liegenden anderen Klöstern gute Beziehungen zu wahren. In seinem Einzugsgebiet gab es mindestens 18 buddhistische Klöster sowie das Kloster Nangshik, das der Bön-Tradition verbunden war, der ursprünglichen Religion Tibets in vorbuddhistischen Zeiten. Zum tibetischen Neujahrsfest Losar lud der König die Mönche aller Klöster in die große Empfangshalle seines Palasts.

Der Mei-König eröffnete in Ngaba einen Markt, der auf Händler der muslimischen Volksgruppe der Hui ausgerichtet war, und führte, damit die Geschäfte reibungslos abgewickelt werden konnten, Maßeinheiten für Saatgut und Getreide ein. Die Hui waren wichtig für den wirtschaftlichen Erfolg, denn da Buddhisten keine Tiere schlachten durften, arbeiteten sie als Metzger und betrieben viele der Esslokale. Aber sie waren auch kluge Händler. Der wichtigste Marktplatz lag zentral in der Nähe des Klosters Kirti; wenn Nomaden und Bauern in die Stadt kamen, konnten sie Pilgerfahrt und Geschäftliches miteinander verbinden. Das Marktangebot umfasste alle Produkte der Gegend: Salz, Fleisch, Käse, Butter, Tee, Gerste und Wolle. Hinzu kamen Handwerkserzeugnisse wie Schuhe, Geschirr, Werkzeuge und Zelte. Auf einem anderen Platz in der Stadt kamen Nutztiere wie Pferde, Schafe und Yaks zum Verkauf.

Der König unterhielt ein recht ungewöhnliches Bündnis mit Ma Bufang, einem mächtigen muslimischen Warlord (der Name Ma, die Kurzform für Mohammed, ist unter den chinesischen Hui sehr gebräuchlich), der die Nachbarprovinz Qinghai kontrollierte. In den 1920er- und 1930er-Jahren hatte er die Tibeter im Bezirk Golog, wo auch Verwandte des Königs väterlicherseits lebten, in Angst und Schrecken gehalten. Außerdem war er an einem grausamen Massaker beteiligt gewesen, der Enthauptung Tausender tibetischer Mönche im Kloster Labrang in der Provinz Gansu. Doch der König brach die Beziehung zu Ma Bufang auch dann nicht ab, als er in seinem Reich diejenigen willkommen hieß, die vor den Gräueltaten des Warlords flüchteten.

Dies entsprach ganz und gar seinem Wesen. Er dachte kaufmännisch und war pragmatisch. Er war entgegenkommend und kompromissbereit, wenn es um eine Frage des Überlebens ging. Es gab nur einen Akteur, mit dem er kein Auskommen fand.

Am 1. Oktober 1949 rief Mao Tse-tung in einer feierlichen Zeremonie auf dem Platz des Himmlischen Friedens die Volksrepublik China aus. Er gelobe, so seine Worte, China nach einem Jahrhundert voller Demütigungen, das mit Beginn des Opiumkriegs 1839 seinen Lauf genommen habe, zu einstiger Größe zurückzuführen. Zu den vielen Verletzungen chinesischer Souveränität gehöre die britische Invasion Tibets in den Jahren 1903 und 1904. Mao erklärte es als sein Ziel, die Westflanke seines Reichs zu schützen und Tibet unter eiserne chinesische Kontrolle zu bringen.

Er verlor nicht viel Zeit. Am 7. Oktober 1950 überquerten rund 40 000 Soldaten der Volksbefreiungsarmee den Jangtse an seinem Oberlauf, der in etwa die Grenze zu den von der tibetischen Regierung kontrollierten Gebieten bildete. Innerhalb von zwei Wochen eroberten sie die Grenzstadt Chamdo und zwangen das tibetische Heer zur Aufgabe. Begeistert erklärte der chinesische Rundfunk die »friedliche Befreiung Tibets« für vollendet.

Aus tibetischer Sicht hätte die Invasion zu keinem ungünstigeren Zeitpunkt erfolgen können. Die Großmächte, die dem Land einige Jahre zuvor womöglich noch beigestanden hätten, gaben sich ungerührt. Großbritannien hatte 1947 in Indien seine Flaggen eingeholt und war nicht bereit, sich auf neue Verwicklungen in dieser Region einzulassen. Und nachdem Indien gerade erst seine Unabhängigkeit erlangt hatte, scheute der erste Regierungschef Jawaharlal Nehru eine Konfrontation mit Peking. Während die Mongolei nach dem Zusammenbruch der Qing-Dynastie mit der Unterstützung Russlands und später der Sowjetunion ihre Souveränität gefestigt hatte, fehlte Tibet ein solcher Schutzpatron. Den Vereinigten Staaten war zwar daran gelegen, das Einflussgebiet Chinas zu begrenzen, doch sie waren voll und ganz mit Korea beschäftigt. In einer raren Koinzidenz der Ereignisse drang die Volksbefreiungsarmee just an jenem Tag in Tibet ein, als die von den Vereinigten Staaten geführte UN-Koalition den 38. Breitengrad überquerte, um gegen die nordkoreanischen Invasionstruppen zu kämpfen, die im Sommer desselben Jahres nach Südkorea vorgedrungen waren.

Zu allem Überfluss wurde Tibet damals von einem – wenn auch äußerst intelligenten und angesehenen – Jugendlichen regiert: Tenzin Gyatso, der 14. Dalai Lama, war gerade erst 15 Jahre alt.

Die eklatanteste unter den vielen Schwächen des theokratischen Regierungssystems Tibets ist die Ernennung eines Staatsoberhaupts nach dem Prinzip der Reinkarnation. Demzufolge kann eine neue Führungsperson erst dann geboren werden, wenn die alte gestorben ist. Dadurch entsteht eine Übergangsphase, die so lange dauert, bis der kleine Junge – es war immer ein Junge – gefunden ist und das Erwachsenenalter erreicht hat. In den Jahren dazwischen besteht ein Machtvakuum, in dem das Land Bedrohungen von außen schutzlos gegenübersteht und anfällig für Rivalitäten einzelner Regenten ist.

Der 14. Dalai Lama wurde 1935 geboren. Sein Heimatdorf Taktser liegt 320 Kilometer nördlich von Ngaba im Regierungsbezirk Amdo. Er war ein Kleinkind, als eine Delegation von Mönchen auf der Suche nach dem Nachfolger des 1932 gestorbenen 13. Dalai Lama in sein Dorf kam und ihn ausfindig machte. Zuvor waren die Mönche diversen Omen gefolgt, etwa den Wellen auf der Oberfläche eines Sees, die den Anfang des Wortes »Amdo« nachzuzeichnen schienen. Die Geschichte ist so oft erzählt worden, dass sie wohl niemand mehr hinterfragen dürfte: Der frühreife Junge, der damals noch Lhamo Dhondup hieß, war in der Lage, unter den Versammelten den Leiter der Delegation zu bestimmen, obwohl der sich als Dienstbote verkleidet hatte. In der Folge unterzog man ihn Prüfungen, bei denen er aus einer Reihe von Gegenständen jene heraussuchen sollte, die dem 13. Dalai Lama gehört hatten – seine Brille, eine Trommel, Perlenschnüre und seinen Gehstock. Wiederholt sprach er, wie berichtet wird, Tibetisch im Dialekt Lhasas, den die Menschen in Amdo praktisch kaum verstehen.

So erkannte man in Lhamo Dhondup die nächste Reinkarnation einer ehrwürdigen Erblinie. (Die Bezeichnung war 1577 von Altan Khan, einem mongolischen Herrscher, geprägt worden, den ein Besuch bei einem tibetischen Lama so tief beeindruckt hatte, dass er zum Buddhismus übertrat und dem buddhistischen Lehrer den Titel »Dalai Lama« verlieh. *Dalai* bedeutet in der mongolischen Sprache »Ozean«.)

Nach zweijährigen Verhandlungen und der Zahlung eines hohen Lösegelds in Silber an Ma Bufang, der mit seinen Männern das Dorf umzingelt hatte, brachte man den kleinen Jungen in einer Sänfte nach Lhasa, wo er im Potala-Palast, einem hoch über Lhasa in den Bergen errichteten weitläufigen Gebäude – doppelt so groß wie der Buckingham-Palast –, eigene Räumlichkeiten bezog. Er erhielt gründlichen Unterricht in tibetischer Sprache und Schrift, in Philosophie und Metaphysik, über die sich buddhistische Mönche in dialektischen Debatten auseinandersetzen. Außerdem lernte er Schriften auswendig. Das wenige, was er über die Außenwelt erfuhr, stammte aus alten Landkarten, die er in seiner Bibliothek fand, und aus dem Geografieunterricht durch den österreichischen Alpinisten Heinrich Harrer, der seine Erinnerungen in dem Buch *Sieben Jahre in Tibet* veröffentlichte.

In seiner Autobiografie *Mein Leben, mein Volk* schrieb der Dalai Lama später: »Ich wusste nichts von der Welt und hatte keinerlei Erfahrung in politischen Dingen […] als ich meinem Land nach bestem Vermögen in seiner Auseinandersetzung mit der gewaltigen Macht Rotchinas ein Führer sein musste.«

Der König beobachtete die Entwicklung in Lhasa mit Sorge. Er kannte sich besser mit der Roten Armee aus als die meisten anderen Tibeter. Während seiner Erlebnisse als Jugendlicher zur Zeit des Langen Marsches hatte er ein tiefes Misstrauen gegenüber der Kommunistischen Partei entwickelt. Er sympathisierte eher mit den Nationalisten, die wegen der kommunistischen Ablehnung des Islam auch von Ma Bufang und anderen muslimischen Warlords unterstützt wurden.

Der König beklagte, dass die Tibeter unentwegt mit internen Fehden beschäftigt waren und etwa Rivalen beschuldigten, Karawanen zu überfallen oder Land und Vieh zu stehlen. Die Mei befanden sich in einem regelrechten Krieg mit den Chukama, einem feindlichen Clan, und waren sogar dem Komplott für ein Attentat auf den König auf die Spur gekommen.

»Wir müssen diese kleinlichen Dinge hinter uns lassen«, erklärte der König seinen tibetischen Dorfvorstehern, wann immer sich die Gelegenheit bot. »Der wahre Feind des Schneelands kommt erst noch.«

Aber der König war auch pragmatisch. Nach der Niederlage der Japaner im Zweiten Weltkrieg hatten die Kommunisten eine Schlacht nach der anderen gewonnen, und als sich abzeichnete, dass sie den Bürgerkrieg für sich entscheiden würden, wechselte er entschlossen die Seiten. Peng Dehuai, Maos höchstem General in Sichuan, schickte er nicht nur Geschenke wie Moschus und ein Hirschgeweih, sondern gab ihm auch das feierliche Versprechen, ihn zu unterstützen. Sodann half er der Kommunistischen Partei, die in Sichuan noch kämpfenden versprengten Soldaten der Nationalisten, mit denen er zum Teil auf gutem Fuß gestanden hatte, zu umzingeln. Als die Volksbefreiungsarmee in Ngaba und Dzorge ihre Stützpunkte einrichtete, sandte er den chinesischen Soldaten ganze Karawanen mit Lebensmitteln.

Im Gegenzug überschütteten ihn die Chinesen mit Titeln und Ehrungen. Nach den Regeln der überbordenden chinesischen Bürokratie wurde der Mei-König zugleich Vizegouverneur von Ngaba, Stellvertretender Leiter des Volkskomitees der Provinz Sichuan, Stellvertretender Vorsitzender des Politischen Konsultativkongresses des Chinesischen Volkes in der Provinz Sichuan sowie Abgesandter auf dem ersten, zweiten und dritten Nationalen Volkskongress. Außerdem holte man ihn in das Vorbereitende Komitee für das Autonome Gebiet Tibet, das nach den Vorgaben der Kommunisten die neue Verwaltung Tibets zusammenstellen sollte.

1951 wurde eine tibetische Abordnung nach Peking berufen und unter Druck dazu bewogen, das sogenannte Siebzehn-Punkte-Abkommen zu unterzeichnen und damit Tibets Unabhängigkeit aufzugeben. »Das tibetische Volk soll in die große Familie des Mutterlandes zurückkehren, in die Volksrepublik China«, heißt es in seinem ersten Punkt. Das Land sollte auf seine Armee und das Recht auf unabhängige Beziehungen zum Ausland verzichten. Im Gegenzug wurde zugesichert, dass es unmittelbar zu keinen gesellschaftlichen Umbrüchen kommen werde. »Der Glaube und die religiösen Sitten und Gebräuche des tibetischen Volkes sollen respektiert werden.«

Sodann startete Mao eine Charmeoffensive. Anders als gemeinhin angenommen, waren die frühesten Jahre unter der Herrschaft der Kommunisten in Lhasa eher harmlos. Die dortigen chinesischen Soldaten hatten einen strengen Verhaltenskodex zu befolgen. Sie mussten für alles mit Silbermünzen bezahlen anstelle von Geldscheinen, die die Tibeter nicht mochten. Sie sollten den Mönchen Almosen geben und der buddhistischen Religion respektvoll begegnen. Mao lud den Dalai Lama nach Peking ein und gab sich gegenüber dem für Eindrücke empfänglichen Jugendlichen als jovialer älterer Staatsmann, der ihm beratend zur Seite stand.

»Seine Erscheinung verriet nichts von seiner geistigen Macht«, schrieb der Dalai Lama später über Mao. Er bemerkte seine ausgefransten Hemdmanschetten, seine nachlässige Kleidung und sein schweres Atmen. »Dennoch fesselte seine Art zu reden ganz sicherlich Verstand und Fantasie seiner Zuhörer und erweckte den Eindruck von Wohlwollen und Offenheit.« Aus seiner Verurteilung jeglicher Religion machte Mao keinen Hehl. Einmal rückte er näher an den Dalai Lama heran, um ihm ins Ohr zu flüstern: »Ich verstehe Sie sehr gut. Aber Religion ist selbstverständlich Gift.« Dennoch glaubte der Dalai Lama Maos Versprechen, sich nicht in die Glaubensfragen der Tibeter einmischen zu wollen. »Ich war auch sicher, dass er selbst niemals Gewalt anwenden würde, um Tibet in einen kommunistischen Staat umzuwandeln«, schrieb der Dalai Lama.

Auf einer Rundreise zeigte man dem Dalai Lama all die Errungenschaften des modernen China – Fabriken, Werften, Straßen und Schulen. Anschließend konnte er Mao »wahrheitsgemäß sagen«, dass er durch die Aufbauprojekte, die er gesehen habe, sehr beeindruckt sei und sich stark dafür interessiere. Am meisten aber beeindruckten ihn Maos Ansichten über eine gerechte Gesellschaft.

Wie viele andere tibetische Intellektuelle ertappte sich der Dalai Lama, wie er zustimmend nickte, wenn Kommunisten den Reichtum der Klöster und Adligen anprangerten und auf die bittere Armut ihrer Untertanen verwiesen. In späteren Jahren gestand er in Interviews unter anderem auch mir, im Herzen ein Sozialist zu sein. Die marxistische Botschaft der Gerechtigkeit vertrage sich gut mit dem zentralen Stellenwert des Mitgefühls bei den Buddhisten. Die Lücken in seiner eigenen Ausbildung überzeugten ihn von der Notwendigkeit, in Tibet mehr Schulen einzurichten. Am meisten störte den Dalai Lama an Mao, dass er zu viel rauchte.

Doch ihm war bewusst, dass Tibet Reformen, Entwicklungsprojekte und Modernisierung brauchte. Tibets Institutionen und sein Heer waren im 20. Jahrhundert nicht mehr zeitgemäß, denn sonst hätten die Chinesen das Land nicht so leicht erobern können. Viele gebildete Tibeter fühlten sich von den kommunistischen Ideen angezogen. Das galt auch für den Panchen Lama, der die Partei anfangs begeistert begrüßt hatte.

Um sich seine Loyalität zu sichern, wurde neben anderen einflussreichen Tibetern und wichtigen Repräsentanten auch der Mei-König als Abgesandter zum ersten landesweiten Parteikongress eingeladen. Mit großer Geste präsentierte man auch ihm die Errungenschaften des modernen China. »Sie gaben sich alle Mühe, uns zu beeindrucken. Wir bekamen das Beste zu essen und hatten die schönsten Zimmer«, sagte Jamyang Sonam, ein 80-jähriger Mönch im Kloster Kirti, der an einer dieser Reisen teilnahm. »Wir sollten, wie sie sagten, unseren Leuten zu Hause erzählen, was wir gesehen hatten, wie fortschrittlich China und wie gut das Leben im Kommunismus sei.«

Der Mei-König aber ließ sich nicht so leicht überzeugen. Dies spiegelt sich in dem Foto, das ihn 1954 mit dem Dalai Lama und dem Panchen Lama bei seinem Besuch in Peking zeigt. Die beiden Mönche – der 18-jährige Dalai Lama, ein bebrillter, schlaksiger Jugendlicher, und der mondgesichtige Panchen Lama, mit seinen 16 Jahren bereits rundlich – zeigen ein, wenn auch schüchternes, Lächeln. Der zwei Jahrzehnte ältere und eher skeptische König steht hinter ihnen und hat missmutig die Brauen zusammengezogen, als würde er bereits ahnen, welches Unheil seinem Königreich bevorstand.

1956 gestatteten die chinesischen Autoritäten dem Mei-König die Reise nach Lhasa zur Gründungssitzung des Vorbereitenden Komitees für das Autonome Gebiet Tibet. Pflichtbewusst wohnte er den Versammlungen bei. Aber er folgte auch dem traditionellen Weg der Pilger; Palgon Rapten Tinley besuchte die großen Klöster Lhasas – Ganden, Sera und Drepung – sowie das Kloster Tashilhunpo in Shigatse. Außerdem hatte er eine Audienz beim Dalai Lama, der ihm sieben goldene Statuen und ein Gebetsbuch schenkte.

Er hatte diese Reise mit der gesamten Familie angetreten. Gonpos Erinnerungen nach war dies der erste Familienurlaub überhaupt, der allerdings darunter litt, dass ihre Schwester an einem, wie sich herausstellte, chronischen Magenleiden erkrankte. Sie erklommen die endlosen Stufen bei Klosterbesuchen hoch in den Bergen, legten ihren Gastgebern weiße, *Khata* genannte Seidenschals um und warfen sich vor unzähligen Statuen des Buddha und seiner Bodhisattvas nieder. Gonpo hatte keine Ahnung, dass diese unübersehbaren Glaubensdemonstrationen auch als Tarnung geheimer Treffen ihres Vaters mit Repräsentanten der Klöster dienten.

Der König traf Vorbereitungen für die Zukunft, er verteilte das Vermögen seiner Familie und tätigte große Spenden an die Klöster Zentraltibets. Seine Ländereien sollten an das Kloster Kirti übergehen. Den Besuch beim Dalai Lama nutzte der König zudem, um den jungen Mann auf die von den Chinesen im Osten Tibets verursachten Probleme aufmerksam zu machen.

Im 1951 geschlossenen Siebzehn-Punkte-Abkommen hatte die Partei zugesichert, Tibet den Kommunismus nicht mit Gewalt aufzwingen zu wollen. Nun behaupteten die Chinesen hartnäckig, dies gelte lediglich für die einstigen Gebiete der Lhasa-Regierung, was die östliche Hälfte der Hochebene, in der die meisten Tibeter lebten, ausschloss. Schon 1956 begannen die Kommunisten, in Teilen der Provinz Sichuan Land zu konfiszieren.

Bei der Rückkehr des Königs nach Ngaba zeigte sich, wie berechtigt seine Befürchtungen gewesen waren. Die Chinesen forderten die Tibeter auf, ihnen sämtliche scharfen Waffen zu übergeben. Einige Hitzköpfe in Meruma, darunter auch ehemalige

Generäle des Königs, weigerten sich und wollten lieber kämpfen. Der König aber blieb fest bei seinem Entschluss. Er war sich der überlegenen Kampfkraft der Volksbefreiungsarmee schmerzlich bewusst. Selbst in den 1930er-Jahren, als sich die chinesischen Soldaten in Lumpen und halb verhungert auf dem Rückzug befanden, hatten sie den Tibetern in Ngaba ohne große Anstrengungen eine Niederlage zugefügt. Nun waren sie kampferprobt und fochten ihre Schlachten in mechanisierten Einheiten und mithilfe von Panzern und Flugzeugen. Der König riet seinen Generälen, die Anweisungen der Chinesen zu befolgen und ihnen ihre Waffen zu überlassen. Als sie Widerstand leisteten, schickte er eigene Abgesandte aus und sammelte ihre Gewehre und Pistolen ein, 5000 an der Zahl.

Der König blieb fügsam bis zum Ende; pflichtschuldigst folgte er den Weisungen der Kommunistischen Partei. Er diente in ihren Komitees, er besuchte ihre Tagungen und Versammlungen. Im Sommer 1958, als Gonpo, ihre Mutter und ihre Schwester den Tod des Onkels betrauerten, berief man den König in die Verwaltungsstadt des Regierungsbezirks nach Barkam. Anlass war eine angeblich dringende Besprechung, doch es handelte sich um eine oft erprobte List der Partei, mit der sie jene fortlockte, die ihr im Weg standen. Nachdem der König zu der vermeintlichen Besprechung aufgebrochen war und die Stadt verlassen hatte, beschlagnahmte die Armee seinen Palast und brachte seine Familie aus Ngaba fort. Nun standen die Herrscher nicht länger im Weg, und die Kommunisten konnten mit ihren einstigen Untertanen machen, was sie wollten. Es sollte ihnen weitaus schlechter ergehen als zuvor.

Zusammenbruch
der Zeit

1958

Amdo Delek wurde am 15. August 1949, sechs Wochen vor der Proklamation der Volksrepublik China, in Meruma geboren. Meruma ist jenes Dorf, das von allen anderen am stärksten mit dem Reich der Mei assoziiert wird. Das besagt allein schon sein Name, der grob übersetzt »Wohnstatt der Mei-Stämme« bedeutet. Ein Großteil der arbeitsfähigen Männer stand in irgendeiner Funktion im Dienst der Herrscherfamilie, sei es am Hof, im Heer oder als Hirten der Yak- und Rinderherden des Königs. Deleks Vater, Ratsang Wangchen, war ein berühmter General. 1935 hatte er die furchtlosen Soldaten befehligt, die der Roten Armee Widerstand leisteten, als sie über den Pass in der Nähe des Klosters Amchok Tsenyi ins Land vorrückte. Dies war das einzige Mal, dass die zahlenmäßig unterlegenen Tibeter eine Schlacht gegen die Chinesen gewannen, und Deleks Vater galt seitdem als Kriegs-

Amdo Delek als Erwachsener.

held, obwohl die Rote Armee nach Eintreffen der Verstärkung letztlich siegte. Der General starb bereits mit Ende 50, als Delek noch ein Kleinkind war, überraschend an einem Herzanfall. Die Familie brachte seinen Leichnam auf einem Yak zum Berg hinter dem Kloster Amchok Tsenyi, an dem er so tapfer gekämpft hatte. Dort führte man die traditionelle Himmelsbestattung durch – die Leiche wurde zerteilt und den Geiern überlassen. (Vielen mag dies grausam anmuten, doch es ist eine der ökologischsten und saubersten Bestattungsmethoden: Der Körper wird wieder der Natur überlassen, ohne das Land aufzugraben, das Wasser zu verschmutzen oder für die Verbrennung einen Baum zu fällen.)

Später sammelte Deleks schmerzerfüllte Mutter die verbliebenen Knochen ein, um sie in Lhasa segnen zu lassen. Wie viele der tiefgläubigen Pilger legte sie den Weg nach Lhasa zu Fuß zurück, mit den regelmäßigen rituellen Niederwerfungen. Da diese Reise über zwei Jahre dauerte, blieb der kleine Delek praktisch als Waisenkind in Meruma. Er kam bei den Großeltern mütterlicherseits unter, teilte nachts das Bett mit seiner Großmutter und nuckelte an ihren verschrumpelten Brüsten.

Delek war ein unauffälliger schmächtiger Junge, klein und in jeder Hinsicht zierlich, bis auf die abstehenden Ohren und die Nase, die breit wie ein Spaten wurde, als er das mittlere Lebensalter erreichte. Diese Nase lief ihm ständig, als er ein Kind war, und weil er sich den Rotz mit dem Ärmel seines Schaffellgewands abwischte, hatte er immer ein schmutziges Gesicht.

Trotzdem fühlte sich Delek in der Kindheit als etwas Besonderes, weil seine Angehörigen Verbindungen zum König hatten. Ein Onkel aus der Familie seiner Mutter diente ebenfalls als General, und einer seiner Vettern war Minister. Nach dem Tod seines Vaters wurde Delek von einem Verwandten zu einer Audienz beim Mei-König gebracht. Als man sie in den Palast vorließ, fanden sie den König nicht in einem offiziellen Empfangsraum oder einem Büro, sondern im Kreis seiner Berater in der Küche. Er trug eine schwarze *Chuba* mit einem weißen Hemd und einen dicken Knoten aus Zöpfen auf dem Hinterkopf. Außerdem, und daran erinnert sich Delek am lebhaftesten, war er schon fast unnatürlich blass, ganz anders als die Tibeter, die im Freien arbeiteten. Der König legte Delek liebevoll die Hand auf den Kopf und gab ihm ein hufeisenförmiges Bonbon aus Melasse.

Meruma liegt rund 23 Kilometer östlich von Ngaba an der Nationalstraße 302 nach Chengdu. Damals lebten in dem Dorf etwa je zur Hälfte Ackerbauern und Hirten. Die Bauern wohnten abseits der Hauptstraße in relativ flachem Gelände, das mit 3600 Metern Meereshöhe auch gerade noch tief genug für den Anbau von Gerste lag, dem Getreide, das am besten an das Hochgebirge angepasst ist. Die Hirten oder *Dropka* werden oft als Nomaden bezeichnet, dabei sind sie während der langen Wintermonate von September bis Juni sesshaft. Nur in der restlichen Zeit schlagen sie auf den Sommerweiden in den Bergen ihre schwarzen Filzzelte auf und ziehen alle paar Wochen weiter, um ihr Vieh zu Wiesen mit frischem Gras zu führen.

Die beiden Gemeinschaften, die Ackerbauern und die Viehzüchter, waren aufeinander angewiesen: Die Hirten versorgten die Haushalte mit Butter, Käse und Fleisch, und die Ackerbauern lieferten das Getreide.

Deleks Familie wohnte in einem Viertel namens Serda oder »Goldhügel« – hinter den Verwaltungsgebäuden, wo das Gelände sanft anzusteigen beginnt. Die Häuser in diesem Teil von Meruma waren aus Stampflehm gebaut und von Begrenzungsmauern umgeben – quasi kleinere Ausgaben des Königspalasts.

Im Laufe des Jahres 1958 fiel Delek auf, dass er immer weniger Männer im arbeitsfähigen Alter sah. Kurz darauf galt dies auch für die Frauen. Irgendwann erfuhr er, dass viele – darunter auch sein älterer Bruder und ein Onkel – festgenommen worden waren. Was man ihnen vorwarf, sollte er nie erfahren. Andere waren geflüchtet. Nach einiger Zeit gab es in seiner Umgebung nur noch Alte und Kinder.

Damals konnte Delek noch nicht verstehen, dass die Kommunistische Partei im Begriff war, das erste ihrer höchst ehrgeizigen und unausgegorenen Konzepte zur Umformung der tibetischen Gesellschaft umzusetzen. Im Vorfeld hatten Staatsvertreter all jene aus dem Verkehr gezogen, bei denen sie mit Widerstand rechneten. In anderen Teilen Sichuans, wo man diesen Prozess bereits Mitte der 1950er-Jahre eingeleitet hatte, war dieses Konzept nicht gut aufgenommen worden. Bei den Khampa – Angehörige der Kham, die so stolz waren, dass der Name schon fast gleichbedeutend mit dem Begriff »Krieger« war – hatte die Zwangskollektivierung zu Aufständen geführt. Um in Ngaba nicht den gleichen Fehler zu begehen, bot die Regierung Haushalten, die freiwillig ihre Waffen abgaben, anfangs Straffreiheit an. Als nur wenige diesem Aufruf folgten, wurde der König aufgefordert, die Maßnahme umzusetzen.

Unter allen Anweisungen des Königs war dies die unbeliebteste. Die Tibeter hatten ein ambivalentes Verhältnis zu Waffen. Obwohl sie sie aus religiösen Gründen ablehnen, besaßen die meisten Haushalte mindestens ein Gewehr, und sei es nur eine alte Muskete oder Flinte aus dem 19. Jahrhundert, die aber immer noch taugte, um jemanden umzubringen. Nach Jahrzehnten der Rivalitäten unter Lehensherren und der Auseinandersetzungen mit Warlords gab es im Hochland ältere Schusswaffen zuhauf. Wie einst im Wilden Westen litt man unter Banditen oder gar ganzen Stämmen, die sich darauf verlegt hatten, Reisekarawanen auszuplündern, und wer unterwegs nicht auf Räuber stieß, traf womöglich auf Wölfe oder Bären. Gelegentlich gingen die Tibeter zur Ergänzung ihres Speiseplans auch selbst auf die Jagd und schossen Kleinwild wie Murmeltiere.

Selbst bei den Militärberatern des Königs regte sich Widerstand gegen die Anweisung zur Entwaffnung. Unter ihnen war Meigang Jinpa, ein angesehener und offenherziger Mann, der Gatte von Deleks Tante. Als er eines Tages durch die engen Gassen auf das Kloster Kirti zustrebte, um seinen Bruder, einen

Mönch, zu besuchen, ertönten plötzlich Schüsse. Im nächsten Augenblick wurde er getroffen. Er verband seine offene Bauchwunde notdürftig mit der Schärpe seiner *Chuba* und taumelte zum Kloster, wo er in den Armen eines Angehörigen zusammenbrach. Zwar hatte Meigang Jinpa den Attentäter nicht gesehen, doch er hegte den Verdacht, dass er von den Kommunisten auf ihn angesetzt worden war, um ihn an der Organisation des Widerstands zu hindern.

»Sie haben nichts Gutes im Sinn. Wenn wir uns nicht wappnen, werden sie alles zerstören, was wir haben«, sagte er dem Angehörigen noch, bevor er starb.

Im Laufe der Zeit konnte man die Augen vor der Anwesenheit der herrschenden Kommunistischen Partei nicht mehr verschließen. In den Landkreisen Ngaba und Dzorge standen mittlerweile zahlreiche Militärkasernen – Kasernen wie solche, die der König einst mit Lebensmitteln beliefert hatte, als er noch ein Auskommen mit der Regierung suchte.

Nun traf man überall in der Stadt auf Han-Chinesen – Ingenieure, Landvermesser, Lehrer und Beamte. Delek verfolgte gespannt, wie die chinesischen Bautechniker die Grasebenen mit einem Netz von Straßen durchzogen, die Ngaba mit Chengdu verbanden. Einige führten geradewegs durch sein Dorf, und Meruma war nicht länger der abgeschiedene Ort von einst. Einige Tibeter meinten, die Straßen würden ihr Leben erleichtern, doch andere warnten, sie seien in Wirklichkeit nur gebaut worden, damit Militärfahrzeuge anrollen könnten.

An einem kalten Nachmittag im Spätherbst 1958 spielte Delek im Garten vor dem Haus seiner Großeltern, als die Hunde mit wüstem Gebell die Ankunft unerwarteter Besucher ankündigten. Als er durchs Tor spähte, sah er Männer – Tibeter und Chinesen –, die über die Anhöhe auf das Haus zuritten. Sie hatten gute Pferde und teure Kleider – neue Schaffellumhänge und mit Brokat abgesetzte Mäntel, die so elegant waren, dass sie nur aus dem beschlagnahmten Bestand reicher Tibeter stammen konnten. Sie hatten auch Gewehre bei sich, besaßen somit sicher offizielle Befugnisse, da die normalen Tibeter ihre Waffen bereits abgegeben hatten.

Während sie ihre Pferde vor dem Haus an Pflöcke banden, huschte Delek in den Korb, in dem seine Großmutter die Wäsche transportierte. Trotz seiner neun Jahre war er noch so klein, dass er hineinpasste und nicht mehr gesehen wurde.

Er roch Rauch, was auf ein Feuer in der Nähe hindeutete. Sogleich kam, wie er hörte, seine Großmutter aus dem Haus, um die Hunde anzubinden. Trotz ihres fortgeschrittenen Alters und ihrer gebückten Haltung bewegte sie sich rasch. Einige Wochen zuvor hatten Besucher von der Regierung den Nachbarshund erschossen, und dieses Schicksal wollte sie ihren Tieren ersparen. Die Hunde bellten weiter, doch die Reiter schrien über den Lärm hinweg.

»Her mit eurem Gold, her mit eurem Silber. Wir wissen, dass ihr es unter dem Fußboden versteckt habt.« Dies brüllte einer der Männer auf Tibetisch, ehe er es für die Chinesen, die offenkundig das Kommando hatten, übersetzte.

Delek hörte klatschende Hiebe, die, wie es schien, kein Ende nahmen. Darüber gellten die Schreie seiner Großeltern. Sein erster Impuls war, sein Versteck zu verlassen und ihnen beizustehen. Aber er war noch so klein, und er hatte Angst. Er wagte nicht zu weinen. Damit ihm kein Laut entwich und ihn verriet, schob er sich die Faust in den Mund. Doch unentwegt strömten ihm die Tränen über die Wangen.

Als er endlich die Männer den Abhang hinunterreiten hörte, sprang er aus dem Korb, rannte ins Haus und warf sich seiner Großmutter in die Arme. Vor lauter Glück, sie zu sehen, bemerkte er nicht, dass sie am Kopf blutete. Sie trug gewöhnlich die traditionelle Frisur der Tibeterinnen, schmale, eng geflochtene Zöpfe, drei an jeder Seite, befestigt von einer Bernsteinspange. Die Männer hatten ihr die Zöpfe herausgerissen, ihre Kopfhaut war rot und blutverschmiert.

»Deine Haare! Großmutter, wo sind deine Haare?«, rief Delek.

»Kümmere dich nicht drum. Hilf mir mit deinem Großvater!«

Delek blickte nach oben. Die Männer hatten seinem Großvater die Arme hinter dem Rücken zusammengebunden und das Seil dann über die hölzernen Querbalken des Hauses geworfen, sodass ein provisorischer Flaschenzug entstand. Mit Seilen umwickelt hing der Großvater von der Decke.

Die Großmutter konnte ihn nicht herunterlassen, Delek aber war wendig. Hastig holte er Schemel und Messer, dann kletterte er nach oben, um die Fesseln zu durchschneiden. Vorsichtig ließen die beiden den alten Mann zu Boden gleiten, wo er halb bewusstlos in sich zusammensank. Die Seile hatten ihm ins Fleisch geschnitten, er blutete. Deleks Großmutter bettete seinen Kopf in ihrem Schoß und fütterte ihn mit *Tsampa*-Brei, und Delek rieb ihm die Füße.

Das ganze Haus war von Rauch erfüllt, denn noch immer glimmte all das, was die Männer in die Flammen geworfen hatten. Deleks Großeltern waren belesen und besaßen eine ausgesuchte Sammlung buddhistischer Texte, von Hand und oft mit Gold- oder Silbertinte geschrieben – gleichermaßen Kunstwerke wie heilige Bücher. Auch kostbare, in seidenen Beuteln aufbewahrte und von einem Lama gesegnete Pillen, Kräuter und Mineralien waren in Flammen aufgegangen, sowie die Haarspangen seiner Großmutter für die Zöpfe, die sie nun nicht mehr besaß.

Dies war der Beginn dessen, was die Chinesen als »Demokratische Reformen« bezeichneten – eine Umverteilung des Landes aus dem Besitz des Adels und der Klöster an die Armen. In sozialistischen Schriften wurde dabei ein schrittweises Vorgehen empfohlen, wonach sich die Menschen zunächst in kleinen Gruppen für gegenseitige Hilfe organisieren sollten, um gemeinschaftliches Arbeiten zu erlernen. Daraus sollten nach und nach die Kollektive und schließlich die Volkskommunen entstehen. Aber die Hardliner in der Partei drängten zur Eile, und auch Mao war ungeduldig. 1955 klagte er in einer Rede, dass »einige unserer

Genossen sich mit Trippelschritten vorwärts bewegen wie eine Frau mit gebundenen Füßen«.

Die Kommunisten hatten Feudalismus und Imperialismus als die schlimmsten aller gesellschaftlichen Übel identifiziert. Nun standen sie vor dem Dilemma, wie sie den Feudalismus zerstören sollten, ohne selbst zu Imperialisten zu werden. Sie konnten den Tibetern »Reformen« nicht einfach aufzwingen. Wenn sie ihrer hochtrabenden Propaganda gerecht werden wollten, mussten sie erreichen, dass die Tibeter freiwillig und freudig Reformen durchführten. Um dafür zu werben, schickten sie junge chinesische Rekruten ins Land, die oft noch nicht mal die Oberschule abgeschlossen hatten. Diese jungen Kader hielten Vorträge über die Korruptheit der Aristokratie wie auch der Klöster, die ebenfalls in beträchtlichem Umfang Land besaßen. Delek kann sich noch gut an ihre Reden erinnern.

»Ihr werdet euer eigener Herr sein«, versprachen die Chinesen ärmeren Tibetern. »Wir werden die feudalen Grundbesitzer stürzen.«

»Dies ist das Ende eurer Ausbeutung.«

»Religion ist Aberglaube. Ihr betet zu Götzen.«

Auf die Erhebung der Massen warteten sie jedoch vergebens. Mit ihren Versprechungen erreichten sie allerdings jene Tibeter, die hofften, durch umverteilte Reichtümer ihre Lebensumstände verbessern zu können. Menschen, die in die Kommunistische Partei eintraten, liefen im Chinesischen unter der Bezeichnung *Jiji fenzi*, was grob übersetzt »Aktivist« bedeutet. Die Tibeter nannten sie *Hurtsonchen* – die unterste Kategorie jener Kollaborateure, die Nachbarn denunzierten und zusammenschlugen, wenn sie sich den Vorschriften der Kommunisten widersetzten. Zur Belohnung durften die *Hurtsonchen* plündern und bei reicheren Landsleuten Kleider, Schuhe und Haushaltsartikel requirieren. Dinge von echtem Wert aber gingen an die von der Partei geleiteten Volkskommunen, die sich als weit gieriger erwiesen als die schlimmsten Feudalherren.

Tibeter jener Generation bezeichnen diese Phase schlicht als *Ngabgay* – '58. Wie 9/11 ist es das numerische Kürzel für eine Katastrophe, die so überwältigend war, dass sie sich in Worten auf keinen Nenner bringen lässt. Es gibt allerdings metaphorische Wendungen; manche bezeichnen sie als *Dhulok*, was etwa der »Zusammenbruch der Zeit« bedeutet, oder sagen eindringlich: »Als Himmel und Erde die Plätze tauschten«.

Die »Demokratischen Reformen« in Osttibet überschnitten sich teilweise mit dem »Großen Sprung nach vorn«, Maos fehlgeleitetem Versuch, die chinesische Wirtschaft mit einem Gewaltakt in Fahrt zu bringen. Wie bei so vielen Verhängnissen war die treibende Kraft dahinter blindwütiger Ehrgeiz. Mao, der Utopist, wollte nicht nur eine neue Gesellschaft schaffen, sondern auch einen neuen, besseren Menschen. Er glaubte, der Einzelne sei imstande, eigene Wünsche im Interesse des großen Ganzen zu transzendieren und durch kollektives Handeln den individuellen Lebensstandard und die Wirtschaftsleistung des Landes zu erhöhen. Dies sollte erreicht werden, indem man 700 Millionen Menschen in landwirtschaftliche Kooperativen trieb.

Selbst einem so jungen Menschen wie dem kleinen Delek war klar, dass Maos Reformen scheitern mussten. Die chinesischen Kader, die die Tibeter anleiten sollten, hatten keine Ahnung von Viehzucht und erst recht nicht vom Ackerbau in derartigen Höhenlagen. Ein Großteil der chinesischen Soldaten stammte aus flacheren Regionen und wusste nicht, dass im Tibetischen Hochland die Gerste die alleinige Getreideart war, dass weit oben keinerlei Feldfrüchte mehr gediehen und man die Flächen besser als Weideland nutzte.

Wie trunken von Maos mahnenden Aufrufen ignorierten sie das Wissen der Menschen, die das Land über Generationen hinweg ernährt hatte, und bezeichneten die Tibeter als rückständig. »Da die Han das Bollwerk der Revolution sind [...] ist jede ablehnende Haltung gegenüber der Unterweisung durch das Volk der Han und der Hilfe durch das Volk der Han grundlegend falsch«, hieß es in einer Propagandaschrift jener Tage. Die Halbnomaden wurden gezwungen, ihre Tiere Kollektiven zu überlassen, die sie nicht am Leben erhalten konnten, und Land zu bebauen, auf dem nie etwas gedeihen würde.

Die Folge war, dass es jahrelang zu Ernteausfällen kam und das Vieh verendete. Auf einstigen Weiden lag nach erfolglosen Anbauversuchen die nackte Furche bloß, schutzlos den Winden ausgeliefert, die über die Hochebene fegten und nur noch Staub aufwirbelten. Die kommunistischen Kader wollten nicht einsehen, dass die Tibeter für ihre Versorgung Hirten und Ackerbauern brauchten; dass sie in der Lage sein mussten, tierische Produkte und Getreide zu tauschen und folglich auf Märkte angewiesen waren. Die aber waren geschlossen. Der Kauf und Verkauf von Getreide war verboten. Interne Reisebeschränkungen, die dem Land auferlegt wurden, führten dazu, dass die Dörfer untereinander nicht mehr mit Waren handeln konnten. Als Deleks Mutter aus Lhasa zurückgekehrt war, sattelte sie manchmal mitten in der Nacht ein Pferd, machte sich auf zu einer Cousine, die in einem anderen Dorf lebte, und tauschte ein wenig Butter gegen Gerste, um ihre Familie vor dem Verhungern zu bewahren. Dieses Risiko ging sie jedoch nur wenige Male im Jahr ein.

Anders als die Han-Chinesen hatten die Tibeter praktisch nie Hungersnöte erlebt – bis auf die Jahre 1935 und 1936 während des Langen Marsches, als die Rote Armee ihre Lebensmittelvorräte requirierte. Tibeter waren immer schon arm gewesen und oft auch schlecht ernährt, weil es an frischem Obst und Gemüse mangelte, aber gehungert hatten sie so gut wie nie.

In jener Zeit gab es kaum Vegetarier unter ihnen; Fleisch war lebenswichtig in einer Umgebung, in der nur wenige Pflanzen wuchsen. Wenn es nötig war, schlachteten sie Yaks, jedoch nicht ohne sich mit einem Gebet für das Töten eines fühlenden Wesens zu entschuldigen, das unter Umständen die Reinkarnation einer ihnen bekannten Person war. Ein Yak reichte für eine Familie oft monatelang.

Yaks waren die Lebensgrundlage der Dorfbewohner. Oft kreuzten die Tibeter sie mit Rindern, und mit einem daraus geborenen *Dzomo* stand ihnen ein erstaunliches Nutztier zur Verfügung, das sieben Liter Milch pro Tag geben konnte. Vom geschlachteten Tier wurde alles verwendet, nicht nur die besten Stücke vom Fleisch. Aus der Milch machten sie Butter, die löffelweise in den salzigen Tee gegeben oder aber geklärt wurde und für Butterlampen diente, die die spirituelle Erleuchtung symbolisieren. Außerdem erzeugten sie einen Hartkäse, eine zweckmäßige Proteinquelle für unterwegs, die von den Hirten zusammen mit Dörrfleisch in den Taschen ihrer Gewänder mitgeführt wurde. Die Därme verwendete man für mit Blut oder dem Fleisch weniger köstlicher Organe gefüllte Würste, und der Magen diente als Beutel zum Aufbewahren anderer Lebensmittel. Das Fell wurde zu Schuhen, zu Teppichen und sogar zu Fellbooten verarbeitet, in denen die Tibeter auf den Flüssen ruderten. Aus den Knochen entstanden Kämme, Knöpfe und Schmuckstücke. Das lange raue Haar an den Flanken der Tiere verwob man zu Decken und Zeltbahnen. Yakdung wurde gesammelt und entweder zu Ziegeln oder zu runden Fladen geformt, um getrocknet als Baustoff oder als Brennmaterial verwendet zu werden. Nahm man den Tibetern die Tiere, nahm man ihnen Nahrung, Kleidung, Obdach im Freien und Licht.

Sämtliche Tiere von Deleks Familie – 300 Schafe und 200 Stück Vieh zusammen mit den Yaks – wurden in eine Volkskommune überführt. Dort schlachteten chinesische Muslime die Yaks mit industrieller Effizienz. Felle und Fleisch kamen gleich weg – wohin, konnte Derek damals nicht erfahren. Später stellte sich heraus, dass ein Großteil des Lammfleischs, das bei den Chinesen nicht sonderlich beliebt ist, in die Sowjetunion exportiert wurde. Waren ihnen die Fleischer zugetan, ließen sie Delek und andere Kinder hinzukommen, sodass sie mit Emailleschüsseln das Blut auffingen, nachdem sie den Tieren den Hals durchgeschnitten hatten. Mehr blieb den Tibetern nicht von dem Vieh aus ihrem einstigen Besitz. Ein Lohn wurde nicht ausgezahlt, sie bekamen lediglich Arbeitspunkte gutgeschrieben, die sie in der Kantine der Kommune gegen Essen eintauschen konnten.

Das Kochen zu Hause war verboten; Töpfe und Geschirr wurden beschlagnahmt, um Verstöße zu unterbinden. Zur Essenszeit ging Delek den Hang hinunter zum Verwaltungszentrum von Meruma, wo in einem konfiszierten Haus, das einer wohlhabenden Familie gehört hatte, eine Gemeinschaftsküche eingerichtet worden war. Dort teilte ein Koch eine Mahlzeit mit einer Konsistenz zwischen Suppe und Brei aus, füllte Deleks Einheitsschüssel aus Emaille aber immer nur zur Hälfte. Delek schlang seine Portion rasch hinunter, ehe er, noch immer hungrig, mit den anderen Kindern nach draußen eilte. Auf der Suche nach essbaren Pflanzen streiften sie durch die Berge und sammelten *Rambu*, ein blühendes Alpenkraut, und *Droma*, die Wurzel vom Gänsefingerkraut, die so ähnlich wie Süßkartoffeln schmeckt.

Delek war ein einfallsreicher Junge und hungerte deshalb auch weniger als andere. So wusste er beispielsweise, wo man Knochen finden konnte; sie wurden aufgebrochen, damit das Mark austreten konnte und man eine nahrhafte Brühe erhielt. Bei der Herkunft der Knochen war er nicht wählerisch; sie mochten von Schafen, Yaks, Hunden oder auch Menschen stammen. Zwar erinnert er sich an keinen konkreten Fall von Kannibalismus, doch niemand untersuchte allzu genau, was im Topf landete. Fand man etwas Essbares in den Bergen, wartete man mit dem Kochen, bis die Nachbarn schliefen, damit niemand den Rauch bemerkte.

Die Alten, die nur sehr kleine Rationen zugeteilt bekamen, traf es als Erste. Deleks Großvater hatte sich nach dem brutalen Vorfall in seinem Haus nie mehr vollständig erholt und starb etwa ein Jahr später. Die Familie brachte ihn zu einer Himmelsbestattung auf den gleichen Berg, auf dem sie sich schon von Deleks Vater verabschiedet hatten. Dieses Mal aber geschah es heimlich und ohne Mönche, die Gebete für ihn hätten sprechen können. Später hoben sie ein Grab aus und ließen in aller Stille eine Butterlampe abbrennen. Überall musste man mit Spionen rechnen. Die prokommunistischen Tibeter waren aufgerufen, Nachbarn mit religiöser Neigung zu melden – auch solche, die nur daheim leise ihre Gebete sprachen.

»Ihr wollt Gespenster wachrufen und sprecht mit Geistern. Das ist reiner Aberglaube«, warf man ihnen vor.

In öffentlichen Anklageversammlungen wurden harte Strafen ausgesprochen. Diese als *Thamzing* oder »Kampfsitzungen« bekannten Verfahren fanden in einem Zelt statt, das in der Nähe von Dereks Elternhaus errichtet worden war. Die herbeigeorderten Menschen erschienen mit Zimbeln, Hörnern und Trommeln – Instrumente, die in Klöstern beschlagnahmt worden waren. Da die Leute nicht darauf spielen konnten, ertönte, wie Delek sich erinnert, ein furchterregender, wüster Lärm. Delek war etwa neun Jahre alt, als er die erste Sitzung erlebte. Es ging um einen wohlhabenden jungen Mann namens Rachung Kayee, dem man vorwarf, Gold und Silber zu horten und Butterlampen zu entzünden. Man hatte ihm die Hände auf dem Rücken zusammengebunden und zerrte ihn auf die provisorische Bühne, wo man ihn schlug und trat und mit stachligen Sanddornzweigen auspeitschte, die ihm die Haut aufrissen. Delek und die anderen Kinder waren direkt vor der Bühne platziert worden, sie mussten die Fäuste in die Luft recken und zustimmend schreien. Chinesische Funktionäre sahen Zigaretten rauchend von ihren Sitzen aus zu. Das Verfahren begann um neun Uhr abends und zog sich hin bis in die Nacht. In der Folge litt Delek wochenlang unter Albträumen.

Zwar fanden andernorts in China erst mit Beginn der Kulturrevolution im Jahr 1966 gezielte Angriffe auf die Religionen statt, doch das galt nicht für den östlichen Teil des Tibetischen Hochlands. Bereits 1960 waren fast alle Klöster im Umkreis von Ngaba entweder zerstört oder enteignet. In den größten und solidesten Gebäuden Kirtis waren nun die Büros der chinesischen Verwaltung untergebracht, die kleineren dienten als Scheunen und Lagerhäuser. Die Schlafräume der Mönche mit ihren Lehmwänden waren eingerissen und dann einfach untergepflügt worden, um Feldern für Gerste und Weizen Platz zu machen. Im Kloster Se, das gegenüber dem Königspalast lag, wurden die Wohnräume der Mönche armen Familien zugeteilt, die ihre eigenen Häuser hatten verlassen müssen, weil ihr Land für Regierungszwecke beschlagnahmt worden war. Und obwohl die Mönche oft schon ab dem Alter von sieben Jahren im Kloster gelebt hatten, wurden sie vertrieben und in ihre Dörfer zurückgeschickt. Sie blieben jedoch stigmatisiert; selbst ohne ihre traditionellen Gewänder waren ihnen Fahrten in die Städte untersagt.

Delek berichtet, dass ehemalige Mönche leicht zu erkennen waren, weil sie sich in Laienkleidern sichtlich unwohl fühlten. »Sie konnten in den schweren Schaffellgewändern kaum laufen. Sie waren so unbeholfen«, sagte er.

Die Demütigung ihrer Mönche, die Zerstörung ihrer Statuen, die Verbrennung ihrer Gemälde erschütterte die Tibeter bis ins Mark. Im Buddhismus fanden sie die Rituale für den Wechsel der Jahreszeiten, für die Feier einer Geburt oder die Trauer über einen Todesfall. Die Klöster waren ihre Museen, Bibliotheken und Schulen. Man brauchte kein gläubiger Mensch zu sein, um zu erkennen, dass der tibetische Buddhismus eine Kunst hervorgebracht hatte, die auch schon mit der Pracht des Christentums im Mittelalter verglichen wurde. Die Angriffe auf ihre Religion führten zur Abkehr vieler Tibeter, die die Kommunistische Partei in ihrem Einsatz für die Abschaffung des Feudalismus und die Errichtung einer gerechten Gesellschaft ansonsten vielleicht unterstützt hätten.

Doch nicht nur die Tibeter litten. Man geht davon aus, dass zwischen 1958 und 1962 während der Kampagne »Großer Sprung nach vorn« 36 Millionen Chinesen ums Leben kamen, ein Blutzoll, der in einer Reihe mit den größten Tragödien dieses grausamen Jahrhunderts steht.

Doch so schlimm die Lage für Han-Chinesen auch war, die Tibeter traf es härter. Ihre Misshandlungen begannen früher und dauerten länger. Die chinesischen Opfer des »Großen Sprungs« waren im Wesentlichen verhungert. Zwar starben auch viele Han bei den Anklageversammlungen, doch gab es bei ihnen keine vergleichbar hohe Zahl an willkürlichen Verhaftungen. In einigen Gebieten Tibets wurden, wie es von tibetischer Seite heißt, bis zu 20 Prozent der Bevölkerung festgenommen, von denen die Hälfte in der Folge starb. Einige Gefängnisse waren kaum mehr als Gruben im Boden, in denen Hunderte von Menschen zusammengepfercht wurden.

»Waren die Leute erst mal in Haft, kamen sie nicht mehr zurück«, sagte Delek.

Je nach Quelle unterscheiden sich die Zahlen der durch die chinesische Politik bedingten Opfer unter den Tibetern allerdings erheblich. Offizielle chinesische Statistiken führen die Verstorbenen nicht nach ethnischer Zugehörigkeit auf; doch die jeweiligen Provinzdaten lassen Rückschlüsse zu. Im Jahr 1960 lag die Sterblichkeitsrate in den Provinzen Sichuan, Gansu und Qinghai – alle mit großem tibetischem Bevölkerungsanteil – bei 25 Toten auf 1000 Bewohner und betrug damit fast das Doppelte des chinesischen Landesdurchschnitts.

Der Panchen Lama, den die Kommunisten ursprünglich für ihre Sache einzuspannen versuchten, war 1962 bei einem Besuch seines Heimatorts derart entsetzt über das, was er sah, dass er dazu später anmerkte, in feudalistischen Zeiten hätten die Bettler wenigstens noch eine Schale für ihre Almosen gehabt. Er verfasste eine lange Klageschrift, bekannt geworden als die 70 000-Buchstaben-Petition, die ihm neun Jahre Haft und vier weitere Jahre Hausarrest eintrug. In dem mit der obligatorischen Anrede an den »großen, gerechten und weisen Vorsitzenden Mao« eingeleiteten Text hieß es warnend, die tibetische Volksgemeinschaft »versinkt in einen todesähnlichen Zustand«. Ihm ging es dabei um den »offenkundigen schweren Rückgang der tibetischen Bevölkerung«, den er feststellte. »Die Qualen derart akuten Hungers, wie er in der tibetischen Geschichte noch nie vorkam, hätten sich die Menschen nicht in ihren Träumen vorstellen können.«

Wohl wegen der anfänglich entgegenkommenden Haltung des Königs gegenüber den Kommunisten wurden die Tibeter in Meruma nicht ganz so schlecht behandelt, und mit der Anweisung an seine Untertanen, ihre Waffen abzugeben, hatte er womöglich ein Massaker verhindert, wie es sie in anderen Dörfern gab. In Marang, einem Ort südlich des Flusses, wurden Männer, die sich widersetzt hatten, zusammen mit ihren Familien hingerichtet, wie im Exil veröffentlichte Berichte übereinstimmend besagen. In einem heißt es:

Mein Vater ergab sich den Chinesen mit erhobenen Armen. Trotzdem erschossen sie ihn. Sie brachten ihn um, und sein Leichnam rollte den Berg hinunter. Die Soldaten liefen auf uns zu und feuerten auf uns. Ich kam nicht ums Leben, aber ich verlor das Bewusstsein. Als ich wieder wach wurde, sah ich, dass die Kugeln meine Arme und Beine getroffen hatten. Ich konnte mich nicht mehr bewegen. Meine dreijährige Schwester war tot, mein neunjähriger Bruder so schwer verwundet, dass seine Gedärme austraten.

Schilderungen wie diese sind zu zahlreich, als dass man sie ausblenden könnte. Ein westlich von Ngaba in den Bergen lebender Mönch von etwa 70 Jahren erzählte mir die qualvolle Geschichte von Menschen aus seinem Dorf, die wegen ungenügender Essensrationen zu verhungern drohten und ins Gebirge flüchten wollten, um sich als Nomaden durchzuschlagen. Die Volksbefreiungsarmee stellte ihnen nach. Man jagte sie bis zu einem Steilhang, der ihnen das Weiterkommen unmöglich machte, und feuerte aus nächster Nähe auf sie.

»Sie schossen auf uns wie auf Wölfe. Wir waren eingekesselt«, sagte der Mönch, der damals 15 Jahre alt war. Er und sein zwölfjähriger Bruder entkamen, aber zwei seiner jungen Freunde starben. Von den etwa 2000 Bewohnern seine Dorfes, so schätzt er, waren nach den 1950er-Jahren nur noch rund 500 am Leben.

Die gegenwärtige tibetische Haltung gegenüber der chinesischen Regierung lässt sich nur dann beurteilen, wenn man die Grausamkeiten berücksichtigt, die die Bevölkerung in den 1950er- und beginnenden 1960er-Jahren ertragen musste. Tibeter sprechen oft von der »chinesischen Invasion«, um dann seitens der Chinesen zurechtgewiesen zu werden, dass der östliche Teil der Hochebene seit dem frühen 18. Jahrhundert zum Reich der chinesischen Qing-Dynastie gehört hatte. Die Qing-Kaiser waren allerdings vom Volk der Mandschu aus dem Norden des Landes und nominell tibetische Buddhisten. Mit Han-Chinesen hatten sie nichts gemein.

Aber ist es letztlich überhaupt von Bedeutung? Wenn Menschen, die eine fremde Sprache sprechen, in einen Ort kommen, dort Häuser, Kleider, Schuhe und Lebensmittel beschlagnahmen, Heiligtümer zerstören, die jungen Männer ins Gefängnis werfen und alle erschießen, die sich widersetzen, gleicht es einer Invasion, ob nun dieselbe Staatsangehörigkeit vorliegt oder nicht. Die Tibeter diskutieren nicht die Feinheiten des Staatsrechts oder die Definition von Eigenstaatlichkeit – sie berichten offen und ehrlich, was sie erlebt haben.

Zur Einordnung: Die geschätzten 300 000 tibetischen Todesopfer in jener Zeit übertreffen die Zahl der von den japanischen Okkupationstruppen während des Massakers in Nanjing umgebrachten Chinesen, für die von chinesischer Seite wiederholt Entschuldigungen eingefordert wurden. Eine Entschuldigung der chinesischen Regierung ist, abgesehen von einer Passage in einer 1980 gehaltenen Rede Hu Yaobans, des liberalsten Staatschefs Chinas, nie erfolgt. Vielmehr wird das propagandistische Sperrfeuer aufrechterhalten, wonach sich die Tibeter glücklich schätzen dürfen, unter der segensreichen Herrschaft der Kommunistischen Partei zu leben.

Mit nur knapp 30 bewaffneten Männern, die in die Berge geflohen waren, um Guerillaanschläge auf die Chinesen zu verüben, war der Widerstand in Meruma relativ harmlos. Trotz ihrer zahlenmäßigen Unterlegenheit brachten sie ihnen einige Opfer bei.

Delek weiß noch, wie er um das Jahr 1959 bei der Heimkehr von der chinesischen Schule mit toten chinesischen Soldaten beladene Lastwagen sah. »Auf der Ladefläche lagen viele Leichen, und sie waren noch nicht lange tot, weil vom Lastwagen Blut tropfte«, sagte er.

Anderswo hatte der Widerstand organisatorisch wie finanziell stärkeren Rückhalt. Ende der 1950er-Jahre trat eine Widerstandsbewegung in Erscheinung, die sich Chushi Gangdruk nannte, wörtlich übersetzt »vier Flüsse, sechs Höhenzüge«, die traditionelle Umschreibung für Kham. Die Aufständischen erhielten in gewissem Umfang logistische Unterstützung und Ausbildung durch die CIA – ausreichend, um die Chinesen aufzubringen, aber nicht genug, um an den Machtverhältnissen etwas zu ändern.

Aus jüngst zugänglichen chinesischen Archivquellen geht hervor, dass die Kämpfe in dieser Phase verbreiteter und tödlicher waren als von offizieller Seite bislang zugegeben. Die beste Gesamtschau düfte noch die chinesischstämmige Wissenschaftlerin Jianglin Li liefern, die Bezirks- und Provinzarchive durchgearbeitet hat. In ihrem Buch *When the Iron Bird Flies: The Secret War on the Tibetian Plateau, 1956–1962* berichtet sie von mindestens 3000 Flugzeugangriffen der chinesischen Luftwaffe in der Provinz Qinghai. Eine Veröffentlichung mit dem Titel *The Sichuan Military Gazetteer* erwähnt »über 10 000 große und kleine Schlachten«. Widerstandsnester wurden von Panzerkolonnen mit Mörsergranaten beschossen, ganze Dörfer von der Landkarte getilgt. In ihrem Blog *War on Tibet* äußert Jianglin Li die Vermutung, dass in den Jahren nach der Umsetzung der Reformen in Osttibet mindestens 300 000 Menschen ums Leben kamen. Über Ngaba fand sie nichts in den Aufzeichnungen, aber in dem nahe gelegenen Bezirk Yushu nahm die tibetische Bevölkerung zwischen 1957 und 1963 um 41,4 Prozent ab.

Mit am bekanntesten ist ein Vorfall aus dem Jahr 1956, als sich Tausende Tibeter in das Kloster Changtreng Sampheling flüchteten, mit etwa 3000 Mönchen eines der größten der Region. Die chinesische Luftwaffe schickte einen in Russland gebauten Iljuschin-Bomber, der das Kloster ohne Rücksicht auf die darin befindlichen Menschen in Schutt und Asche legte. Lithang, ein weiteres historisches Kloster, wurde auf die gleiche Weise zerstört. Die angsterfüllten Tibeter, von denen die meisten noch nie ein Flugzeug gesehen hatten, fühlten sich beim Tod aus der Luft an die berühmte Prophezeiung eines Lamas aus dem 8. Jahrhundert erinnert: »Wenn der Eisenvogel fliegt und Pferde auf Rädern laufen, wird das Volk der Tibeter wie Ameisen in alle Welt zerstreut werden.«

In den 1950er-Jahren hoffte Mao nach wie vor, sich die Unterstützung des Dalai Lama sichern zu können, der, wie er meinte, mit seiner Popularität andere Tibeter zur freiwilligen Unterstützung des Kommunismus bewegen könnte. Obwohl die Partei dem Siebzehn-Punkte-Abkommen mehr oder weniger nachkam und sämtliche Veränderungen für Zentraltibet, die als Provokation hätten empfunden werden können, in die Zukunft verschob, hielt der verbindliche Anstrich nicht lange. Einige linke Hardliner in der Partei erachteten Maos Vorgehensweise als zu zögerlich und regten an, den Dalai Lama fallen zu lassen und auf den Panchen Lama zu setzen, der den Kommunismus anfangs deutlicher begrüßt hatte. Widerstandsaktionen in Sichuan verschärften die Spannungen. Die chinesische Regierung forderte den Dalai Lama auf, mit tibetischen Soldaten gegen die Widerstandskämpfer vorzugehen – was er mit dem Einwand ablehnte, seine Truppen würden wohl eher desertieren und sich den Aufständischen anschließen.

Zu Beginn des Jahres 1959 waren etwa 50 000 Menschen aus Ost- nach Zentraltibet geflohen und lebten in rings um Lhasa errichteten Zeltstädten. Die Flüchtlinge berichteten von Hungersnot, Verfolgung und Schändung buddhistischer Stätten und drängten gemeinsam mit ihren Freunden den Dalai Lama, die Zusammenarbeit mit der Kommunistischen Partei Chinas zu beenden.

Im März 1959 zerbrach das fragile Bündnis. Die chinesische Militärführung lud den Dalai Lama zu einer Theateraufführung ein, verlangte aber, dass er die ihn überlicherweise begleitenden Sicherheitskräfte zurückließ. Die Tibeter hielten dies für eine List, wenn nicht gar Schlimmeres. Zehntausende scharten sich um den Sommerpalast Norbulingka in der festen Absicht, den Dalai Lama zu beschützen. In der Menge wuchs der Unmut; es ertönten Rufe, die den Abzug der Chinesen aus Tibet forderten. Chinesische Soldaten verschanzten sich in ihren Militärlagern hinter Sandsäcken. Es fielen Schüsse. In der Nähe explodierten Mörsergranaten. Am 17. März 1959 verließ der Dalai Lama in Laienkleidern, mit hohen Lederstiefeln und ohne die für ihn typische Brille den Palast durch einen Hinterausgang und machte sich zu Pferd und mit einem kleinen Gefolge von Angehörigen und Beratern aus Lhasa auf den Weg ins indische Exil.

Ein echtes chinesisches
Mädchen

Nach ihrer Vertreibung aus dem Palast wurden Gonpo, ihre Mutter und ihre Schwester mit all ihren Koffern im russischen Geländewagen nach Chengdu gebracht, der Hauptstadt Sichuans. Die Fahrt über die serpentinenreichen holprigen Bergstraßen dauerte drei Tage. Fast ständig ging es bergab. In Chengdu war es heiß und stickig, überall wucherten üppige tropische Pflanzen. Gonpo fühlte sich in eine andere Welt versetzt.

Man brachte Gonpo und ihre Angehörigen in Räumen des Empfangszentrums der Nationalitäten unter, einem regierungsgeführten Wohnheim, das auf Anweisung des kommunistischen Parteisekretärs von Sichuan zum Zweck der Assimilation von Minoritäten eingerichtet worden war. Mit ihrer Vorliebe für Klassifizierungen hatten die Kommunisten das stalinistische Konzept zur Einteilung der Bevölkerung nach Ethnien übernommen. Die chinesische Regierung kam letztlich auf 56 Nationalitäten. Menschen aus Osttibet, die sich in gewissem Sinne als eigenständig

Das letzte Foto von Gonpos Familie, aufgenommen 1966, wenige Monate vor Beginn der Kulturrevolution. Nur sie (oben links) und ihre Tante (oben Mitte) sollten die Zeit überleben.

sahen, wurden mit der Bevölkerung Zentraltibets zusammenge-rechnet – was nach Ansicht einiger Experten zur Stärkung des tibetischen Nationalgefühls beitrug. Andere wichtige ethnische Gruppen waren die Uiguren, ein Turkstamm aus dem Nordwes-ten, und die Mongolen.

»Alle Nationalitäten unseres Staates haben sich zu einer gro-ßen Familie vereint«, verkündete in jenen Tagen ein Propaganda-plakat mit lachenden, rotbackigen jungen Männern und Frauen in ihrer Landestracht.

Das Empfangszentrum der Nationalitäten war eine Mischung aus Wohnheim und Hotel. Man war dort relativ ordentlich unter-gebracht. Die Familie bekam angemessene, wenn auch rationierte Mahlzeiten in einem Speisesaal im Erdgeschoss. Allerdings herrschte gelegentlich eine eher frostige Atmosphäre. Obwohl die anderen Bewohner ebenfalls ethnischen Minderheiten angehör-ten und oft auch Tibeter waren, blieben sie zu Gonpo und ihren Angehörigen auf Distanz. Es dauerte einige Wochen, ehe Gonpo sich über den neuen Status ihrer Familie und den Verlust, den sie erlitten hatten, im Klaren war.

Gonpos Mutter aß nicht gern gemeinsam mit den anderen im Speisesaal und bat Gonpo daher häufig, ihr die Mahlzeit auf ei-nem Tablett nach oben zu bringen. Als Gonpo eines Tages in die Kantine kam, wurden kommunistische Hardliner auf sie auf-merksam.

»Das ist die Tochter eines Grundbesitzers«, rief einer. Die an-deren standen auf und schlugen ihr das leere Metalltablett aus der Hand. Sie hob es auf, lief aus dem Haus und versteckte sich wei-nend hinter einem Baum – nicht so sehr, weil sie sich verletzt oder beleidigt fühlte, sondern weil sie fürchtete, dass der Vorfall ihre Mutter aufregen würde. Deshalb wartete sie, bis sie sich wie-der gefasst hatte, ehe sie das Tablett aufnahm und zurück nach oben eilte.

»Ach, ich bin gestolpert und habe es fallen lassen«, erklärte sie ihrer Mutter, als der die Beulen im Tablett auffielen. Gonpo war auf eine Rüge gefasst, aber die Mutter nickte nur. Am nächsten Tag kratzten sie ein paar Münzen zusammen und kauften sich draußen davon Brot.

Am meisten litt die Familie unter dem Umstand, dass der König über ein Jahr nicht zu ihnen zurückkehrte und sie die überwiegende Zeit nichts über seinen Verbleib wussten. Gonpos Mutter verfiel in eine tiefe Depression. Sie ging kaum noch aus dem Haus, blieb allein in ihrem Zimmer und las buddhistische Schriften. Die einst stattliche, runde Frau wurde in ihrer Trauer immer weniger.

Als der König endlich wieder zu seinen Angehörigen stieß, zog er sich zurück, war einsilbig und redete überhaupt wenig mit seiner Familie. Erleichtert über die Rückkehr ihres Mannes, erholte sich Gonpos Mutter, doch nun war es der Vater, der sein Zimmer nicht mehr verlassen wollte. Er schloss die Fenster und zog die Vorhänge zu, um die für Chengdu typische schwüle Hitze auszusperren. Seine Hände lagen die meiste Zeit gefaltet in den Ärmeln seiner *Chuba,* als wollte er sich selbst körperlichen Trost spenden. Außerdem wiederholte er die stets gleichen Mantras. Ein Arzt, der hinzugezogen wurde, fand keine körperlichen Ursachen. Später erfuhr Gonpo, dass ihr Vater in Anklageversammlungen misshandelt worden war und fast ein Jahr in einer dunklen Zelle in Isolationshaft verbracht hatte.

Als jüngstes Mitglied der Familie konnte sich Gonpo am schnellsten anpassen. Während ihre Eltern gegen ihre Dämonen ankämpften, blühte sie auf. Sie lernte Mandarin so rasch, dass es allmählich ihre Muttersprache überlagerte, und sie legte auch den gutturalen Akzent ab, der sie als Tibeterin kennzeichnete.

Obwohl sie verglichen mit den meisten Han-Chinesen rundere, etwas tiefer liegende Augen, krausere Haare und eine leicht dunklere Haut hatte, war sie von einer chinesischen Schülerin kaum zu unterscheiden, vor allem, wenn man sie in ihrer Schuluniform mit der blütenweißen Bluse und dem roten Halstuch sah. Anstelle der schmalen Zöpfe der Tibeterinnen trug sie wie die chinesischen Mädchen einen dicken Zopf am Hinterkopf. In ihrem Schulranzen lag das kleine rote Buch mit den Zitaten des Vorsitzenden Mao, inzwischen die Bibel der Nation. Einige von Maos berühmtesten Sprüchen erinnerten sie merkwürdigerweise an die Ermahnungen ihres Vaters (»Wir müssen bescheiden und umsichtig sein, uns vor Überheblichkeit und Unbesonnenheit in Acht nehmen [...]«), denen sie aus vollem Herzen zustimmte. Genau daran hatten sie sich in den letzten Jahren zu ihrem Schutz zu halten versucht. Niemand hätte vermutet, dass sie eine tibetische Prinzessin war. Sie fiel nicht auf.

Nach und nach tauchte ihr Vater aus seinem Schneckenhaus auf. Er fand seine Sprache wieder und beteiligte sich am gesellschaftlichen Leben. Auch weiterhin besuchte er demokratische Alibi-Versammlungen. Häufig reiste er nach Peking. Die zusätzlichen Essensrationen, die er erhielt – sechs Abschnitte für Mahlzeiten statt der üblichen vier –, teilte er mit der Familie und den Dienstboten. Aber Palgon Rapten Tinley war kein König mehr, nicht nur, weil er keine Macht mehr ausübte, sondern wegen des Verlusts der entsprechenden Haltung. Die Autoritätsperson trat hinter dem fürsorglichen Vater zurück. Er bestand darauf, Gonpos Hausaufgaben zu kontrollieren, die zumeist aus Arbeitsblättern für chinesische Kalligrafie bestanden. Zwar konnte er die Buchstaben nicht lesen, doch er ließ sie ein ganzes Blatt neu schreiben, wenn er auch nur den kleinsten Tintenfleck entdeckte. In der Mathematik kam er nicht mehr mit.

Gonpo tat sich nicht nur mit schulischen Leistungen hervor, sondern auch in der Gemeinschaft. Ihre Noten waren so gut, dass sie einen Platz in einer angesehenen Pekinger Oberschule bekam, die an die Universität der Nationalitäten angeschlossen war, einer Kaderschmiede für Angehörige von Bevölkerungsminderheiten. Mit Rücksicht auf ihre adlige Herkunft hatte Gonpo gelernt, sich notfalls unauffällig zu verhalten, um Situationen zu vermeiden, in denen Neid geweckt werden oder ein Konflikt entstehen könnte. Aber sie wusste auch ihren Intellekt und ihre Fähigkeiten einzusetzen, wenn sie sich bemerkbar machen wollte, wozu auch ihre klare, selbstbewusste Stimme beitrug. Für die Leitung des Kulturvereins der Schule fiel die Wahl auf sie. Diverse Kampagnen der Kommunistischen Partei – »Gelenkter Volkszorn«, »Chinesischer Weg«, »Hundert Blumen«, »Großer Sprung nach vorn« –, die nacheinander über die tibetische Hochebene hinwegrollten wie ein zerstörerisches Sommergewitter, hatte sie überstanden. Allerdings braute sich, wie so oft in China, in der Ferne bereits ein neues Unwetter zusammen. Wenn man von einem nicht erfasst wurde, dann vom nächsten.

Der Sommer des Jahres 1966 bleibt Gonpo als der glücklichste ihres Lebens in Erinnerung. Sie kam aus Peking, um die Ferien bei ihrer Familie zu verbringen. Ihre Schwester Dolma, die in einer Militärschule eine Ausbildung zur Sanitäterin absolvierte, war ebenfalls angereist, sodass die Familie vereint war. Ihr Vater konnte es nicht fassen, wie prächtig sich seine Töchter entwickelt hatten. Inzwischen erfolgreich indoktriniert durch die Kommunistische Partei – oder sich zumindest den Anschein gebend –, erklärte er Gonpo voller Anerkennung: »Maos Rotes Buch hatte einen guten Einfluss auf dich.«

Sie unternahmen Picknickausflüge. Außerdem besuchten sie ein Fotostudio, um ein Familienporträt aufnehmen zu lassen. Darauf tragen die Mädchen hochgeschlossene geblümte Kleider, im Stil der klassischen chinesischen *Cheongsams,* und die Eltern Bluse und Hemd in Blütenweiß. Der Vater sieht nicht mehr so abgezehrt aus wie auf früheren Fotos, hat rundere Wangen. Und weil er es so verlangte, lächelten sie alle in die Kamera.

In der dritten Augustwoche erhielt Gonpo ein Telegramm mit der Anweisung, unverzüglich nach Peking zurückzukehren und ihre Studien fortzusetzen. Die ganze Familie brachte sie zum Bahnhof. In Geberlaune eilte ihr Vater von einem Kiosk zum nächsten und kaufte ihr Geschenke für die Reise. Später, beim Abschied, drückte er ihr eine große Tüte mit *Mihuatang* in die

Hand, süße Küchlein aus Puffreis, eine in China verbreitete Nascherei.

»Teile sie mit den Menschen, die du im Zug triffst. Auch wenn dir selbst nur ein einziges Stückchen bleibt, musst du etwas abgeben«, mahnte er.

Als der Zug den Bahnhof von Chengdu verließ, sank Gonpo zufrieden auf ihren Sitz. Noch nie hatte sie ihren Vater so liebevoll erlebt. Erst später wurde ihr klar, dass er wohl gewusst hatte, was ihnen bevorstand. Die Kulturrevolution hatte begonnen.

Nach dem verhängnisvollen »Großen Sprung nach vorn« fürchtete Mao, dass ihm die Zügel aus der Hand glitten. Während der Kampagne waren so viele Menschen verhungert, dass es auch dem begabtesten Propagandasprecher nicht gelingen würde, darin etwa anderes als ein elendes Scheitern zu sehen. Die Beziehungen zur Sowjetunion waren seit den späten 1950er-Jahren abgekühlt. Staatschef Nikita Chruschtschow hatte die Exzesse von Joseph Stalin, Maos einstigem Bündnispartner, verurteilt, was indirekt auch als Kritik an Mao zu verstehen war. Um möglichen realen oder vermeintlichen Feinden in der Partei zuvorzukommen, instrumentalisierte Mao seine Frau, die ehemalige Schauspielerin Jiang Qing, die angesichts von Maos Vorliebe für junge Frauen ihre Macht ebenfalls schwinden sah, und initiierte eine Säuberungswelle.

Während Gonpo ihre Sommerferien in Chengdu genoss, bereitete sich Mao auf einen Kampf mit seiner eigenen Partei vor. Der Bürgermeister von Peking, der Generalstabschef der Volksbefreiungsarmee und der Leiter der Propagandaabteilung wurden aus dem Weg geräumt. Zudem stellte Mao auf aufsehenerregende Weise seine eigene körperliche Tauglichkeit zur Schau, indem er den Jangtse durchschwamm. Am Abend des 8. August verkündete das Zentralkomitee das Sechzehn-Punkte-Programm zur »Großen Proletarischen Kulturrevolution«, das im Radio verlesen und am folgenden Tag in den Zeitungen veröffentlicht wurde.

Ziel ist der Kampf gegen die Machthaber, die den kapitalistischen Weg gingen, Kritik an den »bürgerlichen, reaktionären, akademischen Autoritäten« [...] und [die] Umgestaltung des Erziehungswesens, der Literatur und der Kunst sowie all jener Teile des Überbaus, die keine detailgetreue Widerspiegelung der ökonomischen Basis seien.

Mitte August fand auf dem Platz des Himmlischen Friedens eine Reihe von Aufmärschen statt, zu denen sich rund eine Million Studenten einfanden. Sie wurden aufgerufen, die sogenannten Vier Alten zu zerstören – alte Denkweisen, alte Kulturen, alte Gewohnheiten, alte Sitten.

Kaum war Gonpos Zug in Peking eingetroffen, spürte sie die Aufregung, die in der Luft lag. Im Bahnhof wimmelte es von Schülern und Studenten, die allesamt Kappen und eine weit geschnittene, an den dürren Taillen eng geschnürte Militäruniform trugen. Die Jugendlichen waren in Gonpos Alter, also 15 Jahre oder auch jünger, und auf Maos Anweisung hin waren sie in Massen gekommen. Hier sah Gonpo zum ersten Mal die Roten Garden, die jungen Milizionäre, die demnächst ganz China auf die Zerreißprobe stellen sollten.

Überall im Bahnhof hatten sie eigenständig Kontrollpunkte errichtet und überprüften nun die Papiere der Reisenden, um deren Klassenzugehörigkeit festzustellen.

Gonpo sah, wie sie einigen Frauen, die sie angehalten hatten, äußerst grob die Haare schoren. Es mussten wohl Klassenfeinde sein. Zum Glück trug Gonpo trotz der Augusthitze eine Jacke. So stopfte sie ihren Zopf unter den Kragen und eilte durch einen Seitenausgang ins Freie.

Aus Lautsprechern plärrten Propagandaparolen. Plakate, deren Schrift immer größer wurde, pflasterten die Wände, Vorzeichen der Gewalt, die bald das ganze Land ergreifen würde.

BOMBARDIERT DIE HAUPTQUARTIERE
KRIEG DER ALTEN GESELLSCHAFT
SCHLAGT JEDEN WINDELWEICH,
DER DAS DENKEN MAO TSE-TUNGS UNTERLÄUFT

Als Gonpo an ihrer Schule eintraf, wurde ihr klar, dass sich die Lage geändert hatte und es für sie nicht leichter wurde. Zwar stammten die meisten ihrer Mitschüler aus guter Familie, doch nur wenige aus einer so illustren wie der ihren. Bis zu diesem Zeitpunkt hatten sich ihre Angehörigen einige Privilegien bewahren können; die Kommunisten verfolgten die Strategie, ehemalige Würdenträger mit Zuwendungen in Form von Naturalien zu versorgen, damit sie nicht aufbegehrten. Jetzt war Gonpos Welt erneut aus den Fugen geraten und ihre adlige Herkunft ihre größte Bürde. Ein Leitartikel in der *Chinesischen Volkszeitung* rief die Roten Garden dazu auf, die »Monster und Dämonen« hinwegzufegen. Das betraf auch Gonpo. Sie wurde gezwungen, die Leitung des Kulturvereins aufzugeben. Tagsüber hatte sie oft gesungen, ob sie nun unterwegs, beim Baden oder beim Kochen war. Das war jetzt untersagt, ebenso das Lachen und das Lächeln. Man erwartete von ihr ein Verhalten wie das einer Trauernden.

Nach und nach galten immer mehr Verbote; wenn ihre Klassenkameraden nachmittags im großen Hof Korbball spielten, durfte sie sich nicht beteiligen. Aufgrund der Klassenzugehörigkeit war es ihr verwehrt, sich den Roten Garden anzuschließen, was alle Schüler ihres Instituts anstrebten. Die übergroßen Militäruniformen der Roten Garden, die bei Jugendlichen damals in Mode waren, durfte sie nicht tragen. Einmal lieh sich Gonpo eine aus, aber die anderen Schüler bekleckerten sie mit roter Farbe. Und auch der runde rote Anstecker mit Maos Profil war für sie nun tabu. Was sie sehr schmerzte, denn sie hatte Mao ebenso verehrt wie alle ihre Klassenkameraden.

Im Januar 1967 erfuhr Gonpo, dass eine Abordnung von 15 Schülern aus Ngaba ihre Schule besuchen wollte. Die Roten Garden reisten auf Maos Geheiß durch China, um die Kulturrevolution bekannt zu machen und mutmaßliche Feinde aufzuspüren. Gonpo war so glücklich, dass sie ihre Freude kaum verbergen konnte. Einsam, wie sie war, hoffte sie auf jemanden, den sie vielleicht kannte, oder auf die Möglichkeit, unter den Menschen aus ihrer Heimatstadt neue Freunde zu finden. Geschenke zur Begrüßung hatte sie keine, aber am Abend ihrer Ankunft schürte sie im Schlafsaal ein Feuer, damit sie sich an dem kalten Winterabend aufwärmen konnten.

Als Gonpo vor der Toilette anstand, wurde sie von einer mongolischen Klassenkameradin beiseitegezogen. Sie war Mitglied der Roten Garden, trug auf ihrer Militäruniform stolz den Mao-Anstecker und gehörte zu den beliebtesten Schülerinnen. Aber sie hatte Gonpo stets nett behandelt und vor Angriffen anderer Mädchen beschützt. Als sie nun in dem zugigen Korridor vor der Mädchentoilette standen, nahm die andere ihren Mao-Anstecker ab und gab ihn Gonpo.

»Den schenke ich dir. Aber hefte ihn dir auf der Innenseite an, damit ihn niemand sieht«, sagte sie.

Wie geheißen befestigte ihn Gonpo unter ihrem dicken Mantel. Noch ehe sie sich über die unerwartete Großzügigkeit ihrer mongolischen Klassenkameradin wundern konnte, bemerkte sie das Mitleid in deren Augen. Mit leiser Stimme vertraute sie ihr ein Geheimnis an. Eigentlich hätte sie über das, was sie aufgeschnappt hatte, nicht sprechen dürfen, doch Gonpo, so fand sie, musste es erfahren.

»Deine Eltern sind nicht mehr am Leben.« Dann mahnte sie: »Weine nicht! Sie waren Konterrevolutionäre, du solltest also nicht um sie trauern.«

Im China der 1960er-Jahre verbreiteten sich Neuigkeiten eher langsam. Die Vorfälle lagen bereits drei Monate zurück. Tashi Dolma, Gonpos Mutter, hatte versucht, nach Ngaba zu fahren. Man hatte den König gebeten, einige Dokumente zu unterzeichnen, mit denen er weitere Ländereien an die Regierung übereignete, und seine Frau hatte sich bereit erklärt, die Reise stellvertretend für ihn anzutreten. Der König und die Königin arbeiteten oft gemeinsam an der Verwaltung dessen, was vom königlichen Unternehmen noch vorhanden war. Unterwegs wurde die Frau von chinesischen Beamten aufgehalten und erfuhr, dass man ihr die Weiterreise untersagte. Wohl oder übel musste sie die Nacht in Lixian verbringen, einer Bergklause an der Straße zwischen Chengdu und Ngaba in unmittelbarer Nähe des reißenden Flusses Zagunao. Sie teilte ihrem Dienstboten mit, sie wolle ihrem Gatten ein Telegramm schicken und ihn um Anweisungen bitten. Als der Diener sie am nächsten Morgen aufsuchen wollte, stand ihre Zimmertür offen. Von der Königin fehlte jede Spur, nur die Schärpe ihres Gewands lag im Badezimmer noch am Boden.

Der König geriet in Panik, als er vom Verschwinden seiner Frau hörte, und brach aus Chengdu auf, um nach ihr zu suchen. Auch wenn diese Ehe arrangiert worden war, war seine Frau für ihn die beste Freundin und Partnerin und seine einzige treue Verbündete.

Die Suche blieb erfolglos; er fand nichts, was ihn zu der vermissten Königin führen könnte. Irgendwie wusste er, dass weitere Nachforschungen zwecklos waren. Sie war mit Sicherheit tot. Weil er einen längeren Aufenthalt in Lixian für zu gefährlich hielt, machte er sich auf den Rückweg nach Chengdu, kam jedoch nur bis nach Wenchuan (jener Stadt, die 2008 als Epizentrum eines der schwersten Erdbeben in jüngerer Zeit weltweit bekannt wurde). An jenem Abend sprang der König von einer Brücke und ließ nichts weiter zurück als seine *Gyasha*, die bestickte tibetische Kappe. Angehörige erzählten Gonpo später, dass er bereits vor dem Verschwinden seiner Frau äußerst niedergeschlagen gewesen war. Man hatte ihn unter Druck gesetzt, erwartete von ihm, den Dalai Lama zu denunzieren und eine Stelle in Peking anzunehmen, die ihn zu einer Marionette der Kommunisten gemacht hätte.

»Ich bin nutzlos geworden. Es gibt nichts, was ich für mein Volk noch tun kann«, hatte er wenige Tage zuvor zu seiner Schwester gesagt. Die Familie ging von einem Selbstmord aus; es gab aber auch Tibeter, die sich zuraunten, er sei in den Fluss gestoßen worden.

Was Gonpos Mutter betraf, wurde sie weder lebendig noch tot je gefunden.

Nachdem Gonpo vom Tod ihrer Eltern erfahren hatte, musste sie gleich am Morgen danach in der Schule bei einer öffentlichen Anklageversammlung anwesend sein. Im Hof hatten sich die Jugendlichen eingefunden, und vor ihnen standen die Roten Garden und riefen revolutionäre Parolen.

»Sei ehrlich, und die Regierung wird Nachsicht walten lassen«, schallte es ihr einstimmig entgegen. Gonpo bemühte sich, den Rat ihrer mongolischen Freundin zu befolgen: Weine nicht. Tu so, als wüsstest du nichts. Schwimm mit dem Strom. Gonpo mischte sich unter die anderen und schrie die Parolen so laut sie konnte, um den inneren Schmerz zu übertönen – bis sie begriff, was vor sich ging: Sie selbst war Gegenstand der Anklageversammlung.

Die Delegation aus Ngaba – eben jene Schüler, mit denen sich Gonpo so gern anfreunden wollte – hatte eine lange Liste mit Anschuldigungen gegen sie dabei.

»Dein Vater besaß einen Fernschreiber in eurem Haus. Er stand mit der Dalai-Lama-Clique in Verbindung.« Zu jener Zeit hatte der Dalai Lama sein Hauptquartier bereits in Indien eingerichtet und arbeitete am Aufbau der tibetischen Exilregierung.

»Dein Vater hat viele Menschen umgebracht und aus deren Schädeln gegessen«, rief ein weiterer Ankläger.

Gonpo ahnte, dass von ihr ein Schuldeingeständnis erwartet wurde, doch sie konnte ehrlich sagen, dass sie keine Ahnung hatte, was sie meinten.

»Ich bin noch so jung. Und einen Fernschreiber habe ich nie

gesehen. Ich weiß von nichts«, stammelte sie. Den anderen Vorwurf wies sie allerdings eisern zurück. »Mein Vater würde nie, niemals aus einem Menschenschädel essen. Das schwöre ich im Namen Mao Tse-tungs.«

Die Abordnung aus Ngaba hatte den Auftrag, Gonpo zurückzubringen, um eine weitere Anklageversammlung gegen sie abzuhalten. Zu ihrem Glück aber wandte einer der Lehrer ein, dass ihr für das Verlassen der Schule die Erlaubnis fehle. Offenbar tat er das, um ihr das Leben zu retten. Aber Peking war für sie jetzt fast unerträglich geworden. Bis dahin waren die Schikanen verkraftbar gewesen – kaum schlimmer als die Aktionen von Rabauken auf dem Kinderspielplatz. Doch nun war es ernst. Gonpos Ankläger spuckten sie an. Sie schlugen ihr ins Gesicht und traten ihr an die Schienbeine. Sie musste mit gesenktem Kopf dastehen, die Hände nach hinten gestreckt. Man befahl ihr, auf Händen und Füßen in den Schlafsaal zu kriechen. Jetzt wussten alle, wer sie war – eine Königstochter –, was sie zum bevorzugten Angriffsziel machte. Sie hatte »schwarze Knochen«, war also faul bis ins Mark. Selbst die Besitzer des kleinen Ladens gegenüber vom Schulgelände weigerten sich, ihr noch etwas zu verkaufen. Gonpo sah keinen Ausweg.

Im Laufe des nächsten Jahres kam es zu immer neuen Anklageversammlungen. Einige fanden gegen Gonpo statt, bei anderen gehörte sie zu den Zuschauern und, wenn auch nicht willentlich, zu den Teilnehmern, da sie in die Rufe der Peiniger einstimmen musste. Ein der Konterrevolution Angeklagter mit Eselsmütze und einem Schild um den Hals wurde zum Sinnbild der Kulturrevolution. Es war aber viel schlimmer. Gonpo erinnerte sich an eine der Konterrevolution angeklagte Frau, die Gattin eines Dozenten am Pädagogischen Institut. Weil sie kaum noch laufen konnte, wurde sie in die Versammlung getragen. In der Menge standen, nicht weit von Gonpo entfernt und nahe genug, dass sie ihr Gespräch verfolgen konnte, ihre beiden Söhne. Einer mochte zwölf Jahre alt sein, der andere neun. Sie hielten sich bei der Hand.

»Bruder, ich habe solche Angst «, flüsterte der Jüngere dem Älteren zu.

Die Frau des Lehrers war beschuldigt, zu den Anhängern Chiang Kai-sheks zu gehören. Angeblich sollte sie gesagt haben, es wäre besser gewesen, wenn die Nationalisten gesiegt hätten anstelle der Kommunisten.

»Sag die Wahrheit, und du wirst verschont werden«, riefen die Schüler.

Da sie nicht mehr stehen konnte, sank die Beschuldigte auf dem Pflaster in sich zusammen. Die Ankläger traktierten sie mit Tritten gegen den Kopf und in den Rücken. Als sie sich nicht mehr bewegte, gossen sie einen Eimer kaltes Wasser über sie. Doch sie regte sich nicht. Jetzt wurden die Parolen drohend an das Publikum gerichtet. »Sagt die Wahrheit, oder ihr endet wie diese Frau!« Gonpo ging davon aus, dass sie tot war.

Als Gonpo erfuhr, dass sie in ein Arbeitslager in den fernsten, kältesten, abgelegensten Teil Chinas im Nordwesten des Landes geschickt werden sollte, empfand sie Erleichterung. Peking wäre weit weg, und das war ihr nur recht.

Rote Stadt

N ach den furchtbaren Erfahrungen seiner Familie mit maro-
dierenden Banden hätte man wohl kaum erwartet, dass aus-
gerechnet Delek sich den Roten Garden anschließen würde.
Doch die Kulturrevolution entwickelte eine Dynamik, die sie für
die Tibeter seltsamerweise reizvoll machte.

Zu Beginn der Kulturrevolution war Delek – mittlerweile ein
drahtiger Jugendlicher mit abstehenden Ohren und breiter
Nase – 17 Jahre alt. Er war zwar noch immer klein, aber kräftiger
als viele Gleichaltrige, da er in den Bergen arbeitete und sich dort
Essbares auftreiben ließ. Einige Jahre lang hatte er die Grundschule von Meruma besucht, in der der Unterricht ausschließlich
in chinesischer Sprache erteilt wurde, und so weit Lesen und
Schreiben gelernt, dass er für seine schulischen Leistungen eine
Armbinde mit roten Streifen erhielt. Seine Ausgabe von Maos
kleinem roten Buch war ihm teuer. Im Haus seiner Familie gab es
ein großes Porträt des Vorsitzenden; in seiner Schule hingen außerdem Bilder von Lenin und Stalin.

Meruma – im Hintergrund der 1958 von der Volksbefreiungsarmee erbaute Bunker.

In dieser turbulenten Zeit verfolgte Delek aufmerksam die Nachrichten. 1968, im zweiten Jahr der Kulturrevolution, herrschten in chinesischen Städten bürgerkriegsähnliche Zustände. Nachdem die Roten Garden wahre und vermeintliche Klassenfeinde unschädlich gemacht hatten, bekämpften sie sich gegenseitig: Jede Faktion behauptete, als einzige Maos Willen zu verkörpern, und bezeichnete die andere als revisionistisch. Da sie bei der Armee ausreichend Waffen requiriert hatten, konnten sie tatsächlich Schaden anrichten. Rivalisierende Parteigrößen heizten die Unstimmigkeiten an und engagierten Splittergruppen der Roten Garden zu ihrem eigenen Schutz.

Eine dieser Faktionen, die sich in Chengdu gegründet hatte, nannte sich Hongcheng, chinesisch für »Rote Stadt«. Sie stand unter der Protektion von Zhang Guohua, einem ehemaligen General, der als Parteisekretär der Autonomen Region Tibet abgesetzt und anschließend in die Provinz Sichuan versetzt worden war. Viele der jungen Anführer dieser Garden waren Söhne von Offizieren der Volksbefreiungsarmee. Ein aus Ngaba stammender 20-jähriger Tibeter, der später unter dem Namen Hongcheng Tashi bekannt wurde (Tibeter nehmen oft einen zusätzlichen Namen an, an dem sich ihre Tätigkeit oder ihr Heimatort ablesen lässt), beschloss, nachdem er einigen Gardemitgliedern in Chendgu vorgestellt worden war, in Ngaba seinen eigenen Verband zu gründen. Da sich viele prominente Han-Chinesen mit engen Verbindungen zur Armee der Roten Stadt anschlossen, entstand unter den Tibetern der Eindruck, sie könnten, politisch gesehen, nichts falsch machen, wenn sie selbst auch dieser Organisation beitraten.

Im März 1968 strömten sie zu Tausenden aus den umliegenden Dörfern und Städten nach Ngaba, um der Roten Stadt die Treue zu schwören. Sie stammten aus allen Bevölkerungsgruppen Tibets, waren Verwaltungsangestellte, Hirten, Bauern und sogar frühere Mönche, die nach Schließung der Klöster keine Beschäftigung mehr hatten. Sie wählten eine vierköpfige Führung, die ausschwärmte, um in der Region weitere Mitglieder zu gewinnen.

Es war dies eine Zeit, in der Autoritäten hinterfragt wurden, und in dem Chaos, das in China herrschte, schien jede Entwicklung möglich. Es galten keine Regeln mehr. Niemand war unantastbar. Die Machtpyramide war auf den Kopf gestellt; nach kommunistischer Überlieferung für sakrosankt erklärte Gestalten wie Zhu De, der während des Langen Marsches das Kloster Kirti besetzt hatte, und Peng Dehuai, der Befehlshaber der gegen die Kuomintang siegreichen Soldaten, waren Säuberungen zum Opfer gefallen. Andere Gruppen der Roten Garden hatten in Ngaba Parteivertreter von niedrigem Rang von ihren Posten vertrieben. Einer dieser Männer hatte sich im Badezimmer erhängt.

Man fragt sich, ob es Zufall war, dass im gleichen Jahr – 1968 – in vielen Städten der Welt, von Paris bis Berkeley, Studenten auf die Straße gingen und sowjetische Panzer in der Tschechoslowakei durch die Straßen rollten, um den Prager Frühling zu beenden. Rebellion lag in der Luft.

In China gehört es zu den Besonderheiten des öffentlichen Meinungsbilds, dass der Herrscher nur höchst selten angeprangert wird. Er gilt eher als gütiges, über alle Zweifel erhabenes Wesen; Fehler werden seinen Untergebenen angelastet. So verhielt es sich auch im Fall Maos. Er war Gott, er war Vater. Die Tibeter mochten nicht wahrhaben, dass er, bei dem alle Fäden im neuen China zusammenliefen, für ihr Leid verantwortlich sein sollte. Dass alles, was man ihnen in den vergangenen zehn Jahren vermittelt hatte, eine Lüge war, stellte sie psychologisch vor eine Hürde, die sie nicht nehmen konnten.

Als Mao sagte, mit der Kulturrevolution solle die Korruption in der Kommunistischen Partei ausgemerzt werden, glaubten ihm die Tibeter aufs Wort. Mit einer gehörigen Portion Wunschdenken deuteten sie dies als Eingeständnis der Partei, dass ihr gesamtes Vorgehen seit den 1950er-Jahren falsch gewesen war. Die Misshandlungen, die Ermordungen und die Unterdrückung, die willkürlichen Festnahmen, die verordnete Hungersnot und die Zerstörung der Klöster – all das war entgegen Maos ursprünglicher Absicht erfolgt.

»Dies ist nicht das Werk des Vorsitzenden, sondern das der Parteiführer unter ihm. Wir werden sie bekämpfen und auf dem richtigen, vom Vorsitzenden Mao gewiesenen Weg voranschreiten«, erklärten Verantwortliche der Roten Stadt den Tibetern. »Dies geht zurück auf korrupte Linksabweichler in der Partei. Niemand von tibetischer Seite hat zugestimmt, nicht zur Kollektivierung und nicht zur Enteignung unseres Besitzes.«

Sie beriefen sich auf das Siebzehn-Punkte-Abkommen von 1951, in dem die Kommunisten den Tibetern zugesichert hatten, ihre Religion und ihre Tradition zu respektieren.

»Ab jetzt könnt ihr eure Religion ohne Einschränkungen ausüben. Das war schon immer der Standpunkt Mao Tse-tungs.«

Das hörten sie gern. Yangling Dorjee, einer der Kader und in der örtlichen Kommunistischen Partei der ranghöchste Tibeter, erzählte später in einem Interview, dass praktisch alle tibetischen Familien jener Region die Rote Stadt als Bewegung unterstützt hätten.

Die Tibeter in Ngaba hatten genug von der kollektivierten Wirtschaft. Fast ein Jahrzehnt zuvor hatte man sie in Volkskommunen getrieben, und seitdem hatte sich keine Lockerung abgezeichnet. Noch immer arbeiteten sie wie die Sklaven; während Fleisch, Milch, Butter, Käse und Häute von der Kommune vereinnahmt wurden, bekamen sie nur einen Hungerlohn.

Im Juni 1968 schickten alle Dörfer im Regierungsbezirk Ngaba Vertreter zu Gesprächen mit Repräsentanten der Kommunistischen Partei in der Stadt. Die Abgesandten der Ortschaften, zumeist ältere Leute, legten höflich ihre Anträge vor. Sie wollten die Auflösung der Kommunen, eine Verteilung des Viehs an die Familien und das Recht auf Wiedereröffnung der Klöster. Als die Parteiführer dies erwartungsgemäß ablehnten, fuhren sie nach Hause und begannen mit dem Aufbau einer Miliz.

Die meisten Klöster in der Region von Ngaba waren 1958 zerstört oder zweckentfremdet worden. In den Jahren 1966 und 1967 hatten Han-chinesische Faktionen der Roten Garden auch die letzten verbliebenen Anlagen niedergerissen und kleine Altäre, die Tibeter noch besaßen, aus den Häusern geholt. Nun machte die von Tibetern dominierte Faktion der Roten Stadt eine komplette Kehrtwende. Nach und nach gingen ehemalige Mönche zurück in die Ruinen und begannen inmitten der Trümmer zu beten. Dabei trugen sie ihre roten Mönchskutten, die sie jahrelang versteckt hatten.

Im Galopp ritten Tibeter zu einem Gefängnis am Stadtrand und befreiten politische Häftlinge. Einige von Chinesen geleitete Landwirtschaftskommunen wurden zwangsweise aufgelöst und die Tiere an Hirtenfamilien verteilt, denen man sie ein Jahrzehnt zuvor weggenommen hatte. Im Bericht eines Parteikaders ist festgehalten, dass man mit 26 945 Stück Vieh aus fünf Tierzuchtbetrieben so verfuhr.

»In Ngaba herrschte Chaos. Sie plünderten Staatsbesitz, und ihre Selbstherrlichkeit kannte keine Grenzen«, klagte ein in Jiuzhi nordwestlich von Ngaba in der Provinz Qinghai stationierter Parteikader.

Ermutigt von ihren Erfolgen, schwärmten die tibetischen Roten Garden in die gesamte Hochebene aus. Es gelang ihnen allerdings nicht, die Stadt Ngaba einzunehmen, die von einer rivalisierenden Gruppe Roter Garden namens Bingtuan (»Brigade«) gehalten wurde; sie setzte sich vornehmlich aus Han-Chinesen zusammen und besaß die Unterstützung des Militärs. Doch der Aufstand verbreitete sich in der Folge bis in das sumpfige Grasland im Osten und in den Bezirk Golog im Westen, in dem viele der Tibeter aus der Stadt Verwandte hatten.

Kurze Zeit später erklärten Vertreter der Kommunistischen Partei die Aufständischen der Roten Stadt zu Konterrevolutionären und entsandten die Volksbefreiungsarmee, um die Bewegung zu zerstören. Daraufhin flohen die Widerstandskämpfer ins Innere des Bezirks und lenkten ihre Aktionen von Meruma aus. Im Sommer 1968 zogen sie erneut in die Berge und folgten den Hirten, die dort ohnehin unterwegs waren, um ihre Yaks und Schafe grasen zu lassen. Meruma besaß ausgewiesene Sommerweiden. Inmitten dieser Ländereien schlug die Rote Stadt auf einer offenen Wiese, der sogenannten Mandala-Ebene, ihr neues Hauptquartier auf. Sie errichteten ein großes Zelt als provisorisches Kloster. Mönche bewegten sich offen in ihren orangeroten Roben und leiteten die Gebete. Sie verbrannten Wacholderzweige und brachten, was sie seit Jahren nicht hatten tun können, ihren Schutzgöttern Räuchergaben dar. Die freiwilligen Kämpfer der Roten Stadt kamen aus allen sechs Großgemeinden des Kreises Ngaba und deren Umgebung. Gegen Ende des Sommers zählte die Armee etwa 1000 Kämpfer, und man schmiedete Pläne für Anschläge auf chinesische Regierungsbüros.

Delek hütete in jenem Sommer tagsüber Pferde und leistete nach Feierabend Dienst für die Aufständischen. Zusammen mit einem weiteren Mann war er für 120 Pferde verantwortlich, und sie beschlossen, sie den Rebellen zu überlassen. Die Schlachten sollten mit Reitern ausgetragen werden, wie schon in den Zeiten, als ihre Väter und Großväter für den Mei-König in den Kampf gezogen waren.

Einige Tibeter besaßen primitive Flinten, die man ihnen ausgehändigt hatte, um die Herden nachts vor Wölfen auf Beutezug zu schützen. Delek hatte kein Gewehr, aber einer seiner Freunde war der Schmied, der die Pferde beschlug und der ihm aus zusammengesuchten Gerätschaften des Landwirtschaftsbetriebs Dorne schmiedete. Delek schnitzte aus einem Knüppel noch einen Griff und baute sich so eine Art Morgenstern. Die Waffe erfüllte ihn mit Stolz – die anderen Jugendlichen hatten nur Säbel.

Zunächst rissen die Aufständischen die Straßen auf, auf denen die Kraftfahrzeuge fuhren, und unterbrachen die Stromversorgung. Meruma war zu Beginn der 1960er-Jahre an das Elektrizitätsnetz angeschlossen worden, doch die Leitungen führten vor allem zu den Büros und Verwaltungsgebäuden der Chinesen sowie der Tibeter, die für sie arbeiteten. Ohne Strom und ohne Straßen könnte in der chinesischen Verwaltung niemand mehr Unterstützung anfordern.

»Wir Nomaden brauchen keinen Strom. Den brauchen nur die Chinesen«, sagten die Anführer, als sie ihre Männer einwiesen. Für den Angriff sollten die Kämpfer in drei Einheiten aufgeteilt werden. Zwei sollten die städtischen Behörden in Meruma in ihre Gewalt bringen, während die dritte den gefährlichsten Auftrag bekam: Es galt, einen Betonbunker oberhalb des sogenannten Goldhügels zu erobern, just auf der Anhöhe, wo Delek einst mit seinen Großeltern gewohnt hatte. Der Bunker war 1958 zu Beginn der Zwangskollektivierung von Soldaten der Volksbefreiungsarmee gebaut worden. (Er steht noch heute. Inzwischen nutzen ihn die Kinder in der Umgebung, um dort Verstecken und Krieg zu spielen.)

An einem eisigen, klaren Herbsttag brachen die Männer von ihrer Kommandozentrale inmitten der Sommerweiden auf und galoppierten talwärts. Delek fragte sich später, warum sie nicht bis zum Einbruch der Dunkelheit gewartet hatten. Die Kämpfer aber verließen sich auf den Überraschungseffekt und meinten, sie könnten die Ämter einfach stürmen. Doch als sie ankamen, waren die Räume menschenleer und gespickt mit Sprengfallen.

Diesem Hinterhalt konnten sie noch geschickt ausweichen, doch als sie sich dem Getreidespeicher näherten – ein weiteres Ziel auf ihrer Liste –, explodierte der Boden unter ihren Füßen. Die Chinesen hatten Stolperdrähte im Gras verlegt, sodass die Zündung der Granaten wie bei Landminen erfolgte. Pferde wurden von Wolken aus Erde, Granatsplittern und Blut überschüttet. Die Tiere in den nachfolgenden Reihen kamen aus dem Tritt und warfen ihre Reiter ab, als sie sich vor Angst aufbäumten. Zu allem Überfluss befanden sich die Aufständischen plötzlich in einem Kugelhagel, der aus Richtung der Anhöhe auf sie niederging.

Die Einheit war mit ihrem Auftrag, den Bunker einzunehmen,

gescheitert, und chinesische Scharfschützen rückten vor. Vom Bunker aus hatten sie eine ungehinderte Sicht auf die Tibeter weiter unten. Einer nach dem anderen wurde getroffen und stürzte von seinem Pferd. Ein Tibeter namens Tsering Dhonkho wurde wegen seines mutigen Einsatzes zur Legende: Er schaffte es bis zum Bunker, packte den Gewehrlauf eines der Scharfschützen und versetzte ihm im gleichen Augenblick einen tödlichen Hieb. Es war eine heldenhafte, aber letztlich nutzlose Tat. Er verbrannte sich die Hand am rauchenden Gewehrlauf und starb später an einer Infektion.

Als einer der jugendlichen Pferdehirten war Delek gemeinsam mit anderen in der Nähe des Kornspeichers positioniert und hatte die Anweisung, auf die von der Anhöhe zurückkehrenden Kämpfer zu warten und sich um deren Pferde zu kümmern. Während er dort stand, hielt er seinen selbst gemachten Morgenstern umklammert und fragte sich, ob er den Mut haben würde, ihn gegen einen Chinesen einzusetzen. Dazu hatte er jedoch keine Gelegenheit. Von seinem relativ sicheren Aussichtspunkt aus verfolgte er entsetzt das Massaker, das sich vor seinen Augen zutrug. Tollkühn und mit gellendem Kampfgeschrei galoppierten die Tibeter die Straße auf und ab, während die Kugeln auf sie niederregneten. Auf der Anhöhe selbst lagen unzählige tote Männer und Pferde.

»Es war wie auf dem Schießstand«, sagte Delek später. »Diese Gruppe von Nomaden hatte gegen die Chinesen nicht die geringste Chance.«

Das Ganze zog sich über drei Stunden hin. Eine Reihe von Deleks Freunden und Verwandten erlitt Schusswunden – einen Pferdeburschen traf eine Kugel ins Bein, ein Vetter fiel nach einem Treffer rückwärts vom Pferd. Sein Onkel Konchok erlitt eine Schulterverletzung. Delek half dem halb bewusstlosen Mann aufs Pferd, damit er in Sicherheit gebracht werden konnte.

Es war das reinste Durcheinander. Einige Kämpfer wollten den Bunker stürmen, aber das hätte bedeutet, geradewegs in den Kugelhagel zu reiten – der sichere Tod. Es gab niemanden, den sie um Rat fragen konnten. Der Kommandeur von Deleks Trupp lag am Boden, das Gesicht derart blutüberströmt, dass er kaum noch zu erkennen war – ein Bein an der Hüfte ausgerissen. Eine Frau band um das verbliebene Bein ein Seil, um ihn zur Bestattung fortzuziehen, als er plötzlich rief: »Ich lebe noch! Gebt mir Wasser.« Die Frau hob von irgendwo einen Plastikschuh auf und schöpfte damit Wasser aus dem Fluss in seinen Mund.

Als es dunkel wurde, fertigten sie aus Sackleinen eine Bahre und trugen den Kommandeur zunächst zum Haus seiner Mutter und dann zu den Sommerweiden, wohin sich die Überlebenden zurückgezogen hatten. Einer der ranghöchsten Führer der Roten Stadt, ein spiritueller Mensch namens Alak Jigme Samten, sprach Gebete für die Wiedergeburt des Kommandeurs. Da er wusste, dass der andere ebenso gern Tabak mochte wie er, zündete er eine Pfeife an und blies dem Sterbenden den Rauch zur Segnung in den Mund. Kurz darauf war der Kommandeur tot. Insgesamt kamen während der Kämpfe 54 Männer ums Leben, dazu 100 Pferde, die ältere Tibeter oft in die Zahl der Todesopfer miteinschließen.

In späteren Jahren sollte Delek der inoffizielle Chronist von Ngaba werden. Er hatte lange darüber nachgedacht, wie es dazu kam, dass die Kulturrevolution in einen Aufstand der Tibeter mündete. »Es ging nicht darum, sich an einem nationalistischen Kampf im weiteren Sinn zu beteiligen, denn die meisten dieser Leute konnten gar nicht lesen und schreiben. Aber sie sahen es als Möglichkeit, sich für Grundrechte einzusetzen, die den Tibetern verweigert wurden«, meinte er. »Rückblickend kann man sagen, dass wir die Schlacht wegen unserer Waghalsigkeit verloren. Wir waren wie berauscht, aber nicht kampfbereit. Es war die natürliche Reaktion einer Volksmenge im Übereifer.«

Weitere Einsichten vermittelt der jüngere Bruder von Hongcheng Tashi, der Führer der Bewegung. Louri – so sein Name –

war genauso alt wie Delek. Als einer der wildesten Kämpfer war er unter Beschuss die Anhöhe hochgestürmt. Sieben Schüsse hatte er bereits abbekommen, als sein Pferd getroffen wurde. Er schaffte es dennoch, sich ein anderes Pferd zu schnappen, das seinen Reiter verloren hatte, gerade noch aufzusteigen und sich in die Berge zu retten. Der wuchtige Mann mit den wulstigen Zügen, der, als ich ihn in Chengdu traf, auch mit seinen über 70 Jahren noch sehr kräftig wirkte, konnte ebenfalls nur schwer erklären, warum er in die Gewehrsalven geritten war. »Ich hatte keine Waffe, nicht einmal ein Messer«, sagte er und lachte selbstironisch auf. Anders als Delek stammte Louri aus einer Familie landloser, des Lesens und Schreibens unkundiger Ackerbauern, also eben jener Tibeter, die eigentlich von der Neuverteilung des Besitzes durch die Kommunisten hatten profitieren sollen. Und tatsächlich waren sie nach Vertreibung der Mönche aus einer baufälligen Hütte im Zentrum Ngabas in ein solides Haus auf dem Gelände des Klosters Se umgesiedelt worden. Doch die anfängliche Begeisterung für ihr neues Heim schwand rasch, als sie die Schändung der Klöster miterlebten.

»Wir waren furchtbar wütend. Alles, was uns als Buddhisten heilig war, wurde zerstört – die Klöster wurden niedergebrannt, die Buddhastatuen zerschlagen. Darum haben sich die einfachen Leute dem Aufstand angeschlossen«, sagte er. Er und andere junge Männer hatten von seinem Bruder gehört, ihre Mitgliedschaft in der Hongcheng sei von Mao abgesegnet, weil die Kulturrevolution den Auftrag habe, die Oberschicht zu stürzen.

»Die Leute haben es für etwas Offizielles gehalten«, erklärte Louri. »Wir dachten, es sei so geplant. So wenig kannten wir uns aus.«

Mit den überlebenden Anführern der Roten Stadt ließ man keine Gnade walten. Einer der vier ranghöchsten war tot, zwei weitere, Alak Jigme Samten und Gabe Yonten Gyatso, wurden hingerichtet. Hongcheng Tashi blieb das gleiche Schicksal erspart, weil er Verbindungen zu Mächtigen in Chengdu hatte, doch er erhielt eine Gefängnisstrafe von 14 Jahren. Ungefähr 30 000 Menschen kamen in Haft. Delek wurde drei Monate im Verwaltungsgebäude der Stadt festgehalten und verhört. Praktisch alle Familien im Umkreis von 150 Kilometern hatten einen Angehörigen, der hinter Gittern saß. Dieser Aufstand – einer der größten der Tibeter während der Kulturrevolution – sollte Ngabas Ruf als Hort des Widerstands festigen.

Obwohl die Rebellion letztlich ins Leere lief, hatten die Menschen im Bezirk Ngaba sechs Monate lang ihr eigenes Vieh gehalten, ungehindert ihre Klöster aufgesucht, dort gebetet und ihre Rituale durchgeführt. Die Mönche hatten ihre Roben getragen. Sie alle bekamen dadurch einen kurzen Ausblick auf ein Leben in Freiheit – etwas, was sich nicht so leicht aus ihren Erinnerungen wieder löschen ließ.

Verbannung

Xinjiang, das Ziel von Gonpos Reise im Jahr 1969, war einer der bevorzugten chinesischen Verbannungsorte, ähnlich wie Sibirien in Russland. Auf dem ersten Abschnitt ihrer Fahrt nach Urumqi, der Hauptstadt des Gebiets, drohte eine Gruppe von Studenten, Gonpo aus dem fahrenden Zug zu werfen, nachdem sie herausgefunden hatten, wer sie war. Drei Tage lang huschte sie von einem Waggon zum nächsten und versteckte sich auf der Flucht vor ihren Angreifern auf den Plattformen. Nach ihrer Ankunft bekam sie einen Schrecken. Als sie von ihrer Verbannung erfuhr, hatte sie gebeten, in eine Region geschickt zu werden, in der Wanderviehzucht betrieben wurde, weil sie annahm, dort wäre es wie in Ngaba.

Doch als sie sah, was sie sich damit eingehandelt hatte, packte sie die Verzweiflung. Sicherlich zeigte sich auch hier die Landschaft weit und leer, doch sie war ganz anders als ihre Heimat. Dem Himmel fehlte die kristallklare Schärfe Tibets. So weit das

Gonpo und Xiao Tu.

Auge reichte, erstreckte sich vor ihr eine trostlose sandige Ödnis. Der Landwirtschaftsbetrieb lag in der Nähe der Grenze zur Sowjetunion im Bezirk Qinghe, einer Region, die allein durch den Aufschlag eines Meteoriten im Jahr 1898 Bekanntheit erlangt hatte. Doch eigentlich war sie das Ende der Welt.

Auf der Landkarte füllt Xinjiang (der Name bedeutet »neue Grenze«) zusammen mit Tibet die gesamte Westhälfte Chinas. Durch die Nähe zu Zentralasien sind dort Kasachen, Mongolen und auch Uiguren beheimatet, eine turkmenische Minderheit, bei der das Gebiet Ostturkestan hieß. Zwar grenzt Xinjiang im Süden an Tibet, doch die Gebirge und Wüsten bilden eine natürliche Barriere zu Gonpos Heimat. Solange sie dort war, traf sie auf keinen einzigen Tibeter.

Gonpos Arbeitsplatz befand sich auf einem weitläufigen Gelände, auf dem unter Leitung des Militärs Getreideanbau, Milchwirtschaft und Viehzucht betrieben wurden. Mit den fast 3000 Menschen, die dort lebten, war es eine Stadt für sich. Fast alle waren Han-Chinesen. Neben politisch Verbannten wie Gonpo gab es auf der Anlage Hunderte junger »Herabgesandter«, die von Mao aufs Land beordert waren, vordergründig, um den Wert harter Arbeit schätzen zu lernen, aber auch, um die immer erbitterteren Straßenkämpfe unter einzelnen Faktionen der Roten Garden einzudämmen. Einen höheren Status genossen ausgediente Soldaten der Volksbefreiungsarmee, die auch den Großteil des Führungspersonals stellten. Letztlich aber waren sie alle Pioniere, die auf Geheiß der Partei im Westen des Landes zur Entwicklung der Grenzregion beitragen sollten.

Wegen ihrer Klassenzugehörigkeit bekam Gonpo die schwersten Arbeiten zugeteilt. Sie musste Gräben ausheben, Felder bepflanzen und Kühe melken. Wenn für die anderen am Ende des Tages der Feierabend gekommen war, wurde sie zum Ausmisten in die Ställe geschickt. Von ihrem Schlafsaal waren es über zehn Kilometer bis zu ihrer Arbeitsstelle, bei der sie sich jeden Morgen melden musste. Fast die Hälfte der Strecke führte durch Sumpfgebiet und war wegen der Braunbären und Wölfe, die es in der Gegend gab, für eine junge Frau allein nicht ganz ungefährlich. Normalerweise machte sie sich noch vor Sonnenaufgang auf den Weg. Wenn sie Glück hatte, stieß sie auf der Hauptstraße auf ein Pferdefuhrwerk und durfte ein Stück mitfahren. Nachts sanken die Temperaturen oft auf 30 Grad unter null. In einem besonders kalten Winter hatte sie frühmorgens einmal an den Zehen schwere Erfrierungen, die sie behandelte, indem sie die Füße in kaltes Wasser steckte. Es hätte noch schlimmer kommen können. Ein anderes Mädchen hatte sich zum Wärmen die Hände auf die Ohren gelegt und sich dabei so schwere Erfrierungen zugezogen, dass ihr eine Hand amputiert werden musste.

Die chinesische Regierung war entschlossen, ungeachtet eventueller Opfer an Menschenleben und Umweltschäden, die unergiebigen Sümpfe in Ackerland zu verwandeln. In Xinjiang gab es unzählige verdunstete Seen; diese weitflächigen Salzpfannen waren ungeeignet für den Anbau von Mais, dem wichtigsten Getreide. Die Chinesen behalfen sich, indem sie die Felder mit Gräben durchzogen, damit das Salz während der Schneeschmelze fortgespült werden konnte. Es war Schwerstarbeit. Einmal kugelte sich Gonpo dabei die Schulter aus. Die Aufseher verweigerten ihr die medizinische Versorgung unter Hinweis auf ihre Klassenzugehörigkeit, die sie von einem Arztbesuch ausschließe. Schmerzen in Schulter und Füßen sollten sie ihr weiteres Leben begleiten.

Die Kooperative hatte einen Milchbetrieb mit Herden schwarzweiß gescheckter Kühe, einer Kreuzung aus Holstein-Rind und Chinesischem Gelbvieh. Wenn Gonpo nicht auf den Feldern im Einsatz war, musste sie die Tiere zweimal täglich melken. Außerdem hatte sie die Aufgabe, die Milch gewinnbringend zu verkaufen. Wenn sie das vorgegebene Soll nicht einnahm, wurde sie mit einer Gehaltskürzung bestraft. Sie bekam für ihre Arbeit 18 Yuan im Monat – knapp vier Euro –, die sie aber auch brauchte, um ihr Essen zu bezahlen. Zog man ihr etwas ab, drohte ihr der Hungertod. Glücklicherweise fand sie einen Freund, einen jungen Mann, der ihr die übrig gebliebene Milch abkaufte und auch seine Freunde dazu brachte, es ihm gleichzutun. Außerdem gab er ihr zusätzliche Essensmarken.

Xiao Tu trug den Spitznamen »kleiner Hase«, weil er im Jahr des Hasen geboren war. Der Name passte gut zu ihm. Er war ein lebhafter, fast schon übernatürlich fröhlicher junger Mann, der seine Verbannung nach Xinjiang offenbar als großes Abenteuer sah. Zwar war er ein Jahr jünger als Gonpo, doch er wirkte wie der ältere von beiden. Da er bereits als Jugendlicher in die Kooperative geschickt worden war, wusste er bestens, wie das System funktionierte. Wie Gonpo war er aus politischen Gründen verbannt; er gehörte zu jenen mit einer falschen Klassenzugehörigkeit. Er stammte aus dem ostchinesischen Nanjing, das Chiang Kai-shek zu seiner Hauptstadt gemacht hatte, und sein Großvater hatte die Nationalisten unterstützt. Zwar waren die meisten seiner Angehörigen nach der Niederlage der Nationalisten nach Taiwan geflohen, doch sein Vater war als einziger von den Geschwistern geblieben, um für die schon ältere Großmutter zu sorgen, deren Gesundheitszustand keinen Umzug mehr zuließ. Als Gonpo die Geschichte hörte, kam sie zu dem Schluss, dass Xiao Tu seine teilnahmsvolle Art von seinem Vater geerbt hatte. Sie fühlte sich zu ihm hingezogen.

Xiao Tu hatte einen der begehrtesten Posten in der Kooperative. Er arbeitete in der Rundfunkstation und bediente den Filmprojektor. Sie besaßen nur eine Handvoll zerkratzter Filmkopien, die er immer wieder klebte. Am beliebtesten war das revolutionäre Singspiel *Shachiapang* über die Besitzerin eines Teeladens, die heimlich den kommunistischen Widerständlern in ihrem Kampf gegen die japanische Besatzung hilft. Ein anderer Film stammte aus Nordkorea und handelt von einem verarmten Blumenmädchen und dem Großgrundbesitzer, der ihre Familie terrorisiert. Es war unverhüllte Propaganda, die wieder und wieder gezeigt wurde. Trotzdem zogen die Filme stets eine Menge Zuschauer an, denn an Unterhaltung wurde in der Kooperative sonst wenig geboten.

Eine Methode des Zeitvertreibs waren Singgruppen, die von den jungen Leuten selbst organisiert wurden. Gonpo bekam dazu keine Einladung – sie galt noch immer als Aussätzige –, aber die der Partei unterstellte Propagandatruppe im Betrieb war nicht so wählerisch, zumal es nur wenige talentierte Sopranstimmen gab, die die hohen Töne erreichen konnten. Auch Xiao Tu landete in der Propagandatruppe. Zwar konnte er keine Melodie halten, aber er tanzte zu Gonpos Gesang. Die Lieder waren eine einzige Lobeshymne auf Mao, doch vom politischen Gehalt einmal abgesehen waren es eingängige Weisen, denen man nur schwer widerstehen konnte.

In ihrem hellen Sopran sang Gonpo begeistert das Lied vom Langen Marsch – und erwähnte natürlich nicht, dass ihre Großmutter den eigenen Palast in Brand gesetzt hatte, damit die Rote Armee ihn nicht in Beschlag nehmen konnte. Ein anderes Lied pries die Befreiung Tibets durch die Kommunistische Partei:

Von jenem goldenen Berg in Peking
Zielen der Sonne Strahlenbündel gleißend in alle vier Richtungen.
Und diese goldene Sonne ist der Große Vorsitzende Mao.
Wie warm, wie himmlisch sie ist
Wenn sie Licht in die Herzen
der befreiten Leibeigenen Tibets bringt.
Fortan folgen wir dem glanzvollen sozialistischen Pfad
Des Glücks.

In den 1970er-Jahren brach die Kulturrevolution unter der Last der ihr innewohnenden Widersprüche zusammen. Die Parteiführung erkannte, dass sich ein Land ohne gebildete Einwohner nicht führen ließ. Ohne viel Aufhebens erlaubte sie die Wiedereröffnung einiger Universitäten, die seit 1966 geschlossen waren, und ermöglichte den Zugang Studenten, die von ihren Arbeitskollektiven in den Fabriken, den Landwirtschaftsbetrieben, in den Dörfern oder aber vom Militär empfohlen worden waren. Zu den wiedereröffneten Instituten gehörte auch die Nationalitätenuniversität Minzu Daxue, die an Gonpos ehemalige Oberschule in Peking angegliedert war.

Da es ihr als einzige Möglichkeit erschien, aus Xinjiang wegzukommen, beschloss Gonpo, dort die Aufnahmeprüfung zu machen. Xiao Tu bat seine Eltern, ihr aus Nanjing die Studienunterlagen zu schicken. Der Gedanke, im Schlafsaal zu lernen, machte Gonpo nervös; sie fürchtete, die anderen Frauen könnten sie melden. Zu der Zeit hatte sie eine relativ leicht zu bewältigende Aufgabe – sie bewachte die Tomatenfelder und musste Vögel verscheuchen, die die Früchte zu fressen drohten. Xiao Tu hatte eine Idee. Er nahm eins seiner alten Hemden (etwas Besonderes, weil man nur schwer an neue Kleidung kam) und stopfte es mit Stroh aus. Dann befestigte er es an einem Stock und setzte dem Ganzen einen Hut auf. Der Wind würde es zum Flattern bringen, und tatsächlich erfüllte die Vogelscheuche ihren Zweck. Gonpo konnte mitten im Tomatenfeld sitzen und die Nase in ein Buch stecken, während die Vögel plangemäß abgeschreckt wurden.

Sie fuhr zur Prüfung in die Kreisstadt und absolvierte sie mit Bravour, doch als die zuständigen Stellen herausfanden, dass sie eine Königstochter war, verweigerten sie ihr die Zulassung. Gonpo gab jedoch nicht auf; sie brachte in Erfahrung, an welchen Prüfungen sie noch teilnehmen konnte, und lernte in jeder freien Minute. 1973 bestand sie die Aufnahmeprüfung für die Medizinische Hochschule in Shanghai. Erneut verwehrte man ihr die Zulassung. Als ausgezeichnete Schülerin, die fließend Mandarin sprach, bewarb sie sich dann 1975 an der Universität Peking. Die Aufnahmeprüfung bestand sie mit Auszeichnung, aber auch hier bekam sie eine Absage.

»Ich könnte die Bücher auch einfach wegwerfen«, sagte sie zu Xiao Tu.

Der hörte sich ihre Klagen geduldig an und lotste sie sanft aus ihrer Verzweiflung. Dass sie endlich einen Freund gefunden hatte, erfüllte Gonpo mit ungeheurer Freude. Sie trauerte noch immer um ihre Eltern und hatte zudem nach ihrem ersten Jahr in Xinjiang erfahren, dass ihre Schwester, Angestellte in einem Militärkrankenhaus, an dem Magenleiden gestorben war, das sie seit ihrer Kindheit gcplagt hatte. Gonpo war jetzt wirklich allein auf der Welt. Sie ging davon aus, dass Xiao Tus Liebenswürdigkeit überwiegend auf Mitleid beruhte.

Umso überraschter war sie, als sie erfuhr, dass er zärtliche Gefühle für sie hegte. Sie hielt sich nicht unbedingt für eine Schönheit. Mit ihren Grübchen und der schmalen Lücke zwischen den Schneidezähnen wirkte sie eher hübsch und niedlich, ein nettes Mädchen, das nicht zeigte, wie entsetzlich einsam es war. Ihre Augenbrauen wölbten sich zwei ewigen Fragezeichen gleich nach oben. Und ihre nach chinesischen Schönheitsmaßstäben ohnehin etwas zu dunkle Haut war infolge der Feldarbeit noch weiter gebräunt. Außerdem fühlte sie sich in der ausgeleierten, gefütterten Militäruniform mit den Taschen auf der Brust und auf der Hüfte alles andere als weiblich.

Xiao Tu hingegen war einer der beliebtesten Junggesellen der Kooperative. Er hatte die lange gerade Nase eines mandschurischen Nobelmanns und eine reine Haut. Außerdem konnte er nicht nur gut tanzen – weswegen er stets ein gesuchter Partner war –, sondern stand auch regelmäßig auf der Bühne, wo er lustige Sketche aufführte. Seine Eltern waren Lehrer, und trotz aller Versuche der Kommunisten, Klassenprivilegien abzuschaffen, spielten bei der Partnerwahl Herkunft und Bildung auch weiterhin eine große Rolle.

»Du kannst doch wirklich jede haben. Was findest du an ihr?«, fragten ihn seine Freunde. »Wieso eine Tibeterin?«

Einige der anerkannten ethnischen Minderheiten waren so gut assimiliert, dass sie sich kaum noch von den Han-Chinesen unterschieden, deren Bevölkerungsanteil bei 90 Prozent lag. Dies galt jedoch nicht für Tibeter. Zwar beschwor die kommunistische Propaganda unentwegt das harmonische Zusammenleben, aber die Vorurteile saßen tief. Han-Chinesen schmähten Tibeter oft als »Wilde« und nannten sie – zum Teil bis heute – *Luohou* oder Hinterwäldler. Tibet heißt auf Chinesisch *Zang,* 藏, ein Buchstabe, der wörtlich übersetzt »Speicher« oder »Schatz« bedeutet. Chinesen aber benutzen gelegentlich das gleichlautende *zang,* 脏, mit der Bedeutung »schmutzig«. Im konservativen Geist jener Jahre waren Mischehen nicht gern gesehen, und in dem hauptsächlich von Muslimen bewohnten Xinjiang waren Ehen zwischen uigurischen Frauen und Han-Chinesen bis 1979 verboten.

Xiao Tu aber konnte ganz genau sagen, was er an Gonpo fand. Sie war anders als die Frauen, die ihm an den Tanzabenden schöne Augen machten. Nicht auf Wirkung bedacht, nicht affektiert. Sie flirtete nicht mit ihm, gab sich nicht aufreizend. Sie hatte eine absolut geradlinige Art und war seinem Eindruck nach in einer Weise ehrlich, wie andere es nicht waren. Sie sagte, was sie dachte, und das nicht, um bei ihm eine bestimmte Wirkung zu erzielen. Er vertraute ihr uneingeschränkt, und sie vertraute ihm. Die Gefühlsstürme, die eine junge Liebe oft begleiten, ließen die beiden weitgehend aus. Trotzdem wurden sie unzertrennlich.

Xiao Tus Familie hatte keine Einwände. Seine Großmutter war vor der Revolution eine fromme Buddhistin gewesen; sie begrüßte es, dass ihr liebster Enkelsohn eine Frau mit festem Glauben heiratete. Außerdem gefiel ihnen Gonpos Wissensdurst, weshalb sie ihr auch ohne viel Aufhebens Bücher zum Lernen geschickt hatten. Was Gonpo betraf, so hatte sie keine Angehörigen, die irgendwelche Einwände hätten vorbringen können. Xiao Tu war ein so guter Mensch, wie sie ihn zu finden gehofft hatte. Doch ehe sie ihm ihr Jawort gab, hatte sie noch etwas Wichtiges zu erledigen.

Im Sommer 1975 bekamen Gonpo und Xiao Tu zum ersten Mal die Erlaubnis, Urlaub zu machen und die Kooperative zu verlassen. Sie fuhren mit dem Bus nach Urumqi und mit dem Zug nach Chengdu. Von dort brachte sie ein weiterer Bus nach Norden in das Tibetische Hochland.

Während sich das Gefährt ruckelnd und röchelnd die Serpentinen der holprigen Bergstraße hocharbeitete, spürte Xiao Tu die Wirkung der dünnen Höhenluft. Es ging ihm so schlecht, dass er sich kaum noch auf den Beinen halten konnte. Eine Krankenschwester legte ihm am Straßenrand einen Tropf an, und das Paar musste in Barkam, der Verwaltungszentrale des Regierungsbezirks Ngaba, einen Zwischenstopp einlegen, um ihn im Krankenhaus untersuchen zu lassen. Gonpo, die jede unnötige Aufmerksamkeit vermeiden wollte, kam das gar nicht gelegen. Sie waren auf dem Weg zu ihrem Heimatort, der Stadt Ngaba, den sie zuletzt mit sieben Jahren gesehen hatte.

Als sie ihre Reise schließlich fortsetzen konnten, wurde Gonpo immer nervöser. Aufgeregt begann sie, Xiao Tu zu erklären, was ihnen auf dem Weg begegnete. Sie näherten sich Ngaba von Osten her, vorbei an Meruma, dem Dorf, in dem ihre Vorfahren ihre Viehherden gehalten hatten. Die Straße schien besser zu sein als in ihren Kindertagen, als sie in einem Pferdekonvoi reisten, doch ansonsten wirkte alles vertraut – als wären selbst die gezackten Konturen der Berge und die auf den Hängen grasenden Yaks alte Freunde. Und auch wenn die Hauptstraße verlegt worden war und nun weiter weg vom Fluss durch den Ort führte, sahen die niedrigen Häuser aus Lehm und Ziegeln noch genauso aus wie in ihrer Erinnerung.

»Jetzt sind wir fast da«, erklärte sie Xiao Tu und wies aus dem Busfenster nach draußen. »Das müsste die Straßenkreuzung sein. Danach kommen wir zum Kloster Kirti.«

Aber als sie sich der größten Kreuzung in Ngaba näherten, fand sie sich plötzlich nicht mehr zurecht. Der Markt, der ihr noch vor Augen stand, war fort. Sie reckte den Hals, um einen Blick auf das feine Gesims des Klosters zu erhaschen, das über die Dächer der umliegenden Häuser hinausragte und eigentlich gleich zu sehen sein müsste. Und hinter der Kreuzung auf der rechten Seite befand sich das Tor und dahinter das große Herrenhaus, in dem ihre Familie auf ihren Pilgerfahrten zum Kloster gewohnt hatte. Hier ist es, wollte sie ihrem Verlobten sagen. Zugleich aber dämmerte ihr die bittere Erkenntnis, dass es das, was sie suchte, nicht mehr gab.

Die Bilder aus ihrer Kindheit tauchten in so rascher Folge auf, dass sie sich nicht mehr auskannte. Spielten ihr die Erinnerungen einen Streich? Sie sah nur noch Schutt, halb zerfallene Wände, als sei die Gegend von einem Erdbeben erschüttert worden. Staubschwaden verhüllten ihr die Sicht.

Gonpo stieg aus dem Bus und versuchte sich zu fassen. Dass sie am richtigen Ort war, in der Heimat, stand fest; das spürte sie, auch wenn nichts danach aussah. Obwohl sie sich fest vorgenommen hatte, nicht zu weinen, kamen ihr die Tränen. Sie lehnte sich an eine Wand, deren obere Hälfte abgebröckelt war. Als ihr schummrig vor Augen wurde, hielt sie sich an einem leeren Türrahmen fest. In diesem Moment kam eine alte Frau an ihr vorbei. Sie blieb kurz stehen, musterte Gonpo und ging dann weiter.

Plötzlich empfand Gonpo mehr Angst als Trauer. Sie richtete sich wieder auf. Hatte man sie erkannt? Sie dachte an die Studenten aus Ngaba, die sie in Peking als Angehörige eines Adelsgeschlechts angeschwärzt und über Monate hinweg in den Anklageversammlungen gequält hatten. Zwar hatten sich die politischen Umstände gebessert, aber wie gut waren sie wirklich? Womöglich erwies sich die Reise nach Ngaba für Xiao Tu und sie als Falle.

Um möglichen Problemen zuvorzukommen, beschloss Gonpo, in einem der Regierungsbüros vorstellig zu werden. Eine Verwandte ihres Vaters, so hatte sie gehört, arbeitete in der Kreisverwaltung; also erkundigte sie sich nach ihr. Die Frau sei nicht da, erklärte man ihr im Büro. Doch nun war die Neugier des Mannes geweckt, der hinter dem Empfangstresen stand. Es geschah nicht oft, dass Fremde nach Ngaba kamen.

»Wer sind Sie?«, fragte er. »Was machen Sie hier?«

Sie erklärte – auf Chinesisch, weil ihr für das korrekte Tibetisch die Wörter fehlten –, dass sie lediglich mit ihrem Freund auf

Reisen sei. Der Mann war zwar freundlich, aber er ließ nicht locker. Und irgendwann platzte Gonpo heraus:

»Ich bin die Tochter des letzten Mei-Königs.«

Zunächst verschlug es dem Beamten die Sprache. Dann begann er zu rufen, sodass alle ihn hören konnten. Gonpo sah, dass vor der Tür die Menschen zusammenströmten, um sie zu begrüßen. Ein alter Mann auf einem Fahrrad war so aufgeregt, dass er Schlangenlinien fuhr und beinahe umgestürzt wäre. Andere stürmten ins Büro. Sie weinten, sie lachten, sie grinsten und stolperten beim Versuch, sie zu umarmen, beinahe übereinander. Da merkte Gonpo, dass sie wirklich zu Hause und in Sicherheit war.

Das Paar blieb einen Monat in Ngaba. Sie versuchten, sich in einer Herberge einzumieten, aber einer der tibetischen Amtsträger lud sie ein, in seinem Haus zu wohnen. Dort empfingen sie einen nicht abreißenden Strom von Besuchern. Gonpo konnte sich an kaum jemanden erinnern, aber die anderen – ihre einstigen Kinderfrauen, die Wachen, Hausverwalter, Gärtner – kannten sie. Sie überreichten ihnen Geschenke wie Butter und Gerste. Gonpo und Xiao Tu waren in ihren chinesischen Arbeitskleidern eingetroffen, aber schon bald brachten ihnen ihre Gastgeber tibetische Gewänder, die ihnen als Gabe überreicht worden waren. Sie anzulegen fiel ihnen nicht leicht: Gonpo kämpfte mit der komplizierten Taillenschärpe und Xiao Tu mit einem der Männerumhänge, bei denen eine Schulter frei bleibt.

Ein alter muslimischer Bettler kam mit einer *Khata,* dem rituellen weißen Schal, und einem kleinen Beutel mit einigen gesparten Münzen. Das war alles, was er besaß, doch er bestand darauf, es der Prinzessin zu schenken. Ein anderer Mann schilderte Gonpo, wie ihr Vater ihm zu einem Stück Land und einem Haus verholfen hatte, als er vollkommen mittellos war. Er hatte seine Kinder dabei, um sie Gonpo vorzustellen.

»Wenn Ihr Vater nicht gewesen wäre, würde es diese Familie nicht geben«, sagte er.

Xiao Tu staunte über die Ehrerbietung, die man Gonpo entgegenbrachte. Wie alle anderen auch, die in chinesischen Schulen unterrichtet worden waren, hatte er in seiner Jugend immer wieder gehört, dass die normale Bevölkerung von feudalen Adligen wie Sklaven behandelt worden war.

Nach einigen Wochen waren sie ganz erschöpft von der Aufmerksamkeit, die ihnen zuteilwurde. Sie mussten ohnhin nach Xinjiang zurückkehren, in ihr bescheidenes Dasein als landwirtschaftliche Hilfskräfte. Ihre Geschenke – die Butter, die Gerste, die Münzen – überließen sie dem Kloster.

Wenn ihre Reise nach Ngaba ein Probelauf für ihre Beziehung gewesen war, hatte ihn Xiao Tu mit fliegenden Fahnen bestanden. Ehe sie ihren Bund besiegeln konnten, brauchten sie allerdings noch eine ganze Reihe von Genehmigungen – zunächst von der *Danwei,* ihrer Arbeitseinheit, und außerdem von jeder übergeordneten Aufsichtsebene des Betriebs. Ein Festmahl zum besonderen Anlass war ihnen untersagt – die Kommunisten hatten pompöse Hochzeiten verboten. Daher begnügten sie sich mit einem schlichten Mahl in der Kantine im Kreis ihrer Kollegen und Aufseher. Gonpo hatte keine direkten Angehörigen mehr; Xiao Tu aber bekam Besuch von seinem jüngeren Bruder, der die lange Reise von Nanjing mit dem Zug und dem Bus zurückgelegt hatte. Sie stießen auf die Eheschließung mit *Baijiu* an, einem starken chinesischen Branntwein. Xiao Tu trug einen Mao-Anzug mit Stehkragen, und Gonpo hatte von ihren zukünftigen Schwiegerleuten eine Jacke aus grüner Seide bekommen, die ihr, über der Hose getragen, einen Hauch von Eleganz verlieh. Außerdem hatten Xiao Tus Eltern dem Paar mit dem Zug ein komplettes Bettgestell mit Matratze geschickt, damit die beiden es in ihrem neuen Heim gemütlich hatten.

Vier Monate nach der Hochzeit kam eine neue Wende. Am Nachmittag des 9. September 1976 unterbrach Radio Peking sein reguläres Programm mit einer Ansage an »die Gesamtheit der Partei, die Gesamtheit der Armee und Menschen aller Nationalitäten überall im Land«. Am Morgen war Mao Tse-tung 82-jährig gestorben.

Sein Tod dürfte niemanden, der das normale Tagesgeschehen verfolgt hatte, überrascht haben. Seit Jahren hatte sich Mao nicht mehr in der Öffentlichkeit gezeigt, und wer ihm begegnet war, berichtete von seiner schlechten gesundheitlichen Verfassung. Chinas Staatschef war Kettenraucher gewesen und hatte Herz- und Lungenprobleme gehabt. Außerdem hieß es, er leide unter Parkinson sowie dem Lou-Gehrig-Syndrom. Trotzdem bedeutete sein Tod eine dramatische Zeitenwende. Solange er – wenn auch geschwächt – am Leben war, hatte seine bloße Präsenz die zukünftigen Nachfolger derart in Lähmung versetzt, dass sie außerstande waren, die Fesseln der Kulturrevolution abzuschütteln.

»Alle seine Siege errang das chinesische Volk unter der Führung des Vorsitzenden Mao«, hieß es denn auch in einer Erklärung der Parteispitze. Obwohl sie das Land aufforderte, »auf dem revolutionären Weg des Vorsitzenden Mao weiter voranzuschreiten«, war man bereit, viele seiner Maßnahmen zurückzunehmen. Die Fesseln waren gesprengt.

Doch zunächst wollte man sich mit gehörigem Pomp vom Großen Vorsitzenden verabschieden. Ganz China wurde eine achttägige Staatstrauer verordnet. Maos Leichnam wurde feierlich in der Großen Halle des Volkes am Platz des Himmlischen Friedens aufgebahrt. Überall im Land wurden schwarze Trauerbinden ausgeteilt.

In der Landwirtschaftskooperative in Xinjiang herrschte ungewohnte Anspannung. Man stand nicht nur vor der Aufgabe, sich auf die Trauerzeremonie vorzubereiten, sondern hatte auch die Befürchtung, dass es in der unsicheren Umbruchsphase zu Übergriffen an der Grenze zur Sowjetunion kommen könnte.

Für Gonpo bot die Tätigkeit ihres Mannes Anlass zu zusätzlicher Sorge. Er musste die Lautsprecher anschließen, die die Trauerfeier aus Peking für den gesamten Betrieb übertragen sollten. Sie waren alt, die Kabel brüchig, und die Stromversorgung schwankte. Es bestand die Gefahr, dass man Xiao Tu festnahm, wenn die Übertragung nicht zustande kam. Als der Staatschef mit Kanonendonner und Sirenengeheul, mit Pfeifen und Hupen gewürdigt wurde und ein Orchester *Die Internationale* anstimmte, stand Gonpo in Habachtstellung zwischen den anderen. Über ihre Angst um die Technik vergaß sie beinahe, um Mao zu trauern.

Teil II
Interregnum 1976–1989

Die schwarze Katze und
der goldene Wurm

Zur Zeit von Maos Tod im Jahr 1976 war Ngaba eine Geister-stadt, düster und öde. Während eines Vierteljahrhunderts kommunistischer Herrschaft wurde weit mehr zerstört als neu errichtet. Übrig geblieben waren größtenteils armselige, niedrige Lehmhütten in einem Graubraun, das sich von der blanken Erde kaum unterschied. Die Regierung hatte beschlossen, ihre eigene Vorstellung von Ordnung in der Stadt durchzusetzen, und deshalb für den Bau einer neuen Straße – die spätere Nationalstraße 302 – eine gerade Linie durch das Zentrum gezogen, es dann aber nicht geschafft, für die Asphaltierung zu sorgen. Dreck und Schlamm verstopften die Gassen. Beidseitige Abflussgräben dienten als offene Kloaken und zur Verrichtung der Notdurft.

Nach der Zerstörung der Klöster gab es nicht mehr viel, was die Trostlosigkeit gemildert oder das Auge erfreut hätte. Der vom König geförderte Markt, für den die Händler auch Umwege nach Ngaba auf sich genommen hatten, war seit Langem geschlossen.

Eine Tibeterin mit Raupenpilzen in der Hand.

Da die Kommunistische Partei verfügt hatte, dass jede Art von Geschäftstätigkeit die Grundsätze des Sozialismus verletze, gab es auch keine Läden oder fliegenden Händler mehr. Der einzige Gewerbebetrieb, der während der Kulturrevolution geöffnet blieb, war eine Werkstatt, die landwirtschaftliche Gerätschaften herstellte. Im regierungseigenen Lebensmittelladen sammelte sich auf leeren Regalen der Staub.

Auch Privatleute durften nichts kaufen oder verkaufen, eine große Erschwernis in einer ländlichen Wirtschaft, in der es für Hirten und Bauern lebenswichtig war, tierische Produkte gegen Getreide zu tauschen. Selbst Straßenverkäufer waren verbannt worden, denn Mao betrachtete sie als »Überbleibsel des Kapitalismus«.

Ein Vorzug tibetischer Kleidung bestand darin, dass sie weit genug war, um darunter heimlich Waren mitzuführen. Wollte man etwas kaufen, hielt man Ausschau nach einem Tibeter mit gebauschter *Chuba*, dem Merkmal der Händler. Zu ihnen gehörte auch ein junger Mann, der auf dem Schwarzmarkt sein Geld verdiente, seit er zwölf Jahre alt war, und der aus dieser wirtschaftlichen Ödnis eines Tages als einer von Ngabas führenden Unternehmern hervorging.

Der 1952 geborene Norbu war ein Kerl wie ein Baum, mit knolliger Nase und fleischigen Ohren. Sein Vater, ein ehemaliger Mönch, hatte sein Keuschheitsgelübde widerrufen, als er sich in Norbus spätere Mutter verliebte. Nach der Hochzeit bekam das Paar in rascher Folge drei Kinder: Norbu, ein Mädchen und dann noch einen Jungen. Als Norbus Bruder noch sehr klein war, wachte seine Mutter eines Morgens mit Fieber auf. Noch am selben Abend war sie tot. Dies geschah 1958, in jenem furchtbaren Jahr, in dem die Kommunistische Partei ihre sogenannten Demokratischen Reformen auf den Weg brachte. Norbus Familie war von der Partei als »kapitalistisch« eingestuft worden, vielleicht weil Norbus Vater gelegentlich Kräuter und Wolle verkaufte, um etwas hinzuzuverdienen. Norbu blieb das immer ein Rätsel, denn mehr als die Kleider, die sie am Leib trugen, und ein zerfallendes Haus mit einem einzigen Zimmer besaßen sie nicht.

Durch diese Zuordnung wurde Norbus Familie zum Ziel von Übergriffen. Kommunistische Aktivisten – die tibetischen Kollaborateure – konnten sich im Haus der Familie uneingeschränkt bedienen. Eine von Norbus frühesten Erinnerungen ist der Anblick eines Jungen, der sein Schaffellgewand bekommen hatte. Glücklich tobte er draußen vor der Tür im Sonnenschein, während Norbu ihn verstohlen vom Haus aus beobachtete und weinte. Dann nahmen sie ihm seine Schuhe weg. In den langen Wintermonaten bluteten Norbus Füße, weil er barfuß auf dem Eis lief. Bald blieb der Familie nur noch das Holzbett, in dem sich die Kinder eng an den Vater schmiegten, um es warm zu haben. Doch irgendwann nahm man ihnen auch das Bett, und die Familie schlief auf dem Fußboden. Nachts kamen manchmal Leute und traktierten Norbus Vater mit Fußtritten – aus keinem anderen Grund als aus Ärger darüber, dass nichts mehr da war, was sie hätten rauben können.

Als ältestes und kräftigstes Kind wurde Norbu losgeschickt, um Essen zu erbetteln. Es gab damals keine Restaurants, sondern nur die Kantinen der Volkskommunen. Wenn er sich mit einem Blechnapf in der Hand davor aufstellte, kippten die Gütigeren hinein, was gerade noch übrig war – Suppe, Brei, *Tsampa* und, wenn Norbu großes Glück hatte, Knorpel und Knochen. Mit diesen unappetitlichen Resten versorgte er dann zu Hause die jüngeren Geschwister und sich selbst. Einmal stahl er Würste, wurde aber von der Polizei erwischt und kopfüber in einen Abfalleimer voller Sichuan-Pfeffer gestoßen, sodass seine Augen noch tagelang tränten.

Trotz der dürftigen Ernährung wuchs Norbu zu einem großen, kräftigen Jungen heran, der schon früh viele Erwachsene überragte. Er konnte wie ein Lasttier stundenlang einen Pflug hinter sich herziehen oder einen unfassbar großen Sack Gerste auf dem Rücken tragen. Allerdings wurden Kindern als Bezahlung noch weniger Arbeitspunkte gutgeschrieben als Erwachsenen, sodass sich Norbu für Essen und den Lebensunterhalt oft Geld borgen musste und am Jahresende mit Schulden dastand. Noch als Jugendlicher versuchte er, sich bei der Volksbefreiungsarmee zu verpflichten, wurde aber wegen seiner Klassenzugehörigkeit nicht angenommen.

Darin lag das Problem. Norbu musste die Familie ernähren. Sein Vater konnte kein Geld verdienen, weil er für körperliche Arbeit zu schwach und für lukrative Geschäfte, wie Norbu später meinte, zu ehrlich war. Da Norbu keine Möglichkeit sah, auf legalem Weg zu Geld zu kommen, landete er wie von selbst beim Schwarzmarkt.

Parteifunktionäre und Regierungsangestellte erhielten regelmäßig Gutscheine, *Liang piao* genannt, die sie gegen verschiedene Erzeugnisse von Seife bis Reis eintauschen konnten. Sie hatten einen Geldwert, auch wenn die Funktionäre sie nicht offen verkaufen durften. Dafür brauchten sie den Jungen, den sie herbeiwinkten und der das für sie erledigte. Norbu konnte zwar nur ansatzweise Tibetisch und Chinesisch lesen und schreiben, beim Rechnen aber machte ihm niemand etwas vor. Rasch hatte er das Prinzip entschlüsselt, das den Gutscheinen zugrunde lag, und herausgefunden, was man davon kaufen konnte und wie man diese Papierschnipsel zu barem Geld machte.

Solche Geschäfte galten als parteifeindlich und antisozialistisch, als Verbrechen, für das man mit Gefängnis oder Schlimmerem bestraft werden konnte. Norbu war auch deshalb in Gefahr, weil er sich dem Arbeitseinsatz auf den Feldern der Volkskommune entzog. Es kümmerte ihn nicht. Er war ohnehin bereits als Kapitalist gebrandmarkt, also könnte er genauso gut auch Geld verdienen.

Aus Furcht vor einer Verhaftung machte sich Norbu mit 22 Jahren im überfüllten Bus über die Bergstraßen auf den Weg nach Chengdu. Es war das erste Mal, dass er das Tibetische Hochland Richtung Tal verließ. Während viele Chinesen in den großen

Höhen unter Atemnot litten, hatte Norbu in der heißen, schweren Stadtluft das Gefühl zu ersticken. Er staunte über die jungen Chinesen, die in kurzärmligen, offenen Hemden zwischen Palmen und Banyanbäumen flanierten – und über die Frauen, die so viel nacktes Bein zeigten, wie er es in Ngaba noch nie gesehen hatte. Die Chinesen wiederum staunten über den verschwitzten, hünenhaften jungen Mann in seinem Lammfellgewand.

Nachts schlief Norbu unter einer Brücke und bettete den Kopf auf seinen Schuhen, damit niemand sie ihm stahl. Er freundete sich mit anderen tibetischen Jungen an, die sich in die Stadt aufgemacht hatten; sie kampierten ebenfalls unter den Brücken und suchten nach Möglichkeiten, Geld zu verdienen. Sie ernährten sich von Nudeln, von denen eine Schüssel voll nicht viel kostete.

Wieder landete Norbu beim An- und Verkauf von Gutscheinen, was in der großen Stadt allerdings profitabler war. Bald hatte er so viel eingenommen, dass er den Platz unter der Brücke verlassen und sich in einem preiswerten Hotel einmieten konnte. Er kaufte sich ein schickes weißes Hemd mit Knopfleiste, um nicht mehr aufzufallen, obwohl er seine Haare immer noch länger trug als die meisten chinesischen Männer, sodass sie sich rebellisch über dem Hemdkragen kringelten. Er gewöhnte sich an, täglich zu baden – was Tibeter in der Regel ablehnten, da sie es für ungesund hielten – und wie die Chinesen Zigaretten zu rauchen. Und er wurde Stammkunde in einem Laden mit freundlichen Angestellten in der Nähe seines Hotels. Eines Tages wollte er dort *Baijiu* kaufen, den strengen chinesischen Schnaps. Als er keinen Gutschein vorlegen konnte, gab ihm eine der Verkäuferinnen lächelnd die Flasche gratis aus. Daraufhin lud er sie ein, mit ihm essen zu gehen; noch am selben Abend wurde daraus ein langer Spaziergang durch den Park.

Hua fand Norbu nicht gutaussehend – Nase und Ohren waren zu groß für seinen Kopf –, doch ihr gefiel sein lässiger Gang. Sie war eine zierliche Frau, knapp über einen Meter fünfzig groß, mit herzförmigem Gesicht, und sie fühlte sich beschützt an der Seite eines Mannes, der ihre chinesischen Verehrer allesamt um einen Kopf überragte. Ansonsten war sie rebellisch genug, um genussvoll die schockierten Blicke ihrer Freundinnen und Kollegen zu registrieren, wenn dieser bärenstarke junge Tibeter den Kopf zur Ladentür hereinstreckte, um sie zu ihrer Verabredung abzuholen.

»Was soll das werden? Meinst du, du kannst keinen chinesischen Mann finden?«, fuhr sie eine ihrer Freundinnen an. Hua tat es mit einem Lachen ab. Ihr Vater hingegen war nicht so leicht abzufertigen. Dass sie mit einem Tibeter ausging, machte ihn wütend, und er nutzte das gesamte Spektrum elterlicher Druckmaßnahmen.

»Bei diesen Minderheiten herrschen raue Sitten. Das sind Irre«, brüllte ihr Vater. »Wenn du den Kerl heiratest, kann ich keine Nacht mehr ruhig schlafen.«

Dabei ging es nicht allein um Norbus tibetische Herkunft. Mischehen verloren allmählich ihren Seltenheitswert, zumal die Kommunistische Partei das Verbindende der ethnischen Gruppen in China pries. (Ein Jahr bevor Norbu und Hua sich kennenlernten, hatten Gonpo und Xiao Tu geheiratet.) Vielmehr gab es auch das Problem der unterschiedlichen Klassenzugehörigkeit. Gemäß der Definition der Partei stammte Hua aus einer guten Familie. Ihre Eltern waren Arbeiter, und ihre Vergangenheit war frei von jedem kapitalistischen oder feudalen Makel. Sie war Rotgardistin gewesen, und als die städtische Jugend in der späteren Phase der Kulturrevolution aufs Land geschickt wurde, war sie nach Yan'an in der Provinz Shaanxi gekommen, dem früheren Hauptquartier Maos. Im Sinne der Kommunisten galt Hua in jeder Hinsicht als untadelig. Ihre Tätigkeit als Ladenangestellte in einem staatseigenen Unternehmen war mit einigem Prestige verbunden. Sie hatte ihre »eiserne Reisschüssel«, in China die Umschreibung für einen sicheren Arbeitsplatz. Sie besaß sogar eine Armbanduhr der Marke Shanghai – damals der renommierteste chinesische Hersteller mechanischer Uhren – und damit ein außerordentliches Statussymbol.

Norbu musste gestehen, dass er weit weniger aufzuweisen hatte. Er war zwei Jahre jünger und fast ohne Schulbildung. Und neben der Tatsache, dass er arm war und der falschen Klasse entstammte, wurde er obendrein von der Polizei in Ngaba gesucht.

»Ich weiß, dass ich dir nichts bieten kann«, gestand er Hua. »Aber im Laufe der Zeit werde ich Geld verdienen. Wenn wir zusammenbleiben, können wir ein gutes Leben führen.«

Die Geschichte meinte es gut mit dem jungen Paar. Maos Leichnam war noch nicht einbalsamiert, als China begann, sich neu zu erfinden. Nach nicht einmal einem Monat hatte man die sogenannte Viererbande, zu der auch Maos Frau Jiang Qing zählte, wegen des Irrsinns der Kulturrevolution festgenommen. Die vier wurden beschuldigt, den Tod von 34 375 Menschen verursacht und 750 000 andere zu Unrecht verfolgt zu haben. 1981 beteuerte Jiang im Rahmen ihres Prozesses, lediglich Maos Befehle befolgt zu haben. (»Ich war der Hund des Vorsitzenden Mao. Wen er zu beißen befahl, den biss ich«, so ihre berühmte Aussage.)

Bei seiner dritten Plenarsitzung im Jahr 1978 erklärte das Zentralkomitee, China müsse der »Modernisierung« den Vorrang gegenüber dem Klassenkampf einräumen. Im darauffolgenden Jahr genehmigte die Partei als marktwirtschaftliches Experiment die Schaffung von Sonderwirtschaftszonen. Es dauerte nicht lange, und Südchina begann Taiwan als Quelle preiswerter Konsumgüter abzulösen.

Allerdings konnte die Kommunistische Partei Chinas Mao nicht ganz beiseiteschieben. Er war Gründervater, Inspiration und Symbol; aller Zusammenhalt wurzelte in ihm. Sein einbalsamierter Leichnam wurde in einem Mausoleum auf dem Platz des Himmlischen Friedens aufgebahrt und ruht dort bis heute als sakrosankter Bannerträger der Partei.

Maos Nachfolger aber verwarfen unter Führung von Hua Guofeng, dem Parteivorsitzenden von 1976 bis 1980, viele von Maos Wirtschafts- und Sozialmaßnahmen und betonten, um das Gesicht zu wahren, das Land müsse auf dem Weg zu wahrem Sozialismus zwangsläufig eine kapitalistische Phase durchlaufen. China war in eine neue Ära eingetreten, in der das Anhäufen von Reichtümern ruhmvoll war und die Klassenzugehörigkeit unerheblich. Deng Xiaoping, der Architekt von Chinas Öffnung in den 1980er-Jahren, formulierte es so: »Es ist egal, ob die Katze schwarz oder weiß ist – Hauptsache, sie fängt Mäuse.«

Als schwarze Katze hatte Norbu ausgesprochen gute Karten. Seine Kindheit verschaffte ihm eine gute Ausgangsposition. Ohne dass er es näher hätte begründen können, ahnte er, dass die Gutscheine, mit denen er gehandelt hatte, schon bald obsolet sein würden, weil China die Abkehr von einer streng sozialistischen Wirtschaft einleitete und sich für einen cleveren jungen Mann wie ihn etliche Möglichkeiten auftun würden.

Seit seiner Ankunft in Chengdu hatte Norbu die Vielfalt des vorhandenen Warenangebots bewundert. In der ersten Zeit wurden die Artikel noch aus Hongkong importiert, doch allmählich verlagerte sich die Produktion auf die Provinz Guangdong in Festlandchina. Schuhe und Bekleidung waren in Schnitt, Farbe und Material gänzlich neu. Es gab Produkte, von denen er noch nie gehört hatte und die er sich auch kaum hätte ausmalen können: kohlensäurehaltige Erfrischungsgetränke, Popcorn, Trainingsanzüge, Taschenrechner, Kassettenrekorder.

Norbu wusste, dass er in Ngaba höhere Preise für diese Waren erzielen könnte. Die landwirtschaftlichen Volkskommunen waren in Auflösung begriffen (ein Prozess, der bis 1982 andauerte); ihr Besitz wurde an Bauern und Hirten verteilt. So erhielt in Meruma ein jeder zehn Yaks, acht Schafe und zwei Pferde. Endlich hatten die Tibeter ein kleines verfügbares Einkommen, und sie hatten auch gewaltigen Nachholbedarf. Sie benötigten Ersatz für die Haushaltsgegenstände, die beschlagnahmt und den Volkskommunen zugeteilt worden waren, und für die Werkzeuge, die als Teil eines unausgegorenen Plans Maos zur Steigerung der chinesischen Stahlproduktion überall in kleinen provisorischen

Hochöfen eingeschmolzen worden waren. Norbu kaufte einen großen Koffer, packte ihn bis oben hin voll mit Waren und fuhr mit dem Bus zurück nach Ngaba. So reiste er oft hin und her und brachte den Tibetern, was immer sie kaufen wollten. Die beliebtesten Artikel waren Tassen und Schüsseln aus Porzellan.

Hua kam 1979 erstmals nach Ngaba. Weil Norbu dort immer mehr Zeit mit seinen Geschäften verbrachte, vermisste sie ihn. Außerdem wollte sie wissen, wie es in seiner Heimat aussah. Also kaufte sie sich eine Fahrkarte für den Bus, der durch die Berge fuhr und mit dem Norbu einst nach Chengdu gekommen war. Anstelle von drei Tagen dauerte die Fahrt jetzt nur noch ein oder zwei Tage, weil die Chinesen zur Begradigung der Trasse Tunnel durch die Berge getrieben hatten.

Hua erging es wie anderen chinesischen Neuankömmlingen, denen die Anpassung an das Hochland schwerfiel. Ihr war schwindelig von der Höhe. Durch die UV-Strahlen war ihre Haut verbrannt und ganz runzelig; sie hatte aufgesprungene Lippen. *Tsampa* war für sie schwer verdaulich. Butter und Käse, die Grundnahrungsmittel des tibetischen Speiseplans, schlugen ihr auf den Magen.

In den 1970er-Jahren hätte man Chengdu zwar nicht unbedingt als vornehm bezeichnet, aber Ngaba war für Hua ein Schock. Die offene Kanalisation. Menschen, die ihr Geschäft auf der Straße verrichteten. Ihr graute vor den räudigen gelben Hunden, die überall kläffend herumliefen. Weil es die Tibeter als Buddhisten ablehnten, die Hunde zu töten, wagten es auch die Chinesen nicht, sie zu erschießen. War man nachts allein unterwegs, musste man stets einen Stein dabeihaben, um die Hunde abzuwehren. Angst machten ihr aber auch die Männer. In ihren Lammfell-*Chubas* wirkten sie größer als Normalsterbliche; wenn sie umherstolzierten und dabei so kampflustig aussahen, konnte das nur heißen, dass sie in den Falten ihrer Umhänge Messer verborgen hielten.

Selbst ihr eigener Verlobter, den sie heiß und innig liebte und der sich in Chengdu eher städtische Umgangsformen angeeignet hatte, zeigte in seiner Heimat rauere Seiten. Kurz nach Huas Ankunft war Norbu festgenommen worden. Er war mit Freunden etwas trinken gegangen und in eine Schlägerei geraten. Nach einigen Tagen Haft auf der Polizeiwache bettelte er um seine Freilassung, weil er den Besuch seiner Verlobten erwarte. Norbu hatte sich in der Zwischenzeit vom flüchtigen Schwarzmarkthändler zum aufstrebenden Geschäftsmann gemausert. Seine Freunde bei der Polizei, die er inzwischen gewonnen hatte, verstanden seine Sorge. Sie borgten ihm sogar einen ihrer Bürostühle, sodass Hua, als sie eintraf, auch eine Sitzgelegenheit hatte. Die Möbel, die ihnen in den 1960er-Jahren gestohlen worden waren, hatte Norbus Familie noch nicht wieder ersetzen können.

Eine weniger couragierte Person hätte schleunigst die Rückreise in die Stadt angetreten. Nicht so Hua. Sie ließ sich nicht so leicht einschüchtern – ein Zug, der Norbu gleich zu Beginn an ihr gefallen hatte. Sie liebte ihn, und Ngaba war Teil des Gesamtpakets. Und bei allen Unannehmlichkeiten erkannte sie, dass dieser Ort vor allem auch Chancen bot.

Und so begannen Norbu und Hua ihre gemeinsame Geschäftstätigkeit. Zunächst verlegten sie sich auf den Verkauf von *Mihuatang*, süßer Puffreisküchlein, die an jedem chinesischen Bahnhof zu haben waren und die auch Gonpos Vater seiner Tochter für die Rückfahrt nach Peking gekauft hatte. Wie sich herausstellte, waren die Tibeter ganz versessen auf süßen Puffreis. Norbu und Hua packten ihre Koffer damit voll bis zum Rand und brachten die Nascherei auf regelmäßigen Fahrten von Chengdu in die Berge. Schließlich eröffneten sie einen Teeladen und einen Supermarkt. Es war eine der ersten chinesisch-tibetischen Partnerschaften. Ihr gemeinsames Geschäft florierte, und die Einwände, die Huas Familie gegen die Beziehung gehabt hatten, schwanden im gleichen Maß, wie das Vermögen auf dem Bankkonto wuchs.

Eines Tages sah Norbu, der gerade wieder in Chengdu war, im Teeladen zu seiner Überraschung Huas Vater, der das Geschäft betrat und sich suchend nach ihm umsah.

»Hoffentlich hast du dir schon ein Restaurant ausgesucht«, sagte er zu ihm. Norbu war irritiert.

»Für die Hochzeit natürlich. Die Familie ist schon eingeladen. Morgen wird geheiratet«, eröffnete ihm Huas Vater.

Auch sonst gehörten die Tibeter, die in Ngaba Geschäfte gründeten, meist zu den Außenseitern. Zum Teil waren es Mönche, die gegenüber einem Großteil der Tibeter den Vorteil hatten, lesen und schreiben zu können, und die nach Auflösung der Klöster über genügend freie Zeit verfügten. Der vielleicht erfolgreichste war der einstige Mönch Kunga aus dem Kloster Se.

»Wir durften keine Mönche mehr sein. Deshalb mussten wir uns unseren Lebensunterhalt als Laien verdienen«, erinnerte er sich.

Nachdem die Kommunistische Partei sein Kloster 1958 geschlossen und alle Mönche zwangsweise ausquartiert hatte, stand Kunga ohne Zuhause und ohne Arbeit da – und vor der Frage, ob er überhaupt in Ngaba bleiben konnte. Sein Vater, einstmals Angestellter im Palast des Mei-Königs, war festgenommen worden (später kam er im Gefängnis um), und Kungas Familie wurde in solchem Maße ausgegrenzt, dass sie nicht einmal in der Küche der Volkskommune essen oder mit Nachbarn reden durfte. Also machte sich Kunga auf den Weg und fuhr per Anhalter, bis er auf diesem Weg mit Bussen und Lastern nach Shenzhen kam, der Stadt in Festlandchina an der Nordgrenze Hongkongs. Dort erwarb er auf dem Schwarzmarkt Kameras, Kassettenrekorder, Armbanduhren, Mäntel und Kleidung, die aus Hongkong eingeschmuggelt worden waren, und brachte sie ins Tibetische Hochland, um sie dort weiterzuverkaufen. Ob in Ngaba oder in Lhasa: Überall fand er tibetische Abnehmer für seine Waren, die er auf einer Decke vor sich auf dem Boden ausbreitete. Den Tibetern hatte es besonders Baumwoll- und Seidenunterwäsche als passendes »Dessous« unter ihren schweren *Chubas* angetan.

Nach der Kulturrevolution wurde Kunga wieder Mönch. Er

hatte genügend Geld verdient, um damit zu großen Teilen den Wiederaufbau des Klosters Se zu finanzieren.

1980 begann man in Ngaba mit einer zögerlichen Wiedereröffnung der Klöster. Nach und nach trafen die früheren Mönche ein und hielten in den Ruinen Gebetszeremonien ab.

Kirti war eines der ersten Klöster, das in den späten 1980er-Jahren die Genehmigung erhielt, seine Tore wieder zu öffnen, wenn auch unter Auflagen. Die Mönche durften lediglich zum einmonatigen tibetischen Neujahrsfest Losar zu Gebetssitzungen laden. Dazu nutzten sie einen Lagerraum, der als einziger noch intakt war. Von den ungefähr 1700 Mönchen Kirtis vor dem Jahr 1958 waren nur etwa 300 noch am Leben. Einige kamen gerade erst aus dem Gefängnis; sie waren verängstigt und traumatisiert. Andere hatten geheiratet und lebten als Laien. 1982 erhielt der Panchen Lama – der höchste tibetische Lama, der von der Kommunistischen Partei Chinas geduldet wurde und kurz zuvor selbst erst rehabilitiert worden war – die Erlaubnis, Ngaba zu besuchen. Er überredete die Lokalregierung, dem Kloster den beschlagnahmten Besitz zurückzugeben, sodass man mit dem Wiederaufbau beginnen konnte.

Die Arbeiten übernahmen größtenteils ortsansässige Freiwillige, und das Geld kam von seit Neuestem vermögenden tibetischen Händlern und Kaufleuten. Unter ihnen war ein Geschäftsmann namens Karchen, der gestand, zu den jungen kommunistischen Aktivisten gehört zu haben, die in den 1950er-Jahren an der Zerstörung beteiligt gewesen waren.

»Ich habe Kirti zerstört, also muss ich es auch wieder aufbauen«, rühmte er sich vor den Nachbarn.

Mitte der 1980er-Jahre sah Ngaba aus wie eine hochgezüchtete Siedlung im Neuland. Die von der Volksbefreiungsarmee Jahrzehnte zuvor angelegte Hauptstraße war seit Langem asphaltiert. Beidseitig der Straße standen repräsentative Neubauten, die Ngaba als angemessene Kreisstadt auswiesen. Die chinesische Regierung versuchte, ihr den Anstrich von Modernität zu geben, und das in größtmöglicher Farbenpracht. So erhielt das Amt für öffentliche Sicherheit eine eindrucksvolle neue Zentrale, die der Machtposition der Polizei Rechnung trug. Gegenüber wurde eine Mittelschule für 1000 Schüler eröffnet. Das Volkskrankenhaus von Ngaba war mit einem vierstöckigen Lichthof und blauer Glasfassade ausgestattet, der Gipfel der Moderne im China der 1980er-Jahre. Norbu gab seinem Bruder Geld, um für den Vater ein neues Haus zu bauen; jetzt lebten sie tatsächlich wie Kapitalisten.

Alles wuchs in die Höhe. Entlang der Hauptstraße waren die Flachbauten aus Lehm entweder abgerissen oder aber zu drei- oder vierstöckigen Häusern ausgebaut worden. Ladenfronten im Erdgeschoss hatten Türen breit wie Garagentore, und die Waren wurden bis auf die Fußwege hinaus ausgelegt. Die Tibeter eröffneten Teeläden, wo sie ihren meist mit einem Klecks Yakbutter gesalzenen Tee tranken. Teeläden waren die Lieblingsorte der Männer zum Fachsimpeln und Feilschen, doch einer von Norbus Freunden brach mit der Tradition und eröffnete einen Coffeeshop, womit er in Ngaba ein bis dahin fast gänzlich unbekanntes Getränk einführte. Der Laden hatte ein Hinterzimmer mit einem Poolbillardtisch, der so viel Anklang fand, dass in der Nähe bald schon weitere Billardstuben entstanden.

Nach jahrzehntelanger Verbannung als Symbol für die ausbeuterische Unterdrückung durch den Klassenfeind sah man auch wieder Motorrikschas – rikschaähnliche Gefährte, gelenkt von einem Mann auf einem Zweirad –, die Fahrgäste und deren Gepäck beförderten. Personenwagen waren noch eine Seltenheit, aber die Tibeter entschieden sich ohnehin für Motorräder, eigneten sie sich doch viel besser als Autos, um abseits der Straßen durch die Berge zu fahren. In wehmütigem Gedenken an ihre Pferde polsterten sie die Sättel mit Lammwolle.

Darüber hinaus entdeckten sie eine fast exklusive Nische: das

Sammeln von Heilkräutern. Kräuter kamen gewöhnlich sowohl in der chinesischen als auch in der tibetischen Medizin zum Einsatz; viele der wertvolleren Pflanzen stammten aus dem Tibetischen Hochland. *Beimu,* ein Liliengewächs des Hochgebirges zur Behandlung von Husten, wuchs in über 3000 Metern Höhe; es lag also in der Natur der Sache, dass die tibetischen Hirten es ernteten.

Als äußerst lukrativ erwies sich *Cordyceps sinensis,* ein Gewächs mit einem in der traditionellen Medizin hochgeschätzten Wirkstoff. Angeblich stärkte es das Immunsystem, die Kondition und die Lungen- und Nierenfunktion. Tibeter nennen es *Yartsa gunbu,* was »Sommergras, Winterwurm« bedeutet, oder in der Kurzform auch schlicht *Bu,* »Wurm«. Dabei handelt es sich um einen Pilz, der Schmetterlingsraupen befällt. Früher war er so weitverbreitet, dass Tibeter ihn sogar einem trägen Pferd oder Yak zu fressen gaben; aber seit er sich auch bei Chinesen großer Beliebtheit erfreute, waren die Preise sprunghaft angestiegen. Chinesische Sporttrainer mit Goldmedaillen im Auge verabreichten ihn ihren Athleten; alternde Geschäftsmänner verspeisten ihn zur Steigerung ihrer sexuellen Leistungsfähigkeit. Irgendwann waren Raupenpilze bester Qualität mit einem Preis von 900 Dollar pro Unze fast genauso viel wert wie Gold.

Tibeter besaßen ein natürliches Monopol auf den Raupenpilz, denn Nichttibetern fehlten die Ortskenntnisse und auch die Lungenkapazität, um mit ihnen zu konkurrieren. Den besten Pilz gab es in Golog, nordwestlich von Ngaba. Die Hirtenfamilien machten sich mit ihren Kindern auf in die Berge, nahmen sie manchmal sogar eigens aus der Schule, weil sie bessere Augen hatten und es ihnen mit ihrer kleineren Statur leichter fiel, den Boden nach dem zwischen Gräsern und Unkraut verborgenen Pilz abzusuchen. Die Saison, die mit den ersten Frühjahrstagen begann, wenn die Schneeschmelze die noch braunen Hügel in einen schwammartigen Teppich verwandelte, erstreckte sich über rund 40 Tage. Dann schlugen die Familien für Wochen ihre Zelte in den Bergen auf. In einer guten Saison konnte eine tibetische Familie in dieser Zeit mehr Geld verdienen als ein chinesischer Fabrikarbeiter im ganzen Jahr.

Später sollte die Kommunistische Partei mit den Erfolgen ihrer Politik bei der Ankurbelung der tibetischen Wirtschaft prahlen, in Wahrheit aber hatte nichts so sehr dazu beigetragen wie der Raupenpilz, auf den einem Wissenschaftler zufolge nicht weniger als 40 Prozent der tibetischen Bareinnahmen entfielen. Im Gegensatz zu den Einnahmen aus Bergbau und Forstwirtschaft – Wirtschaftszweige, die von chinesischen Firmen dominiert waren – flossen diese Gelder direkt in die Taschen der Tibeter. Die Kaufkraft der Hirten stieg, was auch den neuen Läden und Cafés zugutekam. Der »goldene« Wurm war Bestandteil eines Wirtschaftszyklus mit wachsendem Wohlstand.

Bis in die 1980er-Jahre flossen die Waren im Handel zwischen dem Tibetischen Hochland und Südchina immer nur in eine Richtung. Tibeter konsumierten eifrig neumodische Elektrogeräte und Konfektionskleidung aus der Massenproduktion in Chinas neuen Fabriken, wohingegen Han-Chinesen tibetischen Erzeugnissen wie Molkereiprodukten und Lammfleisch nicht viel abgewinnen konnten. Mit den Heilkräutern hatten die fliegenden Händler wenigstens etwas in ihren Koffern, wenn sie sich auf Einkaufstour nach Shenzhen oder in andere südchinesische Städte begaben.

Die Händler aus Ngaba dehnten ihren Radius beizeiten weiter nach Westen aus. Sie beherrschten die Handelsrouten ausgehend von dem industriellen Ballungsraum in der chinesischen Provinz Guangdong bis hinüber an die westliche Grenze zu Nepal. In der Nähe des Mount Everest wurde Dham (oder Zhangmu auf Chinesisch), die letzte Stadt in Tibet, praktisch von Geschäftsleuten aus Ngaba übernommen, die über die sogenannte Freundschaftsbrücke Fertigwaren nach Nepal schickten. Untereinander bildeten sie ein informelles Netzwerk, in dem man sich gegenseitig Geld vorstreckte und die Waren des anderen weitertransportierte.

Händler aus Ngaba wurden auch in Lhasa zu Stützen der Wirtschaft, indem sie dort Restaurants, Bars und Karaokeklubs eröffneten, die zum Teil als Huldigung an ihre Heimatstadt den Namen Ngaba trugen. »In Lhasa gab es eine Gruppe von 60 Händlern aus Ngaba, die sich regelmäßig trafen, miteinander Tee tranken und sich über Geschäfte austauschten. Sie vertrauten einander und halfen sich gegenseitig. Darum waren sie auch erfolgreich«, erzählte der Mönch Kunga, der zwischenzeitlich Geschäftsmann gewesen war.

Wie schon zu Zeiten des Mei-Königs und seines Marktes machte sich Ngaba auch jetzt wieder als Stadt mit Unternehmergeist einen Namen.

Angesichts der Goldgräberstimmung dauerte es nicht lange, bis strebsame Chinesen auf das Hochland von Tibet als einen Ort setzten, an dem sich Geld verdienen ließ. Es war gewissermaßen die chinesische Version des amerikanischen Aufrufs »go west, young man«. Die neuen Migranten kamen mit dem Bus und ein paar Tausend Yuan Ersparnissen aus Chengdu oder Xining, um Essensstände auf dem Markt zu eröffnen, frisches Obst und Gemüse zu verkaufen oder Spezialitäten der Sichuan-Küche wie Fleischklöße und Feuertopf zu kochen.

Wie Norbu und seine Frau arbeiteten Tibeter und Chinesen geschäftlich häufig zusammen. Die Tibeter beherrschten die Sprache und wussten um lokale Vorlieben; die Chinesen hatten die Kontakte zu Großhändlern und Fabrikanten im Osten. Eine tibetische Prostituierte, die aus einer nahe gelegenen Klosterstadt stammte und schon nicht mehr im Geschäft war, eröffnete zusammen mit einem chinesischen Wirtschaftstreibenden aus Chengdu in der Nähe des Militärstützpunkts ein Bordell. Es wurde ein florierendes Unternehmen, in dem sowohl chinesische als auch tibetische Prostituierte beschäftigt waren – ein perfektes Beispiel interethnischer Kooperation.

In der Vergangenheit waren nur wenige Chinesen in Ngaba

sesshaft geworden. Es gab vereinzelt Ausnahmen wie den kauzigen einstigen Rekruten der Roten Armee, der 1935 während des Langen Marsches aufgetaucht und dann geblieben war, sowie einen Zimmermann, der eine Tibeterin geheiratet hatte und im Dorf Meruma lebte, und die Gemeinde der Hui, ethnisch den Chinesen zugehörig, doch vom Glauben her Muslime mit eigener Moschee und eigenem Friedhof. Die Han-Chinesen waren jedoch zum größten Teil Parteikader gewesen, Bürokraten, Ingenieure und Lehrer, die ein paar Jahre blieben, bevor sie turnusmäßig an einen anderen Ort versetzt wurden. Jetzt aber befanden sich mehr Han in der Stadt. Die Bauarbeiter waren fast ausschließlich Chinesen, genauso wie die Männer, die von den Forstbetrieben für die Holzernte im Südosten Ngabas angeheuert wurden. Ältere Tibeter beschwerten sich, dass sie beim Einkaufen nur noch mit Chinesisch durchkamen.

Tibeter hatten ihre Vorurteile gegenüber den Chinesen. Letztere waren meistens arm – ärmer noch als die Tibeter, wenn man es, wie üblich, nach Anzahl der Yaks, Schafe und Pferde bemaß. Hartnäckig hielt sich das Gerücht, in chinesischen Restaurants werde Hundefleisch serviert.

Auf größte Ablehnung stießen bei den Tibetern Regierungprogramme, die für Chinesen einen Anreiz zur Ansiedlung in tibetischen Gebieten schufen. Einige Ortschaften gingen dazu über, Han-Chinesen Vorteile zu gewähren, die eigentlich für Tibeter und andere Minderheiten gedacht gewesen waren. So erhielten Bewerber an Universitäten Extrapunkte für die alles entscheidende Aufnahmeprüfung, *Gaokao* genannt, wodurch aufgefangen werden sollte, dass Chinesisch nicht die Muttersprache der Tibeter war. Ebenso profitierten Chinesen in einigen tibetischen Städten von der – ursprünglich nur ethnischen Minderheiten zugestandenen – Ausnahmeregelung bezüglich der gesetzlichen Vorschrift, wonach die meisten chinesischen Familien nur ein Kind haben durften.

In den 1990er-Jahren brachte die chinesische Regierung nacheinander mehrere Kampagnen auf den Weg, die mit Slogans wie »Den Westen entwickeln« warben. Erklärtes Ziel war es, die Einkommenskluft zwischen den nicht entwickelten Provinzen im Westen Chinas und den boomenden Städten an der Ostküste wie Shanghai, Shenzhen und Guangzhou zu verringern. Die Tibeter betrachteten dies jedoch als Landnahme mit dem nützlichen Nebeneffekt, dass Bewohner aus dem überbevölkerten Osten umgesiedelt wurden. Ab Mitte der 1990er-Jahre übertraf im Hochland die Zahl der Han die der Tibeter; so lebten in Amdo (der Region, in der auch Ngaba liegt) geschätzte 2,5 Millionen Chinesen neben nur 750 000 Tibetern, wie eine von der tibetischen Exilregierung veröffentlichte Auswertung chinesischer Statistiken ergab.

In dieser Zeit begann die Regierung, für ein Wohnbauprojekt Grund und Boden zu beschlagnahmen. Zwar lag das Gebiet vom Zentrum aus gesehen jenseits des Flusses, sodass es sich nicht gerade um Filetgrundstücke handelte (Tibeter sprachen von der »Schattenseite« des Flusses); dennoch weckte das Vorhaben Sorge. Niemand kannte die Einzelheiten, aber es war von bis zu 60 000 Han-Arbeitern die Rede, für die die Siedlung angeblich entworfen wurde und die in Begleitung ihrer Ehefrauen kommen sollten – wodurch die Bevölkerung um weitere 100 000 Chinesen anwachsen würde.

»Es hätte die Bevölkerungsstruktur Ngabas komplett verändert«, sagte Kunga später.

Hier ging es nicht allein um den Stolz der Tibeter. Tibetische Geschäftsleute beobachteten die Ankunft chinesischer Konkurrenten mit Beklemmungen. Da sich Ländereien in China nie in Privatbesitz befinden, wurde der Staatsbesitz im Vorfeld der Bebauung oft mittels Auktionen vergeben. Tibeter durften am Bieterverfahren nicht teilnehmen. Sie wurden nicht darüber informiert, wann Gebote abzugeben waren, und blieben mitunter ganz von der Teilnahme ausgeschlossen. Die Verträge gingen ausnahmslos an chinesische Unternehmen, sei es beim Bau oder bei der Vermietung. »Wir wurden immer diskriminiert. Die Versteigerungen waren so organisiert, dass Tibeter nicht mithalten konnten«, sagte Kunga.

An der Grenze zu Nepal verpachtete das Militär Räume für Läden und Großhandelslager an chinesische Firmen. Auf diese Weise verdrängte man die Händler aus Ngaba, die den Sektor einst dominiert hatten.

Norbu stellte fest, dass chinesische Mitbewerber seine Preise unterboten, weil sie ihre Verträge direkt mit Herstellern in Südchina abschließen konnten. Er beschuldigte sie auch, minderwertige und defekte Ware an Tibeter zu verschleudern, weil sie sie für relativ unbedarft hielten.

»Mit den Chinesen können wir es nicht aufnehmen«, sagte Norbu missmutig. »Sie brauchen nicht moralisch zu handeln, weil sie keine Religion haben. Für sie zählt allein das Geld.«

Trotzdem fand sich Norbu häufig in Situationen wieder, in denen er zwischen Chinesen und Tibetern vermittelte. Aufgrund seiner Sprachkenntnisse und auch wegen seiner chinesischen Frau wurde er oft hinzugerufen, wenn es zu schwierigen Verhandlungen oder Streitigkeiten kam. Wenn ein chinesischer Autofahrer versehentlich einen Tibeter anfuhr, sorgte Norbu dafür, dass der Fahrer die Behandlungskosten übernahm und Schadensersatz leistete, damit die Familie gar nicht erst versucht war, zur Selbsthilfe zu greifen. Er war umgänglich, wie er fand – jemand, der mit allen klarkam.

Die einzige Ausnahme war ein chinesischer Geschäftsmann, der als junger Soldat in der Volksbefreiungsarmee nach Ngaba gekommen war und dort später einen Laden eröffnet hatte.

Sein Name war Peng Yongfan, aber Tibeter nannten ihn *Shua Tou*, den »Bürstenkopf«, wegen seiner militärisch raspelkurz geschnittenen Haare. Peng stammte aus Hunan, Maos Heimatprovinz, sprach also mit einem ähnlichen Akzent. Beim Militär entwickelte Peng ein Faible für das Klima des Hochlands und dessen endlose Weite. (»Dort ist es ruhig, und im Sommer ist es kühl. Aba [Ngaba] war für mich der Himmel auf Erden«, sagte er zu mir.) Im Laufe der Jahre konnte er seinen Laden ständig erweitern, bis daraus irgendwann das Yonganli-Warenhaus hervorging, in bester Lage an der großen Kreuzung mit dem Markt und dem Kloster Kirti in unmittelbarer Nähe. Verkauft wurden vor allem Haushaltsgeräte, Töpfe und Pfannen, Herrenbekleidung und Gürtel. Es war mit Abstand das schönste Geschäft am Ort, die einheitlich gekleideten Verkäufer waren allesamt Chinesen. Im Obergeschoss eröffnete Peng das Jinli-Hotel. Sein Kaufhaus verfügte auch über eine Seltenheit in Ngaba: eine öffentliche Telefonkabine.

Nur wenige Tibeter besaßen damals ein Telefon, und so bildeten sich vor dem Apparat lange Schlangen. Praktisch sofort kam es zu Streitereien. Die Tibeter beschwerten sich darüber, dass das Telefon nicht richtig funktioniere; sie wollten nicht bezahlen, wenn sie die Person am anderen Ende der Leitung gar nicht hören konnten. Peng beendete die Sache, indem er seine alten Kameraden vom Militär einschaltete.

Norbu erinnert sich, wie ein Tibeter mit blauem Auge und blutender Lippe hinkend in seinen Laden kam.

»Das ist im Laden vom Bürstenkopf passiert«, erklärte ihm der ramponierte Tibeter.

»Warum hast du dich nicht gewehrt?«, fragte Norbu.

»Konnte ich nicht. Sie waren zu zehnt und zum Teil auch Soldaten«, erwiderte er.

Norbu war außer sich. Wenn Peng die Unterstützung vom Militär hatte, war er unantastbar, so viel stand fest. Auch wenn es nur ein kleiner Vorfall war, so gärte die Wut darüber in ihm noch lange.

Eine tibetische Schule

Im Zuge des intellektuellen Erwachens, das die wirtschaftlichen
Reformen begleitete, wurde 1983 die Tibetische Mittelschule
eröffnet. Zum ersten Mal gab es damit in Ngaba eine Einrichtung,
die fundierten säkularen Unterricht in tibetischer Sprache anbot.

Durch die landesweite Schließung von Schulen und Universitäten während der Kulturrevolution stand China mittlerweile
akademisch auf der Stufe des Mittelalters. Und selbst als man die
Schulen wieder öffnete, glichen viele von ihnen eher unbetreuten
Horten als Bildungseinrichtungen. Oft kamen die Lehrer nicht
zur Arbeit, sodass die Kinder auf dem Schulhof sich selbst überlassen blieben und rauften. Eltern klagten, dass ihr Nachwuchs
bei Abschluss der Grundschule nicht einmal den eigenen Namen
schreiben konnte. Nach Auflösung der Klöster in den 1960er-
und 1970er-Jahren wuchs eine ganze Generation von Tibetern

Tsegyam, 2016.

heran, die in der eigenen Sprache Analphabeten waren und sich in Chinesisch mehr schlecht als recht über die Runden halfen.

Die Mittelschule war ein imposantes Gebäude, nach den Klöstern das größte in Ngaba. Am Ufer des Flusses errichtet, beherrschte sie den östlichen Teil der Hauptstraße. Architektonisch folgte sie der tibetischen Tradition mit den sich nach oben verjüngenden, schwarz abgesetzten Fenstern und einem weitläufigen Hof, den man durch ein mit buddhistischen Symbolen beschriftetes rotes Tor betrat.

Es war eher eine Ober- als eine Mittelschule. Unter den Schülern waren etliche über 20-Jährige, denen zuvor ein solches Angebot gefehlt hatte. Da viele vom Land kamen und ihre Familien zu weit weg lebten, als dass sie hätten pendeln können, wohnten sie auf dem Schulgelände. In den Schlafräumen waren etwa 1000 Schüler untergebracht.

Einer der Schulgründer war ein hoffnungsvoller Dichter namens Tsegyam, der großen Einfluss auf die Entwicklung des intellektuellen Lebens in Tibet haben sollte.

Der 1964 geborene Tsegyam stammte aus einer Familie von Gerstebauern. Als Heranwachsender hatte der schlaksige Junge etwas Eulenartiges an sich, nicht zuletzt wegen der Brille und der hohen Stirn, die in späteren Jahren, als der Haaransatz zusehends schwand, immer markanter wurde. Auch als einfache Leute erkannten seine Eltern rasch, dass sie mit ihrem Zweitgeborenen ein Ausnahmetalent vor sich hatten. Da die Klosterschulen noch geschlossen waren, ließen sie ihm von einem der vielen unbeschäftigten Mönche aus Kirti Privatunterricht in tibetischer Sprache geben. Später kam Tsegyam in eine der regierungsgeführten Grundschulen Nummer 2, wo sein Pult unter dem Porträt des jungen Mao stand, der einen Schirm unter den Arm geklemmt hatte. Bald sprach er fließend Chinesisch. Den größten Teil seiner Kindheit hielt er sich in Ngaba auf und durchstöberte die Stadt nach Lesbarem, ganz gleich in welcher der beiden Sprachen.

Neugierig, wie er war, begann Tsegyam auch schon früh, über

die Lage Tibets nachzudenken. Da er zu diesem heiklen Thema nichts auftreiben konnte, wurde er zu einem aufmerksamen Beobachter der Ereignisse, die er mitbekam.

Eine seiner frühesten Erinnerungen geht zurück auf einen verschneiten Märztag im Jahr 1971, als er sieben Jahre alt war. Aus der ganzen Gegend waren die Tibeter zusammengerufen worden, um einer öffentlichen Hinrichtung beizuwohnen. Die fand zufällig auf dem Feld statt, auf dem später die Tibetische Mittelschule gebaut werden sollte. Die beiden Verurteilten hatten den Aufstand der Roten Stadt von 1968 angeführt, und Tsegyam erkannte in einem von ihnen den in Ngaba recht populären Alak Jigme Samten. 1969 war er einer der Anführer der unglückseligen Schlacht in Meruma gewesen und galt als *Siddha,* als laizistischer spiritueller Meister. Tausende waren zur Exekution gekommen und begannen zu klagen und zu schreien, als das Hinrichtungskommando seine Salven abfeuerte.

Tsegyam stand am Rand des Felds nahe der Stelle, wo die Leichen auf einen Laster geladen wurden. Er sah, wie Alak Jigme Samtens Bruder aus der Menge hervorstürzte, um ein kleines buddhistisches Amulett in die Tasche des Toten gleiten zu lassen. Ein chinesischer Soldat ging dazwischen, riss das Amulett an sich und warf es in den Schnee. Sein Tun erschien Tsegyam noch grausamer als die Hinrichtung selbst. Es sollte sich ihm für immer einprägen.

Fünf Jahre später, im Alter von zwölf Jahren, beging er seinen ersten politischen Frevel. Es war die Woche nach Maos Tod, als das ganze Land tief trauerte. Man hatte allen Schülern aufgetragen, schwarze Armbinden anzulegen, und sie in ein Stadion gebracht, wo sie die Übertragung der Trauerfeierlichkeiten verfolgen sollten. Zwar frohlockten viele Tibeter innerlich bei Maos Ableben, wagten aber nicht, dies auch öffentlich zu zeigen. Sie wussten, dass von ihnen eine demonstrative Zurschaustellung ihrer Trauer erwartet wurde. Tsegyam und seine Freunde weigerten sich, mitzuspielen. Zum großen Ärger ihrer Lehrer lachten und witzelten sie während der ganzen feierlichen Zeremonie. Nachdem man ihnen zunächst Schulverweise angedroht hatte, kamen sie zuletzt mit viel Glück mit schriftlichen Geständnissen und Entschuldigungen davon.

Dieser kleine dunkle Fleck in seinen Akten blieb ohne Auswirkungen auf Tsegyams Werdegang. Er bekam einen Platz im Institut für Lehrerausbildung in Barkam, der Hauptstadt des Regierungsbezirks Ngaba. Als sich dort ein Literaturverein gründete, gehörte er zu den ersten Mitgliedern. Bereits als Jugendlicher hatte Tsegyam begonnen, für die chinesische Lokalzeitung *Aba Ribao* Gedichte und Artikel zu schreiben. Außerdem verfasste er Beiträge für zwei neue literarische Hefte, die in der Gegend erschienen und tibetische Autoren veröffentlichten. Wenn er ins heimatliche Ngaba zurückkehrte, erkannte man ihn auf der Straße. In dieser abgelegenen Gegend, in der fast nur Yakhirten und Gerstebauern heimisch waren, stach er hervor wie kein anderer – als ein wirklicher Intellektueller.

Es gab kaum eine bessere Zeit für Intellektuelle in China als diese. Nach der jahrzehntelangen Abschottung des Landes sogen die Chinesen neue Gedanken, Bücher, Musik, Filme geradezu auf, als sie – von den Beatles bis zu Jackson Pollock – einen Vorgeschmack auf die moderne westliche Kultur bekamen. Tsegyam durfte ein sechsmonatiges Seminar an der Nationalitätenuniversität Südwestchinas in Chengdu besuchen, wo Gastprofessoren Vorlesungen über westliche Philosophie und Demokratie hielten. Themen, die wenige Jahre zuvor noch tabu gewesen waren, wurden nun offen diskutiert. Zum ersten Mal hatten chinesische Künstler und Schriftsteller Gelegenheit, dem Leid der vergangenen Jahrzehnte eine Sprache zu geben, woraus das neue Genre der sogenannten Narbenliteratur hervorging.

Als Hu Yaobang 1980 die Leitung der Kommunistischen Partei übernahm, schaffte er den Titel »Vorsitzender« ab, um sich von Maos Gewaltherrschaft zu distanzieren. Stattdessen nannte er sich »Generalsekretär«. Er gehörte zu den wenigen kommunistischen Parteiführern, die tatsächlich einer armen Bauernfamilie entstammten, war mit 14 Jahren von zu Hause fortgelaufen, um sich der Kommunistischen Partei anzuschließen, und wurde einer der jüngsten Befehlshaber auf dem Langen Marsch. Nachdem er bei Säuberungen während der Kulturrevolution zweimal verbannt worden war, kehrte er als Deng Xiaopings Schützling und führender Vertreter einer Reformpolitik wieder auf die politische Bühne zurück. Als man ihn fragte, welche von Maos Theorien auf das moderne China noch anwendbar seien, gab er die berühmte Antwort: »Meiner Meinung nach keine.«

Unter Hu Yaobang rückte die Kommunistische Partei am ehesten in die Nähe dessen, was man als Entschuldigung für die Behandlung der Tibeter durch die Staatsführung werten könnte. 1980 ging er in einer aufsehenerregenden Rede in Lhasa zwar nicht auf den ungeheuerlichen Verlust an Menschenleben ein, doch er stellte fest, dass »sich für das tibetische Volk das Leben nicht nennenswert verbessert hat«. Er versprach, die tibetische Autonomie und Kultur zu fördern. »Ein Tibeter isst gern Butter und *Tsampa;* ich, der ich aus dem Süden stamme, esse gern Reis. Wenn ihr dem Tibeter das Recht absprecht, *Tsampa* zu essen, und mir das Recht zum Verzehr von Reis, dann verhindert ihr eine Einigung.« Er rief die Kommunistische Partei auf, »tatkräftig und uneingeschränkt die tibetische Wissenschaft, Kultur und das Schulsystem zu entwickeln«. In Tibet tätige Parteikader, die in der Landessprache nicht mehr als *Tashi delek,* die traditionelle Grußformel, sagen konnten, kritisierte er und wies sie an, die Sprache zu erlernen. »Wenn es heißt, ihr sollt Minderheiten mit warmen Gefühlen begegnen, sind das keine leeren Worte; vielmehr gilt es, ihre Sitten und Gebräuche, ihre Sprache, ihre Geschichte und ihre Kultur zu achten.«

Dies war der Gedanke, von dem sich auch die Tibetische Mittelschule leiten ließ. Sie war jedoch immer noch eine Regierungseinrichtung mit Pflichtunterricht in Marxismus-Leninismus und dem Gedankengut Mao Tse-tungs. Tsegyam, der im chinesischen System ausgebildet worden war, besaß alle Qualifikationen, um diese Fächer zu unterrichten. Obwohl er erst 19 Jahre alt und somit jünger als viele der Schüler war, stellte man ihn sogleich als Lehrer ein und beförderte ihn auch bald schon zum stellvertretenden Rektor.

Was Tsegyam an diesem Posten am meisten freute, war die Möglichkeit, die tibetische Sprache in Wort und Schrift zu lehren. Für eine Regierungsschule war die Materie Neuland, und einen festen Lehrplan gab es nicht, sodass der Unterrichtende viel Freiraum hatte. Vertreter der chinesischen Schulbehörde konnten in der Regel nicht nachvollziehen, was Tsegyam seinen Schülern beibrachte, zumal sich trotz Hu Yaobangs Aufforderung nur wenige die Mühe gemacht hatten, Tibetisch zu lernen.

Trotzdem ließ Tsegyam in seinem Unterricht Vorsicht walten. Seine Arbeit gefiel ihm, und er wollte sie behalten. Wenn er Lesematerial für seine Schüler zusammenstellte, ergänzte er es lediglich um einige ausgewählte Seiten über buddhistische Philosophie und tibetische Astrologie – die Grundlage des tibetischen Kalenders. Man hatte ihn ausdrücklich angewiesen, das äußerst heikle Thema der Geschichte Tibets auszulassen, doch er fand Wege, es unbemerkt einzuschmuggeln. Im Sprachunterricht erzählte er seinen Schülern von der Erfindung des tibetischen Alphabets und von den Hunderttausenden in Tibetisch geschriebenen Büchern zu jedem erdenklichen Thema – von Lyrik über Medizin bis hin zu Physik. Damit wollte er der in Chinas Schulen vermittelten Botschaft entgegenwirken, dass Chinesisch die Sprache der Literaten und Tibetisch nur ein folkloristisches Relikt sei, gesprochen von alten Leuten und Mönchen.

Im Musikunterricht bereiteten die Schüler die Aufführung eines Singspiels über Trisong Detsen vor, den mächtigsten König der Tibeter. Begeistert hörten sie die Geschichte von seiner Invasion Chinas und der 15-tägigen glorreichen Besetzung der chinesischen Hauptstadt Chang'an im Jahr 763 christlicher Zeitrechnung, als der chinesische Kaiser zur Abdankung gezwungen war. Sie sangen ihre Partien mit Leidenschaft. »Wir wollten den tibetischen Schülern zeigen, wie stark ihr eigenes Volk gewesen war«, erklärte Tsegyam später.

Tsegyam bewohnte auf dem Gelände der Mittelschule ein Zimmer, das er in eine provisorische Bibliothek verwandelt hatte. In allen Ecken stapelten sich Bücher. Da er sowohl Tibetisch als auch Chinesisch beherrschte, kam er leichter an Lektüre als manch andere. Wenn Freunde von ihm auf Reisen gingen, taten sie ihm zudem den Gefallen und besorgten ihm Bücher, wann immer sie in die Nähe eines Buchladens kamen.

Ein enger Freund war Geschäftsmann und Mönch und fuhr des Öfteren nach Indien. Da es in Indien eine große Gemeinde von Exiltibetern gab, fand sich dort auch die größte Auswahl an tibetischen Büchern. Einmal gab dieser ehemalige Mönch Tsegyam bei seiner Rückkehr etwas ganz Besonderes: die Erinnerungen des Dalai Lama.

Mein Leben und mein Volk war 1962, also drei Jahre nach der Flucht des Dalai Lama nach Indien erschienen. Nur sehr wenige der in Tibet lebenden Tibeter hatten es bereits lesen können. Für Tsegyam war es eine Offenbarung. Zum einen hatte er bislang kaum Zugang zu Autobiografien gehabt, und diese war geradezu mustergültig für das Genre: Bescheiden und sogar selbstkritisch präsentierte sich der Dalai Lama als durch und durch menschlich, beschrieb seine Unerfahrenheit in weltlichen Dingen, als er vor der Aufgabe stand, Tibet zu regieren, und bekannte sich zu Fehlern, die er in dieser Funktion gemacht hatte. Obwohl es nicht als politisches Manifest gedacht war, flocht der Dalai Lama in seine Erinnerungen auch Schilderungen der stolzen Vergangenheit Tibets als unabhängiges Königreich ein. »Tibet ist von alters her eine eigenständige Nation, die mit China auf der Basis der gegenseitigen Achtung Jahrhunderte hindurch Beziehungen unterhalten hat.«

Tsegyam lieh sein Exemplar einem vertrauenswürdigen Kollegen, der sich allerdings als zu unvorsichtig erwies. Das Buch wurde beschlagnahmt, und der Kollege gab zu, es von Tsegyam bekommen zu haben. Daraufhin bestellte man Tsegyam zu einer Befragung ein. Er erklärte, es nicht aus politischen Gründen, sondern als literarischen Text gelesen zu haben. Auf die Frage, wie er an das Buch gekommen sei, log er und nannte einen anderen Freund, der, wie es sich nun mal fügte, im Jahr zuvor verstorben war und daher nicht mehr bestraft werden konnte. Tsegyam gehörte zu den prominenten Persönlichkeiten Ngabas, den man von verantwortlicher Seite auch gern als Mitglied der Kommunistischen Partei gesehen hätte. So ließ man ihn ohne Strafe davonkommen. Dadurch ermutigt, bat er seinen Freund, ihm eine weitere Ausgabe des Buchs mitzubringen.

Dieses Exemplar machte dann die Runde. Bei den gebildeten jungen Tibetern fiel die Botschaft des Dalai Lama auf fruchtbaren Boden. Sie lehnten die maoistische Version des Kommunismus, die in den vergangenen Jahrzehnten zwangsweise durchgesetzt worden war, kategorisch ab. Andererseits teilten sie jedoch auch einige der Analysen, die die Kommunistische Partei über die Ungerechtigkeiten der tibetischen Feudalgesellschaft vermittelt hatte. In den Worten des Dalai Lama fanden sich diese Tibeter wieder, die nach einem Weg suchten, die sozialistische Ideen über die gerechte Verteilung des Reichtums mit neuen Vorstellungen von Demokratie und Menschenrechten zu vereinen.

Bis dahin hatte man in Ngaba kaum etwas über die damaligen Aktivitäten des Dalai Lama gewusst. Man verehrte ihn als spirituelles Oberhaupt, zugleich war er aber auch eine fast mythische Gestalt – »wie der Weihnachtsmann«, erklärte mir eine Tibeterin viele Jahre später. Nun erfuhr man, dass er nicht nur ein reales Wesen war, sondern auch Oberhaupt einer vollständigen tibetischen Exilregierung.

Nach seiner Flucht aus Tibet im Jahr 1959 hatte sich der Dalai Lama in Indien niedergelassen und schließlich oberhalb des Bergorts Dharamsala im Vorort McLeod Ganj angesiedelt. Die Tibeter bildeten eine Exilregierung mit dazugehörigem Parlament, einem öffentlichen Dienst und sonstigen bürokratischen Einrichtungen. Außerdem entwarfen sie eine eigene Flagge, die unterhalb einer Sonne zwei Schneelöwen vor einem rot-blau gestreiften Himmel zeigt. Sie ließen Buttons und Aufkleber drucken und entwarfen Pamphlete zur Frage der Menschenrechte, die zum Teil auch ihren Weg nach Tibet fanden. Tsegyams Freund, der Mönch, und andere Geschäftsleute hatten oft Dinge dieser Art im Gepäck, wenn sie von ihren Reisen nach Ngaba zurückkehrten.

Zu jener Zeit erlangte das Anliegen der Exiltibeter immer mehr Aufsehen in der Weltöffentlichkeit. Ende der 1980er-Jahre gründeten sich die Organisationen International Campaign for Tibet, Free Tibet und Tibet Information Network. Einige Jahre später nutzte der Schauspieler Richard Gere die Oscarverleihung, um auf die Menschenrechtsverletzungen in Tibet aufmerksam zu machen. Der Dalai Lama wurde immer mehr zum »Lama der ganzen Welt«, wie die Zeitschrift *Newsweek* es nannte.

All dies konnten die Tibeter letztlich nur als Ermutigung auffassen. Aus der Ferne sahen sie, wie ihr verehrtes spirituelles Oberhaupt auf der Weltbühne gepriesen und von Parlamentariern und Filmstars hofiert wurde. Da sie mit den Feinheiten der westlichen Demokratien nicht vertraut waren, konnten sie die genauen Unterschiede zwischen Interessensgruppen, Nichtregierungsorganisationen, Kongressausschüssen und den politischen Maßnahmen von Staatsregierungen nicht einordnen. 1972, im Vorfeld von Richard Nixons historischem Staatsbesuch in China, hatten die Vereinigten Staaten dem über die CIA finanzierten tibetischen Widerstand die Mittel entzogen. Doch die Popularität des Dalai Lama bei einflussreichen Amerikanern führte viele Tibeter zu dem Fehlglauben, dass die US-Regierung ihr ganzes Gewicht für die Sache Tibets in die Waagschale werfen würde. Es verleitete sie zu unvorsichtigen Aktionen des Widerstands und zu einer Zuversicht, die in der politischen Realität unbegründet war.

Im September 1987 hatte der Dalai Lama in Washington seinen ersten großen Auftritt, als er vor dem Human Rights Council, einer Kommission des amerikanischen Repräsentantenhauses, eine Rede hielt. Er schlug vor, Tibet zu einer »Friedenszone« zu erklären. Die Forderung nach vollständiger Unabhängigkeit hatte er zu jenem Zeitpunkt bereits aufgegeben; inzwischen sprach er sich für echte Autonomie innerhalb der Grenzen Chinas aus – was später als sein »Mittelweg« bekannt werden sollte.

Peking reagierte verärgert auf diese Erklärungen und bezeichnete den Dalai Lama als »Separatisten«, der China zerstören wolle. Nichts erzürnte die Tibeter mehr als Angriffe auf den Dalai Lama. Zu allem Überfluss ließ Peking die Muskeln spielen und bestellte eine große Menschenmenge ins Sportstadion von Lhasa, um der Verurteilung tibetischer Häftlinge beizuwohnen, von denen zwei hingerichtet werden sollten. Mönche, die zur Unterstützung des Dalai Lama demonstrierten, wurden festgenommen. Die Kundgebungen häuften sich; irgendwann schossen Polizisten in die Menge, und es kam zu weiteren Protesten. Dies schaukelte sich in den darauffolgenden zwei Jahren immer weiter hoch. Schließlich verhängte Peking das Kriegsrecht.

Von den Bewohnern Ngabas wurden die Aktionen in Lhasa insgeheim begrüßt. Zwar wagten sie es nicht, selbst auf die Straße zu gehen, weil wegen der erwarteten Unruhen zusätzliche Soldaten in der Umgebung der Stadt stationiert worden waren, aber zugleich wollten sie die Bewegung auch unterstützen.

So begannen sie, Gebetsfahnen – *Lungta* – mit Botschaften zu versehen. Die gewöhnlich blassrosafarbenen, quadratischen Stoffstücke, die nur taschentuchgroß sind, werden wie Konfetti in den Wind geworfen. Manchmal stand nun lediglich ein Wort darauf: *Rangzen* – tibetisch für »Unabhängigkeit« – oder schlicht: »Lang lebe der Dalai Lama«. Es war eine einfache, fast schon narrensichere Methode, den Geist der Rebellion zum Ausdruck zu bringen.

Tsegyam aber wollte noch einen Schritt weiter gehen. Seine

Wohnung lag im zweiten Stock der Mittelschule mit Blick auf Ngabas Hauptstraße. An einem Samstag zog er spätabends die Vorhänge zu und holte einige Bögen im Briefpapierformat hervor, die er sich aus dem Kopiergerät der Schule genommen hatte. Wegen des Diebstahls hatte er ein schlechtes Gewissen – aber nicht wegen dem, was er nun vorhatte. Er holte Tinte und nahm den traditionellen Kalligrafiepinsel, dann schrieb er in tibetischen wie auch chinesischen Buchstaben mit zitternder Hand seine Botschaften:

FREIHEIT FÜR DEN DALAI LAMA
CHINESEN RAUS AUS TIBET
BRINGT SEINE HEILIGKEIT
DEN DALAI LAMA ZURÜCK!

Tsegyams Buchstaben waren zwar nicht so groß wie die auf den berühmten Wandzeitungen, die während der Kulturrevolution überall hingen, aber sie waren klar und deutlich. Weil er für seine gute Schrift bekannt war, schmuggelte er einige Fehler und Flecken hinein, um nicht gleich von der Polizei als Verfasser erkannt zu werden.

Um zwei Uhr morgens war er fertig. Die Straßen Ngabas waren menschenleer. Fast alle Schüler schliefen, bis auf die beiden, die Tsegyam zum Plakatieren auserkoren hatte. So leise wie möglich kamen sie mit ihren Fahrrädern zu Tsegyams Eingang und verstauten Plakate und Flaschen mit Kleister in großen Kuriertaschen. In tiefster Nacht beklebten sie Strommasten, Backsteinwände, Schaufenster und die öffentliche Anzeigetafel im Stadtzentrum mit den Postern. Die Orte hatten sie bereits ausgesucht, und in der Nacht zuvor war einer von ihnen mit einer Schleuder unterwegs gewesen und hatte die Straßenlampen zerschossen, die dort für Licht sorgten. Trotzdem fürchteten sie sich. Einer gestand Tsegyam später, er habe einige Plakate womöglich falsch herum aufgehängt.

Die chinesischen Staatsdiener hatten die Botschaft allerdings verstanden. Noch ehe am Sonntag der Morgen anbrach, schickten sie den ersten Trupp los, der die Wände abkratzte. Tsegyam schlief bis nach zehn, und als er sich dann auf einen Spaziergang durch die Straßen machte, waren die Plakate bereits wieder verschwunden. Aber in der Stadt hatte man sie gesehen und sprach darüber. Deshalb betrachtete er die Aktion auch als Erfolg.

Fast zwölf Monate lang verhielt sich Tsegyam unauffällig, doch zu Beginn des Jahres 1989 flog alles auf. Einer der Schüler hatte nach der Warnung, die Polizei habe ihn im Visier, die Stadt verlassen und konnte ins Ausland flüchten. Der andere, ein junger Mann namens Dargye, hatte weniger Glück. Er wurde festgenommen. Auf der Polizeiwache hängte man ihn mit den Handgelenken an einen Balken, trat, schlug und folterte ihn mit einem Viehtreiber, bis er zusammenbrach und Tsegyam als Verfasser der Plakate verriet. Eine Woche nach Dargyes Festnahme wurde Tsegyam morgens von der Polizei abgeholt und ins Bezirksgefängnis gebracht.

Abgesehen vom fehlenden Haftbefehl fühlte sich Tsegyam korrekt behandelt. Erneut begegnete ihm die Polizei zähneknirschend mit Respekt aufgrund seiner Bildung und Stellung sowie seiner einstigen Mitgliedschaft im Kommunistischen Jugendverband Chinas. Die Verhöre waren jedoch ausgesprochen anstrengend. Sie fanden von acht Uhr morgens bis mittags statt, dann von zwei bis fünf Uhr nachmittags und erneut von sechs bis acht Uhr abends. Er gab bereitwillig zu, die Plakate geschrieben zu haben – war sogar stolz darauf –, doch man wollte mehr von ihm wissen. Etwa wie seine Kontakte zur tibetischen Exilregierung aussähen, woher die Idee zu den Plakaten stamme und wie er auf den Text gekommen sei. Außerdem befragten sie ihn zu seiner Einstellung zu Kommunismus und Kapitalismus und zum politischen System der Sowjetunion. Sie wollten von ihm wissen, ob er Kenntnisse in Psychologie habe, und ließen sich einige Grundprinzipien erklären. Tsegyam kam es gelegentlich so vor, als nutzten ihn die Polizisten als Privatlehrer, um ihre Neugier auf die Welt dort draußen zu stillen.

In einer der Pausen wurde er verstohlen von einem Offizier angesprochen, der ihn aufforderte, Informant der Regierung zu werden. Wenn er über alles berichtete, was er erfuhr, würde man ihn mit Geld und einem hochrangigen Verwaltungsposten belohnen.

»Du bist ein Lehrer und Gelehrter, du hast Bildung. Bis jetzt hat die chinesische Regierung die Hand über dich gehalten. Nun hast du die Gelegenheit, etwas für uns zu tun«, sagte er. Tsegyam lehnte ab.

Zu diesem Zeitpunkt war die Aufbruchstimmung der Ära nach Mao allmählich abgeflaut. Das moderne China hat einen bipolaren Charakter: Auf plötzliche Ausbrüche der Öffnung folgt unweigerlich der Rückfall in Repressionen. Seit Jahren warteten dogmatische Parteilinke auf eine Gelegenheit, Hu Yaobangs Reformen rückgängig zu machen und ihm die wohlverdiente Quittung zu präsentieren. In ihren Augen war er mit seinem Gewährenlassen verantwortlich für die öffentlichen Demonstrationen der Kritik in Tibet und andernorts in China. Hu wurde 1987 als Generalsekretär der Kommunistischen Partei abgesetzt und wenn auch nicht regulär verbannt, so doch ins Abseits gestellt.

Irgendwie gelang es Tsegyam im Gefängnis, sich ein Transistorradio zu besorgen. So gut er konnte, verfolgte er die politischen Umbrüche über chinesischsprachige Sender, denn das Programm der Voice of America, das im Dialekt von Lhasa ausgestrahlt wurde, konnte er nicht verstehen. Jeden Tag berichtete man von neuen schrecklichen Ereignissen. In Lhasa kam es zu Auseinandersetzungen, und am 8. März 1989 verhängte die chinesische Regierung das Kriegsrecht über die Stadt.

Am 15. April 1989 starb Hu Yaobang. Tausende von Studenten kamen in Peking mit Kränzen und Trauerbändern zusammen und priesen Hus Einsatz für Freiheit und Reformen. Im Laufe der darauffolgenden Wochen schwoll ihre Zahl auf über eine Million an, und aus den Zusammenkünften erwuchs eine Demokratiebewegung, die bald zu Protesten im ganzen Land führen sollte. Die Studenten hielten den Platz des Himmlischen Friedens besetzt, bis Anfang Juni Panzer durch Pekings Straßen rollten. Am Abend des 4. Juni verloren Hunderte, vielleicht sogar Tausende Menschen ihr Leben.

Gegen Ende jenes Jahres gab es endlich auch eine gute Nachricht. Das norwegische Nobelpreiskomitee hatte dem Dalai Lama für seinen Einsatz für Gewaltlosigkeit den Friedensnobelpreis zugedacht. Tsegyam, inzwischen gegen Kaution auf freiem Fuß, musste den Tibetern erklären, dass es sich dabei um die wichtigste Auszeichnung der Welt handelte. Zwar hatten die wenigsten bislang von dem Preis oder auch nur von Norwegen gehört, aber sie verstanden, dass es eine große Ehre war.

Kurz darauf wurde Tsegyam erneut festgenommen, diesmal mit einem regulären Haftbefehl und unter dem Vorwurf der konterrevolutionären Propaganda und Aufwiegelung. Im März 1990 machte man ihm den Prozess. Weil die Obrigkeit die Tibeter damit zugleich vor den Gefahren des politischen Aktivismus warnen wollte, fand der Prozess öffentlich statt. Der Gerichtssaal war brechend voll, die Menschen drängten sich sogar in die Flure. Lautsprecher übertrugen die dreistündige Verhandlung in die Straßen. Tsegyam hatte sich zwar keinen Anwalt nehmen dürfen, aber er verteidigte sich selbst mit Leidenschaft; einmal rief er sogar: »Lang lebe der Dalai Lama!«

Die drei Richter berieten sich eine Viertelstunde lang, dann verkündeten sie das Urteil. Tsegyam wurde zu einer Haftstrafe von einem weiteren Jahr verurteilt.

Nach Abbüßung seiner Strafe fand er keine Arbeit. Von seinem Posten in der Mittelschule war er entlassen worden, und die Zeitschriften, für die er zuvor geschrieben hatte, wagten es nicht mehr, seine Artikel und Gedichte zu veröffentlichen. Für einen so klugen Mann kam es auch nicht infrage, gemeinsam mit den Eltern wieder Getreide anzubauen. Ohne Arbeit und die Aussicht auf eine Anstellung reiste er durch die Lande, bis er 1992 gemeinsam mit einer Schülerin, die seine Frau werden sollte, heimlich die Grenze nach Indien überschritt. Tsegyam hatte erkannt, dass es in Ngaba keinen Platz mehr für ihn gab. In der Folge arbeitete er für die tibetische Exilregierung und wurde schließlich der Privatsekretär des Dalai Lama.

Der Pfau, der von Westen kam

A ls Gonpo und Xiao den Ort ihrer Verbannung in Xinjiang 1981 endlich verlassen durften, waren sie seit fünf Jahren verheiratet und hatten zwei kleine Töchter. Sie zogen nach Nanjing, Xiao Tus Geburtsstadt, 300 Kilometer von Shanghai entfernt landeinwärts am Yangtse gelegen. Nanjing ist eine von Chinas angenehmsten Städten mit breiten, sonnenbeschienenen Alleen, in denen schirmförmige Platanen Schatten spenden. Gonpo und Xiao Tu waren zurück im Herzen Chinas, wiederaufgenommen im Schoß der Familie und der Nation, alle politischen Sünden der Vergangenheit vergeben.

Da ihnen der Zugang zu höherer Bildung nun nicht länger verwehrt war, bewarben sie sich in einem Lehrerseminar und wurden beide angenommen. Xiao Tus Mutter, die gerade aus dem Dienst als Verwaltungsangestellte im Amt für Erziehung aus-

Gonpo mit ihrem Mann und ihren Töchtern auf einem zusammengeklebten Foto. Die vier waren selten an ein und demselben Ort.

schied, durfte, wie damals in China üblich, den Posten an ihren Sohn weitergeben. Gonpo wurde als Grundschullehrerin angestellt und sollte Musik unterrichten.

Gonpo fühlte sich in Nanjing zu Hause und von der Familie ihres Mannes und von den Kollegen angenommen. Sie sprach so gut Mandarin, dass die Schule sie schon bald beförderte und dem Lese- und Schreibunterricht für Sechstklässler zuteilte. In Anbetracht des Ratschlags ihres Vaters, sich »stets wie ein Diener des Volkes zu benehmen«, war sie fröhlich und kollegial und achtete darauf, bloß nicht unangenehm aufzufallen. Nach über einem Jahrzehnt in dem Landwirtschaftsbetrieb in Xinjiang war sie an harte Arbeit gewöhnt, und manchmal fehlte sie ihr. Deshalb beklagte sie sich auch nicht, wenn man sie bat, nach dem Unterricht das Klassenzimmer zu fegen oder einem Kindergartenkind hinterherzuputzen, dem auf der Toilette ein Missgeschick passiert war. Wenn ein Kind krank war, meldete sie sich sofort freiwillig und trug es auf dem Rücken zum Arzt. Sie wurde als vorbildliche Lehrkraft ausgezeichnet.

Abgesehen von dem kleinen Porträt des Dalai Lama, das sie zu Hause stehen hatte, ließ nichts in ihrem Verhalten oder ihren Gewohnheiten darauf schließen, dass sie Tibeterin war. Mit ihren weichen, runden Zügen und ihren Grübchen ging sie als Chinesin durch. In Xinjiang hatte man ihr sogar einen chinesischen Namen gegeben, Yuking (was »helle Jade« heißt); ihre Kollegen wussten zwar von ihrer tibetischen Herkunft, aber sie machte darum nicht viel Aufhebens. Dass sie Jahre in Verbannung in Xinjiang verbracht hatte, war nichts Ungewöhnliches; während der Kulturrevolution waren Millionen Chinesen aufs Land geschickt worden. Sich beständig mit traumatischen Ereignissen der Vergangenheit zu beschäftigen kam nicht gut an. Deshalb sprach sie über ihre Vorgeschichte mit niemandem außer mit ihrem Ehemann. Es war ihr angenehm, zu schweigen. Als Erwachsene war sie extrem zurückhaltend geworden, der Überschwang lange zurückliegender Mädchenjahre war unter der Last des Ungemachs verkümmert. Und es tat zu weh, sich mit erlittenen Verlusten zu befassen. Außerdem brüstete man sich nicht damit, einer Familie des – durch Sklaventum und Knechtschaft negativ besetzten – tibetischen Adels zu entstammen, selbst nachdem die Kulturrevolution vorüber war.

Eines Tages, als Gonpo nach Ende des Unterrichts noch aufräumte, kam eine Kollegin mit einer wichtigen Nachricht für sie ins Klassenzimmer geeilt. Ein Mann aus der Stadtverwaltung von Nanjing sei in einem großen schwarzen Wagen zu einem Besuch eingetroffen. Gonpo solle ihn zurück in die Bezirksstelle begleiten.

Gonpo war auf der Hut. Ihrer Erfahrung nach bedeutete es nichts Gutes, wenn man in einem Regierungsgefährt abgeholt wurde. Doch sie schüttelte sich den Staub ab und versuchte, ihr widerspenstiges Haar hinter den Ohren zu bändigen. Eine Kollegin lieh ihr ein Kleid zum Wechseln, damit sie ordentlicher aussah.

Als sie in der Bezirksstelle eintraf, wurde ihr klar, dass ihre Identität aufgedeckt worden war. Trotz aller Mühen, die eigene Persönlichkeit auszulöschen oder einen anderen Namen anzunehmen, gelang es einem in China nie, gänzlich abzutauchen. Wie sich herausstellte, hatte ein hochrangiges Mitglied der chinesischen Regierung, ein Tibeter namens Ngapo Ngawang Jigme, auf einer Reise nach Nanjing erfahren, dass die noch lebende Tochter des letzten Mei-Königs hier wohnte. Ngapo, so der Name, unter dem man ihn kannte, war einer der berühmtesten, für einige auch der berüchtigtsten tibetischen Funktionäre. Als Abgesandter des Dalai Lama hatte er an den Verhandlungen teilgenommen, an deren Ende Tibet mit dem Siebzehn-Punkte-Abkommen den Verzicht auf seine Unabhängigkeit abgesegnet hatte. Im Gegensatz zu anderen tibetischen Kadern, die sich in der Folge mit den Kommunisten in Konflikte verwickelt hatten, war Ngapo nach wie vor gut bei ihnen angeschrieben und auch Mitglied des Nationalen Volkskongresses. In der Rangfolge stand er ausreichend weit oben, um bei den Bezirksfunktionären mit jedem seiner Worte Gehör zu finden. Während Ngapo sprach, legte er seine Hand auf Gonpos Schulter. Es war ihr so unangenehm, dass sie sich ihm am liebsten entwunden hätte. »Ihr solltet euch dieser jungen Frau annehmen. Sie ist eine vorbildliche Lehrerin und eine Repräsentantin ihres Volkes«, erklärte er den Bezirksfunktionären Nanjings.

Das war das Ende von Gonpos Anonymität. Man berief sie zur Delegierten des Volkskongresses von Nanjing, der Politischen Konsultativkonferenz des Chinesischen Volkes von Nanjing sowie einer Frauenorganisation. Die Aufgaben, die diese Funktionen mit sich brachten, erschöpften sich weitestgehend darin, bei Versammlungen anwesend zu sein, sich lange, fade Reden anzuhören und im richtigen Moment höflich zu klatschen. Die Kommunistische Partei achtete stets darauf, bei Fototerminen ethnische Minderheiten – vorzugsweise Frauen mit auffälligem Kopfschmuck und in bunten Gewändern – und damit stolz chinesische Vielfalt zur Schau zu stellen. Die zumeist rein repräsentativen Funktionen waren nicht mit wirklicher Macht, aber durchaus mit einigen Vergünstigungen verbunden.

Die Bezirksregierung bot ihr eine Wohnung an – ein Fortschritt von unschätzbarem Wert. Bis dahin hatte Gonpo mit ihrem Mann und ihren kleinen Töchtern in diversen mangelhaften Quartieren gelebt – eine Zeit lang im abgetrennten Teil eines Klassenzimmers, dann in einem Verschlag, dessen Wände mit Zeitungen beklebt waren, weil sie keine Tapete auftreiben konnten. Die neue Wohnung hatte zwei Schlafzimmer, ein Wohnzimmer, eine Gasleitung für den Ofen und, was das Allerbeste war, ein Badezimmer mit Dusche und Toilette. Sie lag im obersten Geschoss eines relativ neuen sechsstöckigen Mietshauses in einer ordentlichen Wohngegend Nanjings. Durch ein Gitterwerk aus Beton an der Fassade hatte man einen Blick auf eine baumbestandene Kreuzung und kleinere Läden. Auch wenn man sich unter Luxus – selbst gemessen am chinesischen Standard der 1980er-Jahre – etwas anderes vorstellte, war dies das perfekte Heim für eine junge Familie. Gonpo freute sich über die Aussicht, in eine Wohnung zu ziehen und nicht in ein altmodisches Haus. Viele Chinesen ihrer Generation dachten so.

Sie bereiteten sich gerade auf den Einzug vor, der an einem Sonntag stattfinden sollte, als ihnen die Stadtverwaltung mitteilte, ihnen sei eine weitere Wohnung zugeteilt worden. Sie sei ganz ähnlich, befinde sich aber im vierten Stock – was in einem Gebäude ohne Aufzug die bessere Wahl war. Gonpo hatte sich eigentlich schon auf die Wohnung im sechsten Stock eingestellt, aber ihr Schwiegervater riet ihr, sich für das neue Angebot zu entscheiden.

»Nehmt, was ihr kriegen könnt, wann immer es geht. Die Launen der Partei sind wie Sommerwetter und können sich stündlich ändern«, mahnte er. Der Ansicht war auch ihr Mann.

Mit Mitte 30 hatte Gonpo also ein besseres Leben, als sie es sich je hätte vorstellen können. Sie hatte einen Ehemann, der sie genauso liebte wie sie ihn, und Schwiegereltern, die von ihr begeistert waren. Sie hatte zwei aufgeweckte, gesunde Töchter, eine sichere Anstellung in ihrem Wunschberuf und das Ansehen, das ihr aus diversen repräsentativen Funktionen erwuchs. Gonpo war klug genug, um zu durchschauen, dass die Kommunistische Partei sie benutzte, um sich den Anstrich einer einwandfreien Minderheitenpolitik zu geben. Denn als vorbildliche Lehrerin, Ehefrau und Mutter repräsentierte sie das Bild, das das System für Propagandazwecke brauchte. Aber das kümmerte sie nur am Rande. Gonpo hegte keinen Zorn. Wie so viele andere, die in China überleben mussten, hatte sie sich beigebracht, zu vergeben und zu vergessen. Sie dachte nicht unentwegt an die Verfolgung, die zum Tod beider Eltern geführt hatte. Sie redete nicht über die vielen Jahre, die sie sich in der Salzwüste von Xinjiang abgerackert hatte.

Dennoch wurde sie hin und wieder von dem Gefühl überwältigt, etwas verloren zu haben. Nicht allein ihre Eltern und ihre

Schwester, sondern ihre Identität als Tibeterin und eine der letzten Überlebenden einer einst angesehenen Dynastie. Nach ihrem Empfinden hatte sie eine Aufgabe, die weit über das Leben hinausging, das sie sich in Nanjing aufgebaut hatte.

Nach Maos Tod hatte die Kommunistische Partei Chinas begonnen, Millionen von Menschen zu rehabilitieren, die in den 1950er- und 1960er-Jahren Opfer der Säuberungen geworden waren. In dem als *Pingfan* bekannten Prozess wurden die Vorwürfe politischer Verbrechen quasi zurückgenommen. Einst aus der Kommunistischen Partei ausgeschlossene Mitglieder durften wieder eintreten, und einige konnten in ihr altes Zuhause und an ihre ehemalige Arbeitsstelle zurückkehren. Gonpos Vater erhielt seine Rehabilitation durch ein Dokument, das 1978 von Deng Xiaoping persönlich unterzeichnet worden war – zu spät, um sein Leben zu retten, aber zu Gonpos Freude ausreichend, um seinen Ruf wiederherzustellen. In einer später von der Bezirksverwaltung von Ngaba veröffentlichten Chronik wurde der Mei-König als Oberhaupt gepriesen, das »dem Volk diente«, das höchste Kompliment seitens der Kommunistischen Partei.

Eine Entschädigung für beschlagnahmtes Eigentum erhielt Gonpo als einziges überlebendes Kind des Königs dennoch nicht. Sie nahm lediglich einen Fuchsfellmantel in Empfang, den ihr Vater bei zeremoniellen Anlässen getragen hatte: Ein Diener hatte ihn in einem alten Lederkoffer aufbewahrt. Sie verstaute ihn in ihrer neuen Wohnung auf einem Schrank. Den verlorenen Palästen, den Ländereien, dem Schmuck oder wertvollen Statuen trauerte Gonpo allerdings nicht nach. Sie fühlte sich dem Sozialismus stärker verpflichtet als viele andere Chinesen. Vielmehr wünschte sie sich für ihren Vater die angemessenen buddhistischen Totenrituale.

Der Leichnam ihrer Mutter war nie gefunden worden, und da es keine Zeugen gab, blieb ihr Tod rätselhaft. Entweder, so die Vermutung, hatte man sie in den Fluss Lixian gestoßen, oder sie war selbst gesprungen. Über den Tod des Königs wusste man mehr. Seine jüngere Schwester, Dhondup Tso, hatte ihn begleitet, als er sich aufgemacht hatte, um nach seiner Frau zu suchen, und sie hatte seinen Sprung von einer Brücke in Wenchuan gesehen. Außerdem war sein Selbstmord von chinesischen Dorfbewohnern beobachtet worden, die auf den Kiesbänken am Fluss saßen. Wenige Tage später hatten Dörfler flussabwärts die Leiche eines großen Mannes in tibetischer Kleidung aus dem Fluss gezogen; man ging davon aus, dass es sich um den König handelte. Die Leiche wurde in eine einfache Kiste gelegt und vor Ort begraben.

1980 traten Angehörige der Königsfamilie erstmals mit der Bitte an die chinesische Obrigkeit heran, die Leiche zu exhumieren. Eine eindeutige Antwort erhielten sie nicht, aber Jamphel Sangpo, Dhondup Tsos Ehemann und Schwager des Königs, übernahm die Verantwortung für diese familiäre Aufgabe. Er hatte gute Beziehungen zu einem Tibeter der Zentralabteilung Vereinigte Arbeitsfront, die auch für die Kontakte zu den Minderheiten zuständig ist. Über ihn bekam er die Genehmigung. Als er die Leiche schließlich exhumieren durfte, war es Hochsommer, was die Aufgabe besonders unerfreulich machte, wie er einem Chronisten später erzählte.

Ich heuerte drei Dorfbewohner an, und wir begannen, irgendwo zu graben. Es war sehr schwierig, den Leichnam ausfindig zu machen. Als wir ihn schließlich fanden und die Leiche ausbetten wollten, lag sie in einem Sarg. Sie war vollständig verwest. An einem Fuß steckte ein Schuh. Der Sarg enthielt auch zwei Emailleschalen mit lauter vertrockneten toten Maden.

Jamphel Sangpo sprach Gebete und bat um Verzeihung dafür, dass sie den Leichnam erst nach Jahren abholen kamen. »Du musstest so lange in diesem fernen Land ausharren. Heute bin ich hier, um mich deines Leichnams anzunehmen und dich in deine Heimat zurückzubringen.« Er erstand Brennholz von einem chinesischen Dorfbewohner und konnte, obwohl es nieselte, ein

Feuer entzünden und eine behelfsmäßige Einäscherung vornehmen. Als einen Tag später die verkohlten Knochen abgekühlt waren, mietete er einen Wagen, um nach Ngaba zu fahren. Unterwegs ging das Auto kaputt, sodass er, mit den sterblichen Überresten unter dem Arm, die letzten 25 Kilometer zu Fuß zurücklegen musste. Am Kloster Kirti eingetroffen, versteckte er sie sicher unter dem Eckgemäuer der neu errichteten Versammlungshalle.

Gonpo versuchte, die Beisetzungsrituale unmittelbar nach ihrem Umzug von Xinjiang nach Nanjing zu organisieren. Mehrfach schlugen ihre Bemühungen fehl; erst 1984 hatte sie endlich Erfolg. Es war das Jahr, in dem der Kirti Rinpoche Ngaba einen Besuch abstattete. Als Oberhaupt des Klosters Kirti galt er als spiritueller Lehrer der gesamten früheren Königsfamilie und war damit Gonpos »Stammguru«, wie die Tibeter es nennen. Zudem war er der Cousin von Gonpos Mutter. Der Kirti Rinpoche war mit dem Dalai Lama nach Indien geflohen, hatte jedoch während jener kurzen Phase der beispiellosen Öffnung die Erlaubnis erhalten, zu einem Besuch nach Ngaba zurückzukehren.

Gonpo und ihr Mann reisten ein zweites Mal nach Chengdu und nahmen anschließend wieder den Bus durch die Berge. Mit jedem Jahr wurde die Reise etwas kürzer und weniger beschwerlich, weil einige Berge untertunnelt worden waren, um die Serpentinen zu begradigen. Ngaba war in deutlich besserem Zustand als zuvor, die Stadt selbst und die Klöster waren größtenteils wiederaufgebaut. Ein Taxiservice hatte seinen Betrieb aufgenommen, und Besucher waren in ihrer Bewegungsfreiheit weniger eingeschränkt.

Es wurde ein entspannter Aufenthalt. Gonpo und Xiao Tu fuhren im Taxi zum Palast, in dem sie ihre ersten Lebensjahre verbracht hatte. Er hatte der Regierung als Lagergebäude gedient, war jetzt aber mit Brettern vernagelt und mit einem Vorhängeschloss abgesperrt. Hineingehen konnten sie also nicht, ließen sich aber draußen vor dem Eingang fotografieren. Gonpo besuchte Meruma, das einstige Hauptquartier des königlichen Heeres und Sammelpunkt der königlichen Herden. Sie ging zum Mittagessen in das Haus von Delek, dem Jungen mit der laufenden Nase, dessen Vater einer der Generäle des Königs gewesen war. Gonpo und Delek gehörten derselben Generation an und waren jetzt beide Mitte 30. Obwohl sie einst Prinzessin gewesen war und er gerade mal Pferdeknecht, wurde ihnen klar, dass sie von klein auf vieles an Unheil in ähnlicher Weise erfahren hatten.

»Wir sind mit gleichen Erfahrungen groß geworden, und das hat uns einander nähergebracht«, sagte Delek später über ihre Begegnung.

Die Beisetzungsrituale wurden im Kloster Kirti abgehalten. Die mehr als 300 Mönche, die versammelt waren, segneten den König mit ihren Gebeten und Gesängen. Familienfotos zeigen Gonpo, Xiao Tu und ihre Tante Dhondup Tso mit weißseidenen *Khatas* um den Hals vor der Versammlungshalle, an ihrer Seite Dutzende von Mönchen in Karmesinrot, die sich verbeugen.

Die Gebeine wollte das Kloster ursprünglich in dem großen Stupa in Kirti aufbewahren, der als Reliquienschrein für hochrangige Lamas oder sonstige Würdenträger dient. Doch die Mönche fürchteten, die chinesische Obrigkeit könnte zu einem späteren Zeitpunkt versuchen, die sterblichen Überreste an einen anderen Ort zu bringen. Ungeachtet der damaligen Freizügigkeit wussten die Tibeter, dass auf Launen der Partei kein Verlass war.

Also beschlossen sie, die Knochen zu einem feinen Pulver zu vermahlen und rings um das Kloster zu verstreuen. Einen Teil des Pulvers vermengten sie mit Ton und fertigten daraus *Tsatsas,* mit Halbrelieffiguren dekorierte Votivtäfelchen. Auf diese Weise wurde der König buchstäblich eins mit dem Kloster, dem zu Lebzeiten seine ganze spirituelle Leidenschaft gegolten hatte.

Gonpo hatte für ihren Vater alles getan, was in ihren Kräften stand. Es hätte für sie eine Art Abschluss bedeuten können, aber das ungute Gefühl blieb. Es war ihr eigenes Auftreten in Ngaba, mit dem sie haderte. Sie fühlte sich wie eine Fremde im eigenen

Land. Der Kirti Rinpoche kannte sie, seit sie ein Kind war, aber als sie den Mund öffnete, um mit ihm zu reden, wollten ihr nicht die richtigen Wörter einfallen. Sie mussten sich über einen Dolmetscher miteinander unterhalten, weil der Lama nicht Chinesisch sprach. Wann immer sie ihre Muttersprache hörte, tauchten in ihr zwar Erinnerungen und Bilder auf, aber genaue Formulierungen konnte sie nicht abrufen. Was auch immer sie auf Tibetisch zuwege brachte, klang wie Kindersprache. Bei einer Begegnung mit dem offiziellen Klosterorakel – einer hochrangigen Persönlichkeit – fragte der Mann sie, ob sie wisse, wer er sei, und als ihr sein Titel auf Tibetisch nicht einfiel, antwortete sie wie ein Kind: »Der, der ins Horn bläst.«

Die übrigen Tibeter schmunzelten, aber Gonpo war beschämt, dass sie als letzter Abkömmling des Königs ihr Volk nicht angemessener repräsentieren konnte.

Gonpo hatte versucht, sich nach einem Muster, das ihr jemand gegeben hatte, eine *Chuba* zu nähen. Bei der *Chuba* aus Ngaba handelt es sich jedoch um ein sehr kompliziertes Kleidungsstück. Sie ähnelt einem Kleid mit übergroßen Ärmeln, die über die Schultern nach hinten fallen, im Rücken gerafft und von einer Schärpe zusammengehalten werden. Gonpo scheiterte kläglich. Eine Verwandte musste ihr eine schlichtere Variante des Gewands aus Lhasa besorgen.

Kurz nach der Beisetzung ihres Vaters hatte Gonpo eine Audienz beim Panchen Lama in Peking. Der mittlerweile über 50-Jährige, legendär kraft seiner Leibesfülle und seiner Macht, war mittlerweile der ranghöchste Vertreter der tibetischen Religion im politischen System Chinas. In einer Petition hatte er die Behandlung der Tibeter durch die Kommunistische Partei verurteilt, woraufhin man ihn 13 Jahre inhaftiert hatte. Nach seiner Rehabilitation hatte er das Mönchsleben aufgegeben, eine Chinesin geheiratet und übernahm nun diverse Repräsentationspflichten innerhalb des Systems. Sein Leben spielte sich wie das von Gonpo in dem

Bereich ab, in dem das Chinesische und das Tibetische ineinander übergehen und Sprache und Kultur sich mischen. Ihre Unterhaltung verlief in Chinesisch.

»Du Arme!«, schalt sie der Panchen Lama. »Du bist Tibeterin, kannst aber nur Chinesisch. Du musst deine Sprache lernen, dir deine Kultur aneignen«, empfahl er ihr.

Am besten ließe sich die Sprache in Indien lernen, riet ihr der Lama, wo die Exilregierung viele Schulen eingerichtet hatte. Sie könne sich auf Pilgerreise begeben und bei der Gelegenheit auch eine Audienz beim Dalai Lama bekommen. Er bot an, sich um die Formalitäten zu kümmern.

»Wenn wir uns das nächste Mal sehen, unterhalten wir uns auf Tibetisch«, versicherte er ihr.

Durch die Unterstützung des Panchen Lama erhielt Gonpo einen chinesischen Pass für sich und ihre ältere Tochter Wangzin, die elf Jahre alt war und unbedingt mitkommen wollte. Damals waren in China Auslandsreisen für Normalsterbliche noch unüblich. Dies galt vor allem für Indien, das zu China ein angespanntes Verhältnis hatte. 1988, als Rajiv Gandhi als erster indischer Premierminister Peking besuchte, brach allerdings eine Phase des Tauwetters an, was es Gonpo letztlich erleichterte, ein Visum zu bekommen. Der Panchen Lama hatte ihr empfohlen, über Hongkong zu fliegen, aber sie war entschlossen, sich auf eine Pilgerreise durch Tibet zu begeben.

Im Dezember 1988 verließen Gonpo und Wangzin Nanjing in Richtung Ngaba als erstem Etappenziel ihrer Reise. Zu den bislang unerledigten Angelegenheiten gehörte der Umgang mit dem Familienbesitz. Sie hatten keinerlei Aussicht, den Hauptpalast zurückzuerhalten, der weiterhin von der Regierung beschlagnahmt war, andererseits hatte Kirti Ländereien zurückbekommen, auf denen auch das teilweise zerstörte Landhaus stand, das für die königlichen Pilgerfahrten genutzt worden war. Als der Kirti Rinpoche vorschlug, das Haus zu renovieren und daraus eine heilige Gedenkstätte für ihre Eltern zu machen, war Gonpo sogleich ein-

verstanden. Die Statue von Avalokiteshvara, die der König vom
Dalai Lama erhalten hatte – mithin eines der wertvollsten Besitz-
tümer der Familie –, war gerettet worden und sollte das Herz-
stück des Altars werden.

Dann fuhren Mutter und Tochter fast 2000 Kilometer in süd-
westliche Richtung nach Lhasa. Eigentlich wollten sie dort lange
genug bleiben, um Zeit für Besichtigungen zu haben, bevor sie
weiter westlich die Grenze nach Nepal ansteuerten, die bequems-
te Route nach Indien. Doch heftige Schneefälle blockierten den
Gebirgspass in der Nähe des Mount Everest. Endlos warteten sie
auf die Schneeschmelze. Drei Monate vergingen. Es war kurz
nach dem chinesischen Neujahr und dem Beginn des tibetischen
Neujahrsfestes Losar – die Zeit des Jahres, in der Familien beider
Kulturen zusammenkommen. Gonpo hatte fürchterliches Heimweh und war nicht mit sich im Reinen. Sie vermisste ihren Mann
und ihre jüngere Tochter. Ihr wurde bewusst, dass sie auch gegenüber der in Nanjing gegründeten Familie Verpflichtungen hatte
und nicht nur das Vermächtnis ihrer Eltern und das erloschene,
einst von ihnen regierte Königreich im Blick haben durfte. Den
Lebenden sollte ich Vorrang geben vor den Toten, dachte sie. Sie
beschloss, nach Nanjing zurückzukehren, und traf die entsprechenden Vorkehrungen. In der Nacht vor der Rückreise aber
träumte sie von einem Pfau. Der Vogel war so riesig, dass er mit
aufgefächerter Schleppe den ganzen Himmel mit schillernden
Blau- und Grüntönen überzog. Der Pfau kam aus Westen, wo Indien lag.

Gonpo hielt es für ein Omen. Am nächsten Morgen war sie
voller Tatkraft, bereit, die Reise fortzusetzen. Obwohl man sie
warnte, dass die Straßen wegen des Schnees nicht befahrbar sei-
en, nahm sie sich einen Fahrer mit einem Jeep, der mit Schnee-
ketten ausgerüstet war, und machte sich mit ihrer Tochter auf den
Weg zur nepalesischen Grenze. Sie hatten es beinahe geschafft,
kamen dann aber nicht mehr weiter, weil die Schneeverwehun-
gen bis knapp unter die Motorhaube reichten. Zur großen Freude

von Gonpos Tochter stiegen sie aus und marschierten die restliche Strecke zu Fuß durch den Schnee. Der Weg war teils so vereist, dass die Führer sie anseilen mussten, damit sie nicht abrutschten. Als sie sich Dham näherten, sahen sie aufsteigenden Rauch. Die Grenzstadt war die Heimat Tausender Menschen aus Ngaba – der Händler, die in Nepal und Indien chinesische Waren verkauften. Sie hatten gehört, die Tochter des letzten Königs von Ngaba sei unterwegs zu ihnen, und verbrannten Wacholderzweige, um sie mit Räucherwerk willkommen zu heißen. Gonpo war so begeistert, dass sie stolperte und am Steilhang beinahe abgerutscht wäre.

Damals ahnte sie noch nicht, dass dies eine Reise ohne Rückkehr sein würde. 1989 war jenes schicksalhafte Jahr, in dem es Monate später zu dem Massaker auf dem Platz des Himmlischen Friedens kommen sollte und die Ära der Duldung schlagartig zu Ende ging. Das harte Durchgreifen war von Peking über Ngaba bis nach Lhasa hin spürbar und markierte das enttäuschende Ende eines friedlichen Jahrzehnts. Im Januar 1989 meldete man den überraschenden Tod des Panchen Lama, vorgeblich als Folge eines Herzanfalls. Gonpo würde sich also nicht mehr auf Tibetisch mit ihm unterhalten können. Über seine Reinkarnation entbrannte ein Streit, der im Verhältnis zwischen Tibetern und Kommunistischer Partei zusätzlich für Bitterkeit sorgte. Gonpo und ihrer Tochter gelang es, nach Dharamsala zu kommen, und sie hatten auch eine Audienz beim Dalai Lama, dem ein Jahr später der Friedensnobelpreis verliehen wurde. Eine Rückkehr nach Nanjing wäre angesichts des politischen Klimas in China jedoch unklug gewesen. Gonpo befand sich also erneut in der Verbannung.

Teil III

1990–2013

Wilder kleiner Yak

In den 1990er-Jahren war alles, was explodieren konnte, in den Bergen rund um Meruma geräumt. Die Kinder konnten wieder barfuß dort spielen. Sie tobten gern in dem zerfallenden Betonbunker herum, der Ende der 1950er-Jahre während der Kämpfe mit den letzten Soldaten des Mei-Reiches errichtet worden war und von dem aus ein Jahrzehnt später die berittene tibetische Version der Roten Garden im Kugelhagel niedergemäht wurde. Die Kinder nannten ihn *Sokhang,* das Haus der Spione. Zum Verstecken oder für Kriegsspiele gab es nichts Besseres. Von den echten Kämpfen, die ihre Väter und Großväter hier bestritten hatten, wussten sie nur wenig. Man hatte ihnen lediglich gesagt, dass an diesem Ort Menschen gestorben waren und dass sie ihn nach Einbruch der Dunkelheit meiden sollten, weil dort Geister unterwegs sein könnten.

Es war die Zeit, in der die in den Städten lebenden Chinesen bei McDonald's aßen und sich bei Walmart Elektrogeräte kauften. In Dörfern wie Meruma aber hatte die Moderne noch nicht Einzug gehalten. Zwar war der Ort zehn Jahre zuvor ans Elektri-

Junge in Meruma, 2014.

zitätsnetz angeschlossen worden, doch der Strom reichte gerade mal für eine Glühbirne und ein Radio oder einen Kassettenrekorder pro Haus. Andere Geräte gab es kaum. Um ihre Wäsche zu waschen, hockten sich die Frauen an den Fluss.

Überall wuselten Kinder herum, denn als Familie aus der Volksgruppe der Tibeter hatte man zumindest den einen Vorteil, mehrere Kinder haben zu dürfen. Plastikspielzeug, wie es von den Fabriken Südchinas in Massen ausgestoßen wurde, gab es hier nicht. Vielmehr durchstöberten die Kinder den Müll, und wenn sie ein Stück Holz fanden, machten sie sich daraus Schlittschuhe. Getrocknete Häute der Yaks wurden zu Schlitten. Im Sommer planschten sie im Fluss und waren dann so sauber wie sonst selten, weil tibetische Kinder gewöhnlich nicht gebadet wurden.

Einer der Jungen trug den Spitznamen Dongtuk, was so viel wie »wilder kleiner Yak« bedeutet. Er war schmächtig, hatte weit abstehende Ohren und eine ausgeprägte Stupsnase. Schon seit seinen ersten Lebensjahren konnte Dongtuk schlecht sehen, was ihn aber offenbar nicht störte, denn oft war er der Anführer einer ganzen Bande und suchte sich aus den Abfallhaufen die besten Stücke heraus, wie Autoreifen, die man über die Straße rollen lassen konnte.

Dongtuk lebte in einer Familie von Frauen. Er war das uneheliche Kind seiner behinderten Mutter und wohnte mit ihr, ihrer jüngeren Schwester und seiner Großmutter in einem Haus aus Lehmziegeln. Es stand in einem Hof, der von einer mit Gebetsfahnen geschmückten Mauer umgeben war. Nach Süden ausgerichtet und nahe der Hauptstraße hatte es eine günstige Lage, doch es gab darin kaum Möbel, weil Dongtuks Mutter dafür das Geld fehlte. Sie besaßen einen Lehnsessel mit herausquellendem Polster, eine Holzbank und einen Geschirrschrank aus Furnierholz, in dem lauter angeschlagene blau-weiße Porzellanbecher standen. Der Boden bestand aus nacktem Zement, und an den Wänden hing eine abblätternde Tapete aus gelbem Vinyl, das eigentlich zum Auslegen von Schrankfächern gedacht war. In einem kleinen, von der Küche abzweigenden Raum stand ein selbst gebautes Bett mit einer Matratze aus Heu und Zweigen.

Sonam, Dongtuks Mutter, war einst das schönste Mädchen des Dorfs gewesen. Sie hatte hohe, markante Wangenknochen und ein umwerfendes Lächeln, bei dem ihre Zähne so weiß hervorblitzten, dass man schon meinte, sie würden im Dunkeln leuchten. Im Alter von 13 Jahren erkrankte sie jedoch an einem Fieber, das Lähmungen hervorrief. Als es abflaute, wurden ihre Glieder wieder beweglich – bis auf den linken Fuß und den linken Arm. Im Dorf gab es keinen Arzt, und niemand hätte sagen können, woran es lag.

»Böse Geister«, sagte ihre Mutter.

Sonam deutete es als ein Omen, dass sie niemals heiraten würde. Auf tibetische Ehefrauen wartet eine Reihe schwerer Aufgaben: Sie kochen und putzen nicht nur, sondern melken auch das Vieh, machen die Butter und sammeln den Dung der Yaks als Brennmaterial. Trotz ihrer Schönheit war Sonam ihres Humpelns und der gelähmten Hand wegen keine gute Partie. Außerdem war ihr Vater jung gestorben, weshalb jemand im Haus bleiben und sich um ihre Mutter kümmern musste. Eigentlich wäre diese Aufgabe dem ältesten Sohn zugefallen, doch der war das schwarze Schaf der Familie, nachdem er sich mit den gesamten Ersparnissen davongemacht hatte.

Dass Sonam unverheiratet war, bedeutete jedoch nicht, dass sie wie eine Nonne lebte. Tibetische Frauen sind zwar ausgesprochen sittsam, wenn es um ihre Kleidung geht, doch in puncto Sex lassen sie weniger Zurückhaltung walten (sofern es sich nicht um Beziehungen mit Mönchen handelt). Polygamie und Polyandrie waren im ländlichen Tibet akzeptiert, vor allem weil sie neben der Lust noch eine praktische Seite hatten. So gab es in Meruma zwei Brüder, die sich eine Frau teilten. Dadurch vermieden sie die Aufsplittung des Familienbesitzes; außerdem konnte der eine als Händler Geld verdienen, während sich der andere um Land und Vieh kümmerte. Dass ledige Frauen Kinder hatten, kam häufig vor; laut der Untersuchung eines Anthropologen galt dies in einem Dorf tatsächlich für die Hälfte der unverheirateten Frauen. Anders als Chinesinnen in einer vergleichbaren Situation wurden sie nicht als Geliebte oder Konkubinen geächtet, sondern als gleichberechtigter Haushaltsvorstand behandelt. Dies galt ganz besonders für Sonam, da sie das Anwesen ihrer Eltern geerbt hatte.

Für eine alleinerziehende Mutter war Sonam gut ausgestattet. Sie besaß Rinder, Yaks und *Dzomos,* das aus einer Kreuzung stammende Milchvieh. Die unbrauchbare Hand in den Falten ihres Umhangs verborgen, ging sie in die Berge und sammelte Kräuter, den kostbaren Raupenpilz und *Beimu.* Dongtuk prahlte gern, dass seine Mutter mit einer Hand mehr ernten konnte als die meisten anderen Menschen mit beiden. In den Sommermonaten schlug sie in den Weiden ein Zelt auf und ließ das Vieh dort grasen.

Noch ehe sie mit ihrer Tagesarbeit begann und noch vor dem Frühstück besuchte sie den kleinen Schrein des Dorfes mit den drei Statuen von Avalokiteshvara, behängt mit Gebetsperlen, die einst vom Kirti Rinpoche getragen worden waren. Sie fastete regelmäßig aus Gründen der inneren Reinigung.

Verglichen mit anderen Frauen ihres Alters, die auf dem Land lebten, war Sonam durchaus gebildet. Sie konnte Tibetisch lesen und schreiben, sprach passabel Chinesisch und verfügte über ausreichende Rechenkenntnisse, um nicht übers Ohr gehauen zu werden, wenn sie ihre Kräuter verkaufte. Trotzdem war es für eine behinderte alleinerziehende Frau nicht leicht, für den Unterhalt der Familie zu sorgen, und so lebten sie am Rand des Existenzminimums. Sie ernährten sich von Grundnahrungsmitteln und aßen *Tsampa* mit Käse oder Butter, öfter auch Suppe mit quadratischen, *Thenthuk* genannten Nudeln. Durch den Würfel Butter, der stets auf dem Tisch stand, roch es im Haus leicht ranzig, doch für Dongtuk war das der vertraute Geruch von zu Hause.

Die Kinder besaßen nie mehr als ein Paar Schuhe, die zur Abdichtung mit Gras ausgestopft wurden. Sonam bestand darauf, dass Dongtuk im Sommer barfuß lief, um sein einziges Paar zu schonen. Ein Fernsehgerät oder Radio hatte die Familie nicht. Abends ließen sie auf ihrem Kassettenrekorder buddhistische Gebetsmusik laufen, deren Rhythmus entspannend war, weil er auch die Geräusche der Nacht und das Heulen und Bellen der Hunde übertönte.

»Wir hatten zwar nicht viel, auch nicht an Möbeln, aber es gab immer genug zu essen«, sagte Dongtuk später. »Ich habe mich nicht arm gefühlt.«

Meruma hatte nicht mehr den Nimbus jener Tage, als viele seiner Einwohner zum Hof oder zum Heer des Königs gehörten. Einige Kinder wussten nicht einmal mehr, dass der Name ihres Dorfes von einer untergegangenen Dynastie herrührte. Die Alten hingegen wahrten das Gedenken und verehrten die Helden der Vergangenheit. Einer von Dongtuks besten Freunden, ein um mehrere Jahre älterer Junge namens Phuntsog, war der Enkel eines Widerstandskämpfers aus den 1950er-Jahren. Dieser Mann – Dhondor – hatte 18 Jahre Haft überlebt und war damit zum Lokalhelden geworden. Sein Enkel, ein blasser, breitschultriger Jugendlicher, gehörte ebenfalls zu den Stärksten im Viertel; sein einnehmendes Lächeln zog sich zwischen seinen weit auseinanderstehenden Wangenknochen über das ganze Gesicht. Er betätigte sich gern als Gewichtheber und Ringer, und obwohl Dongtuk dem nicht viel abgewinnen konnte, hielt er sich gern im Kreis von Phuntsogs großer Familie auf. Mit sechs Jungen und zwei Mädchen ging es dort so turbulent zu, wie er es von daheim, wo es nur noch eine kleine Schwester gab, nicht kannte.

Dongtuks Mutter Sonam genoss ein höheres Ansehen, als man es bei einer behinderten Frau ohne Ehemann und Vermögen erwarten würde. Ihr Onkel, der in dem Haus geboren war, das nun ihr gehörte, war als 15. Inkarnation einer eher unbedeutenden Erbfolge anerkannt worden. Tibet hat Hunderte solcher *Tulkus* oder wiedergeborener Lamas, angefangen beim weltbekannten Dalai Lama und anderen bedeutenden buddhistischen Oberhäuptern bis hin zu ehrwürdigen Vorstehern unbekannterer buddhistischer Klöster. Auch wenn Sonams Onkel Alok Lama eine eher zweitrangige Figur im Gefüge des tibetischen Buddhismus war, so wurde er doch als Bodhisattva erachtet, der zum Wohl anderer die Wiedergeburt angetreten hatte. Dadurch wurde Sonams Familie gewissermaßen geadelt und ihr Haus zu einer Art Heiligtum.

Vom Hof aus hatte man Zugang zu einer Kapelle, die dem Onkel gewidmet war. Als einziger Teil des Hauses war er aus Holz – im Tibetischen Hochland eine Kostbarkeit –, und die Wände schmückten Abbildungen zahlreicher bedeutender Lamas. In einem üppig vergoldeten Rahmen steckte eine Schwarz-Weiß-Fotografie von Alok Lama, einem schmalen, pockennarbigen Mann mit Ziegenbärtchen. Das Porträt des Dalai Lama hingegen baumelte lose an einem Nagel, damit es jederzeit auf die Schnelle entfernt werden konnte. Vor den Fotos standen Butterlampen aus Messing; in dem Fach darunter waren insgesamt sieben kleine Schalen aufgereiht, in denen sich die Opferungen befanden: Wasser zum Trinken, zum Waschen, für Blumen, für den Duft, für Speisen, für Räucherwerk und für die Musik. Außerdem stand in dem Raum ein Bett – ein richtiges Bett mit Holzrahmen – ausschließlich für den Fall, dass die Familie Besuch von einem angesehenen Mönch bekäme. Er war mit einem Schloss versperrt. Manchmal aber nahm Dongtuk sich den Schlüssel aus der Küche, um sich dort auszuruhen. Sonst gab es für ihn keinen Moment, in dem er wirklich allein war.

Im Jahr 2000 kam ein Filmteam nach Meruma zu Dreharbeiten für eine Fernsehproduktion über den Langen Marsch. Es war eine große Gruppe mit Dutzenden gut aussehender Schauspieler, auf Hochglanz polierten Autos, großen Lastwagen für den Transport der Ausrüstung und der Pferde. Ein berühmter Schauspieler namens Tang Guoqiang hatte den Part des Mao Tse-tung, mit allem Drum und Dran vom falschen Muttermal am Kinn über einen militärgrünen Mantel mit Steppfutter bis hin zur passenden Mütze mit rotem Stern über dem Schirm. Er ritt einen riesigen Schimmel – ein Pferd, weit schöner als es die Kinder in Meruma je gesehen hatten. Fasziniert beobachteten Dongtuk und die anderen das Geschehen aus der Ferne. Für sie gehörte es zum Aufregendsten, was sich in Meruma je ereignet hatte.

Die Erwachsenen sahen das anders. Aus Erzählungen wussten sie, was geschehen war – zumal einige der Hochbetagten selbst dabei gewesen waren –, als die Rote Armee 1935/36 durch Meruma kam, die Klöster plünderte und die Lebensmittelvorräte beschlagnahmte. Sie verbanden mit dem Langen Marsch nichts, was sie feiern konnten. Und was bei chinesischen Touristen bald zur neuesten Mode werden sollte, nämlich den Etappen des Langen Marsches zu folgen und Stätten zu besuchen, die sie als Monument der Tapferkeit zu Ehren der ersten Kommunisten erachteten, war ihnen verhasst (»Roter Tourismus« wurde es genannt). In den Augen der Tibeter aus Ngaba erinnerten diese Orte an Niederlagen und Demütigungen. Als das Filmteam ankündigte, eine Szene in dem kleinen, aber malerischen Kloster Namtso in den Hügeln über Meruma drehen zu wollen, war die Klosterleitung empört. Sie sah jedoch keine Möglichkeit, es zu verwehren, weil das Team vom chinesischen Staatsfernsehen kam. Also rief man nach Einbruch der Dunkelheit ein paar Jugendliche aus dem Dorf zusammen und stattete sie mit Schaufeln aus. Am kommenden Morgen war die unbefestigte Straße voller Löcher, sodass sie für Lastwagen unpassierbar geworden war. Allerdings währte die Freude über den Sieg nicht lange, denn die Filmleute trugen ihre Ausrüstung schließlich eigenständig hinauf.

Die Kinder konnten nicht verstehen, warum sich die Alten gegen das Filmteam stemmten. Das Wissen über ihre Geschichte wurde den Tibetern vorenthalten. Sofern man ihnen überhaupt etwas über Tibet im 20. Jahrhundert beibrachte, handelte es von seiner Befreiung aus der Leibeigenschaft durch die Kommunistische Partei. Die Eltern sprachen lieber nicht über diese Zeit – entweder, weil sie darüber nichts wussten, oder aber, weil sie fürchteten, mit den Berichten von ihrem kollektiven Trauma eine chinafeindliche Stimmung heraufzubeschwören, die ihre Kinder auf ihrem weiteren Lebensweg in Schwierigkeiten bringen könnte. Die Alten, die das Vergangene persönlich miterlebt hatten – und davon häufig noch Narben am Körper trugen –, erzählten nur selten von ihren Erinnerungen. Wenn sie damals nicht halb verhungert oder misshandelt worden waren, wenn sie nicht in Lagerhaft dahingesiecht und zu mörderischer Zwangsarbeit verurteilt worden waren, dann hatten sie Dinge getan, für die sie sich jetzt schämten. Man gehörte zu den Opfern oder zu den Tätern. Niemand war ungeschoren davongekommen.

Was der kleine Dongtuk über die Vergangenheit wusste, hatte er von seiner Großmutter erfahren. Normalerweise schlief er in den Sommernächten bei ihr, wenn seine Mutter draußen im Zelt bei den grasenden Tieren blieb. Er und seine Schwester schmiegten sich an die Oma, schoben ihre Füße zum Wärmen unter ihren Körper und bettelten um Geschichten. Sie erzählte von tapferen Kriegern auf wild dahinstürmenden Pferden, aber auch von Tod und Niederlage. Sie sprach über den Hunger in den 1960er-Jahren und im Flüsterton von Kommunistinnen, die Mönche gefoltert und gedemütigt hatten, darunter eine besonders grausame Aktivistin, die einen der Mönche zwang, ihren Urin zu trinken.

»Warst du das, Großmutter?«, fragte Dongtuk, die Augen weit aufgerissen.

»Natürlich nicht«, protestierte sie.

Während seiner Kindheit hatte Dongtuk nur flüchtigen Kontakt zu seinem Vater. Er war Schmied oder *Gara*, ein Beruf von geringem Ansehen, vielleicht weil er mit Waffen zu tun hatte. Dongtuks Vater entwickelte in seiner Zunft jedoch eine große Kunstfertigkeit und schmiedete schließlich silberne Gürtelschnallen und Ohrringe. Wenn er, was hin und wieder geschah, zu Besuch kam, brachte er für Dongtuk und seine Schwester etwas Gutes zu essen mit und irgendein neues Schmuckstück für Sonam. Dongtuk freute sich auf diese Besuche. »Ich hatte immer das Gefühl, dass zwischen meinen Eltern echte Liebe herrschte.«

Dongtuk wusste von der Ehefrau und der anderen Familie seines Vaters, und irgendwann begann er, sie regelmäßig zu besuchen. Die Nachkommenschaft war zahlreich – es gab drei Jungen und zwei Mädchen –, und mit den Eltern wohnten sie in einem schäbigen Betonhaus weiter oben am Berg in einer Siedlung in Merumas Dorf Nummer 2 und damit in einer weit weniger vorteilhaften Gegend als Dongtuk. Da sein Vater nicht der älteste Sohn gewesen war, hatte er ohne bereits bestehenden Haushalt und ohne Eigentum starten müssen – mit einer »neuen Familie«, wie es bei den Tibetern heißt. Aber er war ein erfolgreicher Viehzüchter, der so viele Yaks und Schafe besaß, dass es in seinem Haus immer ausreichend Fleisch zu essen gab. Wangmo, die Frau seines Vaters, zeigte sich nie als eifersüchtige Stiefmutter; vielmehr tat sie alles, um Dongtuk gut zu behandeln. So lud sie Extraportionen *Momos,* tibetische Klöße, auf seinen Teller und stellte dabei ein ums andere Mal fest, wie viel magerer er war als ihre eigenen Kinder. Trotzdem war Dongtuk im Haus seines Vaters immer ein bisschen angespannt und empfand leicht etwas als Kränkung. Er fürchtete, dass sein Vater die Kinder, die er mit seiner Ehefrau hatte, mehr liebte, weil er die seiner Geliebten nur gelegentlich sah.

Der jüngste Sohn in der Familie seines Vaters hieß Rinzen Dorjee; er war zwar größer als Dongtuk, aber fast im gleichen Alter. Allgemein erwartete man, sie würden Spielkameraden werden, dabei hatten sie – abgesehen vom Vater – kaum etwas gemeinsam. Dongtuk war ein richtiges Plappermaul, während Rinzen Dorjee die Gesellschaft von Tieren der von Menschen vorzog. Stundenlang konnte er zusammengekauert am Fluss hocken, um Frösche und Kaulquappen zu fangen, mit denen er dann sprach, als wären sie Puppen. Die Jungen bliesen gern Frösche auf, sodass sie anschwollen wie Ballons, und obwohl es ausdrücklich gegen die Lehren Buddhas verstieß, setzten es manche fort, bis sie platzten. Rinzen Dorjee aber schaute nur zu, wie es sie herumwirbelte, wenn die Luft aus ihnen entwich. Dongtuk hielt das für einen dummen Zeitvertreib und schloss nicht aus, dass sein Halbbruder einen kleinen Dachschaden hatte. Trotzdem war er gern mit ihm zusammen. Dongtuk war ein kleiner Rabauke, und sein loses Mundwerk brachte ihn manchmal in Schwierigkeiten – es hatte also seine Vorteile, einen kräftigen Bruder in der Nähe zu haben, der ihn beschützen konnte.

Jedes Jahr im Juni packte die Familie von Dongtuks Vater die wichtigsten Dinge des Haushalts zusammen – Säcke mit *Tsampa*, getrockneten Käse und Dörrfleisch, Decken und Kochgeräte – und zog hinauf auf die Weiden. Dort stellten sie das traditionelle schwarze Filzzelt aus Yakwolle auf und blieben ein paar Wochen an einem Ort, ehe sie mit ihrem Vieh weiterzogen. In dem Sommer, als Dongtuk sieben Jahre alt geworden war, beschloss sein Vater, ihn mitzunehmen. Das hieß, er würde reiten müssen, was er – äußerst ungewöhnlich für einen tibetischen Jungen – bislang noch nicht gelernt hatte. Sein Vater besaß mehr als ein Dutzend Pferde. Zwar suchte er für Dongtuk mit einer graubraunen Stute das kleinste aus, trotzdem wurde Dongtuk stocksteif vor Angst, als man ihn in den Sattel hob. Zum ersten Mal konnte er auf die Köpfe seiner Halbbrüder hinabblicken, und das Gefühl, das er dabei hatte, behagte ihm ganz und gar nicht.

Anfangs trabte die Stute noch brav neben den anderen Pferden her, doch irgendwann beschleunigte sie und galoppierte weit voraus. Die großen braunen Hunde, die die Herde vor Wölfen beschützten, bellten Pferd und Reiter hinterher. Die beiden rasten über das Grasland auf die noch immer schneebedeckten Berge zu. Dongtuk fühlte sich wie ein Ausreißer und war überzeugt, sein Zuhause nie wiederzusehen. Er würde in der Wildnis landen und sich dann irgendwie durchschlagen müssen.

Plötzlich aber lag er rücklings flach am Boden. Alle Knochen taten ihm weh. Das Gebell der Hunde wurde immer lauter, bis einer aus der Meute, graubraun wie die Stute, ihn erreicht hatte und ihm die Zähne in die Wade grub.

Seine Stiefmutter Wangmo war die Erste, die er sah. Sie murmelte Gebete, als sie ihm den Staub abklopfte. Die Kinder lachten, Wangmo aber brachte sie zum Schweigen. Dongtuk habe Glück gehabt, sagte sie, dass der Biss nur oberflächlich sei und sein Fuß sich nicht im Steigbügel verfangen habe. Wenn er mitgeschliffen worden wäre, hätte es ihn womöglich das Leben gekostet.

Sein Vater verlor über den Vorfall kein Wort. Immerhin aber stand fest, dass aus seinem kurzsichtigen Sohn, der sich nicht im Sattel halten konnte, kein Nomade werden würde.

Ein Mönchsleben

Dongtuk war stolz, als ihm seine Mutter vorschlug, Mönch zu werden. Was das Zölibats- und Abstinenzgelübde bedeutete, konnte er in seinem Alter noch nicht richtig ermessen, der großen Ehre aber war er sich sehr wohl bewusst. Von klein auf hatte er mitverfolgt, wie sich Besucher bei ihm zu Hause vor dem Porträt seines Onkels, des reinkarnierten Lama, niederwarfen. Eine Anhängerin wurde von ihrer Verehrung so überwältigt, dass sie in Tränen ausbrach. Die Gemeinschaft der Mönche und Nonnen, die *Sangha,* ist eine Komponente des von tibetischen Buddhisten am höchsten verehrten »Dreifachen Juwel«. Sie gilt als Urgrund der Gesellschaft für Wissen und Spiritualität. Für Dongtuk waren Mönche Halbgötter. Und als Mönch müsste er auch nie mehr auf ein Pferd steigen.

»Das Mönchsleben ist gut. Du wirst etwas lernen«, sagte Sonam zu ihrem Sohn. »Du brauchst keine Familie zu ernähren. Du wirst es nicht so schwer haben wie andere.« Mehr Überzeugungsarbeit war bei Dongtuk nicht nötig.

Von einer alleinerziehenden Mutter wie Sonam wurde nicht

Das Kloster Kirti, 2014.

erwartet, dass sie ihren einzigen Sohn an ein Kloster gab. In einer Familie mit mehreren Söhnen wurde in der Regel einer für das Leben im Kloster auserkoren. Dadurch erwarben sich die Angehörigen spirituelle Verdienste; sie stellten sicher, dass einer von ihnen gebildet war, und die Konkurrenz um das familiäre Erbe wurde geringer. Ohne Ehemann und als Frau mit Behinderung hätte Sonam eigentlich dringend einen jungen Mann gebraucht, der ihr mit den Tieren und zu Hause bei der Arbeit half. Doch weil sie einsah, dass ihr Sohn nicht für das dörfliche Leben geschaffen war, stellte sie ihre eigenen Bedürfnisse zurück. Vor allem, weil sie bei ihm eine Wissbegierde feststellte, mit der er es im Kloster zu etwas bringen könnte.

Wegen der langjährigen Verbindungen zu den Mei-Regenten gehörten viele Familien in Meruma dem Kloster Kirti an. Da Kirti westlich von Ngaba liegt und Meruma östlich, kam es Sonam wahrhaftig so vor, als würde sie ihren Sohn weggeben. Tränen schossen ihr in die Augen, als sie ihn im Taxi beim Kloster ablieferte.

Nach seinem Eintreffen zog Dongtuk seine verschlissene Kleidung aus und badete in einem großen Bottich mit dampfend heißem Wasser. Die Mönche schrubbten den Dreck von sieben Jahren Hirtendasein von seiner Haut, bis sie rosa und rau war. Sie säuberten seine Fingernägel und schoren ihm die Haare. Für Dongtuk war es das erste Bad seines Lebens, und tatsächlich hatte es etwas von einer Taufe. Man gab ihm den neuen Namen Lobsang, was »von edler Gesinnung« bedeutet und Bestandteil des Namens aller Kirti-Mönche ist. Das karmesinrote Gewand, das Dongtuk dann anlegte, war für ihn ein Symbol der Männlichkeit.

Das Kloster Kirti war nach seinem Wiederaufbau in den 1980er-Jahren größer als zuvor und erstreckte sich über Hunderte Morgen. Die goldenen Dächer, die in den 1990er-Jahren hinzugekommen waren, schienen das funkelnde Sonnenlicht über ganz Ngaba zu verteilen. Es gab Bibliotheken und Felder, Unterrichtssäle, Kunstwerkstätten und Wohngelände. Das größte Bauwerk auf der Anlage – und in der Stadt überhaupt – war der fast 50 Meter hohe Stupa, ein turmförmiges Heiligtum, im unteren Teil blendend weiß und rund wie der Körper eines auf einem quadratischen Thron hockenden Buddhas. Betsäle auf allen Ebenen enthielten Malereien und Statuen. Nahe der Turmspitze befand sich eine Plattform mit Geländer, und quer über die Wand waren riesengroß die mandelförmigen Augen Buddhas gemalt, der seinen Blick über Ngaba richtet. Von diesem Aussichtspunkt sah man sowohl den Fluss im Süden als auch die Berge im Norden und die nach Golog in den wilden Westen führende Straße.

Die wichtigsten Zeremonien fanden in der großen Versammlungshalle statt, in einem zweigeschossigen Gebäude mit breiter Veranda und vergoldetem Schrägdach. Vor dem Eingang hingen geteilte Türvorhänge, verziert mit der Abbildung eines von zwei Hirschen gesäumten Dharma-Rads, ein im Buddhismus beliebtes Symbol. Darüber befand sich ein Porträt des Kirti Rinpoche. Obwohl er im indischen Exil lebte, blieb er das Oberhaupt der an Kirti angeschlossenen Klöster Tibets, vom ursprünglichen Sitz in Dzorge bis hin zu der inzwischen größeren Nebenstelle in Ngaba.

Vor der Halle diente ein rechteckiger, mit steinernen Platten ausgelegter Hof als Hauptversammlungsort für öffentliche Veranstaltungen. Bei Zeremonien und Rededuellen füllte sich der Platz mit Mönchen, die goldgelb leuchtende, an Hahnenkämme erinnernde Kappen trugen, das Sinnbild der Gelug-Schule. An einem durch das Klostergelände verlaufenden kleinen Fluss gab es einen Gemischtwarenladen mit einem reichhaltigen Angebot an Naschwerk, salzigen Keksen und Eiscreme.

Beim Wort Kloster mag man an ein karges Umfeld denken, aber für Dongtuk war es ein überdimensionaler Spielplatz. Neben dem Stupa türmte sich als Überbleibsel eines unvollendeten Bauprojekts ein riesiger Erdhaufen. Den Jungen war es nur recht, dass ihn bislang niemand abgetragen hatte. Dort konnte man herunterrutschen, wenn man die älteren Jungen – die selbst ernannten Wächter dieser Hügellandschaft – bezahlte. Da sie alle kein

Geld hatten, dienten leere Saftpackungen aus dem Laden als Währung. Die spärlich beleuchteten, nach Räucherwerk und Butterlampen duftenden Gebetsräume hatten Ecken und Winkel, die man auskundschaften konnte, und allgegenwärtig waren großflächige Wandmalereien von Bodhisattvas, Gottheiten und furchterregenden Dämonen mit böse funkelnden roten Augen. Endlose Rätsel taten sich auf. Hinter der Versammlungshalle befand sich die Kapelle, die dem Gedenken des Königs diente und jene Statuen enthielt, die ihm der Dalai Lama 1956 während seines Besuchs in Lhasa übergeben hatte. Am gegenüberliegenden Flussufer lag ein kleineres Gebetshaus. Es war Palzel gewidmet, der Schutzgottheit von Kirti und seiner Mönche, der die Fähigkeit zugeschrieben wird, innerhalb eines Augenblicks zu verschwinden und an einem beliebigen Ort der Welt wieder aufzutauchen. Für einen tibetischen Jungen glich das einem Superhelden, der persönlich über einen wachte.

Aus Meruma wurden so viele Jungen nach Kirti geschickt, dass es Dongtuk an alten Freunden nicht fehlte. Wenige Monate vor ihm war Phuntsog eingetroffen. Sie waren zwar nicht ständig zusammen – Dongtuk hatte Gefallen an Korbball gefunden, und Phuntsog stemmte gern Gewichte –, aber Dongtuk fand es beruhigend, bekannte Gesichter aus dem Dorf um sich zu haben. Sein Halbbruder Rinzen Dorjee kam ein Jahr später. Erst im Kloster fanden sie richtig zueinander. Dongtuk war immer ein bisschen eifersüchtig auf seinen sehr sportlichen Bruder gewesen, der eindeutig die Zuneigung des Vaters genoss, aber im Kloster konnte Dongtuk als der bessere Schüler punkten. So kam ihre Beziehung in ein Gleichgewicht.

Klosterschulen werden oft für ihre veralteten Methoden kritisiert. Die Schüler lernen den Stoff auswendig und werden mit der Rute gemaßregelt, wenn ihnen vor Langeweile die Augen zufallen. Kirti hatte aber eher etwas von einem Eliteinternat. In der 1994 eröffneten Schule wurden neben traditionellen Fächern wie buddhistische Philosphie und tibetische Sprache auch Mathematik und Naturwissenschaften unterrichtet. Der Dalai Lama, der beklagte, wie unzulänglich seine eigene Ausbildung als junger Mönch gewesen war, hatte die tibetischen Klöster aufgefordert, einen zeitgemäßeren Lehrplan aufzustellen. Zahlreiche tibetische Schriftsteller, Filmemacher und Akademiker waren in Klöstern unterrichtet worden. Kirti selbst hat viele namhafte Persönlichkeiten hervorgebracht, etwa den PEN-Vizepräsidenten tibetischer Autoren im Ausland, Lobsang Chokta Trotsik, und Go Sherab Gyatso, einen Essayisten und Blogger.

Die jungen Mönche betrieben eine ritualisierte Form des Rededuells, das wie bei Talmud-Schülern auch wesentlicher Bestandteil der Ausbildung ist. Eine Gruppe von Mönchen vertritt eine These, die andere hinterfragt sie. Bei einer Frage wird zur Betonung kurz und laut in die Hände geklatscht, und lässt die Antwort zu lange auf sich warten, bekunden die anderen Mönche ihre Missbilligung durch dreimaliges Klatschen. Wird eine These erfolgreich vertreten, belohnt man dies mit heftigem Stampfen auf die steinernen Platten, die mönchische Entsprechung zum Abklatschen. Selbst wenn es um ein existenzielles Thema ging – die Bedeutung des Dharma im Buddhismus oder die Vergänglichkeit weltlicher Dinge –, wurde es mit so viel Verve abgehandelt, dass es eine Übung gleichermaßen für den Körper wie für den Geist war. Die Rededuelle fanden draußen auf dem großen Platz vor der Versammlungshalle statt, wo auch die Bewohner des Ortes zuschauen konnten. Mitunter dauerten sie bis elf Uhr abends. Dongtuk fiel dann oft erschöpft und erfüllt nach Mitternacht ins Bett. Es war sein Ein und Alles. In seiner Altersgruppe war er bei den Rededuellen einer der Besten und genoss dadurch ein Ansehen, wie es für einen kleinen, unsportlichen Jungen mit Sehschwäche nicht selbstverständlich war.

Als Dongtuks Mutter zu Besuch kam, beglückwünschte sie sich zu ihrer Entscheidung, Dongtuk ins Kloster gegeben zu haben. Hier konnte er sicher und glücklich sein. Sonam, die vollauf damit beschäftigt war, ihren Lebensunterhalt zu verdienen, kümmerte sich nicht um Politik und bekam daher nicht mit, dass linke Kräfte in der Kommunistischen Partei Kirti im Visier hatten. Die Tibetpolitik war Sache der Zentralabteilung Vereinigte Arbeitsfront, einer von den Sowjets inspirierten Organisation, die für die Beziehungen zwischen der Partei und nichtkommunistischen Personen und Institutionen einschließlich der ethnischen Minderheiten zuständig war. Bei einer Tagung, die 1994 stattfand und unter der Bezeichnung »Drittes Nationales Forum für Arbeit in Tibet« bekannt wurde, wies die Partei die Vereinigte Arbeitsfront an, das religiöse Leben in Tibet einzudämmen. »Beim Kampf zwischen uns und der Dalai-Clique geht es weder um religiösen Glauben noch um die Frage der Autonomie; es geht darum, die Einheit unseres Landes zu sichern und Spaltertum entgegenzutreten«, hieß es in einer internationalen Ausgabe der während des Forums herausgebrachten Stellungnahme. Die Klöster, so die Behauptung, seien Brutstätten des Aktivismus.

Zu der neuen Strategie gehörte die Kriminalisierung vieler Aspekte der tibetischen Kultur und Religion. Mitgliedern der Kommunistischen Partei war es bereits untersagt gewesen, Tempel und Klöster zu besuchen und bei sich zu Hause Altäre aufzustellen, aber jetzt wurde das Verbot auf alle Regierungsangestellten ausgedehnt. In einem kommunistischen System waren das große Teile der arbeitenden Bevölkerung, darunter Lehrer, Busfahrer, Schaffner und Millionen Beschäftigte in den staatseigenen Betrieben. Auch alle Mönche und Nonnen sollten die »patriotische Umerziehung« durchlaufen, die in Form von Indoktrinierungssitzungen darauf abzielte, die Treue zur Kommunistischen Partei zu festigen.

Zunächst galten diese neuen Maßnahmen nur für das von China als Autonomes Gebiet Tibet bezeichnete Gebiet mit Lhasa in seinem Zentrum. Das zur Provinz Sichuan gehörende Ngaba erfreute sich noch der geistigen und kulturellen Renaissance, die im Jahrzehnt zuvor eingesetzt hatte. In den späten 1990er-Jahren beschloss jedoch die Vereinigte Arbeitsfront eine Ausweitung der Kampagne, und Kirti war als eines der größten und einflussreichsten Klöster der Region ihr erstes Ziel.

Es begann gleich so plötzlich und dramatisch, dass Mönche das Datum nicht vergaßen: der 15. Juni 1998. In Kirti erschien eine Arbeitsgruppe, bestehend aus Funktionären der Vereinigten Arbeitsfront und des Staatlichen Amtes für religiöse Angelegenheiten. Am Eingang zu der lang gestreckten Versammlungshalle, auf der knapp einen Meter hohen und von einem goldenen Dach überschirmten Konstruktion, die an eine Bühne erinnerte, stellten sie einen langen Tisch mit Stühlen auf. Alle Mönche des Klosters, auch die schon recht betagten, wurden angewiesen, wie Kinder im Schneidersitz auf den steinernen Platten davor Platz zu nehmen – für jüngere Mönche ein schockierender Verstoß gegen die Etikette, denn dass sich jemand auf diese Weise gegenüber den dienstälteren Mönchen erhöhte, hatten sie noch nicht erlebt. Entsetzt waren sie auch über die kettenrauchenden Parteifunktionäre. Tibeter rauchen nicht so viel wie Han-Chinesen, und sicherlich niemals in einem Kloster.

Am Morgen spendete der elegante hölzerne Dachvorsprung an der Versammlungshalle den Parteifunktionären noch Schatten, doch gegen Mittag war die Sonne weitergewandert und schien direkt auf den Tisch. Es folgten ein Blitz, ein Knall und Flammen, die am weißen Tischtuch züngelten. Der Zigarettenanzünder eines pausbäckigen, kettenrauchenden Funktionärs war explodiert. Die Mönche sprangen auf. Sie klatschten und jauchzten und wälzten sich lachend auf dem steinernen Boden. China wurde von der Kommunistischen Partei kontrolliert, daran bestand kein Zweifel, aber die Sonne war im Einklang mit den Tibetern.

Solcherlei Sitzungen der patriotischen Umerziehung wurden den Mönchen fast während des gesamten folgenden Jahrzehnts in unregelmäßigen Abständen auferlegt. In der Versammlungshalle wurden Lautsprecher angebracht, über die man den Dalai Lama diskreditierte. Die entscheidende Botschaft lautete: »An erster Stelle musst du deine Nation lieben, dann erst wird dir religiöse Freiheit gewährt.« Ein Musterthema in Aufsätzen hieß: »Wie werde ich als Mönch oder Nonne vorbildlich und folge dem Grundsatz, das eigene Land und die eigene Religion zu lieben und nicht gegen das Gesetz zu verstoßen?« In einem Merkblatt stand zu lesen, dass »imperialistische Kräfte sich die sogenannte tibetische Unabhängigkeit ausgedacht haben, mit dem hinterhältigen Ziel, die Volksrepublik China zu spalten«.

Die Sitzungen dauerten von neun Uhr morgens bis sechs Uhr abends, wobei man ranghöhere Mönche im Anschluss noch zu privaten Plaudereien lud, die sich zu Verhörsitzungen auswuchsen. Die Kommunistische Partei verlangte von den Mönchen, amtliche Ausweise zu führen, die sie erst dann ausgehändigt bekamen, wenn sie regelrechte Treueschwüre für die Regierung und Angriffe gegen den Dalai Lama unterzeichnet hatten. Viele weigerten sich und verließen das Kloster.

Kirti wurde zu einem Hort der Unruhe. Die jungen Mönche waren rastlos und wütend. Sie trieben ihren Unfug mit den Parteikadern, und was als Streich begann, endete als Sabotage. Normalerweise parkten die Mitglieder der Arbeitsgruppen ihre Autos und Motorräder vor dem Gemischtwarenladen. Eines Tages fanden sie nach Ende der Umerziehungssitzungen die Fahrzeuge demoliert vor, etliche waren gestohlen. Die Mönche kletterten Betonpfeiler hoch, an denen die Funktionäre Lautsprecher für ihre Propaganda hatten anbringen lassen. Die Lautsprecher wurden abgenommen und stattdessen »Free Tibet«-Aufkleber angebracht. Sie schrieben auch Parolen auf Gebetsfahnen aus Papier und verstreuten sie auf dem Klostergelände. Der starke Wind trug sie in die Wacholdersträucher und auf Hausdächer. Sie blieben im Morast stecken und trieben im Fluss. Sie alle zu entfernen, war unmöglich.

All dies hatte einige Jahre vor Dongtuks Eintreffen in Kirti begonnen, und anfangs nahm er es gar nicht wahr. Er war zu sehr damit beschäftigt, zu spielen, den Ort zu erkunden und zu lernen.

Doch 2002, genau ein Jahr nach seiner Ankunft, erklärte die Regierung, die Schule werde geschlossen. Es war ein schwerer Schlag für Kirti und für Dongtuk persönlich. Zugleich forcierte das zuständige Ministerium eine schon seit Langem bestehende Regelung, über die allerdings oft hinweggesehen worden war, nach der niemand vor Vollendung des 18. Lebensjahres Mönch werden durfte. Zur Begründung hieß es, die Klöster sollten nicht in die säkulare Erziehung eingreifen, doch es verstieß gegen die uralte Tradition, derzufolge Jungen im Alter von sieben Jahren ihre klösterliche Ausbildung begannen. Trotz des Verbots blieben die minderjährigen Mönche im Kloster, hatten aber kaum etwas zu tun, weil weder Unterricht noch Rededuelle stattfanden.

Im Prinzip unterlag das Kloster der Selbstverwaltung; der Vorstand setzte sich aus dienstälteren Mönchen zusammen, die sich nach den Anweisungen des Amtes für religiöse Angelegenheiten zu richten hatten. Bei gelegentlichen Inspektionen wurde überprüft, ob sich auch keine minderjährigen Mönche im Kloster befanden. Oft genug erhielt ein Vorstandsmitglied noch einen Hinweis, unmittelbar bevor eine Inspektion durchgeführt wurde. Letztlich war allen daran gelegen, eine Konfrontation zu vermeiden, um nicht jene »harmonische« Atmosphäre zu beeinträchtigen, die es laut Aussage der chinesischen Regierung unbedingt aufrechtzuerhalten galt.

Die jungen Mönche hatten in ihren Zimmern eine Extragarnitur Kleidung, um darauf vorbereitet zu sein, das Kloster unter Umständen rasch zu räumen. Das Ganze ähnelte einer Feuerübung: Zieh dir so schnell wie möglich Jeans und T-Shirt an. Verstecke deine karmesinroten Gewänder unter den Holzdielen. Nimm etwas Geld und begib dich in die Stadt. Gegenüber der Tibetischen Mittelschule gab es ein Sportgelände, auf dem die Jungen Korbball spielen konnten.

Dongtuk erinnerte sich an eine überraschend stattfindende Inspektion. Er saß in seinem Haus und lernte, als er die Stimmen auf dem Weg näher kommen hörte. Ihm war auf Anhieb klar, dass er in der Kürze der Zeit nicht mehr flüchten konnte. In Kirti waren die Mönche nicht in herkömmlichen Schlafsälen untergebracht. Ihnen waren schmale, zweistöckige Lehmhäuser zugewiesen, die ihren Familien gehörten und auch von ihnen unterhalten wurden. Fuhren die Familien vom Land für Pilgerfahrten oder zum Einkaufen in die Stadt, wohnten sie dort. Junge Mönche lebten in der Regel mit Verwandten zusammen, in Dongtuks Fall war es ein Cousin. Es gab eine Küche, und normalerweise kauften die Mönche selbst ein und kochten für sich. Fast wie Reihenhäuser standen die Bauten dicht an dicht beidseitig der ausgefahrenen morastigen Straßen, die sich labyrinthartig dahinwanden. Zwar konnte man sich schnell verlaufen, aber zu fliehen war schwer. Die Häuser hatten keinen Hinterhof, sondern lediglich einen kleinen umzäunten Vorplatz mit einer Pforte.

Dongtuk hatte entsetzliche Angst. Ihm waren Gerüchte zu Ohren gekommen, wonach einen die Chinesen zwangsweise auf eine staatliche Schule schickten, wenn sie einen im Kloster aufgriffen. Seinem Empfinden nach könnten sie ihn genauso gut gleich ins Gefängnis werfen. Er sah sich nach einem Versteck um. Unter den Holzdielen in der Küche gab es einen Zwischenraum, in dem Lebensmittel und Vorräte aufbewahrt wurden. Dongtuk kletterte hinein und rückte die Dielen über sich wieder zurecht. Er hörte, wie zwei Männer sein Haus betraten, und sah durch die Ritzen der unebenen Dielen einen kurzen Moment lang schwere Stiefel, wie Soldaten oder Polizisten sie tragen. Er kniff die Augen zu wie ein kleines Kind, das sich selbst für unsichtbar hält, sobald es die anderen nicht mehr sieht. Verängstigt, wie er war, blieb er noch geraume Zeit zusammengerollt dort liegen, auch als die Inspektoren längst weitergezogen waren.

Mitgefühl

Einige Straßenzüge vom Kloster Kirti entfernt wohnte eine Frau namens Pema, die an ihrem Stand auf dem Markt Socken und gefälschte Nike-Turnschuhe verkaufte. Sie als überdurchschnittlich gläubig zu bezeichnen ginge zu weit, da die Zuwendung zum Buddhismus in Ngaba eher der Norm entsprach. Nichtsdestotrotz gehörte sie zu den regelmäßigen Besuchern des Klosters.

Wenn sie zu ihren Umkreisungen kam, war es in der Regel erst sechs Uhr morgens und damit oft noch dunkel, weil Mao Tse-tung verfügt hatte, alle Uhren Chinas auf die Pekinger Zeit einzustellen, das von Ngaba 1600 Kilometer entfernt ist. Auf ihrem Weg traf Pema Nachbarn mit dem gleichen Ziel, doch zu dieser frühen Stunde hielt man keinen Schwatz, sondern nickte sich zur Begrüßung lediglich zu. Ihre Umkreisungen führten sie durch lange Gänge mit tief reichenden Dächern, die zum Schutz der Gebetsmühlen angebracht waren. Während des Drehens der Mühlen – ein Ritual, das *Kora* heißt – sprechen die Gläubigen das Mantra des Mitgefühls: *Om mani padme hum*. Durch jede Drehung werden

Gläubige vor dem Kloster Kirti, 2014.

die Gebete vervielfacht, ein Effekt, der sich segensreich zum Nutzen aller fühlenden Wesen in der Welt auswirken soll. Insgesamt umfasste der Weg fast eineinhalb Kilometer, und es gab Hunderte von Mühlen, die gedreht werden wollten. In Kirti sind es bunt bemalte vertikal angebrachte Walzen. Die Umkreisung erfolgt im Uhrzeigersinn, und man benutzt lediglich den rechten Arm, worauf sich über kurz oder lang oft Schmerzen einstellen. Pema schlug normalerweise ein rasches Tempo an und überholte immer wieder ältere Betende, die häufig auf einen Stock oder auf Krücken gestützt gingen oder ihre Enkelkinder mitschleiften. Sie brauchte für eine Umrundung gewöhnlich nicht einmal eineinhalb Stunden. Anschließend machte sie einen weiteren Durchgang und gelegentlich auch noch einen dritten. Wie weit sie gekommen war, zählte sie anhand ihrer Gebetsperlen ab.

Pema wohnte in einem unweit von Kirti gelegenen Viertel. Auf Tibetisch nannte man es *Thawa*, übersetzt »an ein Kloster angrenzendes Wohngebiet«. Sie und ihre Nachbarn gehörten zu den Gläubigen, die den Zeremonien beiwohnten und im Kloster halfen, wenn es nötig war. So war sie eine der vielen Freiwilligen, die sich in den 1980er-Jahren am Wiederaufbau Kirtis beteiligten, Steine und anderes Baumaterial heranschleppten – selbst als sie schwanger war und später ihren neugeborenen Sohn auf den Rücken gebunden bei sich trug.

Das Kloster war tagtägliche Farbenpracht und freudiger Ausdruck der Spiritualität. Viele Frauen, die nicht so arm waren wie Pema, schmückten sich zusätzlich zu ihren geflochtenen, über den Rücken reichenden Zöpfen mit Ketten aus Türkissteinen und Korallenperlen. Männer wie Frauen trugen mit Bändern besetzte, reich verzierte Kappen. Aufs Feinste mit Mantras und buddhistischen Symbolen bemalt, war jedes Gebetsrad ein Kunstwerk für sich. Von dem Hauptweg zweigten separate Nischen ab, in denen Gebetsräder von der Größe eines Kinderkarussells standen. Um sie in Schwung zu setzen, waren mehrere Personen vonnöten. Beim Anschieben stimmten sie gemeinsam Gesänge und Gebete an. Den Hof vor der Versammlungshalle säumten Bänke, und nach ihren Mühen ließen sich hier die Alten erschöpft für den Rest des Tages nieder. Während sie sich den neuesten Klatsch erzählten, drehten sich in ihrer rechten Hand unentwegt kleine, an geschnitzten Holzgriffen befestigte Gebetsmühlen. Manchmal hielten sie inne, um ein Rededuell der Mönche zu verfolgen.

Pema, die auf dem Markt arbeitete, hatte keine Zeit, sich zu den Alten zu setzen. Meistens aber kam sie abends um sieben Uhr zu einer weiteren Umkreisung. Mit ihrer Hingabe, so glaubte sie, machte sie sich verdient; es sicherte ihr die Möglichkeit einer glücklichen Reinkarnation und schaffte gutes Karma für alle Wesen auf der Erde. Doch selbst im Hier und Jetzt ihres endlichen Lebens fand sie in dieser rituellen Handlung einen Sinn.

»Wenn ich die *Kora* ging, empfand ich keine Müdigkeit«, sagte sie.»Dann fühlte ich mich immer am glücklichsten und war voller Ruhe.«

Pema war in einem Viertel südlich des Flusses aufgewachsen, das nicht zu den besten der Stadt zählte. 1983 zog sie in die Umgebung des Klosters zu einem Mann, mit dem sie ihr Vater verheiratet hatte. Sie war damals 18, ein außergewöhnlich fleißiges Mädchen von unauffälliger Schönheit – knapp einen Meter fünfzig groß, mit vollen, runden Wangen und einem ebenmäßigen Lächeln, das ihre winzigen weißen Zähne aufblitzen ließ. Ihr Haar war über der Stirn gescheitelt und zu zwei langen Zöpfen geflochten, die ihr weit über den Rücken reichten. Damit hätte sie eigentlich auf eine günstige Heirat hoffen dürfen, doch aus Gründen, die sie erst später erfuhr, wurde als Bräutigam ein um Jahrzehnte älterer Mann mit einem chronischen Atemleiden auserwählt, der ständig nach Luft rang. Außerdem war er bereits verheiratet. Pemas Vater war darüber bestens informiert – denn die erste Frau des Mannes war seine ältere Schwester, Pemas Tante.

Auch wenn die Regierung in keiner Weise dagegen vorging, war die Vielehe letztlich verboten, und die Partie schien Pemas Vater auch in Verlegenheit zu bringen. Traditionell wurde die

Braut vom Vater in das Haus ihrer neuen Familie gebracht, aber bei Pema übernahm diese Rolle ihr halbwüchsiger Bruder. Ihre Eltern machten sich nicht einmal die Mühe, ihr das traditionelle Hochzeitsgewand zu geben – sie trug eins aus billigstem Kunstpelz –, und das karge Hochzeitsmahl bestand aus geröstetem Brot und Gerstenbier.

Pemas Bräutigam war, so stellte sie fest, sogar noch ärmer als ihre eigene Familie. Da er keine Yaks oder Schafe besaß, gab es im Haus weder Butter und Käse noch Dung für das Feuer. Mit seiner ersten Frau, Pemas Tante, bewohnte er einen einzigen Raum von knapp 20 Quadratmetern, in dem sich außer Holzbänken an den Wänden keine Möbel befanden. Ohne Bett- oder Wolldecken wickelten sie sich zum Schlafen in ihre Schaffellgewänder. Pema, die erst wenige Tage zuvor über die bevorstehende Hochzeit aufgeklärt worden war, verbrachte die Wochen nach der Vermählung in Tränen und in eine Ecke gekauert, um die intime Begegnung mit ihrem Ehemann zu vermeiden.

1982 waren ihm während der Auflösung der Kooperativen drei *Mu* Land zugeteilt worden – knapp ein halber Hektar –, doch wegen seiner Lungenkrankheit war er zu körperlicher Arbeit nicht in der Lage. Seine erste Frau war gehbehindert und konnte sich kaum noch von der Stelle bewegen. Also blieb der Anbau der Gerste für die Familie Pema allein überlassen. Sie stand bei Morgengrauen auf, trank schwarzen Tee und ging aufs Feld zum Pflügen und Unkrautjäten. Mittags kam sie nach Hause und aß *Thukpa*, eine Mahlzeit aus tibetischen Nudeln in einer fleischlosen Brühe, ehe sie sich wieder an die Arbeit begab. Zur Erntezeit schnitt sie die Gerste mit einer Sense, lud sie auf eine Schubkarre und fuhr sie über einen Lehmweg zum Haus ihrer Familie.

Als sie sich irgendwann schwach fühlte und unter Übelkeit litt, machte sie dafür ihre Erschöpfung verantwortlich und ging in die Klinik. Dort bekam sie einen Schock. Es war ihr nicht durchweg gelungen, ihrem Ehemann aus dem Weg zu gehen, und niemand hatte ihr erklärt, dass Sex zur Schwangerschaft führen konnte.

Die Geburt ihres ersten Sohnes verschaffte ihr immerhin eine Verschnaufpause. Ein Junge bedeutete Ehre für eine Familie. Schließlich konnte Pema es sich zusammenreimen: Man hatte sie dem älteren kinderlosen Ehepaar überlassen, um Nachwuchs zu gebären. Pemas Vater schickte ihre Schwester zu ihr, die aushelfen sollte. Und die Familie gab ihr *Tsampa* zu essen, diesmal mit Käse, als Belohnung für den Erfolg ihrer Mission. Mit finanzieller Hilfe von anderen Verwandten konnten sie das Haus ausbauen und um ein Stockwerk ergänzen.

Kurze Zeit später wurde das Viertel an das Stromnetz angeschlossen; Bauarbeiter rückten an und pflasterten die Straße vor ihrem Haus. Sie erhielt den Namen Tuanjie Lu, übersetzt »Straße der Solidarität« – eine kommunistische Floskel, die bei der Benennung von Straßen und Parks in ganz China verwendet wurde.

Dann kamen in rascher Folge ein weiterer Junge und ein Mädchen, und fünf Jahre später – als Pema ihren Körper schon für zu ausgelaugt hielt – brachte sie noch einen Jungen zur Welt. Das bedeutete auch zusätzliche Ausgaben, denn für die – offiziell kostenlosen – Schulen mussten Bücher und andere Dinge im Wert von umgerechnet um die 15 Euro pro Kind und Jahr angeschafft werden. Mit Unterstützung ihres jüngsten Bruders, einem Mönch, konnte sie ihre beiden älteren Söhne in Kirti unterbringen, aber damit blieben ihr immer noch zwei Kinder.

Angesichts der Kosten für die Medikamente ihres Mannes würde sie die beiden niemals auf eine Schule schicken können, das war Pema klar. Die Gerste, die sie anbaute, reichte gerade aus, um die Familie zu ernähren. Aus diesem Grund entschied sie, ihre kleine Parzelle aufzugeben – die schon bald brach liegen sollte, wie so viel Ackerland damals in China – und Händlerin zu werden. Ein Freund ihres Mannes hatte einen Großhandel für Fellmützen, und man kam überein, für Pema einen Stand auf dem Markt in der Nähe des Klosters einzurichten, wo sie die Mützen verkaufen sollte. Weil sie sich einen Platz auf dem Gehweg nicht leisten konnte, baute sie ihren Holzwagen über dem

Gitter eines Abwasserkanals auf. Es roch nicht sonderlich gut, aber Pema trug eine Gesichtsmaske wie mittlerweile fast alle in China.

Eines Nachts im Jahr 2005 wachte ihr Ehemann um Atem ringend auf. Pema brachte ihn in das Volkskrankenhaus von Ngaba, musste dort aber hören, dass seine Behandlung nur in dem größeren Krankenhaus Barkam durchgeführt werden könne, in der Hauptstadt ihres Regierungsbezirks. Während sie noch damit beschäftigt war, sich das Geld für die Reise zu leihen, starb er. Man trug ihn zu einem Berg oberhalb des Klosters Kirti zur Himmelsbestattung, um seinen Körper den Geiern zu überlassen, damit er wieder Teil der Natur werden konnte. Anschließend fuhr Pema, als Ehefrau pflichtbewusst bis zuletzt, mit seinen zerstoßenen Knochen nach Lhasa, um sie segnen zu lassen.

Pema war verzweifelt. Sie war zwar in diese Ehe gezwungen worden, doch ihr Mann hatte sie gut behandelt und die Opfer geschätzt, die sie für ihn gebracht hatte. Sein Leiden hatte ihn davon abgehalten, zu trinken, zu spielen und sich mit anderen Frauen abzugeben, was bei manchen Ehemännern ihrer Freundinnen auf dem Markt nicht der Fall war.

Nach einigen Monaten musste sie allerdings zugeben, dass sich ihre Lebensumstände verbessert hatten. Als Witwe erhielt sie eine monatliche Unterstützung von etwa 20 Euro und Zuteilungen von Reis und Mehl. Außerdem brauchte sie nun nicht mehr für die Medikamente ihres Gatten aufzukommen. Ihr zweiter Sohn wurde als Reinkarnation eines – wenn auch nicht berühmten – Lamas anerkannt, was ihr Ansehen steigerte. Sie erweiterte ihr kleines Lehmhaus um einen dritten Raum und stellte dort einen Hausaltar mit den Fotos des Dalai Lama und des Kirti Rinpoche auf. Und sie schaffte sich einen Schwarz-Weiß-Fernseher an.

Nach dem Tod ihres Mannes ging Pema nach und nach dazu über, täglich das Kloster zu besuchen. Da sie nun nicht mehr das Frühstück für ihn herrichten musste, hatte sie mehr Zeit zur freien Verfügung. Ihren Stand auf dem Markt führte sie allerdings weiter, stieg aber auf Socken und Turnschuhe um. 2006 hatte der Dalai Lama die Tibeter aufgerufen, auf das Tragen pelzgefütterter Gewänder zu verzichten, um nicht den Handel mit bedrohten Wildtieren zu unterstützen. Zum Missfallen der chinesischen Regierung hatten die Tibeter ihre Felle daraufhin in großen Feuern verbrannt. Pema hatte sich daran beteiligt und ihren gesamten Lagerbestand an Fuchsfellmützen in die Flammen geworfen. Sie hätte sie für umgerechnet 50 Euro das Stück verkaufen können, sodass dieses Opfer sie einen Großteil ihrer Ersparnisse kostete. Die neue Ware aber – nachgemachte amerikanische Turnschuhe – entsprach eher dem, was inzwischen in Tibet Mode war. Wie die anderen Händler fuhr sie alle paar Monate nach Chengdu, wo sie die Schuhe im Großhandel für 24 Yuan (3 Euro) erwarb, um sie dann für 35 Yuan (5 Euro) zu verkaufen.

Mit Mitte 40 wurde Pema Pflegemutter. Einer ihrer Vettern, ein relativ gut situierter Mann, Besitzer einer Bar und eines Ladens in Lhasa, wandte sich an sie wegen der Probleme, die er mit seiner zwölfjährigen Tochter Dechen hatte. Sie war das einzige Kind aus seiner ersten Ehe. Nach deren unglücklichem Ende hatte er wieder geheiratet, doch das Mädchen geriet ständig in Konflikt mit seiner Stiefmutter, einer Frau, die Pema vom Markt her kannte. Der Vetter bot Pema finanzielle Unterstützung an, wenn sie ihm mit dem schwierigen Kind half. Seine Tochter sei dickköpfig und streitsüchtig, warnte er. Doch auch ohne das Geld wäre Pema dazu bereit gewesen. Nach dem Tod ihres Mannes brauchte sie einen Menschen, um den sie sich kümmern konnte, und sie empfand tiefes Mitgefühl für das ungeliebte Kind.

Dechen war ebenso zierlich wie Pema, hatte ein weiches herzförmiges Gesicht, die feinen Brauen eines Babys und einen Pony, der ihr wie ein Vorhang über die Augen fiel. Die Haare trug sie im Stil der Chinesinnen zurückgebunden zu einem Pferdeschwanz. Dechen fasste rasch Vertrauen zu Pema und schüttete ihr Herz aus. Ihre eigene Mutter war vom Vater bereits kurz nach Dechens

Geburt verstoßen worden, sodass das Mädchen weitgehend bei der verhassten Stiefmutter aufwuchs. Ihre leibliche Mutter hatte sie anschließend nur noch einmal gesehen: Als Dechen zehn Jahre alt war, hatten Freunde eine Zusammenkunft organisiert und sie in das Dorf gebracht, in dem sie wohnte. Ihre Mutter, die ein kleineres Kind auf dem Arm hielt, brach in Tränen aus, als sie Dechen sah. Sie schluchzte und konnte sich nicht mehr beruhigen. So kam das Mädchen gar nicht dazu, ihr all die Fragen zu stellen, die sie sich zurechtgelegt hatte. Nach einer halben Stunde mit der weinenden Fremden fuhr sie wieder heim.

Während eine alleinstehende Mutter in Ngaba nichts Seltenes ist, gibt es dort so gut wie kein Kind, das ohne Mutter aufwächst. Zu den ungewöhnlichen Umständen kamen noch Dechens geringe Körpergröße und der widerborstige Charakter, und so wurde sie zum Opfer von Schikanen.

»Mei you Mama«, ärgerte man sie. Du hast keine Mutter.

Dechen besuchte in Ngaba die Grundschule Nummer 2, die den Unterricht ausschließlich in Chinesisch abhielt und vorwiegend von chinesischen Schülern besucht wurde. In jener Zeit hatten Eltern die Möglichkeit, ihre Kinder auch auf eine tibetischsprachige Grundschule zu schicken; Dechens Vater aber hatte sich so entschieden, weil er hoffte, sie könnte mit fließenden Sprachkenntnissen einmal einen sicheren Arbeitsplatz in der Verwaltung bekommen. Eine Stelle im Staatsdienst war die bevorzugte Laufbahn aller Tibeter, die nicht Ackerbauern oder Viehzüchter werden wollten, denn die meisten größeren privaten Arbeitgeber waren Chinesen, die eher keine Tibeter bei sich einstellten. Dechen hatte zwar einen starken Willen und leistete den Anweisungen ihres Vaters nicht immer Folge, aber in diesem Punkt stimmte sie zu. Sie war sogar froh, Chinesisch lernen zu können, da sie das Tibetische mit seiner komplizierten Schrift und Grammatik für weitaus schwieriger hielt.

Außerdem war Dechen laut eigener Aussage fernsehsüchtig, und es gab nur ein begrenztes Angebot an tibetischen Sendungen. Ihre liebsten Zeichentrickfilme wurden in Chinesisch ausgestrahlt. Sie mochte aber auch die Kriegsfilme – kaum verhüllte kommunistische Propaganda –, die im chinesischen Fernsehen unentwegt liefen. Gewöhnlich handelten sie von furchtlosen Soldaten der Volksbefreiungsarmee im Kampf gegen Japaner oder andere kapitalistische Feinde. Dechen schwärmte für die gutaussehenden Männer in Uniform, und wenn einer von ihnen im Film starb, murmelte sie ein tibetisches Gebet. Weiter reichte ihr Verhältnis zum Buddhismus oder zu den tibetischen Traditionen allerdings nicht. Tibetische Kleidung oder tibetischen Schmuck trug sie nicht gern. In der Schule war sie sowohl mit tibetischen als auch mit chinesischen Kindern befreundet. Wenn die Klasse patriotische Lieder sang (»Ohne die Kommunistische Partei gäbe es kein neues China«), stimmte Dechen inbrünstig ein.

Dieses Verhalten war jedoch nicht unbedingt typisch für die jüngere Generation. Eine andere junge Verwandte von Pema hatte eine ebenso entschiedene Haltung wie Dechen, nur dass ihre Ansichten in die entgegengesetzte Richtung gingen.

Lhundup Tso, einige Jahre älter als Dechen, war eine Nichte von Pemas Ehemann. Sie besuchte in der Tibetischen Mittelschule die gleiche Klasse wie Pemas jüngster Sohn. Da ihre Familie zu weit weg auf dem Lande wohnte, blieb das Mädchen im Internat. Wenn sie Lust auf ein deftiges Gericht hatte, tauchte sie bei Pema auf. Die lud Lhundup Tso nur allzu gern zum Essen ein, denn ihrer Meinung nach sah das Mädchen halb verhungert aus. Sie war groß und schlaksig und hatte die rot geäderten Wangen vieler tibetischer Kinder. Ihre Arme und Beine ragten aus den zu kleinen Kleidungsstücken heraus, die andere ihr vererbt hatten. Ihre Eltern, arme Gerstebauern, waren vom Schicksal sogar noch härter getroffen als Pema. Von ihren vier Töchtern war die älteste unter seltsamen Umständen bei einem Autounfall ums Leben gekommen. Eine andere war ihrer Ausbildung wegen nach Indien gegangen.

Lhundup Tso, das jüngste Kind der Familie, war temperamentvoll und ausgesprochen redselig, was ihre Mitmenschen abwechselnd amüsierte und irritierte. Sie stellte Fragen, die andere lieber vermieden. Unentwegt wollte sie von ihren Großeltern Geschichten über das Leben während der Kulturrevolution hören und berührte dabei auch jede Menge Tabuthemen. So fragte sie Pema über den Dalai Lama aus.

»Ich verstehe nicht, warum Seine Heiligkeit« – wie sie ihn gewöhnlich nannte – »Tibet verlassen musste. Warum kommt er nicht zurück? Warum sind wir nicht frei?«

Pema teilte nicht immer die Meinung ihrer Nichte, aber sie schätzte es, dass das Mädchen – im Gegensatz zu ihrem ältesten Sohn – auch noch andere Dinge im Kopf hatte als Geld, Kleidung und elektronische Geräte.

»Du redest von Freiheit. Wie stellst du dir das unter den Chinesen denn vor?«, lautete Pemas Gegenfrage. »Sie sind zu mächtig. Sie werden es nicht zulassen. Und du solltest erst gar nicht über so etwas reden. Unsere Familie hat kein Geld. Sie kann dir nicht helfen, wenn du in Schwierigkeiten gerätst«, schalt Pema sie.

Die jungen Leute wussten nicht, was ihre Generation erlitten hatte. Pema dachte an die Zeit, als sie ihre Gebete heimlich sprechen mussten und sie ihrem Vater geholfen hatte, eine Nische in die Wand zu schlagen, um darin ihre Butterlampe zu verstecken. Eine Nachbarin gleich nebenan war zu drei Jahren Gefängnis verurteilt worden, nachdem man bei ihr eine Butterlampe gefunden hatte.

Mittlerweile aber war Pema zufrieden. Die chinesische Regierung unterstützte sie mit Lebensmitteln und Geld. Sie hatte das Dreifache Juwel, wie Buddhisten sie nannten – Buddha, Dharma und *Sangha* (die Geistlichkeit). Solange sie ihre Gebete nicht zu flüstern brauchte, hatte sie, wie sie meinte, Freiheit genug. Sie konnte jeden Tag zum Kloster gehen. Allerdings hieß das nicht, dass es auch so bleiben würde. Seit 2007 ein neuer kommunistischer Hardliner die Verwaltung des Regierungsbezirks übernommen hatte, nahmen die Spannungen in Ngaba zu. Shi Jun, der Parteisekretär für dieses Gebiet, vermittelte den Eindruck, dass er eine Abneigung gegen Tibeter hatte, weil er sie beispielsweise bei der Vergabe von Regierungsposten überging und stattdessen Parteikader einstellte, die kein Wort Tibetisch sprachen. Pema sorgte sich um die Zukunft des Klosters Kirti, das genauso zu ihr gehörte wie ihr eigenes Zuhause. Die Schließung damals hatte sich direkt auf ihre Familie ausgewirkt, denn ihr zweiter Sohn, der reinkarnierte Mönch, hatte die Schule in Kirti besucht, war dann jedoch mit 14 Jahren nach Indien übergesiedelt, um seine Ausbildung fortsetzen zu können. Tibet zu verlassen war keine politische Entscheidung gewesen, trotzdem fürchtete Pema, dass es ihm durch seine Nähe zur Exilregierung unmöglich sein würde, in die Heimat zurückzukehren.

Andere Befürchtungen betrafen ein Bauprojekt der Chinesen 60 Kilometer nordwestlich von Ngaba. Schon lange hatte die chinesische Regierung ein Auge auf Tibets Gletscher und Gebirgsseen geworfen, weil sie darin eine Möglichkeit sah, dem chronischen Wassermangel in anderen Teilen des Landes zu begegnen. Inzwischen hatte man Pläne entworfen, von den Gletscherseen des Nyenbo Yurtse (auf Chinesisch Nianbao) Wasser in trockenere Regionen zu leiten. Dies gehörte zu Chinas zahlreichen Großprojekten zur Wasserumverteilung, Ausdruck von Maos Empfehlung, der Mensch solle sich die »Natur gefügig machen« – ein krasser Gegensatz zur animistischen Ausprägung des tibetischen Buddhismus, deren Grundsatz die Ehrfurcht vor der Natur ist. Der Nyenbo Yurtse galt als heilig, denn er wurde als Ursprungsort des Stamms der Golog angesehen, die eng mit den Menschen in Ngaba verbunden waren. Die Gletscherseen speisten den durch Ngaba fließenden Nagqu, der auch zur Bewässerung der Gerste- und Gemüsefelder im Tal diente. Schon jetzt führte er nicht mehr ausreichend Wasser; in der trockenen Jahreszeit zeigten sich zwischen den verzweigten Wasserkanälen Inseln aus Sand, den chinesische Bautrupps gelegentlich abtrugen und für ihre Projekte nutzten. Die Bewohner Ngabas fürchteten das Sterben ihrer Stadt, sollte der Fluss austrocknen.

Pema empfand derartige Pläne als existenzielle Bedrohung. Sie war in der Nähe des südlichen Flussufers aufgewachsen und hatte als Mädchen im Nagqu die Wäsche gewaschen. In dem Gebiet, in dem die Landvermesser in den 1980er-Jahren aktiv geworden waren, besaß ihre Familie Land. Man hatte ihren Verwandten verboten, dort Gerste anzubauen oder Neubauten zu errichten. Als eine Familie eine solche Anweisung missachtete, hatte man ihr Haus niedergerissen und sie nie entschädigt. Außerdem hatte man mit dem Bau einer kaum vorstellbar breiten Brücke über den Fluss begonnen. Aus all dem schloss Pema, dass große Veränderungen bevorstanden. Die Tibeter beklagten sich, dass ihnen niemand klar sagen wollte, was auf dem Reißbrett entworfen worden war. Einem Gerücht nach plante man Wohnungen für 60 000 Arbeiter, die an dem Wasserumleitungsprojekt beteiligt sein sollten.

»Im Stammland China leben zu viele Menschen«, lautete Pemas Analyse. »Sie brauchen unser Land, damit sie für sich selbst mehr Raum haben, um weiter zu wachsen.«

Pema betrachtete die Chinesen mit zwiespältigen Empfindungen. Als fromme Buddhistin befolgte sie nicht nur die vorgeschriebenen Rituale, sondern auch das Gebot des Mitgefühls mit allen Wesen, chinesische Neuankömmlinge eingeschlossen. Viele hatten selbst einen Stand auf dem Markt, und sie schätzte die hart arbeitenden Frauen, darunter einige Witwen wie sie, die um ihr Überleben kämpften. Aber sie hatten keine Religion, die ihnen Trost spendete, und sie glaubten nicht, dass das Leben nach dem Tod weitergeht. Sie dachten, mit dem Tod sei alles zu Ende, sie würden einfach zu Staub zerfallen. Deshalb empfand sie ihnen gegenüber mehr Mitleid als Feindseligkeit. Trotzdem war sie der Meinung, dass sich nicht noch mehr Chinesen in ihrer Stadt niederlassen sollten.

Der Partylöwe

Während sich die Technologie weiterentwickelte, machte die Geschichte einen Schritt zurück.

2001 erhielt Peking den Zuschlag für die Olympischen Sommerspiele 2008, was Chinas Status als neue Supermacht auf der Weltbühne bestätigte. Im Zuge der Vorbereitung der Spiele brach ein manischer Bauboom aus. Auf Anweisung der Regierung entstanden Stadien, aber auch Flughäfen, Schienenwege, Türme und Brücken, Dämme und Flussumleitungen, Ringstraßen, Über- und Unterführungen, Reihenhäuser und Eigentumswohnungen. Aus jeder Provinzstadt wurde eine Megacity. Die Meisterschaft chinesischer Ingenieure war jeder Großtat gewachsen. 2006 wurde die höchstgelegene Bahnstrecke der Welt eröffnet, die, teils über Permafrostböden, auf einer Länge von mehr als 1600 Kilometern durch das Tibetische Hochland verläuft und Lhasa mit der Provinz Qinghai verbindet. Jeder Passagier war mit einem individuellen Zugang zum Sauerstoffsystem ausgestattet. Durchschnittlich vier neue Flughäfen entstanden pro Jahr. Im Regie-

Tänzer und Darsteller in tibetischer Tracht, Jiuzhaigou, 2007.

rungsbezirk Ngaba wurde 2003 ein Flughafen in Songpan eröffnet, und keine 50 Kilometer vom Zentrum Ngabas entfernt, in dem am Rand der Sumpfgebiete gelegenen Hongyuan, befand sich ein weiterer in Planung. Es war, als würden die Ingenieure die Gesetze der Physik außer Kraft setzen – zeitliche und räumliche Entfernungen schrumpften, die Kluft zwischen Tibet und dem Kerngebiet des modernen China wurde überbrückt. Doch gerade als das Leben für Tibeter hätte bequemer werden können, wurde es stärker kontrolliert. Mit der wirtschaftlichen Entwicklung kamen immer mehr chinesische Soldaten und paramilitärische Einheiten in die Gegend. Letztere gehörten zur bewaffneten Polizei, auf Chinesisch *Wujing* genannt. Seit 1999 führten chinesische Fallschirmjäger in den Sumpfgebieten Luftlandeübungen mit motorisierten Flugdrachen durch, und die Präsenz des Militärs stach immer mehr ins Auge.

Westlich des Klosters Kirti in unmittelbarer Nähe der viel befahrenen Hauptstraße war eine Enklave für das Militär ausgewiesen worden. Tibetern war der Zugang untersagt. Eine außerhalb des Stützpunkts eingerichtete Kontrollstelle geriet in den Ruf, tibetische Fahrer zu drangsalieren. Wer mit defektem Rücklicht fuhr oder nicht angeschnallt – und zufällig Tibeter – war, wurde angehalten und musste eine Geldstrafe zahlen. Ein Mönch aus der Provinz Qinghai, der oft nach Ngaba unterwegs war, um Vorräte für das Kloster zu beschaffen, erinnerte sich, wie 2007 der Fahrer des Lieferwagens, in dem er saß, falsch abbog und sie vor der Einfahrt zu dem Militärstützpunkt vor den Toren Ngabas landeten. Die Soldaten befahlen den Insassen, auszusteigen, traktierten sie mit Fußtritten und forderten sie auf, die Taschen auszuleeren. Unglücklicherweise hatten die Mönche 3000 chinesische Yuan bei sich (damals rund 300 Euro). Die Soldaten steckten die Summe ein. Das Kloster hatte Beziehungen und reichte Beschwerde ein, worauf ihm rund die Hälfte des Geldes zurückerstattet wurde. Mit den Schikanen war es allerdings nicht vorbei.

Bei einer anderen Fahrt saß ein Mönch in einem Lieferwagen,

der von der bewaffneten Polizei angehalten und durchsucht wurde. Bei einem der Insassen fand man ein Amulett mit dem Porträt des Dalai Lama. Der Polizist riss es ihm ab und warf es in den Dreck. Er drohte, das Amulett zu zerstören, wenn der Mann ihm nicht 2000 Yuan zahle. Der Mann zahlte.

Mitte der 2000er-Jahre besaßen viele Tibeter Kamerahandys, sodass es sich die Polizei zur Gewohnheit machte, die Geräte nach Fotos vom Dalai Lama zu durchsuchen.

Die Kontrollpunkte schossen aus dem Boden. Für Tibeter war es immer schon schwierig gewesen, Reisepässe zu erhalten, um das Land verlassen zu können; nun wurden aber selbst Reisen innerhalb Chinas für sie zum Problem. Es war ein Rückfall in die Zeit, als sie nicht einmal die eigene Kommune verlassen durften. Die Vorschriften schwankten von Ort zu Ort und von Monat zu Monat, aber man konnte nie davon ausgehen, auch tatsächlich dorthin zu kommen, wo man hinwollte. Die chinesischen Behörden verlangten Sondergenehmigungen für die Reise nach Dham, der letzten Stadt vor der Grenze zu Nepal, wodurch vielen Händlern die Existenzgrundlage entzogen wurde. Auch für die Fahrt nach Lhasa brauchten Tibeter oft Reisegenehmigungen. Es konnte sogar passieren, dass man innerhalb des Verwaltungsbezirks Ngaba eine Erlaubnis benötigte. Wie mir ein junger Mann aus Hongyuan erzählte, musste er, damit sein gesundheitlich angeschlagener Vater im Volkskrankenhaus von Ngaba einen Arzt konsultieren konnte, eine Erlaubnis von der Bezirkspolizei vorlegen, für die wiederum ein Schreiben der Dorfpolizei und des Dorfvorstands sowie des Krankenhausarztes zur Bestätigung des Termins für die Sprechstunde erforderlich waren.

Vor dem Hintergrund ihrer nomadisch geprägten Kultur, die sich nicht durch Formalitäten auszeichnete, taten sich Tibeter schwer mit den bürokratischen Erfordernissen. Voraussetzung für eine Reisegenehmigung – und übrigens auch eine Zugfahrkarte oder ein Flugticket – war der *Hukou* und damit der haushaltsbezogene, für alle Chinesen vorgeschriebene eingetragene ständige Wohnsitz. Viele tibetische Neugeborene wurden nicht angemeldet, entweder weil ihre Eltern fürchteten, gegen die Beschränkung der Familiengröße verstoßen zu haben, oder weil sie ganz einfach zu Hause auf die Welt gekommen waren und ihre Eltern sich nicht die Mühe machten. Eine Nomadenfamilie mit 15 Kindern berichtete, sie habe jahrelang versucht, ihre Papiere in Ordnung zu bringen. Man habe ihnen jedoch die Auskunft erteilt, alle 15 Kinder müssten dazu gleichzeitig in der Behörde erscheinen. Dies ließ sich jedoch nicht durchführen, weil sie erwachsen und über das ganze Land verstreut waren.

Trotz der neuen Flughäfen und Eisenbahnverbindungen zogen die Tibeter weiterhin durch das Hochland wie einst, nämlich zu Pferd oder aber auf dessen zeitgemäßer Entsprechung, dem Motorrad, mit dem man abseits der Straßen unterwegs sein und Kontrollpunkte umfahren konnte. Oder sie stiegen aus ihren überladenen Lieferwagen aus und schlugen zu Fuß einen Bogen um die Kontrollpunkte. Sie ärgerten sich über die Restriktionen, die ausschließlich für sie zu gelten schienen, und sehnten dieselben Freiheiten herbei, die ihren chinesischen Landsleuten gewährt wurden. Ihr Unmut brachte eine neue Generation von Dissidenten hervor.

In seinen jungen Jahren stand Tsepey nicht auf Politik, sondern auf Partys. Er war 1977 in der Großgemeinde Charo geboren, noch hinter Meruma im äußersten Osten des Regierungsbezirks Ngaba gelegen, wo sich die Familie seines Vaters in den 1940er-Jahren niedergelassen hatte, nachdem sie vor den Gräueltaten des muslimischen Warlords Ma Bufang geflohen war. Tsepey war das neunte von elf Kindern, was selbst für tibetische Verhältnisse als kinderreich galt. Sein Vater war oft geschäftlich unterwegs, und seine Mutter sorgte für die Tiere, sodass jedes Kind Verantwortung für das nächstjüngere trug. Das Gras rings um Charo hatte mit die beste Qualität im Hochland, und Yaks und Schafe wuchsen zu kräftigen Tieren heran. Daher hatten die

Hirtenfamilien immer reichlich zu essen, doch die Lebensverhältnisse waren selbst verglichen mit Dörfern wie Meruma sehr karg. An der Schwelle zum 21. Jahrhundert lebte Tsepeys Familie noch wie im Jahrhundert zuvor. Sie hatten weder Telefon noch Strom und nicht einmal Kerzen. Sie waren auf Lampen angewiesen, die mit der selbst erzeugten Butter brannten. Tiere waren ihr einziges Transportmittel. Bis zur nächsten Regierungsschule war es eine Tagesreise zu Pferd, das Zentrum von Ngaba lag zwei Tage entfernt. Erst als Jugendlicher kam Tsepey in die Stadt und sah die Geschäfte. Wer in China Präsident war, hätte er nicht sagen können. Heutzutage sind die Ländereien umzäunt, und jeder Familie sind eigene Weiden zugeteilt worden. In seiner Kindheit aber zog seine Familie alle paar Monate weiter, damit die Tiere wieder auf frischen Flächen grasen konnten.

Wie seine Brüder hatte Tsepey als Kind eine Klosterschule besucht, damit er lesen und schreiben lernte, doch er blieb dort nur zwei Jahre. Tsepey war kein eifriger Schüler – er besaß lediglich Grundkenntnisse im Lesen, hatte dafür aber andere Vorzüge: Er sah ausgesprochen gut aus. Kurz vor dem Erwachsenwerden schoss er in die Höhe und wurde ein Mann von fast 1,85 Meter mit kräftigem Oberkörper. Er hatte ein Kinngrübchen und ausgeprägte Wangenknochen, und als seine Haare vorzeitig silbergrau wurden, wirkte er wie ein tibetischer George Clooney.

Tsepeys Aussehen und Charme brachten ihn weiter. Ein Freund und bekannter Volkssänger verhalf ihm zu einem Engagement bei einer Unterhaltungstruppe, die in Jiuzhaigou auftrat, einem Erholungsort im gleichnamigen Nationalpark im Norden des Bezirks Ngaba.

Da der Ort in den 1990er-Jahren ausgebaut worden war, gab es moderne Hotels westlichen Stils, darunter auch ein Sheraton und ein Hilton. Chinesische Pauschaltouristen, die über den neuen Flughafen in Songpan anreisten, liebten ihn, denn jene aus der neuen Mittelschicht, die über mehr Einkommen und Reisefreiheit verfügten, waren ganz versessen darauf, den unbekannten wilden Westen ihres Landes kennenzulernen. Neben spektakulären Wasserfällen, glitzernden türkisblauen Seen und karstigen Gipfeln bot die Anlage den Reisegruppen einen weichgezeichneten Einblick in die tibetische Kultur. Chinesische Touristen in tibetischen Gewändern posierten für Fotos und erwarben für den Reiseandenkenmarkt hergestellte tibetische Gebetsketten.

Zum Tagesausklang fanden in der Anlage Bunte Abende mit tibetischen oder als Tibeter verkleideten chinesischen Tänzern statt. Mitunter sang und tanzte Tsepey selbst, doch meistens kündigte er die übrigen Auftritte an und stolzierte in reich verzierten tibetischen Kostümen und grellbunten *Chubas* über die Bühne, trug Filzkappen mit flatternden Bändern und verwegene Schärpen und Säbel.

Tsepeys Familie hielt nichts davon. Sein Vater sagte, nur Bettler würden für Geld auftreten. Tsepey aber war die Arbeit nur recht. Die Bezahlung stimmte, die Unterbringung war gut, die Verpflegung reichlich. Das mit Abstinenz und Ehelosigkeit verbundene klösterliche Leben war nicht sein Ding. Er trank gern Bier und rauchte Zigaretten, wenn er mit den anderen Mitarbeitern zusammensaß. Die meisten von ihnen waren Chinesen oder Angehörige der Qiang, einer mit den Tibetern verwandten, aber kulturell eigenständigen ethnischen Minderheit, der eine größere Nähe zu den Chinesen nachgesagt wird.

Bei den abendlichen Vorstellungen wurden die Einheit sämtlicher Völker im Mutterland und das Glück der unter chinesischer Herrschaft lebenden Tibeter besungen. »Tibeter und Chinesen sind aus demselben Schoß geboren«, so tönte es.

»Oh, diese Tibeter, kaum dass sie den Mund öffnen, erklingt ein Lied. Sie bewegen die Füße, und schon ist es ein Tanz«, erklärte der Conférencier dem Publikum.

Irgendwann konnte Tsepey die herablassende Art nicht mehr ertragen. Er hatte das Gefühl, sich ständig auf die Zunge beißen zu müssen, und fürchtete, seine Freunde oder seinen Job zu verlieren, wenn er sagen würde, was er wirklich dachte. Sein Schlüsselerlebnis hatte er 2003, als ein hochrangiger chinesischer Funktionär mit Namen Zhu Rhongji, der damalige Ministerpräsident, das Resort besuchte. Die chinesischen Darsteller konnten kaum an sich halten vor lauter Aufregung. Als er fort war, setzten sie sich der Reihe nach in den Sessel, in dem er gesessen hatte, und ließen sich fotografieren. Dann machte einer eine Bemerkung über Tsepeys offenkundiges Desinteresse.

»Wenn jetzt irgendein tibetischer Lama herkäme, würdest du auch unbedingt in seinem Sessel sitzen wollen und vor ihm auf die Füße fallen«, pfiff ihn der Kollege an.

Tsepey erwiderte, dass ein kommunistischer Parteifunktionär nichts Heiliges an sich habe. Damit brachte er den Mann erst richtig auf die Palme.

»Dann solltest du bedenken, was die chinesische Regierung für das tibetische Volk alles getan hat. Sie haben Häuser gebaut. Und Stromtrassen verlegt. Sie bauen Straßen noch und noch.« Er erwähnte den neuen Flughafen und die Bahnstrecke nach Lhasa.

Die Männer gerieten aneinander. Tsepey sagte, die Chinesen würden das alles für sich bauen und nicht für die Tibeter und ihnen das Land und die Bodenschätze nehmen.

»Die chinesische Regierung behandelt uns wie kleine Kinder. Wenn wir weinen, gibt's ein Bonbon«, konterte Tsepey.

Es war eher ein Wortgefecht als eine Auseinandersetzung. Keiner beschimpfte den anderen, und es kam zu keiner Schlägerei. Trotzdem wurde Tsepey am folgenden Tag in das Büro vom Chef gerufen, der ihn leise warnte: »Du musst dich den anderen mehr anpassen«, bekam er zu hören.

Tsepey empfand nie wieder dieselbe Freude, wenn er vor den chinesischen Touristen auftrat, und er gab den Job auf, bevor sie ihm kündigen konnten. Den Großteil seines Entgelts hatte er seiner Mutter nach Hause geschickt, aber ein bisschen hatte er auch für sich zur Seite gelegt. Nun stattete er sich mit den Dingen aus, die er für seine Erkundungen brauchen würde. Er kaufte sich ein neues Handy, eine Kamera und ein Motorrad und begann, durch das Hochland zu reisen und die Veränderung der Landschaft zu dokumentieren.

Tsepeys Heimatdorf befand sich in der näheren Umgebung des Klosters Amchok Tsenyi, wo die von Gonpos Großmutter befehligten tibetischen Truppen in den 1930er-Jahren die Rote Armee geschlagen hatten. Es lag an strategischer Stelle an dem vom Fluss Min hinaufführenden Gebirgspass, gerade oberhalb der Baumgrenze, die den Übergang zum Hochland markiert. Die Fichten und Kiefern, die am Passzugang einst dicht an dicht standen, waren von chinesischen Holzfällerunternehmen gerodet worden. Staatseigene Betriebe arbeiteten von der Regierung unverhältnismäßig hoch angesetzte Schlagquoten ab und ernteten so viel Holz, dass selbst chinesische Forstbeamte die mangelnde Nachhaltigkeit beklagten. Zwischen den 1950er- und 1990er-Jahren wurden chinesischen Forstzeitschriften zufolge 60 Prozent des Bezirkswalds abgeräumt. Die Menschen aus Ngaba betrachteten den Wald hinter dem Kloster Amchok Tenyi als ihr eigenes Holzreservoir, dem sie aber nur wenig entnahmen, weil Bäume im Hochland ein rares Gut waren. Außerdem galten Bergpässe, wie die Seen auch, als lebendig und von Gottheiten bewohnt, zu denen die Tibeter beim Durchstreifen des Reviers oft beteten, damit nicht durch ungewollten Frevel ein Unglück herbeigeführt würde und ein Felsblock herabstürzte oder der Blitz einschlug.

Auf seinem Weg westwärts in die Provinz Qinghai sah Tsepey noch mehr entweihtes Land, diesmal durch den Bergbau. Lange schon betrieben chinesische Unternehmen den Abbau von Kohle, Aluminium und Uran. In jüngerer Zeit hatte die Nachfrage der Hightechindustrie nach Lithium für die Batterien von Elektrofahrzeugen und Handys einen neuzeitlichen Goldrausch ausgelöst.

Als Tsepey im Hochland umherzog und die neuen Entwicklungen auf sich wirken ließ, verglich er die Lebensbedingungen der neuen chinesischen Einwanderer unweigerlich mit den Voraussetzungen, unter denen er aufgewachsen war. Viele Tibeter lebten nach wie vor ohne ständig verfügbaren Strom und fließendes Wasser. In Jiuzhi (auf Tibetisch Chigdril), einer Stadt in der Provinz Qinghai südlich von Ngaba, stieß er auf neu gebaute Reihenhäuser im westlichen Stil mit eleganten Eingangstüren und aufwendig gemeißelten steinernen Balkonen. Der Text auf den Anschlagtafeln, die diese exquisiten Immobilien bewarben, war ausschließlich in chinesischer Sprache abgefasst, was deutlich machte – sofern es nicht ohnehin klar war –, für wen dieser Wohnraum entstanden war. Für tibetische Nomaden, die dazu gedrängt wurden, ihre Herden aufzugeben und sich dauerhaft niederzulassen, errichteten chinesische Bautrupps primitive Zweizimmerbehausungen aus Zement mit Böden aus Lehm.

Allmählich formten sich Tsepeys politische Ansichten und rückten immer mehr in den Fokus. Er rief sich Vorfälle in der Vergangenheit ins Gedächtnis zurück – Beleidigungen, die er damals lachend abgetan hatte, weil er sich etwas darauf zugutehielt, ein lässiger Typ zu sein. Er dachte über den Mangel an Schulen und Versorgungseinrichtungen nach. Da waren die Kontrollpunkte, die willkürlichen Verhaftungen, Auseinandersetzungen, bei denen die Polizei ausnahmslos für Chinesen Partei ergriff. Ein Tibeter durfte es nicht wagen, mit einem chinesischen Ladeninhaber zu streiten, wenn er nicht verhaftet oder verprügelt werden wollte. Tsepey erinnerte sich an ein Korbballspiel, bei dem die Mannschaften bestehend aus Mitarbeitern der Tibetischen Mittelschule und der chinesischen Polizei vor Ort gegeneinander antraten. Einer seiner Freunde, der für die Mittelschule spielte, beschuldigte einen chinesischen Spieler, ihn mehrfach gefoult zu haben.

»Wir halten uns an die Regeln, aber er schlägt uns ständig den Ball weg und rempelt uns an«, klagte er.

Ein anderer Polizist packte ihn, versetzte ihm einen Faustschlag und beschuldigte ihn einer chinesenfeindlichen Haltung. Nach dem Spiel wurde der Freund wegen Aufwiegelungsversuchen verhaftet, obwohl es mitnichten um Politik gegangen war. Es war nur ein Korbballspiel gewesen.

Was Tsepey allerdings am meisten aufbrachte, waren Beleidigungen seiner Religion. Nachdem er im Kloster kaum Interesse gezeigt und sich mühsam durch die Rezitationen der Mantras gequält hatte, befasste er sich mit dem Buddhismus jetzt im Selbststudium. Da er beim Lesen nur langsam vorankam, hörte er sich Aufnahmen mit Unterweisungen des Dalai Lama an.

Einer von Tsepeys Freunden hatte begonnen, die Lehren und Vorträge des Dalai Lama auf CD zu brennen und damit zu handeln. Er bat Tsepey, ihn beim Vertrieb zu unterstützen. Auf einer der CDs ging es eher um eine Lehrauseinandersetzung über eine Gottheit mit Namen Dorje Shugden, die eigentlich nicht für die Öffentlichkeit bestimmt war. Der Dalai Lama hatte von der Verehrung dieser Gottheit abgeraten und damit eine Gegenreaktion bei deren Anhängern provoziert. Tsepey vermutete, dass Klöster, die Dorje Shugden huldigten, von der chinesischen Regierung unterstützt wurden und dass die Partei die Fehde lebendig hielt, um das tibetische Volk zu spalten.

Andere Aufnahmen drehten sich um einen lang anhaltenden Streit über den Panchen Lama. 1995 war der sechsjährige Gedhun Choekyi Nyima als Reinkarnation des 1989 verstorbenen 10. Panchen Lama ermittelt worden. Peking weigerte sich, den Jungen anzuerkennen, der vom Dalai Lama bestätigt worden war, und ernannte über ein fragwürdiges, auf die Qing-Dynastie zurückgehendes Verfahren, bei dem ein Name aus einer Goldenen Urne gezogen wird, einen eigenen Kandidaten. Der erste Junge verschwand (zusammen mit dem Lama, der den Vorsitz der Findungskommission innehatte) und wurde nie mehr gefunden. Menschenrechtsvereinigungen bezeichnen ihn als den jüngsten politischen Gefangenen der Welt. Die chinesische Regierung behauptet, er lebe ein ganz normales Leben und möchte, was seinen Verbleib betrifft, Geheimhaltung wahren.

Tsepey war klar, dass das Verschwinden des ursprünglichen Jungen mit Blick auf die weitere Erbfolge des Dalai Lama nichts Gutes verhieß. Für Peking handelte es sich offenkundig um einen

Probelauf, um nach Ableben der gegenwärtigen Inkarnation des Dalai Lama einen Kandidaten eigener Wahl zu ernennen. 2007 erließ das Staatliche Amt für religiöse Angelegenheiten eine Verfügung, die im Wesentlichen besagte, man benötige, um reinkarniert zu werden, vorab die Genehmigung der chinesischen Regierung. Über die Absurdität dieser Regelung wurde viel gespottet (wie konnte die ausdrücklich atheistische Kommunistische Partei Entscheidungen in Fragen buddhistischer Seelenwanderung treffen?), aber es zielte zweifelsfrei darauf ab, den tibetischen Buddhismus schärfer zu kontrollieren.

Über diese Themen durfte in China nicht geredet werden. Tatsächlich hatte die Kommunistische Partei Chinas jede öffentliche Sympathiebekundung für den Dalai Lama unter Strafe gestellt. Fotos, Amulette, Bücher und Aufnahmen von ihm standen nicht offen zum Verkauf; zugleich aber fand ein reger Handel unter dem Ladentisch und unter Privatleuten statt. Kultgegenstände vom Dalai Lama zu sammeln war mit einem heimlichen Kitzel verbunden. Die chinesischen Behörden konnten sich in dieser Frage zu keiner konsequenten Strategie durchringen. Mancherorts mochte man ungestraft davonkommen, wenn man ein Porträt von ihm aufhing – selbst hinter der Theke eines Ladens oder Restaurants –, ein andermal hingegen nicht. Das Ganze erinnerte an einen Stimmungsring, der mit wechselnder Farbe immer auch die Unsicherheit der Partei widerspiegelte. Die meisten Tibeter besaßen ein Porträt vom Dalai Lama, das für gewöhnlich an einem losen Nagel hing, um es rasch entfernen zu können, wenn die Laune kippte – was regelmäßig der Fall war.

2006 begannen lokale Funktionäre, in Tsepeys Heimatdorf Charo Sitzungen zur »patriotischen Umerziehung« abzuhalten. Jeder Haushalt wurde aufgefordert, ein Familienmitglied zu den Vorträgen über die Gefahren des tibetischen Nationalismus und die Übeltaten des Dalai Lama zu schicken. Bei einer dieser Sitzungen wurde Tsepey von jemandem verpfiffen, der ihn beschuldigte, im

Dorf Aufnahmen vom Dalai Lama zu verkaufen. Er wurde verhaftet, zügig vor Gericht gestellt und wegen separatistischer Umtriebe zu einer dreijährigen Gefängnisstrafe verurteilt. Er kam ins Gefängnis von Wenchuan, weiter flussabwärts Richtung Chengdu. Tsepeys Vater hatte noch Ersparnisse aus seinen Handelsgeschäften und wusste, wen er bestechen musste. Nachdem Tsepey ein Jahr abgesessen hatte, kam er frei.

Die Erfahrung hätte ihn eigentlich lehren sollen, zukünftig jedem Aktivismus abzuschwören. Doch im Anschluss an seine Freilassung war Tsepey weniger geläutert als vielmehr wütend und kampfbereit.

Der Aufstand

Sonntags, wenn Dechen keine Schule hatte, schlief sie gern aus, doch an diesem Tag – es war der 16. März 2008 – rüttelte ihre Großmutter sie schon vor Morgengrauen wach. Dechen hatte nicht bei Pema übernachtet, weil sie morgens als Erstes ein großes Kissen ins Kloster Kirti bringen sollte. Dort würde eine besondere Gebetszeremonie stattfinden, und um ihr Rheuma nicht noch zu verschlimmern, galt es zu vermeiden, dass ihre Großmutter auf den kalten Pflastersteinen vor der Versammlungshalle saß. Wenn sie noch einen guten Platz bekommen wollten, mussten sie früh aufbrechen.

Dechen gehorchte schweigend, während sie sich noch die Augen rieb. Sie selbst hatte nicht vor, der Zeremonie beizuwohnen. Dazu hatte sie die religionsfeindlichen Lehren der chinesischen Grundschule, die sie besuchte, viel zu stark verinnerlicht. Sie rümpfte die Nase über die Alten, die ihre Zeit mit dem Beten ver-

Lhundup Tso, Pemas Nichte.

schwendeten, wenn sie nicht gerade schliefen. Dechen würde sich anschließend entweder wieder ins Bett legen oder fernsehen.

Ihre Großmutter wohnte – ebenso wie Pema ein paar Häuser weiter – in der Tuanjie-Straße, die parallel zur Hauptstraße am Fluss entlang verlief, unweit des Marktplatzes und des Klosters. Um sechs Uhr in der Früh, wenn die Geschäfte noch geschlossen waren, herrschte abgesehen vom gelegentlichen Bellen herumstreunender Hunde und dem Schlurfen älterer Gläubiger auf dem Weg zu ihren Umkreisungen gewöhnlich noch Stille in den Straßen. Als Dechen und ihre Großmutter an diesem Morgen an den verriegelten Ladenfronten vorbeieilten, sahen sie zu ihrer Überraschung jedoch Kolonnen chinesischer Soldaten in Formation aufmarschieren. Die *Wujing,* die paramilitärischen Einheiten, waren in Ngaba ein vertrauter Anblick. Sie gehörten zu der eine Million Mann starken Truppe zur Bekämpfung innerer Unruhen. Wenn Dechen sie sah, waren sie allerdings oft untereinander oder mit Passanten in Gespräche verwickelt, vor allem mit Jugendlichen wie ihr, die fließend Chinesisch sprachen. Dechen, die mit chinesischen Kriegsfilmen aufgewachsen war, fand die jungen Polizisten – die in ihren grünen Uniformen mit den roten Epauletten wie echte Soldaten aussahen – furchtbar aufregend. Wenn sie an ihnen vorbeiging, kicherte sie und wünschte ihnen einen guten Tag. Nun aber wirkten sie unfreundlich. Man hörte sie, noch ehe man sie sah, wenn ihre Stiefel im Gleichschritt aufs Pflaster knallten und sie die Gewehre beim akkuraten Formationswechsel an die Schulter klatschten. Ihren Marsch begleiteten sie mit bellendem Sprechgesang, der in etwa klang wie: »He-ho, he-ho, he-ho!«

»Wozu machen sie das?«, fragte Dechens Großmutter.

Dechen mit ihren 13 Jahren war die Familienexpertin für alles Chinesische, da sie die Sprache am besten beherrschte und viele chinesische Freunde hatte.

»Ich weiß es nicht, Großmutter«, antwortete das Mädchen.

»Das ist komisch.«

Hätten die beiden die Nachrichten verfolgt, hätten sie gewusst, dass die chinesische Armee in Alarmbereitschaft versetzt worden war. Eine Woche zuvor, am 10. März, einem für Tibet symbolträchtigen Datum, hatten in Lhasa Proteste eingesetzt. Es war der Jahrestag des Ausbruchs jener Unruhen, die zur Flucht des Dalai Lama geführt hatten. Für Tibeter steht dieser Tag für den Beginn ihres Exils – eine Tragödie, die für sie etwas Vergleichbares darstellt wie für Juden die Zerstörung des zweiten Tempels im Jahr 70 n. Chr. Bei den Exiltibetern werden für diesen Tag in der Regel Demonstrationen organisiert, und einige kühne Tibeter wagen es, auch innerhalb Chinas zu Protesten aufzurufen.

In diesem Jahr fühlte man sich in Tibet ermutigt. Da wenige Monate später die Olympischen Spiele beginnen sollten, lagen die Nerven bloß. Die chinesische Regierung – wie immer darauf bedacht, nicht das Gesicht zu verlieren – wollte sichergehen, dass ihre 50-Milliarden-Dollar-Party durch nichts gestört werden konnte. Dementsprechend wurden Dissidenten festgesetzt und in Unruheherden wie vor allem auch den tibetischen Städten zusätzliche Truppen stationiert. Währenddessen versuchten tibetische Interessengruppen im Ausland, die Gelegenheit zu nutzen und die Anliegen der Tibeter wieder ins Bewusstsein der Öffentlichkeit zu rücken. Zu diesem Zweck hatten sie an der 137 000 Kilometer langen Strecke, die das olympische Feuer von Griechenland nach Peking zurücklegen würde, Demonstrationen geplant.

Die Tibeter in der Heimat gingen davon aus, die chinesische Regierung werde sich von ihrer besten Seite zeigen, nachsichtiger gegenüber friedlichen Protesten und deshalb vielleicht auch weniger geneigt, Soldaten mit scharfer Munition auf eine Menschenansammlung schießen zu lassen.

So brachen am Morgen des 10. März in Lhasa einige Hundert Mönche aus Drepung auf, einem der großen Klöster Tibets, und setzten sich an die Spitze eines friedlichen Marsches ins Stadtzentum. Fast unversehens stellten sich ihnen Polizisten in den Weg und nahmen die Anführer fest. Da sie fürchteten, dass die verhafteten Mönche gefoltert wurden, strömten immer mehr Tibeter zusammen, bis sich in den Straßen Entrüstung und Wut entluden. Dieser Aufstand entwickelte sich zum blutigsten seit den Protesten Ende der 1980er-Jahre, als die Chinesen das Kriegsrecht verhängt hatten. Aber all das wussten Dechen und ihre Großmutter noch nicht.

Als Dechen an diesem 16. März ihre Großmutter zu den Gebeten begleitet hatte und wieder heimwärts strebte, ging gerade die Sonne auf. Inzwischen waren mehr Menschen auf den Beinen, die die Soldaten im Vorbeigehen beklommen von der Seite musterten. Dechen spürte die Spannung, die in der Luft lag, fühlte sich letztlich aber nicht davon betroffen. Dem Tagesgeschehen schenkte sie nicht viel Beachtung. So huschte sie verstohlen in den Innenhof am Haus ihrer Großmutter, darauf eingestellt, den Tag zusammengerollt vor dem Fernseher zu verbringen. Gerade lief ihre Lieblingssendung: die chinesische Variante von *Ein Land sucht den Superstar*.

Obwohl sich Pema bemühte, bei ihren Klosterbesuchen keinen Tag auszulassen, vermied sie besondere Anlässe, an denen es dort zu voll sein würde. An diesem Sonntag hatte sie außerdem viel zu tun. Sie erwartete Gäste zum Mittagessen. Hinzu kam, dass ihr Stand geöffnet sein sollte, wenn die Leute von außerhalb zu Kirtis speziellen Gebetszeremonien in die Stadt kamen, denn dann liefen die Geschäfte am besten.

Auf dem Weg zum Marktplatz fielen ihr die Kolonnen chinesischer Paramilitärs auf. Es waren mehr, als sie je in der Stadt gesehen hatte. Und es machte sie nervös. Warum konnten sie ihre Übungen nicht in den Stützpunkten vor den Toren der Stadt abhalten, statt im Zentrum vor aller Augen groß aufzumarschieren? Ihre Anwesenheit weckte regelmäßig die Wut der Leute. Es wird hoffentlich nichts passieren, dachte sie.

Pema arbeitete bis mittags, dann deckte sie ihren Stand mit einer Plastikplane ab und machte Feierabend. Auf dem Heimweg hielt sie kurz an, um Gemüse zu kaufen, das sie gemeinsam mit einem Rest Reis braten wollte. Sie hatte ihren ältesten Sohn und Lhundup Tso eingeladen, die Nichte ihres Mannes. Beide besuchten die Mittelschule und waren nicht nur Cousin und Cousine, sondern trotz des Altersunterschieds von sieben Jahren auch gute Freunde. Während des Essens bemerkte Pema, dass die jungen Leute ungewohnt still waren. Selbst die sonst so redselige Lhundup Tso schob sich die Bissen schweigend in den Mund. Wahrscheinlich waren sie einfach nur müde. Die Schüler hatten samstags noch einen halben Tag Unterricht und kehrten sonntags gegen 17 Uhr in die Schule zurück. Die beiden verloren kein Wort über den außergewöhnlichen Aufmarsch des Militärs in den Straßen, und Pema bedauerte später zutiefst, sie nicht zur Vorsicht gemahnt zu haben.

Nach dem Essen gab Pema Lhundup Tso 30 Yuan, für die sie sich auf dem Rückweg zur Schule Brot und Gebäck kaufen sollte. Sie war zu dünn; Pema drängte sie ständig, mehr zu essen. Das Mädchen umarmte die Tante zum Abschied und ging. Pemas Sohn hätte eigentlich auch zur Schule zurückkehren sollen, aber er zögerte seinen Aufbruch hinaus, beschäftigte sich angelegentlich mit seiner Kleidung und blieb schließlich da. Offenbar war er beunruhigt und hatte das vor dem Mädchen nicht zeigen wollen.

Dongtuk, der junge Mönch in Kirti, wachte am Morgen des 16. März mit einer vagen Vorahnung auf. Er war sicher, dass sich etwas anbahnte, hätte es aber nicht näher beschreiben können. Weil er erst 14 Jahre alt war, ließ man ihn an ernsteren Debatten im Kloster oft nicht teilnehmen. Er fühlte sich ausgeschlossen, wenn er die jungen Männer verschwörerisch miteinander flüstern sah. Minderjährige Mönche durften auch nicht allen Zeremonien beiwohnen. Heute aber würde er Teil der *Puja* sein, des Rituals zum Abschluss eines Feiertags. Vor der Versammlungshalle trugen einige Mönche die gewohnten Rededuelle miteinander aus, und Gläubige aus der Stadt strömten mit Kissen und

Faltstühlen herbei. Drinnen bereitete man sich auf die Gebete vor – fast alle Bewohner des Klosters fanden sich ein, ungefähr 3000 Mönche. Die jüngeren saßen im Schneidersitz auf dem Boden und stimmten das Mantra an: *Om mani padme hum*. Schon bald war Dongtuk ganz in den immergleichen Sprechgesang versunken. Plötzlich aber wurde der Rhythmus unterbrochen, und vom Eingang her drang immer lauter werdendes Gemurmel. Die Menschen wiesen auf einen Mönch von gut 20 Jahren, der etwas über seinem Kopf hochhielt, was dann als großes Foto des Dalai Lama zu erkennen war. Im Hintergrund der Aufnahme sah Dongtuk die roten und blauen Streifen der tibetischen Flagge.

»Lang lebe Seine Heiligkeit, der Dalai Lama!«, rief der Mönch. Dongtuk war entgeistert. So etwas tat man nicht – allein schon, um sich nicht von offizieller Seite Ärger einzuhandeln, aber auch, um nicht die Gebete zu stören. Er wollte dem Mönch schon die geistige Gesundheit absprechen, da hörte er andere das Gleiche rufen – »Lang lebe Seine Heiligkeit« und »Tibet den Tibetern!«. Bald hatten die lauten Parolen die Gebete übertönt.

Die Mönche erhoben sich. Die ganze Halle befand sich in Aufruhr. Sie schoben sich nach draußen in den Hof und von dort in Richtung der Gasse, die zu Ngabas Hauptstraße führte.

Dongtuk wurde von der Menge mitgerissen, folgte den älteren Mönchen ohne weitere Überlegung. Sie alle warfen ihre schweren äußeren Roben auf das Pflaster, ein Signal, dass sie zu kämpfen bereit waren. Weitere Fotos des Dalai Lama und der tibetischen Flagge mit dem Schneelöwen wurden in die Höhe gehalten. Die Menge brandete gegen das Klostertor, und Dongtuk wollte sich ihnen gerade anschließen, als er jenseits der Pforten eine bedrohliche graue Wolke sah – Tränengas. Das wusste er, ohne je Vergleichbares erlebt zu haben. Zudem hatten die Polizisten des Paramilitärs offenbar begonnen, mit Kieselsteinen auf die Demonstranten zu schießen. Dongtuk stand zwar nicht vorne, aber irgendetwas Zischendes – Dynamit? – fiel vor ihm zu Boden. In kindlicher Neugier bückte er sich, um es aufzuheben und vielleicht sogar gleich wieder zurückzuwerfen, als es explodierte und ihm den Saum seiner Robe und die Finger versengte. Im nächsten Moment wurde er von hinten am Kragen gepackt und zurückgezogen. Es war ein älterer Mönch, einer seiner Lehrer.

»Ihr Kinder habt hier nichts zu suchen«, sagte er. Dongtuk war empört – er sah sich nicht als Kind –, doch er fühlte sich auch nicht in der Lage, zu protestieren. Er würgte und versuchte, sich die Steinchen aus den Augen zu reiben. Dann folgte er dem anderen willenlos zurück zu den Unterkünften.

Dechen eilte zum Haus ihres Vaters, denn er besaß das beste Fernsehgerät der Familie. Gemeinsam mit ihrem um einige Jahre älteren Cousin machte sie es sich auf dem Sofa bequem, und sie schauten sich einige Sendungen an. Wie selbst bei den bescheidensten Familien bestand das Haus aus mehreren Anbauten, die von einem ummauerten Innenhof abgingen und Privaträume für die Großmutter und andere Angehörige enthielten. Das Tor stand häufig offen, und immer wieder schauten Leute herein. Gegen Mittag erschien eine Schulkameradin und erzählte ihnen von den Unruhen in der Stadt.

»Es hat Explosionen gegeben. Das waren echte Bomben, kein Fernsehen. Ihr müsst euch das ansehen«, sagte sie zu Dechen und deren Cousin.

Dechen hatte eigentlich keine Lust, das sichere Fernsehzimmer zu verlassen, aber ihr Cousin drängte sie. Sie gingen die Tuanjie-Straße entlang und bogen dann um die Ecke Richtung Hauptstraße. Die Soldaten, die Dechen am Morgen hatte aufmarschieren sehen, standen inzwischen mit einem Großaufgebot bereit. Sie trugen blau-schwarze Uniformen und waren mit glänzenden schwarzen Helmen, die ihr Gesicht verdeckten, und gebogenen Plexiglas-Schutzschilden vollständig für den Straßenkampf gerüstet.

Dechen hätte bei ihrem Anblick beinahe gekichert – sie sahen aus wie Stormtrooper in *Star Wars* –, achtete jedoch auch darauf, ihnen nicht zu nahe zu kommen. Gemeinsam mit ihrem Cousin duckte sie sich in einen Treppenaufgang. Im ersten Stock befand sich ein kleiner tibetischer Teesalon, von wo aus man das Geschehen gut beobachten konnte. Dechen sah einige halbwüchsige Tibeter, die sich Steine werfend auf die Paramilitärs zubewegten. Die schützten sich mit ihren Schilden. Dechen war entsetzt und irgendwie auch peinlich berührt. Sie trat zurück und wendete sich an ihren Cousin.

»Wie können Tibeter nur so grob sein und die Soldaten mit Steinen bewerfen?«

Ihr Cousin sah sie entnervt an. »Du hast wohl keine Ahnung, oder?«, antwortete er. »Chinesen bringen Tibeter um, immer schon.«

Dechen begann zu weinen und wollte nur noch nach Hause.

Als Pema nach dem Essen den Abwasch machte, hörte sie draußen die hastigen Schritte und die erregten Stimmen der Menschen, die an ihrem Eingangstor vorbeiströmten. Ihr Sohn war noch da. Gut, dachte sie, er bleibt besser hier. Sie selbst aber überwältigte die Neugier. Sie ließ das schmutzige Geschirr stehen und ging hinaus, verschloss das Tor und band eine schimmernd weiße *Khata* daran fest. Der Schal war Teil des Begrüßungsrituals, wenn Gäste kamen, konnte aber, falls es bedrohlich wurde, auch darauf hinweisen, dass dies das Haus von Tibetern war.

Tibetische Protestaktionen sind sich vom Ablauf her oft so ähnlich, dass man schon fast von einer klassischen Choreografie sprechen könnte. Den Anfang machen Mönche und Nonnen, bereit, sich festnehmen zu lassen, da sie nicht für Ehepartner und Kinder sorgen müssen. Weil die Klostergemeinschaften den Tibetern jedoch heilig sind – schließlich gehören sie zum Dreifachen Juwel –, fühlen sich die Laien verpflichtet, sie zu beschützen. Daher folgen sie dem Demonstrationszug, vor allem, wenn es bereits Festnahmen von Mönchen gab. So war es in der Woche zuvor in Lhasa geschehen, und in Ngaba sollte es genauso sein.

Als Pema vor die Tür trat, sah sie, wie Nachbarn zum Kloster eilten. Manche hielten Fotos des Dalai Lama in die Höhe. Andere stießen die Fäuste in die Luft und schrien aus vollem Hals:

»Lang lebe Seine Heiligkeit der Dalai Lama!«
»Unabhängigkeit für Tibet!«

Einige Menschen weinten.

An der Straßenecke teilte sich die Menge. Eine Hälfte wandte sich nach Norden in Richtung des Klosters. Die anderen gingen geradeaus weiter auf das Verwaltungsgebäude zu, wo man für die festgenommenen Mönche ein Behelfsgefängnis eingerichtet hatte. Mit lauten Rufen forderten die Leute ihre Freilassung. Das Gebäude wurde von einer Kette aus Polizisten und Paramilitärs bewacht, die sich hinter ihren Schutzschilden verschanzt hatten. Da in Ngaba immer irgendwo gebaut wurde, gab es für die Demonstranten in praktischer Reichweite Munition zuhauf – Ziegelsteine, Zementbrocken und Kiesel. Und da sie sonst nichts zu ihrer Verteidigung besaßen, griffen sie sich Schaufeln und Äxte. Manche trugen Steinschleudern – eine verbreitete Waffe, um angriffslustige Hunde zu verscheuchen. Geschosse flogen aus allen Richtungen.

Überall fanden die Leute etwas, woran sie ihre Wut auslassen konnten. Eine Horde von Jugendlichen lief zum Marktplatz, sie kippten die Stände von Chinesen um und öffneten die Hühner- und Entenkäfige – eine Erweiterung der buddhistischen Tradition, Tiere freizulassen und sich dadurch Verdienste zu erwerben. Die Ärzte im Volkskrankenhaus von Ngaba – allesamt Chinesen – fürchteten Strafmaßnahmen, wenn sie tibetische Patienten behandelten, deshalb schlossen sie die Notaufnahme und verriegelten die Tore. Aufgebrachte Tibeter bewarfen die Fassade daraufhin mit Steinen.

Am Nachmittag waren alle Geschäfte geschlossen und die Sicherheitsgitter aus Stahl heruntergelassen. Dann aber begannen jugendliche Banden zu Pemas Verärgerung, die Gitter aufzubrechen und die Läden zu plündern – Fernseh- und Haushaltsgeräte und Kleidung. Pema schämte sich für sie, aber einer dieser Überfälle freute sie insgeheim doch. Yonganli, das Peng Yongfan, dem ehemaligen Offizier der Volksbefreiungsarmee, genannt »Bürstenkopf«, gehörende große Warenhaus, war leer geräumt worden, seine Schaukästen waren zerschlagen und das Gebäude angezündet. Die Einwohner Ngabas beklagten immer wieder seine grobe Art gegenüber tibetischen Kunden. Kam ein Tibeter ins Geschäft, um sich ein Gerät anzusehen, das er sich nicht leisten konnte, wurde er vom Bürstenkopf hinausgeworfen. Und wenn man ihn verärgerte, sorgte er dafür, dass man von seinen Freunden bei der Polizei verprügelt wurde. Viele Tibeter boykottierten das Warenhaus, obwohl es das einzige Geschäft in der Stadt war, in dem man eine Waschmaschine oder einen Kühlschrank bekam. Er hat es verdient, dachte Pema.

Zu diesem Zeitpunkt war offenbar ganz Ngaba in die Unruhen verwickelt. Unter den Demonstranten entdeckte Pema auch viele Frauen vom Markt – Händlerinnen wie sie, einfache Menschen, die meisten mittleren Alters oder älter und sicher keine großsprecherischen Aufrührerinnen. Sie beugten sich über das Pflaster, klaubten Steine und Ziegel auf und reichten sie den jungen Männern, die sie als Geschosse verwendeten. Eine der muslimischen Händlerinnen war noch an ihrem Stand, wo sie auch Eimer verkaufte. Eine tibetische Frau lief zu ihr hin und schnappte sich welche. Die Hui-Frau wagte nicht zu protestieren. Die Eimer wurden unverzüglich an die nächsten Frauen weitergegeben, die damit zum Zapfhahn des Marktes liefen, sie mit Wasser füllten und den Demonstranten hinstellten, die sich das Tränengas und die Kiesel aus den Augen wuschen. Pema wollte keine Steine werfen, beteiligte sich aber gern an der Aktion mit den Eimern. Die Frauen bildeten eine Kette; in die eine Richtung beförderten sie Wasser zu den Aktivisten weiter vorne und brachten Informationen wieder zurück. Vor dem Gefängnis wurde protestiert. Vor der Polizeiwache ebenso. Inzwischen schossen die Chinesen mit scharfer Munition auf die Demonstranten. Die Leute zählten auf, wer alles getroffen war.

Plötzlich fiel der Name Lhundup Tso. Die Frau, die ihn genannt hatte, wendete sich an Pema.

»Ist das nicht die Nichte deines Mannes?«

Pema ließ den Eimer fallen und lief zur Mittelschule.

Tsepey hatte lange geschlafen und sich auf einen faulen Tag zu Hause eingestellt. Weil seine Bewährungsstrafe noch nicht abgelaufen war, ging er nur selten nach draußen, um bloß nicht in Schwierigkeiten zu geraten. Aber wie die meisten seiner Freunde in der Großgemeinde Charo besaß er ein Handy. An diesem Tag, an dem plötzlich überall Protestaktionen aufflammten, wollten die Anrufe und Textnachrichten nicht abreißen. Man berichtete von Demonstrationen in Labrang, von Demonstrationen in Dzorge und von weiteren in Repkong. In seiner Großgemeinde hatte jemand das Schild des Büros für öffentliche Sicherheit abmontiert und eine chinesische Flagge heruntergerissen. Dann kam der Anruf aus Ngaba. Im Stadtzentrum gehe es drunter und drüber. Da gab es für Tsepey kein Halten mehr.

Er sprang auf sein Motorrad und raste Richtung Stadt. Die Strecke, für die man zu Pferd zwei Tage gebraucht hatte, fuhr er in etwa einer Stunde. Andere Männer aus dem Dorf folgten ihm – ein Trupp von Rächern auf röhrenden Motorrädern. Weil die Polizei am Eingang der Stadt eine Straßensperre errichtet hatte, stellten sie ihre Maschinen am Kloster Se ab. Die Unruhen, die beim Kloster Kirti begonnen hatten, waren wie eine Welle drei Kilometer die Straße hinunter bis zu dem Ort weitergeschwappt, an dem sie jetzt standen, und so sah Tsepey, wie tibetische Männer mit Polizisten in eine Auseinandersetzung verwickelt waren. In der Ferne hörte man Gewehrsalven und Explosionen wie von Bomben.

Tsepey spürte, wie ihn die Erregung packte. Das war mehr, als er vermutet hatte. Als er herfuhr, war er davon ausgegangen, ein paar Parolen zu brüllen und ein paar Steine zu werfen. Er hatte nichts Extremes vor, und ihm war nicht nach Schießereien zumute. Trotzdem war er neugierig, was sich im Stadtzentrum tat. Da er nicht wusste, was ihn erwartete, schlich er vorsichtig über die Parkplätze und durch die Felder zur Hauptstraße. Zwischen der Mittelschule und der Hauptwache der Verkehrspolizei kam er dort an.

Und da sah er sie dann. Was ihm zuerst auffiel, war der unnatürliche Winkel in der Beugung ihres Körpers. Die junge Frau lag auf der Seite, und eins ihrer Beine hing über einem Abwassergraben. Sie trug das traditionelle tibetische Gewand, die *Chuba*, aber sonst keinen Schmuck. Tibetische Frauen schmückten sich gern mit Korallenketten oder Ohrringen, doch weil nichts davon an ihr zu sehen war, kam er zu dem Schluss, dass sie Studentin war. Kaum 20 Jahre, dachte er. Ihr schulterlanges Haar war blutverklebt. Dickes, verkrustetes Blut bedeckte ihre Stirn. Eine Wunde verlief senkrecht von ihrem Haaransatz bis zur Nase. Wahrscheinlich stammte sie von einer Kugel.

Tsepey war zwar ein großer, von der Statur her einschüchternder Mann, aber von Haus aus keine Kämpfernatur. Er war ein Gefühlsmensch, dem bei einem traurigen Film Tränen kamen – sehr zum Spott seiner Freunde. Das Schlachten eines Tieres konnte er nicht mit ansehen. Und der Anblick von Toten hatte ihn schon immer geängstigt, denn als Kind, als seine Großmutter starb, litt er unter der Schreckensvision, dass Verstorbene sich in Geister verwandelten, die kamen und ihn fortholten. Doch nun musste er seine Furcht überwinden. Ihm war klar, dass er das tote Mädchen nicht auf der Straße liegen lassen konnte. Menschen hatten sich um sie geschart, zumeist ältere Leute. Er war als Einziger stark genug, um sie hochzuheben. Behutsam schaffte er sie vom Graben weg und legte sie auf einer Grasfläche in einiger Entfernung von der Straße ab. Dann bedeckte er ihr Gesicht mit ihrem Umhang. Den Alten trug er auf, die Tote zu bewachen – das hieß, die Polizei fernzuhalten, damit ihre Familie für sie eine reguläre buddhistische Bestattung abhalten konnte. Tsepey aber hatte Wichtigeres zu tun. Er war bereit zu kämpfen.

Zurück auf dem Pfad hinter der Hauptstraße schlich er von Hof zu Hof und vorbei an der Polizeiwache allmählich Richtung Kirti. Inzwischen waren nicht mehr so viele Menschen unterwegs, ein Großteil der Demonstranten hatte sich vorsichtshalber auf den Heimweg gemacht. Keiner der Tibeter besaß ein Gewehr, aber sie waren es gewohnt, mit allem zu kämpfen, was ihnen zur Verfügung stand. Tsepey zog sein Taschenmesser heraus und schloss sich einer Gruppe von etwa zehn Tibetern an, die direkt hinter der Polizeiwache einen Hof besetzt hielten. Die chinesischen Polizisten schossen Rauchbomben über die Mauer. Sobald sie gelandet waren, griffen die Tibeter sie auf und schleuderten sie zurück.

Ob es die Rauchschwaden waren oder das Bild des toten Mädchens – Tsepey empfand nur noch Wut. Bis dahin hatten sein Groll und seine Ablehnung eher der chinesischen Regierung ganz allgemein gegolten. Er hasste die Arroganz, mit der sie die Tibeter behandelten. Er hasste chinesische Unternehmen, die auf tibetischem Boden Bäume fällten oder Minen betrieben in Bergen, die den Tibetern heilig waren. Er hasste es, dass man für das Lesen verbotener Bücher oder Flugblätter ins Gefängnis kommen konnte, dass Tibeter die Sprache ihrer Unterdrücker lernen mussten und dass sie gezwungen wurden, sich Unterweisungen anzuhören, in denen Seine Heiligkeit der Dalai Lama von der chinesischen Regierung verunglimpft wurde. Aber Tsepeys Zorn richtete sich nie gegen einzelne Chinesen – er besaß unter ihnen viele Freunde und hatte sich mit chinesischen Mädchen getroffen. Als Buddhist achtete er das menschliche Leben. Jetzt aber ging er im Kampf auf. Leben oder Tod, das zählte nicht mehr für ihn. Irgendwann war er von vier Polizisten umzingelt und wirbelte mit gezogenem Messer umher wie ein Derwisch, bis er sich in seiner *Chuba* verfing, die, wie er später zugab, nicht das richtige Kleidungsstück für den Straßenkampf war. Doch er focht weiter, wie im Rausch und orientierungslos, ungeachtet der Wunde an seinem Hinterkopf, aus der ihm das Blut über den Rücken lief. »Ich hatte keine Angst mehr«, sagte Tsepey später. »Ich war wie ein Wilder und wollte nur noch Rache üben. Wenn man ein junges Mädchen tot daliegen sieht, passiert etwas Gewaltiges mit einem.«

So rasch sie konnte, strebte Pema die Hauptstraße entlang auf die Tibetische Mittelschule zu. Unterwegs kam ihr eine Gruppe von Tibetern entgegen, die eine aus Bauholz und Laken gefertigte provisorische Bahre trugen. Die Krankenwagen waren nicht im Einsatz, weil das Krankenhaus an diesem Tag keine tibetischen Patienten aufnahm. Es hätte nichts geändert, denn Lhundup Tso war bereits tot. Deshalb brachte man ihren Leichnam direkt zum Kloster.

Später erfuhr Pema, dass Lhundup Tso zunächst ihre Taschen im Schlafsaal deponiert hatte und dann mit einer Gruppe von Mitschülerinnen losgezogen war, um sich den Protesten anzuschließen. Die Schuldirektion hatte versucht, die Schüler einzusperren, aber sie waren entwischt. Kaum hatten sie die Polizeiwache erreicht, traf Lhundup Tso eine einzelne Kugel. In Anbetracht des Orts und der Art der Verletzung war es wahrscheinlich Lhundup Tsos Leichnam, den Tsepey fand, obwohl er es nicht bestätigen konnte, als man ihm Jahre später ihr Foto zeigte. Außer ihr war an diesem Tag in Ngaba keine andere junge Frau ums Leben gekommen.

Und wie viele starben in Ngaba insgesamt? Zwar begeistert man sich in China für Statistiken, doch zugleich entspricht es der politischen Kultur, sie nicht zu veröffentlichen, wenn sie unangenehme Wahrheiten aufdecken. *Xinhua*, der offizielle chinesische Nachrichtendienst, berichtete zunächst von vier Todesopfern an jenem Tag in Ngaba. Tibetische Exilverbände zählten 21. Angesichts der Augenzeugenberichte scheint die höhere Zahl zu stimmen. Nicht alle Opfer wurden nach Kirti gebracht, aber Dongtuk sah allein zwölf Tote neben der Versammlungshalle, in der die Bestattungsgebete und -rituale stattfanden.

Für eine kleine Stadt wie Ngaba waren 21 Tote eine Tragödie, in der Größenordnung vergleichbar mit dem Massaker auf dem Platz des Himmlischen Friedens. Jeder kannte jemanden, der ums Leben gekommen war. Dechen war fassungslos. Sie kannte sogar drei. Neben Lhundup Tso hatte es an diesem Tag Loury getroffen, einen Klassenkameraden aus der Grundschule. Er war ein ausgesprochen arbeitsamer und ernsthafter Junge und so verantwortungsbewusst, dass sie ihn zum Fluraufseher gewählt hatten. Ein gerade erst sechsjähriger Junge aus der Nachbarschaft war von einem Schuss ins Bein getroffen worden. Um ihn verarzten zu lassen, mussten ihn seine Eltern auf einer sechsstündigen Fahrt nach Dzorge bringen.

Dechen, die nach wie vor gebannt vor dem Fernseher saß, verfolgte die Nachrichten auf dem Staatssender. Dort zeigte man immer wieder das drei Sekunden lange Bildmaterial aus Ngaba von einem auf der Seite liegenden brennenden Streifenwagen mit schneebedeckten Bergen im Hintergrund. Rund ein Dutzend Männer laufen herum und klauben Steine auf. Dann sprintet einer vor und schleudert einen riesigen Zementbrocken auf ein mit Metallläden verriegeltes Gebäude, aus dessen Fenster im ersten Stock Rauch dringt. Während dieser Ausschnitt in Endlosschleife lief, erklärte die Nachrichtensprecherin: »Seitens der Tibeter kam es zu Plünderungen, Gewalt und blindwütigen Zerstörungen. Lokale Stellen berichten von ausreichenden Hinweisen, dass diese Ereignisse von der Dalai-Lama-Clique inszeniert wurden.«

Die Opfer auf tibetischer Seite wurden in dem Beitrag nicht erwähnt. Die Sprecherin berichtete von den Vorfällen nur aus der einen Sicht. Plötzlich fiel es Dechen wie Schuppen von den Augen. Wie naiv von ihr, zu glauben, was sie im Fernsehen sah.

Die Unruhen im März 2008 erfassten die ganze Region. Eine Schar berittener Männer erstürmte eine Großgemeinde in der Nähe des

Klosters Labrang. In zumindest einer weiteren Stadt in der Provinz Sichuan, in Kandze (chinesisch: Ganzi) eröffnete die Polizei das Feuer auf die Demonstranten. Außerhalb Lhasas aber forderten die Aktionen in Ngaba die meisten Todesopfer, was den Ruf der Stadt als Unruheherd zementierte. »Man sagt, wenn es in Lhasa brennt, steigt in Ngaba Rauch auf«, erklärte mir der Leiter einer Exilantenorganisation einige Jahre später. Zwar verliefen die Aktionen in Lhasa größtenteils friedlich, doch es kam vereinzelt auch zu hässlichen Übergriffen, die in krassem Gegensatz zu der vom Dalai Lama gepredigten Gewaltlosigkeit standen. Tibetische Banden attackierten auf einer Hauptstraße in Lhasa willkürlich Han-Chinesen auf ihren Motorrädern und zündeten Geschäfte von Hui-Muslimen an – eine Folge der lang anhaltenden Spannungen zwischen Muslimen und Buddhisten in jener Region. Mindestens 20 Menschen kamen ums Leben, darunter eine ganze Hui-Familie, deren Läden in Brand gesetzt worden waren. Die genauen Umstände blieben allerdings unbestätigt, weil es nie eine unabhängige Berichterstattung gab. Nach Aussage einer Nichtregierungsorganisation, des Tibetan Center for Human Rights and Democracy, dem mehrere Autopsieberichte zugespielt wurden, kamen mindestens 101 Tibeter durch Schüsse ums Leben, die von Sicherheitskräften auf Demonstranten abgefeuert worden waren.

In Ngaba gelang es den Tibetern besser, das Prinzip der Gewaltlosigkeit zu befolgen. Sie richteten ihre Wut nicht gegen chinesische Zivilisten, sondern ausschließlich gegen Polizei und Militär. Zwar gab es einige Plünderungen, doch Geschäfte der Hui blieben größtenteils von Angriffen verschont – was auf die lange Geschichte ebenbürtiger Beziehungen zu den Muslimen in Ngaba verweist. Und dass Chinesen ernstliche Verletzungen erlitten hätten, war an diesem Tag der tödlichen Auseinandersetzungen nicht zu vermelden gewesen.

Das Geisterauge

Tsepey kam gerade noch lebendig aus Ngaba heraus. Er hatte einen Schlag mit einer Schaufel abbekommen und war benommen von dem Hieb auf den Kopf; er hatte auch einiges an Tränengas und Rauch eingeatmet. Bei einbrechender Dunkelheit schlich er über den morastigen Pfad am Fluss entlang aus der Stadt zurück zum Kloster Se, wo sein Motorrad stand. Als er später in der Nacht mit blutverkrusteten Haaren und Kleidern zu Hause ankam, wusste sein Vater auf Anhieb Bescheid.

»Du warst bei den Aufständischen mit dabei. Sieh zu, dass du fortkommst, ehe sie dich verhaften.«

Tsepey schluckte ein Schmerzmittel und stieg wieder aufs Motorrad. Irgendwie schaffte er es nach Chengdu, wo man seine Wunde nähte. Allerdings fühlte er sich in der Provinz Sichuan nicht mehr sicher. Da die Polizei nach ihm suchte, wie er von seinen Freunden erfahren hatte, machte er sich auf den Weg weiter Richtung Süden und landete irgendwann in Shenzhen. Hier,

Festgenommene Mönche in Ngaba, 2008.

an der Grenze zu Hongkong, hatte die chinesische Regierung in den 1980er-Jahren zum ersten Mal mit dem Marktkapitalismus experimentiert, und die nach wie vor schrille, pulsierende Stadt eignete sich bestens, um für ein paar Monate in der Menge unterzutauchen. Doch als Tsepey eines Tages in jenem Sommer im Internetcafé saß und mit Freunden über QQ chattete, den verbreiteten Instant-Messaging-Dienst, fror sein Bildschirm plötzlich ein. Zwei Polizisten schnappten sich seinen Rucksack und kontrollierten seine Reisepapiere. Eigentlich hatte er sich für so einen Vorfall vorsorglich den Ausweis eines Freundes geliehen, dummerweise aber befand sich der eigene ebenfalls im Rucksack. Einer der Polizisten prüfte eine Liste mit Namen.

»Er ist es«, verkündete er.

Eine Woche hielt man Tsepey im örtlichen Gefängnis fest. Dann trafen vier Polizisten aus Ngaba ein. Sie waren die 3200 Kilometer nach Shenzhen geflogen, um ihn abzuholen und zurückzubringen. Selbst die Gefängniswärter in Shenzhen fanden es erstaunlich, dass sie für einen Verdächtigen so weit angereist waren.

»Die Kommunistische Partei kontrolliert Himmel und Erde. Ein Davonlaufen gibt es nicht«, sagte einer der Polizisten aus Ngaba zu Tsepey. Sie waren stolz darauf, ihn über das Internet aufgespürt zu haben, mit einem Einsatz der Technologie, wie er damals noch neu war.

Letztlich entkam Tsepey nach alter Schule durch Stärke und List. Vor der Sicherheitsschranke am Flughafen musste die Polizei ihm vorschriftsgemäß die Handschellen abnehmen und fesselte ihn daher mit Klebeband so, dass die Hände am gegenüberliegenden Ellenbogen anlagen. Im Wartebereich zündeten sich die Polizisten eine Zigarette an und lasen Zeitung; der ältere zog sich die Schuhe aus. Die Atmosphäre war entspannt. Tsepey hatte keinerlei Widerstand geleistet und bereits mehrere Tage in ihrem Gewahrsam verbracht, auch mit ihnen geplaudert, charmant wie eh und je. Während der Wartezeit bat er, auf die Toilette gehen zu dürfen. Zwei jüngere Polizisten – schmächtige, junge Kerle, einen

Kopf kleiner als er – wurden beauftragt, ihn zu begleiten. Er überrumpelte sie, indem er sich ihrem lockeren Griff entwand und auf die Rolltreppen losraste.

Der Wartebereich befand sich auf der zweiten Ebene. Tsepey hastete die Rolltreppen hinunter, obwohl er mit seinen fixierten Armen kaum das Gleichgewicht halten konnte. Er hörte Leute hinter sich rufen, drehte sich aber nicht um, sondern rannte weiter bis zum Ausgang. Der Wachmann, der ihm dort entgegentrat und mit einem Knüppel die Nase blutig schlug, konnte ihn nicht aufhalten. Der Schmerz schoss ihm bis in die Augen. Er lief weiter nach draußen, quer durch den Verkehr bis auf eine niedrige Schnellstraßenbrücke, die ein Sumpfgebiet überspannte. Er sprang hinunter und landete im Morast. Mithilfe von Ästen konnte er das Klebeband lockern und abziehen. Nach Einbruch der Dunkelheit durchquerte er ein Maisfeld, bis er in besiedeltes Gebiet kam. Dort erzählte er einem älteren Ehepaar, er habe sich bis zur Bewusstlosigkeit betrunken und Handy und Brieftasche verloren. Tsepey war überzeugend. In der chinesischen Ferienanlage hatte er genügend geschauspielert, um den liebenswerten Trunkenbold zu mimen, die schmuddelige Kluft tat ein Übriges. Der alte Mann ließ ihn sein Telefon benutzen, damit er einen Freund anrufen konnte, der ihn abholte.

Nach den Protesten im März 2008 errichteten die chinesischen Behörden um das Kloster Kirti faktisch einen Belagerungsring. Sie verbarrikadierten das Hauptportal zum Kloster und kurz darauf auch die fünf kleineren Zugangswege an der Nordseite von den Bergen her. Zwar erwecken die hohen Lehmziegelmauern rings um die einzelnen Innenhöfe in der Siedlung am Kloster den Eindruck, dieses Labyrinth berge Geheimwege in die Anlage hinein und aus ihr heraus, doch jetzt waren sogar sämtliche Gassen versperrt. Die Mönche durften nicht zum Markt gehen, um ihre Einkäufe zu tätigen, und Besucher wurden nicht ins Kloster vorgelassen. Nicht einmal den Alten war es gestattet, die Gebetsmühlen zu drehen. Am folgenreichsten war jedoch das Verbot, das Kloster zu beliefern, das auch die Versorgung mit Lebensmitteln betraf.

Anfangs war es vor allem lästig. In der Regel sorgten Tibeter für härtere Zeiten vor und legten Vorräte mit *Tsampa* oder sonstigem Getreide an. Aber die Blockade erstreckte sich über Wochen und irgendwann über Monate. Wenn Angehörige der Mönche versuchten, Lebensmittelpakete abzugeben, wurden sie an den Toren abgewiesen. Außerdem wurde die Übertragung der Handysignale ausgesetzt und damit verhindert, dass sich die Mönche mit tibetischen Interessensgruppen oder anderen Stellen in Verbindung setzen konnten, die von den Repressalien hätten berichten können. Die Mönche beschwerten sich, dass es keine berechtigten Sicherheitseinwände gegen die Beschaffung von Essbarem gebe, doch sie bekamen keine Antwort. Sie von der Versorgung mit Lebensmitteln abzuschneiden war eine reine Strafaktion und erweckte den Anschein, als sollten sie zum Zweck der Unterwerfung ausgehungert werden.

Was an Essbarem vorhanden war, wurde geteilt, doch es reichte nie. Bis zum Ende des Jahres aß Dongtuk weder frisches Gemüse noch Fleisch. Zum Glück hatte seine Mutter seine Küche mit einem Vorrat von Ramen-Instant-Nudeln bestückt. Ohne die, so dachte er mitunter, wenn er sich in Selbstmitleid erging, wäre er vielleicht verhungert.

Nach einer Weile konnten einige Angehörige mit *Tsampa,* Butter und Käse Grundnahrungsmittel abliefern, doch andere drangen erst gar nicht bis ins Zentrum von Ngaba vor, weil sie nicht die richtigen Ausweise besaßen. Tibeter, die über den *Hukou* nicht als Anwohner des Stadtzentrums registriert waren, durften nicht hinein. An beiden Enden der Hauptstraße wurden Kontrollpunkte errichtet – einer in der Nähe des Klosters Se für den aus Osten kommenden Verkehr und einer beim Kloster Kirti zur Abriegelung des Verkehrs aus dem Westen. Sie sollten zu einer quasi dauerhaften Einrichtung in Ngaba werden. Manchmal waren sie unbesetzt und ermöglichten einen freien Durchgang, wurden aber nie ganz aufgegeben.

Nach einigen Wochen der Abriegelung rückten chinesische Sicherheitskräfte auf das Klostergelände vor und errichteten an strategisch ausgesuchten Stellen geschützte Unterstände. Ein Wachhaus mit Fenstern zu allen vier Seiten stellten sie neben das große gelbe Gebäude, das die Gebetsmühlen beherbergte. Ringsherum schichteten sie Sandsäcke auf.

Dann folgten die Videoüberwachungsanlagen. Die weißen Metallboxen, ungefähr so groß wie eine Stange Zigaretten, wurden unter Dachtraufen, auf Laternen und an Strommasten befestigt.

»Da ist das Geisterauge«, sagten die Tibeter, wenn sie daran vorbeigingen.

Eine Kamera war direkt gegenüber von Dongtuks Haus angebracht, gut einen Meter vom Fenster entfernt. Wenn sie filmte, blinkte sie rot. Dongtuk hätte gern gewusst, ob das Bildmaterial jemals gesichtet wurde oder ob das Gerät lediglich zur Einschüchterung diente. Einmal bewarf er es mit einem Stein, wovon allerdings niemand Notiz zu nehmen schien. Er hängte eine Robe vor das Fenster, sodass es zur Hälfte verdeckt war, aber nach einer Weile lernte er, die Kamera zu ignorieren. Es gab auch nicht viel zu sehen: Die meiste Zeit spielte er Karten, weil der Unterricht ausgesetzt und die Betzeiten stark eingeschränkt waren.

Die chinesischen Machthaber durchsuchten jeden Winkel des Klosters. Auf Befehl von Shi Jun, dem Kommunistischen Parteisekretär der Bezirksverwaltung, beschlagnahmten sie eine Kammer, in der rostige Messer und kaputte Musketen lagerten. Sie waren dem Kloster in einem traditionellen Akt von Buddhisten ausgehändigt worden, zur Demonstration ihrer Abkehr von der Gewalt. Die Chinesen qualifizierten die Waffen als Beweis für einen geplanten tibetischen Aufstand.

Fast 600 Männer wurden verhaftet – über ein Fünftel der Mönche in Kirti. Einige kehrten nach ein paar Tagen mit Verletzungen und mutlos zurück. Damals wusste Dongtuk nicht, was sie durchgemacht hatten; die Berichte hörte er erst später. Man hatte sie in einem Raum eingesperrt, der so überfüllt war, dass niemand mehr sitzen oder liegen und dementsprechend auch nicht schlafen konnte. Manche wurden geschlagen, andere nicht, aber alle waren gedemütigt worden. An den meisten Haftorten gab es keine Toiletten; die Mönche waren gezwungen, ihre Notdurft an Ort und Stelle zu verrichten. Man hatte sie in einem Laster mit offener Ladefläche zur Schau quer durch die Stadt gefahren. Dabei mussten sie mit nach vorn gebeugtem Oberkörper und weit nach hinten gebundenen Armen in der als »Flieger« bekannten qualvollen Position dastehen, die sich während der Kulturrevolution bei den Anklageversammlungen etabliert hatte. Um den Hals hatte man ihnen Schilder mit ihren Namen und den ihnen vorgeworfenen Vergehen gehängt.

»Separatist« war auf einigen zu lesen – die bevorzugte Bezeichnung der chinesischen Regierung für Angehörige der tibetischen Unabhängigkeitsbewegung. Auf anderen stand »Unterwanderung staatlicher Autorität«.

Wer nicht verhaftet wurde, musste zu weiteren Vorträgen zur »patriotischen Umerziehung« antreten. Sie ähnelten den Lektionen von Kirti ein Jahrzehnt zuvor, deren Kernbotschaft lautete, man dürfe den Buddhismus praktizieren, solange die Liebe zur Kommunistischen Partei an erster Stelle stand. Dieses Mal allerdings ging es weniger um den Versuch zu überzeugen als vielmehr um Einschüchterung.

Bei einer Prüfung wurde den Mönchen aus Kirti folgende Auswahlfrage vorgelegt:

Wie hoch ist die Gefängnisstrafe für jemanden, der sich der Gefährdung der staatlichen Sicherheit schuldig gemacht hat?
1. drei Jahre Haft
2. zehn Jahre Haft
3. lebenslange Haft

Die Propaganda konzentrierte sich auf die Person des Dalai Lama. Wie die chinesischen Regierungsstellen es darstellten, hatte er die Proteste unmittelbar initiiert und orchestriert. Die Propagandaexperten ließen sich immer abschätzigere Formulierungen zur Verunglimpfung des Dalai Lama einfallen.

»Der Dalai Lama ist ein Wolf in Mönchsrobe, ein Teufel mit menschlichem Antlitz und dem Herzen einer Bestie«, lautete der Spruch, mit dem Zhang Qingli, der Kommunistische Parteisekretär in der Autonomen Region Tibet, zitiert wurde. Den Kampf gegen den Dalai Lama bezeichnete er als »Schlacht auf Leben und Tod zwischen uns und dem Feind«.

Obwohl Menschenrechtsvereinigungen in der tibetischen Exilhochburg Dharamsala alle Informationen über die Proteste sammelten, erhielten sie von chinesischer Seite keinen Nachweis für eine Anstiftung zur Gewalt. Im Gegenteil, der Dalai Lama hatte die Angriffe auf chinesische Zivilisten in Lhasa in unmissverständlicher Schärfe verurteilt. »Sollten die Tibeter den Weg der Gewalt wählen, wäre er gezwungen abzutreten, da er sich ganz und gar der Gewaltlosigkeit verschrieben hat«, sagte sein Sprecher Tenzin Taklha.

Mönche mussten in – teils auf Video aufgezeichneten – Stellungnahmen erklären, dass sie dem Dalai Lama ihre Unterstützung entzogen. Exemplarisch waren Sätze wie »Ich lehne die Dalai-Lama-Clique ab«, »Mein Denken ist nicht von der Dalai-Lama-Clique beeinflusst« und »Ich werde bei mir kein Foto vom Dalai Lama aufbewahren«.

Bezüglich der Fotos herrschte jetzt die Strategie der Nulltoleranz. Herkömmliche Gemälde des Dalai Lama wurden zerrissen oder verunstaltet, sein Gesicht weggekratzt. Ein großes Porträt im Gebetsmühlenhaus wurde herausgerissen und zerstört.

Chinesische Inspektoren begannen, die Räumlichkeiten der Mönche nach unerlaubten Porträts abzusuchen. Die Chinesen nahmen diese Kontrollen überaus ernst. Für die Durchführung war eine Einheit der *Tejing*, wörtlich »Sonderpolizei«, zuständig, deren Beamte Gewehre und Sturmhauben trugen und von Kopf bis Fuß schwarz eingekleidet waren. Für Dongtuk sahen sie wie Dschihadisten aus. Sie platzten zu unangemeldeten Kontrollen herein und verwiesen die Mönche mit vorgehaltener Waffe des Raums. Dann warfen sie Kleidung und Geschirr, Bettwäsche, Bücher und Lebensmittel aus den Schränken. Zurück blieb ein Chaos. Oft verschwanden bei diesen Durchsuchungen auch Geld und Wertsachen. Smartphones waren damals noch nicht gebräuchlich, aber die Mönche hatten Fotos des Dalai Lama auf ihren Mobiltelefonen, die teils konfisziert wurden. Der eigentliche Übergriff bestand jedoch in der Respektlosigkeit gegenüber dem Dalai Lama. Die Mönche beschwerten sich, dass man sie oft zwang, die Porträts zu zerreißen oder mit den Füßen darüber hinwegzustapfen.

Mit dem Verbrennen des Koran lässt es sich zwar nicht ganz vergleichen, aber tibetische Buddhisten reagieren höchst empfindlich auf eine Entweihung von Bildern des Dalai Lama. Auch Tibeter, die sich nicht für Politik interessierten, nicht viel über die Exilregierung wussten und im Prinzip nichts gegen Chinesen hatten, gerieten über Beleidigungen des Dalai Lama unweigerlich in Wut. Er war schlicht und einfach ihr spirituelles Oberhaupt, die Reinkarnation von Avalokiteshvara, dem Bodhisattva des Mitgefühls, und traditionell der Schirmherr aller Tibeter. Das reale, in der buddhistischen Kunst geschaffene Bild unterstützt die Meditation und erinnert die Gläubigen daran, dass auch sie Erleuchtung erlangen können. Je entschlossener die Chinesen alle Hinweise auf den Dalai Lama zu beseitigen versuchten, desto stärker wurden die Tibeter an seine Bedeutung erinnert. Diese chinesische Kampagne war ausgesprochen kontraproduktiv. Sie setzte einen Kreislauf von Verbitterung und Missverständnissen in Gang.

Dass sie genötigt wurden, den Dalai Lama zu verleugnen, brachte die Mönche in Not. Viele weigerten sich und zerrissen die Prüfungsunterlagen. In den meisten Fällen hatte dies zur Folge, dass sie das Kloster verlassen und damit die einzige Lebensweise aufgeben mussten, die ihnen vertraut war. In Kirti und anderen Klöstern kam es zu einer Serie von Selbsttötungen, darunter auch die eines 75-jährigen Mönchs, der das brutale Vorgehen 1958 und auch die Kulturrevolution überlebt hatte, sich aber mit den jüngsten Anfeindungen nicht abfinden konnte. Ein junger sehbehinderter Mönch, gerade mal 20 Jahre alt, erhängte sich in Kirti. Im Abschiedsbrief eines etwa gleichaltrigen Mönchs stand: »Keine einzige Minute und erst recht nicht einen ganzen Tag will ich unter chinesischer Zwangsherrschft leben.«

Für die Mönche in Kirti war es der Zusammenbruch der Welt, die sie kannten. Ringsum lauerten bislang fremde Gefahren. Ihre bangen Vorahnungen verstärkten sich durch das Erdbeben, das Sichuan am 12. Mai 2008 traf. Es war eine nationale Katastrophe epischen Ausmaßes, das größte Erdbeben, das China seit 1976 erlebt hatte. Fast 70 000 Menschen starben. Das Epizentrum lag in der von Ngaba rund 240 Kilometer entfernten Stadt Wenchuan, das ebenfalls zum Regierungsbezirk Ngaba gehört. Der Regierungsbezirk blieb zwar ansonsten von größeren Schäden verschont, doch viele Menschen hatten Angehörige und Freunde verloren, darunter auch einige, die in der Nähe von Wenchuan inhaftiert gewesen waren. Wegen der Erdrutsche waren die Straßen zwischen Ngaba und Chengdu monatelang unpassierbar. Der einzige gute Nebeneffekt war, dass die Regierungsbehörden vorübergehend die Einschränkungen für religiöse Zeremonien im Kloster aufhoben, sodass die Mönche für die Verstorbenen beten konnten.

Für Dongtuk war dies eine Zeit nicht nur der Krise, sondern auch der Bewusstwerdung. Von klein auf hatte er von Menschen aus der Generation seiner Großmutter Berichte über die Verfolgung von Mönchen gehört, ihnen aber nie sonderlich viel Beachtung geschenkt. Das waren nun mal die Erinnerungen der Alten, deren Erfahrungen, so schien es, mit seinen eigenen nicht viel zu tun hatten. Jetzt aber sah er, dass die gegenwärtigen Umstände

Teil der kontinuierlichen Unterdrückung der Tibeter seitens der Chinesen waren.

In seiner reichlich vorhandenen Freizeit begann Dongtuk, sich tibetische Volksgesänge anzuhören, sogenannte *Dunglen,* eine in Amdo beliebte Musikrichtung. Der Name bedeutet wörtlich »Zupfen und Singen«. Es waren langsame, hypnotische Lieder, in denen die Sänger eine längst verlorene Liebe oder Heimat besingen und mitunter auch vage auf den Dalai Lama verweisen. Nun dienten sie zu Dongtuks politischer Erziehung. Die CDs waren verboten, aber in einigen Städten verkauften Ladenbesitzer sie unter der Hand. Sie öffentlich auszulegen wagten sie nicht. Zum Glück kannte Dongtuk jemanden, der mit Computern Bescheid wusste und seinen Freunden CDs brannte.

Dongtuks Lieblingssänger war Tashi Dhondup, der ein Lied mit dem Titel *1958 – 2008* aufgenommen hatte, in dem er das dunkelste Jahr mit der aktuellen Situation verglich.

Das Jahr neunzehnhundertachtundfünfzig
Als der grausame Feind nach Tibet kam
Als ehrwürdige Lamas verhaftet wurden
Das Jahr, dessen Schrecken noch immer in uns nachklingt …

Das Jahr zweitausendundacht
Als unschuldige Tibeter gefoltert wurden
Als Erdenbürger ermordet wurden
Das Jahr, dessen Schrecken noch immer in uns steckt.

Dieses Lied trug Taschi Dhondup eine 15-monatige Gefängnisstrafe für separatistische Umtriebe ein.

Feiern sollt ihr!

In dem Jahr nach Lhundup Tsos Tod trauerte Pema so sehr, dass sie kaum das Haus verließ. Sie machte sich Vorwürfe – sie hätte ihrer ungestümen Nichte verbieten müssen, während der Proteste auf die Straße zu gehen. Unablässig spielte sie in Gedanken durch, wie ihre Unterhaltung während des letzten gemeinsamen Mittagessens verlaufen war. Als sich Pema schließlich aufraffte, wusste sie nicht, wohin. Durch die vielen Kontrollpunkte war ihr Bewegungsraum bis auf wenige Straßen im Umkreis ihres Hauses eingeschränkt. Ihren Stand konnte sie nicht aufmachen, weil der Marktplatz abgesperrt und für die Öffentlichkeit nicht zugänglich war. Außerdem fehlten die Kunden, da die Bewohner der Dörfer keine Erlaubnis hatten, das Zentrum Ngabas zu betreten. Pema vermutete, dass *Tawa*, das Viertel im Umkreis des Klosters, damit als Ganzes bestraft werden sollte.

Wenn Pema angespannt war, fand sie normalerweise bei den rituellen Umkreisungen wieder Ruhe, doch Laien war der Zutritt zum Klostergelände inzwischen verboten. So musste sie zwangs-

Aufmarsch chinesischer Polizisten in Ngaba, 2011.

läufig zu Hause bleiben. Selbst wenn sie ihre Mantras rezitierte, hatte sie Angst, denn sie fühlte sich an die Verbote in ihrer Kindheit erinnert. Sie entfernte das Porträt des Dalai Lama, das sie, drapiert mit einem Seidenschal, liebevoll im Mittelpunkt ihres Altars aufgestellt hatte, und verstaute es gemeinsam mit ihrem Dalai-Lama-Amulett sicher in einem Schrank. Wie sie gehört hatte, konnte man ins Gefängnis kommen, wenn man mit dem Foto erwischt wurde.

Dechen übernahm die Rolle des Kuriers der Familie. Da sie für ihr Alter recht klein war, konnte sie noch als Grundschülerin durchgehen, was es ihr leichter machte, den Hindernisparcours zu bewältigen, der im Zentrum von Ngaba inzwischen errichtet worden war. Kinder wurden an den Kontrollpunkten seltener angehalten. Wenn es doch einmal geschah, konnten sie gewöhnlich mit einem Lächeln und einem freundlichen *Ni hao* passieren. Nach ein paar Wochen hatte Dechen einige Soldaten kennengelernt und unterhielt sich mit ihnen. Zum Teil waren es noch Teenager, wie sie bemerkte, nicht viel älter als sie selbst. Und manche waren auch sehr nett. Wenn Tibeter ins Kloster huschen wollten, um den Mönchen Lebensmittel zu bringen, drehten sie sich weg, als würden sie es nicht sehen. Im Grunde taten sie Dechen leid, weil sie den ganzen Tag auf ihrem Posten stehen mussten.

Manchmal holte sie den Soldaten etwas zu essen. Sie waren ganz verrückt nach den Keksen in Tierform, die in einer Bäckerei auf der anderen Seite der Stadt verkauft wurden. Sie gaben Dechen das Geld dafür und bezahlten außerdem 3 Yuan für die Fahrradriksha, die sie dorthin brachte. So wurde sie Kurier für beide Seiten. Bei ihren Einkäufen für die Tibeter wie für die Chinesen über die feindlichen Linien hinweg fühlte sie sich wie eine Doppelagentin.

Im Herbst 2008 kam Dechen in die Tibetische Mittelschule, wo ihre Loyalität auf die Probe gestellt werden sollte. Seit Tsegyam in den 1980er-Jahren dort unterrichtet hatte, war die Schule weit konventioneller geworden und orientierte sich am Kurs der Partei, besonders was den Geschichtsunterricht betraf. Tibetische Sprache und Literatur konnte man immer noch lernen, doch ansonsten wurden die Stunden ausschließlich in Chinesisch abgehalten.

Nach den Unruhen verstärkte die Schule ihre Kampagne gegen Bekundungen tibetischer Eigenständigkeit. In allen Klassenzimmern hingen Spruchbänder mit Parolen wie »Kampf dem Separatismus!« und »Wehrt euch gegen die Dalai-Lama-Clique!«. Bei den Schulversammlungen belehrte der Rektor die Schüler über die Untaten des Dalai Lama und verunglimpfte die an den Protesten Beteiligten als Randalierer. Sonntagabends fanden zusätzliche Unterweisungen über Mao Tse-tung und die Heldentaten der Roten Armee statt. Zwar hatte Dechen für alte chinesische Kriegsfilme geschwärmt, doch nun sank sie auf ihrem Sitz in sich zusammen und kämpfte gegen den Schlaf an.

Dechen war nicht die einzige Schülerin, die nach dem Aufstand im Jahr 2008 eine Veränderung durchmachte. Lhundup Tso war ausgesprochen beliebt gewesen, und ihr Tod riss ihre Klassenkameraden aus ihrer Lethargie. Obwohl manche eine Stelle im Verwaltungsapparat anvisiert hatten, für die man treu zur Kommunistischen Partei stehen musste, bekundeten sie nun Interesse für alles Tibetische – Sprache, Ernährung, Kleidung, Religion. Einige ältere Schüler verschrieben sich dem Erhalt der reinen tibetischen Sprache und vermieden die vielen aus dem Chinesischen entlehnten Begriffe. Obwohl alle Schüler fließend Chinesisch sprachen, verpflichteten sie sich, daheim ausschließlich ihre Muttersprache zu verwenden. Bei ihren Wochenendaufenthalten zu Hause warfen sie eine Münze in ein Schraubglas, wann immer ihnen ein chinesisches Wort entschlüpfte. Das vertraute chinesische *Diannao* für Computer wurde durch *Lok-le* ersetzt, das gebräuchliche *Shouji* für Mobiltelefon durch *Khapar*.

Unter Dechens Klassenkameraden fanden sich auch immer

mehr Anhänger einer Bewegung, die sich Lhakar nannte. *Lhakar* bedeutet übersetzt »Weißer Mittwoch« und bezieht sich auf einen wöchentlichen Feiertag zu Ehren des Dalai Lama. So wurde mittwochs ganz besonders auf die Einhaltung tibetischer Traditionen geachtet. Die Schüler trugen zu diesem Anlass die eigene Tracht, was zur Folge hatte, dass auch Dechen jetzt erstmals regelmäßig eine *Chuba* anlegte. Außerdem verpflichteten sie sich, nicht in chinesischen Geschäften einzukaufen oder in chinesischen Restaurants zu essen. Getreu dem buddhistischen Glauben verzichteten sie auch auf Fleisch – obwohl der Dalai Lama kurioserweise selbst kein Vegetarier ist. (Während meines Interviews im Jahr 2015 sagte er mir, er habe auf Anraten seines Arztes die vegetarische Ernährung aufgegeben, nachdem er an Gelbsucht erkrankt war.)

Ende 2008 wurden die Kontrollen in Ngaba gelockert. Die Kommunistische Partei badete sich im Erfolg der Olympischen Sommerspiele in Peking. Die Märkte durften wieder öffnen, und die Absperrungen rund um das Kloster Kirti wurden aufgehoben. Die Kontrollpunkte an den Ausfallstraßen der Stadt blieben unbesetzt, wenngleich man die Wachhäuschen stehen ließ. Man wusste nie, wann der Sturm wieder losbrechen würde.

Zu Beginn des Jahres 2009 schlossen sich viele einer weiteren Kampagne an, die dazu aufrief, das tibetische Neujahrsfest zu boykottieren. Losar ist das bedeutendste Ereignis im tibetischen Kalender. Zwar fallen die 15-tägigen Feiern, auch abhängig vom jeweiligen Ort, von Jahr zu Jahr auf ein anderes Datum, doch gewöhnlich finden sie in zeitlicher Nähe zu dem vom Mond bestimmten chinesischen Neujahrsfest statt. Traditionell essen die Tibeter an Losar *Momos* und eine aus Backteig hergestellte Leckerei namens *Khapse*. Sie verbrennen Räucherwerk und zünden harmlose Kracher. In diesem Jahr aber wollten die Tibeter nicht feiern, sondern die Tage für ihre Trauer nutzen und der Menschen gedenken, die im vergangenen Jahr ums Leben gekommen waren.

Eine ganz spezielle Ausprägung der chinesischen Herrschaft über Tibet besteht in der Beharrlichkeit, mit der die Regierung auf dem Bild von den glücklichen Tibetern besteht, die sich vor lauter Frohsinn die Zeit mit Singen und Tanzen vertreiben. Sie beruht auf dem historischen Anspruch der Kommunistischen Partei Chinas als Verteidigerin der Geknechteten. Um sich von den Sünden des Imperialismus zu entlasten, musste sie fröhliche Tibeter präsentieren, die sich der Führung der Chinesen begeistert unterwarfen. Unter riesigem Aufwand bringen die Propagandaexperten der Regierung zu diesem Zweck Fotos, Schriften und Bücher mit Abbildungen breit lächelnder Tibeter unters Volk. Das Staatsfernsehen veröffentlicht regelmäßig das Ergebnis sogenannter Umfragen, wonach Lhasa die »glücklichste Stadt« Chinas ist.

Vor einigen Jahren kam man chinesischen Regierungsschreibern auf die Schliche, die über gefakte Twitter-Accounts muntere Berichte vom Leben in Tibet gepostet hatten. (»Tibeter jubeln über Rekordernte bei der Hochlandgerste« lautete eine Schlagzeile 2014.)

Die Kein-Losar-Kampagne traf die Chinesen also genau da, wo es wehtat. Die Verärgerung war groß. Von Regierungsseite konterte man mit einem eigenen Feldzug der verordneten Heiterkeit; die Lokalverwaltungen organisierten Konzerte, Festzüge, Feuerwerke, Pferderennen und Wettbewerbe für Bogenschützen. Beamte verteilten Geld für abendliche Feste. Die Botschaft war klar: Feiern sollt ihr! Durchgesetzt wurde das Ganze mit einer großen Zahl an Festnahmen.

In Meruma versammelte sich eine Gruppe von Dorfbewohnern am ersten der 15 Feiertage draußen im Freien. Sie stellten sich nebeneinander in eine Reihe, dann setzten sie sich auf den Boden und senkten zum Zeichen ihrer Trauer den Kopf. Zum Essen zu Hause nahmen sie ein schlichtes *Tsampa*-Mahl ein – ohne Butter, auf die sie zu diesem Anlass verzichteten. Am nächsten Tag, als sie wieder zu ihrem stillen Protest zusammenkamen, wurden sie jedoch bereits von der Polizei erwartet und allesamt festgenommen.

Auf die Festnahmen folgte noch mehr Widerstand. Im ganzen Regierungsbezirk beteiligten sich Menschen an stummen Protest- und Fastenaktionen. Unter den Jugendlichen machte diese Bewegung rasch von sich reden. Als Dechen eines Tages wie üblich mit einer langen Hose bekleidet das Klassenzimmer betrat, kamen ein paar ältere Schüler auf sie zu. Sie erklärten, es werde eine besondere Gedenkfeier stattfinden, zu der die Mädchen in *Chubas* erscheinen sollten. Zur Mittagszeit fanden sich die Schüler wie üblich in der Kantine ein, doch anstatt zu essen, hatte man sie angewiesen, ihre Mahlzeit – Eintopf mit Würstchen – in den Müll zu kippen. Sie versammelten sich im Hof, setzten sich im Schneidersitz auf den Boden und begannen das Mantra zu summen: *Om mani padme hum.* Dechen sah, dass sie von chinesischen Kameramännern draußen vor dem Tor gefilmt wurden. Einige der älteren Schüler bewarfen sie mit Kieseln.

Unter den tibetischen Lehrern herrschte panische Angst. Sie wussten, dass sie sich vor den chinesischen Aufsichtsbehörden für den Ungehorsam der Schüler verantworten müssten. Die Eltern wiederum würden ihnen Vorwürfe machen, wenn man ihre Kinder festnahm. Deshalb baten sie die Schüler, ihre Aktion abzubrechen.

»Bitte, geht und esst eure Mahlzeit! Bitte!«, flehten sie. »Denn wie sollen wir das erklären?«

Wie Dechen noch gut weiß, fühlte sie sich damals hin- und hergerissen. Ihr knurrte der Magen, und sie wollte ihre Lehrer nicht in Schwierigkeiten bringen. Sie fürchtete allerdings auch, sich den älteren Schülern zu widersetzen, die das Fasten organisiert hatten. Gemeinsam mit ein paar Freundinnen fand sie einen Mittelweg und kaufte sich in dem kleinen Laden auf dem Schulgelände etwas zum Knabbern. Dabei wurden sie von den Jungs gesehen, die zu johlen und zu pfeifen begannen. Als der Schulrektor auf sie aufmerksam wurde und sie allein davongehen sah, versuchte er aus ihnen herauszuquetschen, wer die Anweisung zum Fasten gegeben hatte. Die Mädchen waren in Bedrängnis.

Einige Tage später tauchten die drei älteren Schüler, die die Proteste organisiert hatten, nicht mehr in der Schule auf. Ohne Erklärung verschwanden sie, einer nach dem anderen. Monate später kamen sie zurück. Sie weigerten sich, von ihren Erfahrungen zu berichten, und ihren Mitschülern wurde geraten, sie nicht zu löchern.

»Besser, ihr stellt keine Fragen, wenn ihr nicht auch festgenommen werden wollt«, warnte Dechens Lehrer.

Dechen gehorchte. Sie hatte schreckliche Angst.

Einer der Höhepunkte im tibetischen Kalender ist das dreitägige Gebetsfest Monlam, das gegen Ende der Neujahrsfeierlichkeiten stattfindet. Im Kloster wird ein riesiges Wandbild mit der Darstellung von Tsongkhapa, dem Begründer der Gelug-Schule, entrollt und aufgehängt. Die Mönche schlagen Trommeln, führen Maskentänze auf und verteilen Süßigkeiten an die Gläubigen. Ehe das Fest im Jahr 2009 begann, vermuteten die Mönche, dass die Behörden die Feierlichkeiten womöglich nur in kleinem Rahmen zulassen würden. Als sie dann von dem Gerücht hörten, das Fest solle komplett verboten werden, waren sie bestürzt, obwohl es sie letztlich nicht überraschte. Monlam war bereits während der gesamten Zeit der Kulturrevolution verboten gewesen. Und da es nach tibetischem Kalender häufig mehr oder weniger mit dem Jahrestag der Flucht des Dalai Lama nach Indien zusammenfiel, bot es immer wieder Anlass für Protestaktionen.

Dongtuk spürte die Furcht, die in der Luft lag, als der Feiertag näher rückte. Einige Mönche drohten mit Protesten für den Fall, dass die Gebete verboten würden. Im Umkreis des Klosters zogen weitere Truppen auf. Wie es aussah, bereiteten sich beide Seiten auf eine Auseinandersetzung vor.

Einige Tage vor dem offiziellen Beginn von Monlam ging Dongtuk zum Markt, um für das Essen Gemüse einzukaufen. Auf der Hauptstraße sah er einen hochgewachsenen, hageren Mönch, der um einen Streifenwagen herumschlich. Dongtuk kannte ihn vom Sehen her. Er war einige Jahre älter, hatte ein langes, schmales Gesicht und die gebückte Haltung eines Jugendlichen, der zu schnell gewachsen war. Wie er hieß, wusste Dongtuk nicht, und er hatte auch noch nie mit ihm gesprochen. Der Mönch spähte in den Streifenwagen, wobei er sein Gesicht auf der Beifahrerseite ganz dicht ans Fenster hielt, und trat dann voller Abscheu gegen den Reifen, bevor er sich mit großen Schritten davonmachte. Der Polizist, der im Auto saß, gab sich ungerührt. Die tibetischen Passanten auf der Straße aber verfolgten das Ganze besorgt, so wie Dongtuk selbst auch.

»Der Typ traut sich was«, dachte Dongtuk. »Offenbar fühlt er sich stark. Er will Stunk machen.«

Am 27. Februar legten die Mönche in Kirti ihre besten Roben und Umhänge an und warteten auf das Startzeichen zu den Zeremonien. Sie hatten sogar die leuchtend gelben Hahnenkammkappen aufgesetzt, die solchen Anlässen vorbehalten sind. Die *Puja*-Gebete, an denen alle Mönche teilnehmen, sollten um 14 Uhr beginnen. Dann wurden sie auf 15 Uhr verschoben. Irgendwann erklang die schalmeienartige *Gyaling,* die den Beginn der Gebete ankündigt. Doch als Dongtuk zur Versammungshalle kam, hörte er, dass die Zeremonie abgesagt worden war. Es hatte erneut Probleme gegeben.

Ein Mönch hatte sich mit Kerosin übergossen und angezündet. Es war auf der Hauptstraße geschehen, in der Nähe eines Polizeiautos. Dongtuk hatte seinen Namen noch nie gehört, aber aus dem aufgeregten Getuschel seiner Kollegen schloss er, dass es der junge Mann war, den er zwei Tage zuvor beobachtet hatte, wie er gegen den Reifen trat.

Überwältigt von Neugier versuchte er, zum Marktplatz zu kommen, um selbst nachzusehen, doch das Tor war versperrt – dieses Mal nicht durch die Polizei, sondern durch eine große Menge zumeist älterer Pilger. Sie waren bereits auf dem Weg zum

Kloster gewesen und wollten nun, wie so oft, die jüngeren Mönche schützen. Sie riefen Dongtuk zu, wieder hineinzugehen.

Der Mönch hatte bei seinem Eintritt ins Kloster den Namen Lobsang Tashi bekommen, war aber meistens Tapey gerufen worden. Sein längliches Gesicht und die fragend hochgezogenen Augenbrauen waren unverwechselbar. Er stammte aus *Tawa*, dem Viertel rund um das Kloster. Videoaufnahmen seiner Selbstverbrennung zeigen eine große, hagere, in Karmesinrot gekleidete, taumelnde Gestalt vor einem weißen Streifenwagen auf der Hauptstraße in Höhe der Kreuzung am Kloster. Der Mönch scheint wild mit den Armen zu gestikulieren, als wollte er etwas rufen. Er tanzt in einer rasch um sich greifenden Feuerkugel; Flammen schießen aus seinem Kopf und seinen schwenkenden Armen hervor. Dann ist er plötzlich in eine weiße Wolke gehüllt – der Schaum eines Feuerlöschers vermutlich – und läuft vom Streifenwagen fort. Niemand weiß, warum er die Richtung änderte, aber tibetische Menschenrechtsgruppen sagten später, er sei von drei Kugeln aus Polizeiwaffen getroffen worden.

Die Mönche in Kirti versammelten sich wieder vor der Halle. Traditionell wird der Leichnam eines Verstorbenen zu Gebeten zu seiner Familie nach Hause gebracht. Hier aber fehlte der Leichnam – Tapey war von Polizisten umringt und fortgebracht worden. So stimmten sie ihre Gebete ohne ihn an. Weinend und noch immer fassungslos bildeten sie einen Zug. Tapeys Familie wohnte in einem traditionellen tibetischen Haus mit einem ummauerten Vorhof. So viele wie möglich drängten hinein; die anderen blieben draußen vor dem Tor. Dann begannen sie ohne den Leichnam mit den Totengebeten und trösteten die trauernde Familie. Schließlich machten sie sich auf den Rückweg. Vor dem Kloster mussten sie feststellen, dass Polizisten alle sechs Eingänge versperrt hatten; erst nach stundenlangen Debatten und Überredungsversuchen ließ man die Mönche hinein. Dann aber erlebten sie an diesem an unerwarteten Wendungen reichen Tag eine weitere Überraschung. Tapey, für den sie gerade die Totengebete gesprochen hatten und dessen Familie um ihn trauerte, war nicht gestorben. Er hatte die Selbstverbrennung überlebt. Später zeigte man ihn in Propagandafilmen des chinesischen Fernsehens, in denen er – offenbar unter Drogeneinfluss – behauptete, er sei von gleichaltrigen Mönchen in Kirti zur Selbstverbrennung getrieben worden; sie hätten ihn verspottet, weil er sich im vorhergehenden Jahr nicht an den Protesten beteiligt hatte.

Insgesamt war der Vorfall bestürzend. Unter chinesischen Buddhisten haben Selbstverbrennungen eine lange Tradition und gelten als äußerste Hingabe an den Glauben. Gleiches gilt für Indien, wo sie sowohl unter den Buddhisten als auch unter den Hindus immer wieder vorkommen. Doch bei tibetischen Buddhisten waren Selbstverbrennungen – und Selbsttötungen ganz allgemein – verpönt. Sicherlich war der leibliche Körper vergänglich, aber seinem Leben selbst ein Ende zu setzen hieß, den natürlichen Kreislauf von Tod und Wiedergeburt überlisten zu wollen. Außerdem war es ein Akt der Gewalt gegen die im eigenen Körper lebenden Mikroben.

In Neu-Delhi verbrannte sich 1998 ein Exiltibeter namens Thubten Ngodrup, als die indische Polizei einen Hungerstreik von Angehörigen des Tibetan Youth Congress gewaltsam beenden wollte. Ein weiterer in Indien lebender Tibeter überlebte den Versuch der Selbstverbrennung, den er 2006 aus Protest gegen den Besuch des damaligen chinesischen Staatspräsidenten Hu Jintao unternommen hatte. Nichts an diesen vereinzelten und seltenen Ereignissen deutete darauf hin, dass sie eine ganze Bewegung einleiten würden.

Und nach Tapeys Aktion in Ngaba erwartete niemand, dass sich so etwas noch einmal wiederholen könnte.

Eingesperrt

Im Jahr 2009 litt Dongtuk weniger unter Repressionen als unter der typischen Jugendkrankheit chronischer Langeweile.

Im Kloster hatte er zu den aussichtsreichsten Studenten gehört, ein erstklassiger Schüler und Debattierer. Jetzt war er ein planloser 15-Jähriger mit frisch aufgeblühter Akne und schlechtem Betragen. Nach der Selbstverbrennung Tapays hatte sich an den Kontrollpunkten die Schlinge wieder zugezogen, mit dem Ergebnis, dass das Leben in der Stadt erstarb. Allerdings war Dongtuk mittlerweile geübter in der Kunst der Täuschung. Er lernte, wie man Kontrollpunkte umging und den Lehrern im Kloster etwas vorgaukelte. Zusammen mit seinen Freunden schwänzte er die Morgengebete und trieb sich in der Stadt herum. Manchmal fuhren sie per Anhalter oder mit dem Bus auch weiter hinaus. Einmal kamen sie bis zu der 320 Kilometer entfernt in der Provinz Gansu liegenden Stadt Lanzhou. Da ihnen jedoch bald das Geld ausging und sie per Anhalter nicht mehr fortkamen, mussten sie sich auf der Straße die Münzen für ihre Busfahrkarte zurückerbetteln.

Ngaba war zwar klein, doch es gab Versuchungen genug, um

Kontrollpunkt in Ngaba.

einen jungen Mönch auf Abwege zu führen. An der Hauptstraße gleich um die Ecke vom Kloster hatte eine KTV-Bar (das Kürzel steht für »Karaoke-Television«) eröffnet. Ihre Neonlichter warfen nachts grelle Regenbogen auf den Gehweg und rivalisierten mit dem leuchtenden Karmesin und Gelb des Klosters, das nun nicht länger das farbenfrohste Gebäude der Stadt war. Chinesische Männer fuhren in schwarzen Wagen mit getönten Scheiben vor. Hinter vorgehaltener Hand erzählte man sich, Prostituierte würden dort ihrem Gewerbe nachgehen. Dongtuk war zu jung und zu arm, um seine monastischen Gelübde auf die Probe zu stellen, aber kleineren Lastern gab er durchaus nach. Zwischen Bushaltestelle und Mittelschule hatte man ein Internetcafé eröffnet. Zwar waren etliche Websites durch die chinesische Zensur gesperrt, aber über den Messaging-Dienst QQ konnten junge Leute mit Freunden chatten, wenn sie nicht gerade Computerspiele spielten. Außerdem gab es die bei jungen tibetischen Männern beliebten Billardsalons, auch wenn die Lamas Poolbillard als die sechs Kreise der Hölle geißelten.

Wie viele junge Tibeter begeisterte sich Dongtuk für Korbball. Es war die beliebteste Sportart in Ngaba, und junge Leute spielten es auch auf fester Erde, wenn sich sonst kein geeigneter Platz fand. Dongtuk tat sich mit ein paar Kindheitsfreunden aus Meruma wie Phuntsog zusammen, der Größte und Athletischste aus der alten Bande. Der kleine und kurzsichtige Dongtuk war nicht der geborene Korbballspieler, machte dieses Defizit aber durch seinen Einsatz wett. Er kannte die Namen sämtlicher Spieler der amerikanischen Basketballliga NBA. Einen eigenen Platz gab es im Kloster Kirti nicht, aber die Jungen gingen in die Stadt und spielten auf den Schulhöfen.

Dongtuk hatte auch ein Faible für Filme. In Ngaba gab es kein Kino mehr, aber Restaurants und Teeläden verwandelten sich in improvisierte Vorführstätten und zeigten auf großen Bildschirmen DVDs. Während seine Freunde Kriegs- und Kung-Fu-Filme am liebsten mochten, ging Dongtuks Vorliebe mit tibetischen

Musikvideos in eine sanftere Richtung. Die Läden erhoben einen geringen Eintritt. Einmal stahl Dongtuk einem älteren Mönch einen Beutel voll Käse, verkaufte ihn auf dem Markt und sah sich von dem Geld Filme und Videos an.

Diese Eskapaden schadeten Dongtuks Ruf. Ständig meldeten sich die älteren Mönche bei seiner Mutter Sonam und klagten, er sei weggelaufen, nicht zu Gebeten erschienen oder habe sich mit Lehrern angelegt. Hinauswerfen konnte man ihn deshalb nicht, aber die Familie erwartete, dass er sich in absehbarer Zeit von seinen Gelübden lossagen und das Kloster verlassen würde.

Umso erstaunter waren sie, als nicht Dongtuk, sondern sein Halbbruder Rinzen Dorjee seinen Austritt aus dem Kloster verkündete. Er war immer der vorbildliche Sohn gewesen, liebenswert und ehrerbietig, so still, dass man seine Anwesenheit oft vergaß. Sicherlich gehörte er nicht zu den besten Schülern, doch sein sanftes Gemüt schien gut zum Leben als Mönch zu passen. Trotzdem kehrte er eines Tages in weltlichen Kleidern nach Meruma zurück und erklärte schlicht: »Ich bin jetzt kein Mönch mehr.«

Dass als Novizen aufgenommene Jungen mit Beginn der Pubertät das Kloster verlassen, ist nicht ungewöhnlich, entweder weil sie ihre Sexualität entdecken oder weil sie gegen andere Regeln des Klosterlebens aufbegehren. Oft gehen Jungen auch, weil die Familien ihre Arbeitskraft benötigen. Während es als furchtbare Sünde gilt, wenn ein Mönch gegen sein Gelübde verstößt, wird das Verlassen des Klosters und die Rückkehr in die weltliche Gesellschaft geduldet.

Rinzen Dorjee nannte keine Gründe. Die Frage seiner Eltern, ob er eine Freundin habe, verneinte er kopfschüttelnd. Er wollte einfach kein Mönch mehr sein. Zwar versuchte sein Vater ihn umzustimmen, doch er wusste, dass es zwecklos war. Bei aller Folgsamkeit hatte Rinzen Dorjee auch etwas Eigensinniges. Anders als Dongtuk, der als unbeständiger galt, ließ er sich von einem einmal gefassten Entschluss nicht abbringen.

Er arbeitete wieder für seinen Vater, hütete Yaks und Schafe und baute neben seinem Elternhaus einen kleinen Verschlag, um Tauben zu züchten. Hin und wieder redete er mit seinen Vögeln.

In Merumas traditionellen Familien sollte immer einer der Söhne Mönch sein. In religiöser Hinsicht hatte die Familie dadurch einen besseren Stand und bei Aufenthalten in der Stadt zudem eine Unterkunft.

Dongtuks Vater ging davon aus, dass sein anderer Sohn als Nächster gehen werde. »Wenn einer Probleme macht, dann er«, so seine Äußerung.

Dongtuk aber hatte keineswegs die Absicht, das Kloster zu verlassen. Im Gegenteil, seine kurze rebellische Phase hatte ihm vor Augen geführt, wie sehr er sein Klosterstudium vermisste. Er war nicht sonderlich kräftig, und das Reiten lag ihm nicht. Er konnte auch nicht so gut Gitarre spielen oder singen wie seine Idole. Ihm wurde klar, dass er schon immer hatte lernen und studieren wollen. Er dachte daran, wie er sich als kleiner Junge heimlich in den verschlossenen Altarraum im Haus seiner Mutter geschlichen hatte. Was sollte aus ihm werden, wenn nicht Mönch?

Dongtuk sprach mit Sonam. In Ngaba könne er seine Studien nicht fortsetzen, sagte er ihr. Da er noch nicht 18 sei, habe er nur eingeschränkte Möglichkeiten, am Klosterleben teilzunehmen. Er wolle nach Indien, der Geburtsstätte des Buddhismus, um sich dort weiterzubilden. Seine Mutter schüttelte darüber nur den Kopf.

»Wozu soll das gut sein? Nach Indien gehen nur Gelehrte, die den Buddhismus gründlich studiert haben. Einen dummen Jungen wie dich braucht man da nicht hinzuschicken.«

Sie trug ihm noch immer nach, dass er ihr mit seinem häufigen Schwänzen in Kirti Ärger bereitet hatte. Eine Reise nach Indien würde mindestens 20 000 Yuan kosten, etwa 4000 Euro. Bei einer körperlich behinderten, alleinerziehenden Mutter wie Sonam war das Geld stets knapp, und Dongtuks Vater trug so gut wie nichts zu seinem Unterhalt bei. Sonam ging ihre Finanzen durch.

Sie hatte vielleicht keine gute Schulbildung, aber ihr Geld konnte sie einteilen. Ein paar Jahre zuvor hatte sie sogar ihr Haus umbauen lassen und dafür einen Bankkredit aufgenommen, doch einen Jungen mit so schlechtem Betragen nach Indien zu schicken wäre wohl keine sinnvolle Investition.

Monatelang redete Dongtuk auf sie ein. Er bettelte und drohte. Wenn sie ihn nicht nach Indien gehen lasse, werde er wieder weglaufen und versuchen, irgendwo Geld zu verdienen, und sich dann allein durchschlagen. Da er so oft aus dem Kloster ausgerissen war, wusste Sonam, dass er es ernst meinte. Sie begann, bei ihren Bekannten nachzufragen. Nachbarn aus Meruma versprachen, etwas beizusteuern. Sonam war beliebt im Dorf; die Menschen würdigten, wie hart sie arbeitete, um ihre Einschränkungen zu meistern, aber sie besaßen selbst nicht viel.

Daraufhin wendete sie sich an einen in Indien lebenden Mönch, der auf eine ganz besondere Weise mit der Familie verbunden war. Als Junge hatte man in ihm die Reinkarnation ihres verstorbenen Onkels erkannt – jenes spitzbärtigen Lamas, dessen Porträt die Wand ihres Altarraums zierte. Er versprach, ihr finanziell unter die Arme zu greifen und für Dongtuk auch einen Platz in der Nebenstelle des Klosters Kirti zu finden, die 1990 in Dharamsala eingerichtet worden war.

Im Anschluss an seine Flucht aus Lhasa im Jahr 1959 folgten dem Dalai Lama etwa 80 000 Tibeter ins indische Exil. In den 1980er-Jahren kam es zu einer weiteren Welle. Teils handelte es sich um Aktivisten, die eine Festnahme fürchteten oder gerade erst aus politischer Haft entlassen worden waren, teils um Pilger, die vom Dalai Lama gesegnet werden wollten. Andere waren junge Leute mit Fernweh. Die vielleicht größte Gruppe stellten die rund 24 000 tibetischen Studenten auf der Suche nach Bildungsmöglichkeiten, die es für sie in China nicht gab. Über 70 von der tibetischen Exilregierung betriebene Institute boten jungen Tibetern einen modernen Unterricht, der weder mit der kommunistischen Propaganda Chinas noch mit Religion befrachtet war, ein Mittelweg zwischen staatlichen und klösterlichen Einrichtungen. Sie konnten dort ihre eigene Sprache und Geschichte lernen, dazu Englisch und mitunter auch Chinesisch. Andere Schulen wurden von Wohlfahrtsorganisationen und Klöstern betrieben.

Jahrzehntelang waren Tibeter auf einer ehemaligen Pilger- und Handelsroute, dem unmittelbar nordwestlich des Mount Everest verlaufenden Gebirgspass Nangpa La, durch den Himalaja gezogen. Aufgrund der Topografie und anhaltender Grenzstreitigkeiten zwischen China und Indien erschien es am praktischsten, sich zunächst nach Nepal zu wenden, wo die Menschen von speziell zu diesem Zweck gegründeten Flüchtlingsorganisationen aufgenommen wurden. Die in fast 5800 Metern Höhe verlaufende Route hatte ihre Tücken. Etliche Flüchtlinge litten unter Erfrierungen, Schneeblindheit und Höhenkrankheit. Im Jahr 2006 machte ein rumänischer Bergsteiger auf einer Expedition zum Cho Oyu kurz vor der Passhöhe Aufnahmen von chinesischen Soldaten, die das Feuer auf eine Flüchtlingskolonne eröffneten und dabei eine 17-jährige buddhistische Nonne töteten.

Obwohl es für Tibeter immer schon schwierig gewesen war, China zu verlassen, gelangten jedes Jahr mindestens 1000 von ihnen nach Indien. Doch seit den Unruhen des Jahres 2008 sind die Zahlen auf einige Dutzend zurückgegangen. Selbst der Nangpa La wurde gesperrt.

Die chinesische Regierung entwickelte eine Strategie, um Tibeter wirksam am Verlassen Chinas zu hindern. Sie verfuhr nach einem zweigleisigen System, wonach Bewohner mehrheitlich tibetischer Bezirke sowie Uiguren (die im Nordwesten lebenden Muslime) bei der Beantragung eines Reisepasses ein extrem kompliziertes Verfahren durchlaufen mussten. Nach Aussage von Human Rights Watch wurden 36 von 339 chinesischen Regierungsbezirken zu Gebieten deklariert, »in denen Reisepässe nicht auf Antrag ausgegeben werden«. Und die Bevölkerung dieser 36 Bezirke bestehe zu weiten Teilen aus Minderheiten.

»Ein Tibeter gelangt eher in den Himmel als an einen Pass«, klagte ein tibetischer Blogger.

Den wenigen glücklichen Tibetern, die in der Vergangenheit einen Pass bekommen hatten, wurde er unter diversen Vorwänden wieder entzogen, sei es wegen einer vorgeblich »sicheren Verwahrung«, sei es, um ihn durch einen neueren mit eingebautem Chip zu ersetzen, der biometrische Daten enthielt.

Obwohl es nie eindeutig ausgesprochen wurde, verbarg sich hinter dieser Strategie die Absicht, Tibeter aus dem Einflussbereich des Dalai Lama fernzuhalten. Wenn sie das Land nicht verlassen durften, konnten sie ihn auch nicht in Dharamsala aufsuchen oder sich einen der unzähligen Vorträge anhören, die der reiselustige Mönch überall in der Welt hielt.

Diese Ungerechtigkeit setzte den Tibetern mächtig zu. Es war die Zeit, in der aufstrebende, äußerst gut betuchte Chinesen ihre Flügel ausbreiteten und ganze Flieger in Richtung Paris und Venedig füllten, um sich am Glanz der großen, weiten Welt zu erfreuen. Ihre Kinder wurden auf Privatschulen und Universitäten in den Vereinigten Staaten geschickt, wo sie mittlerweile den größten Anteil der Studenten aus Übersee stellten. Die Tibeter wollten nicht mehr und nicht weniger als andere chinesische Bürger auch.

Dongtuk verlor beinahe den Verstand, als er nach Möglichkeiten suchte, wie er nach Indien kommen könnte. Die Kosten waren nahezu unerschwinglich, die Hindernisse, wie es schien, unüberwindbar. Außerdem brauchte man navigatorische Fähigkeiten, die er nicht besaß – nicht nur für die erfolgreiche Überquerung des Himalaja, sondern auch durch das Dickicht der chinesischen Bürokratie. Chinesisch sprach er kaum. Er hatte nicht einmal einen chinesischen Ausweis.

Dongtuk gelangte bis nach Lhasa, das auf dem Weg zur nepalesischen Grenze liegt. Anfangs kam er bei Verwandten seiner Mutter unter, aber nachdem man deren Haus nach Gästen ohne

Reiseberechtigung durchsucht hatte, musste die Familie ihn in einem Hotel unterbringen, das Bekannten gehörte. Seit den Protesten von 2008 verlangten die Behörden von Tibetern eine Genehmigung für den Besuch Lhasas, die den als Unruhestiftern geltenden Bewohnern Ngabas jedoch nur selten erteilt wurde. Sich ohne Papiere in Lhasa zu bewegen, machte Dongtuk Angst. Auf den Straßen patrouillierten sogar noch mehr Soldaten als in Ngaba. Die engen, gepflasterten Gassen des alten tibetischen Viertels waren durch Kontrollpunkte abgesperrt, auf den Dächern standen Scharfschützen.

Da man Dongtuk gewarnt hatte, dass Mönche genauer überprüft wurden, legte er seine Robe ab und besorgte sich Bluejeans. Er hörte auf, sich den Schädel zu rasieren. Das nachwachsende Haar war stachelig und ausgefranst, und als er es blond färben wollte, wurde es rot. Er kaufte sich eine große Sonnenbrille, um seine seit der Kindheit schwachen Augen vor dem grellen Sonnenlicht in Lhasas Höhenlage zu schützen. Jetzt sah er aus wie ein Punk, doch es war eine Aufmachung, an der chinesische Behörden weniger Anstoß nahmen als an der eines Mönchs.

Eigentlich hatte Dongtuk vorgehabt, sich eine Reisegenehmigung bis zur nepalesischen Grenze zu besorgen, aber für den Antrag fehlten ihm die nötigen Papiere. Zusammen mit einem Freund traf er sich mit einem Schmuggler, der ihnen für 20 000 Yuan (rund 4000 Euro) pro Person ein Auto zur Grenze besorgen wollte. Dies war jedoch die Summe von Dongtuks gesamtem Reisebudget, das die Lebenshaltungskosten in Lhasa bereits zur Hälfte verschlungen hatten. Er rief seine Mutter an und fragte sie um Rat.

Sonam sagte, sie könne das Geld besorgen, doch der Mönch, den sie im Anschluss zurate zog und der für sie in die Zukunft sah, riet ihr davon ab. Sie wies Dongtuk an, nach Hause zu kommen.

Entnervt kehrte Dongtuk heim. Für die nächsten Monate zog er wieder ins Kloster. Fast jeden Tag schwänzte er, um Korbball zu spielen, hatte daran allerdings keine rechte Freude mehr. Er war deprimiert und ging zu seiner Mutter zurück, wo er die ganze Zeit mit trostloser Miene im Haus hockte. Sonam war verzweifelt. Seinem Traum, nach Indien zu gehen, hatte sie sich anfangs entgegengestellt, doch inzwischen war sie überzeugt, dass es die einzige Möglichkeit war, damit sich die Bestimmung erfüllte und ihr Sohn ein Dasein als Mönch führen konnte – was ein neuerlicher Blick in die Zukunft auch bestätigt hatte. Sie beschloss, ihm zu helfen. Erneut lieh sie sich Geld, um Dongtuk dieses Mal auf die Reise nach Lhasa begleiten zu können und der Sache auf den Grund zu gehen.

Mehr Erfolg als Dongtuk war ihr nicht beschieden, aber die beiden erhielten einen entscheidenden Hinweis: Man benötige Unterlagen vom Amt für öffentliche Sicherheit in Ngaba, unter anderem die Bestätigung, dass Dongtuk nicht vorbestraft war. Man riet ihnen, die Behörden gleich im Anschluss an die chinesischen und tibetischen Neujahrsfeiertage aufzusuchen, wenn höherrangige Beamte noch in Urlaub waren und ihre milder gestimmten Untergebenen Dienst hatten.

Und so kam es, dass Dongtuk Anfang 2011 wieder in Ngaba war. Er hatte gemeint, sich aus einer unangenehmen Lage befreit zu haben, doch zur Zeit seiner Rückkehr war die Situation in der Stadt gefährlicher denn je.

Mönch in Flammen

Der 16. März 2016 war ein strahlender Tag. Ein Hauch von Frühling lag in der Luft, und erste Grasbüschel spitzten aus dem Schnee. Nicht mehr lange, und er würde seinen alljährlichen Rückzug die Hänge der Berge hinauf antreten. Dongtuk saß im Sammeltaxi auf dem Weg ins Zentrum von Ngaba, um sich ein Reisedokument zu besorgen, das er brauchte. Seine Mutter und seine Schwester begleiteten ihn. Doch am Kontrollpunkt am Stadteingang war ihre Fahrt zu Ende. Diesmal machten sich die Polizisten gar nicht erst die Mühe, nach Ausweispapieren zu fragen, sondern schickten den Minibus mit einer herablassenden Geste gleich wieder zurück. Da man als Tibeter gelernt hatte, sich an einer Straßensperre besser nicht in eine Diskussion mit den Polizisten zu verstricken, wendete der Fahrer, um die Reisenden wieder in ihre Dörfer zu bringen.

Dongtuk aber stieg aus. Er wollte den Rest der Strecke zu Fuß zurücklegen, erklärte er, und noch ehe ihn seine Mutter davon abhalten konnte, war er aus dem Wagen gesprungen. Sie standen

Der Mönch Phuntsog.

265

vor SINOPEC, Ngabas einziger Tankstelle, in der Nähe des Kontrollpunkts am östlichen Stadtrand.

Während Dongtuk unterwegs war, wurde ihm klar, dass in der Stadt etwas vorgefallen sein musste. Der Nachmittag war erst zur Hälfte verstrichen, und doch waren die Geschäfte bereits geschlossen und die Rollgitter heruntergelassen. Streifenwagen kamen aus dem Zentrum zum Kontrollpunkt und fuhren wieder los. Kurz entschlossen verließ Dongtuk die Hauptstraße und schlug den Weg ein, den die Einheimischen nahmen, wenn sie die Polizei meiden wollten. Er führte hinter dem Volkskrankenhaus und dem Amt für öffentliche Sicherheit vorbei, auf jenem Streifen, wo die Parkplätze in Brachland übergingen. Doch es war besser, er stapfte durch den Schlamm als für jedermann sichtbar auf dem Gehweg. Andere Tibeter machten es ebenso. Dongtuk wollte niemanden fragen, aber er spitzte die Ohren und konnte sich nach kurzer Zeit aus ihren Gesprächen zusammenreimen, was geschehen war.

Es hatte einen Vorfall gegeben. Einen Brand. Jemand hatte ein Feuer gelegt. Sich selbst angezündet. Ein Mönch des Klosters Kirti. Noch einer.

Dongtuk war sich darüber im Klaren, dass er eigentlich so schnell wie möglich zum Kontrollpunkt zurückkehren und das nächstbeste Auto nach Meruma nehmen sollte. Seine Lage war heikel. Ngaba war klein – er durfte nicht erkannt werden. Viele wussten von seinem Versuch, nach Indien zu gelangen, was an sich schon strafbar war. Seine Mutter hatte ihm eingeschärft, alles zu unterlassen, wodurch er auffallen könnte. Selbst Tibeter, die er gut kannte, waren womöglich Informanten, die die Polizei auf ihn aufmerksam machten. Dongtuk war inzwischen 17, also kein Kind mehr; er konnte festgenommen und ins Gefängnis gesteckt werden.

Wie gut, dass er in Lhasa sein Aussehen verändert hatte. Sein Haar war gewachsen und bildete einen rötlich braunen Helm, und gemeinsam mit der getönten Brille, die er trug, wirkte er we-

266

niger wie ein Punk, sondern eher wie eine Chinesin mittleren Alters. Ganz automatisch zog er sich den dicken schwarz-weißen Schal vor die untere Gesichtshälfte und strebte aufs Stadtzentrum zu. Er merkte, dass er schwitzte. Obwohl es erst März war, schien die Sonne mit stechender Kraft. Vielleicht aber spürte er auch nur die Intensität, die die Stadt erfasst hatte.

Er bog in eine Gasse zwischen den Geschäften ein und erreichte die Hauptstraße in Höhe des Marktplatzes. Gewöhnlich fand man dort ein Gewirr von Händlerkarren, auf denen Obst und Gemüse, Turnschuhe, Mützen und Schals angeboten wurden, und ein Menschengewimmel wie sonst nirgendwo in Ngaba. An diesem Tag aber war alles geschlossen.

Dongtuk konnte erkennen, dass die Selbstverbrennung hier stattgefunden haben musste. Polizisten bildeten eine Absperrkette, und um sie herum scharten sich tibetische Schaulustige. Auf dem Fußweg stand eine Schar alter Frauen, traditionell in dicke *Chubas* gehüllt, mit schwarzen Zöpfen und Halsketten mit riesigen Perlen, die aussahen, als kämen sie geradewegs aus dem Kloster. Sie weinten und schrien, beteten und kreischten, riefen einen Moment mit ihrem Mantra nach Mitgefühl und im nächsten nach Rache.

»*Om mani padme hum.*«

»Chinesische Schweinehunde!«

»Dreck sollt ihr fressen!«

»Euer Mund soll sich mit Staub füllen« – ein beliebter Fluch in Ngaba.

Dongtuk vergrub sich noch tiefer in seinen Schal, dann schlüpfte er zwischen den Frauen hindurch, um sich ein Bild zu machen. Vor einer kleinen Werkstatt für Metallöfen und gegenüber der Bar namens Chomolungma (der tibetische Name für den Mount Everest) klebte eine Spur von weißem Schaum auf dem Pflaster – wahrscheinlich Überreste der Feuerlöscher. Dongtuk wollte gerade wieder zurückweichen, als er auf dem Boden eine Streichholzschachtel aus Pappe und daneben die verstreut herumliegenden Streichhölzer sah. So rasch, dass niemand es mitbekam, griff er nach unten und steckte sie in die Tasche. Womöglich waren es die Streichhölzer, mit denen der Mönch sich angezündet hatte.

Eigentlich aber konnte Dongtuk es immer noch nicht fassen. Nach allem, was Tapey geschehen war – der Mönch, der seine Selbstverbrennung zwei Jahre zuvor überlebt hatte und nun als verstümmelter Invalide in einem chinesischen Gefängniskrankenhaus dahinvegetierte und gelegentlich zu Propagandazwecken im chinesischen Staatsfernsehen vorgezeigt wurde –, hatte er eine solche Tat nicht mehr erwartet. Wer war so dumm, es noch einmal zu versuchen? Oder – wer hatte solchen Mut?

Die Leute um ihn herum befanden sich offensichtlich im Schockzustand. Und noch etwas anderes bewegte sie. Nach diesem Vorfall hatten Polizei und Militär das Kloster Kirti gestürmt, offenbar um jemanden zu finden, den man für diese Aktion verantwortlich machen konnte. Daraufhin hatte man 25 Mönche festgenommen, die nun auf der Polizeiwache festgehalten wurden. Die ältere Bevölkerung, die sich zu den Verteidigern des Klosters ernannt hatte, zog vom Ort der Selbstverbrennung zum Bürgersteig gegenüber der Polizeistation, um über die Mönche bis zu ihrer Freilassung zu wachen. Eine jüngere, eher ungestüme Menge hatte sich direkt vor dem Eingang versammelt. Dongtuk hatte aus dem Geschehen bei den Protesten im Jahr 2008 genug gelernt, um zu wissen, dass alle Akteure ihre Plätze eingenommen hatten, was auf eine Wiederholung der Ereignisse hindeutete.

Zu diesem Zeitpunkt gab es für ihn keinen Grund, noch länger in Ngaba zu bleiben. Das Amt für öffentliche Sicherheit, in dem er seine Bescheinigungen hatte holen wollen, war ohnehin geschlossen. Wäre seine Mutter bei ihm, würde sie ihn jetzt wahrscheinlich anflehen, nach Meruma zurückzukehren. Doch noch immer trieb ihn die Neugier, die ihn bewogen hatte, in die Stadt zu gehen, anstatt am Kontrollpunkt wieder nach Hause zu fahren. Er hatte noch jede Menge Fragen und wollte herausfinden, was hier geschehen war. Das bisschen Geld, das er mitgenommen hatte und das eigentlich für die Verwaltungsgebühren gedacht war, würde gerade reichen, um sich für die Nacht ein Zimmer zu mieten. In Ngaba gab es jede Menge preiswerter Hotels, die von Dorfbewohnern bei ihren geschäftlichen Besuchen in der Stadt genutzt wurden. Um zu beobachten, was vor sich ging, entschied sich Dongtuk für eins, das direkt gegenüber der Polizeiwache lag. Natürlich gab es auch dort kein anderes Thema als die Selbstverbrennung und die Festnahme der Mönche. Dongtuk hielt sich aus den Gesprächen heraus, um nicht zu riskieren, dass man ihn erkannte, aber er blieb in der Eingangshalle und lauschte.

Zuerst meinte er, sich verhört zu haben, doch die Leute nannten immer wieder den gleichen Namen: Phuntsog. Zwar heißen viele Tibeter so, doch bei diesem handelte es sich um einen Phuntsog aus Meruma, und er gehörte zur Familie Jarutsang. Der Phuntsog, sein Freund. Er war zwar einige Jahre älter als Dongtuk, hatte aber in Kirti den gleichen Lehrer gehabt – so, als wären sie in die gleiche Schulklasse gegangen. Dongtuk hatte immer eine gewisse Scheu vor ihm empfunden, nicht weil er andere schikanierte, sondern weil er als Schüler wie auch als Sportler stets hervorragende Leistungen erbrachte. Zwar hatte Phuntsogs Vater als Schmied ebenso wie Dongtuks nur eine niedrige gesellschaftliche Stellung inne, aber die Jarutsangs waren eine große, angesehene Familie. Phuntsogs Großvater Dhondor war in den 1950er-Jahren einer der Anführer beim Widerstand gegen die Chinesen gewesen. Es hatte eine gewisse Logik: wie der Großvater, so der Enkel!

Phuntsog war ein starker junger Mann mit einem mitreißenden Lächeln. Vor einiger Zeit hatte er seine Leidenschaft fürs Gewichtheben entdeckt und in der Folge gern seinen durchtrainierten Körper gezeigt und seinen beeindruckenden Bizeps spielen lassen. Er war ausgesprochen stolz auf seinen Körper – eine Haltung, die sich mit dem lebenslangen Zölibat und der Askese des Daseins als Mönch zunächst nicht so ohne Weiteres vereinbaren ließ. Erst später wurde Dongtuk klar, dass Phuntsog seinem Körper vielleicht deshalb so viel Aufmerksamkeit gewidmet hatte, damit er eine würdige Gabe war, wenn ihn die Flammen verschlangen. Dongtuks Gefühle schwankten zwischen Ablehnung und Respekt. Er versuchte, sich die Qualen vorzustellen; dabei fiel ihm ein, wie sehr seine Hand geschmerzt hatte, als sie von den Funken der Rauchbombe versengt worden war. Wie war Phuntsog, jemand im fast gleichen Alter wie er, mit denselben Erfahrungen, der aus einer ähnlichen Familie stammte, zu der Entscheidung gelangt, sich mit Benzin zu übergießen und dann anzuzünden? Dongtuk tastete nach den Streichhölzern, die er auf der Straße gefunden hatte. Ob er selbst jemals den Mut aufbringen würde, etwas Derartiges zu tun? Wahrscheinlich nicht, gestand er sich ein. Doch als er vor dem Hotel stand und die wütende Menge sah, die sich vor der Polizeiwache versammelt hatte, wurde ihm klar, dass es Protestaktionen geben und er sich diesmal als junger Erwachsener mit Sicherheit daran beteiligen würde. »Zu jener Zeit war meine Bereitschaft zu sterben so groß, dass ich keinen Augenblick daran zweifelte«, erinnerte er sich später.

Gegen Mitternacht wurden die während des Tages festgenommenen Mönche von der Polizei in Ngaba freigelassen. Irgendjemand aus den oberen Rängen hatte anscheinend verfügt, dass man sich von offizieller Seite großmütig zeigen sollte – zumindest zum jetzigen Zeitpunkt –, um keine neuen Aufstände zu provozieren.

Phuntsog hatte mehr Erfolg bei der Umsetzung seines Vorhabens als Tapey. Er starb in der darauffolgenden Nacht um drei. Zu seiner Bestattung kamen mehr Menschen als je zuvor. Man versammelte sich auf einer Anhöhe ungefähr drei Kilometer von Kirti entfernt, die gewöhnlich für Himmelsbestattungen genutzt wurde. Im Fall Phuntsogs entschied man sich allerding für eine Kremation, weil er sich mit Benzin übergossen hatte und deshalb für die Vögel ungenießbar sein würde. Die Trauernden stiegen gemessenen Schritts in Schlangen den Berg hinauf und trugen ein langes weißes Band, das aus *Khatas,* den zeremoniellen weißen Schals, geknüpft worden war.

Dongtuk war von seiner Mutter verboten worden, zur Bestattung zu gehen. Seit seiner Rückkehr nach Meruma war Sonam inzwischen dermaßen in Sorge, dass sie ihn nicht mehr aus den Augen ließ. Sie hatte nur diesen einen Sohn, und sie würde nicht zulassen, dass er sich selbst verbrannte oder bei Protesten erschossen wurde. Wenn er in der Abgeschiedenheit ihres Heims Mantras sprach, sei das ebenfalls ein angemessener Ausdruck seiner Trauer um den Freund. Ausnahmsweise gab Dongtuk seiner Mutter recht. Doch nach wie vor war er innerlich wie auf dem Sprung und grübelte über mögliche Aktionen nach. Für den Sommer war ein Reiterfest geplant. Dongtuk war der Ansicht, Tibeter sollten keine derart ausgelassene Veranstaltung besuchen, und organisierte deshalb von zu Hause aus eine Kampagne, um sie zu verhindern. Als seine Mutter ausgegangen war, nahm er weißes Briefpapier und schrieb:

Bewohner von Meruma, überlegt euch gut, ob ihr an Festlichkeiten wie Hochzeiten und Pferderennen teilnehmen wollt. Besinnt euch auf euer Mitgefühl für den Märtyrer Phuntsog, der sich für unsere Sache geopfert und selbst verbrannt hat. Wir sollten alle zusammenstehen.

Diese Botschaft brachte er an drei Stellen in Meruma an: auf der Brücke, im Fenster eines Speiselokals und an einem kleinen Altar in der Nähe des Flusses. Als Sonam davon erfuhr, tobte sie vor Wut. Sie hatte bereits den Großteil ihrer Ersparnisse und mehr investiert, damit ihr Sohn seine Ausbildung in Indien fortsetzen konnte. Sie hielt es für notwendig, dass er Ngaba ein für alle Mal verließ, denn wenn er festgenommen würde, wäre das für ihn das Ende. Gemeinsam mit Dongtuks Vater kam sie zu dem Schluss, ihn zu seinem Halbbruder Rinzen Dorjee zu schicken und sie beide gemeinsam bis zum Jahresende Yaks hüten zu lassen.

Sonams Entscheidung, ihn aus dem Umfeld Kirtis zu entfernen und in die Berge zu schicken, war richtig gewesen. Zwar hatten sich die chinesischen Autoritäten am Abend nach Phuntsogs Tod um Deeskalation bemüht, doch sie waren nicht gewillt, seine Aktion ungestraft zu lassen. In den folgenden Wochen wurden 300 Mönche festgenommen. Man verfügte eine erneute Abriegelung des Klosters und sicherte die Anlage mit bewaffneten Soldaten, Stacheldraht, Hunden und gepanzerten Mannschaftswagen. Bald gingen die Lebensmittelvorräte zur Neige. Die Lokalverwaltung veröffentlichte ein Schreiben, in dem es hieß, ein Umerziehungsprogramm sei notwendig geworden, weil »Mönche des Klosters Prostituierte besucht und sich betrunken, Streit provoziert und sich an Glücksspielen beteiligt hatten … und einige hatten pornografische Filme in Umlauf gebracht«. Keiner in Ngaba glaubte diese Vorwürfe.

Da jemand, der bereits tot ist, nicht mehr für ein Vergehen belangt werden kann, suchten die Behörden nach neuer gesetzlicher Handhabe, um Strafen zu verhängen. So verhafteten sie einige Personen, die mit Phuntsogs Tod in Zusammenhang gebracht wurden. Als der Mönch mit seinen tödlichen Verletzungen auf dem Boden lag, hatte man ihn in einen Lieferwagen gehoben und ins Kloster Kirti gefahren, was von den Überwachungskameras aufgezeichnet worden war. Die Mönche sagten, sie hätten den Sterbenden aufgelesen, um zu verhindern, dass er weiter von chinesischen Polizisten misshandelt wurde. Denn zuvor hatten chinesische Beamte den am Boden liegenden Phuntsog getreten und geschlagen.

Das chinesische Gericht stufte die Maßnahme der Mönche allerdings als ein Vergehen ein, das als Tötungsdelikt zu werten sei, weil Phuntsog zu diesem Zeitpunkt noch am Leben war und in ein Krankenhaus hätte gebracht werden müssen. »Sie wussten, dass Phuntsog schwere Verbrennungen erlitten hatte. Sie fuhren ihn fort, obwohl er eigentlich eine notfallmedizinische Versorgung gebraucht hätte«, urteilte der Volksgerichtshof in Maerkang (Barkam, der Verwaltungszentrale des Regierungsbezirks Ngaba).

Phuntsogs Onkel, der an der Aktion beteiligt gewesen war, erhielt eine Haftstrafe von elf Jahren; bei zwei anderen Mönchen fiel sie geringer aus. Phuntsogs Vater und einer seiner Brüder wurden zu sechs Jahren verurteilt.

Dies war der Beginn eines in den darauffolgenden Jahren wiederkehrenden Musters. Jeder, den man mit einer Selbstverbrennung in Verbindung bringen konnte, riskierte eine Anklage wegen Mordes und Subversion. Im Dezember 2012 veröffentlichte Chinas Oberster Volksgerichtshof Grundsätze, nach denen eine Person, die zu Selbstverbrennungen aufrief, der »vorsätzlichen Tötung« beschuldigt werden sollte, zumal dahinter die Absicht stehe, »die Nation zu spalten … die öffentliche Sicherheit zu gefährden und den sozialen Frieden zu stören«, wie die Dui Hua Foundation, eine Menschenrechtsorganisation, vermeldete. Für eine Verurteilung reichte es aus, dass die Betroffenen im Vorfeld eine Bemerkung gehört oder Benzin verkauft hatten – oder auch nur die Plastikkanister, in denen Benzin transportiert werden konnte –, dass sie eine Selbstverbrennung fotografiert oder gefilmt oder auch nur Informationen über einen solchen Aktivisten an Menschenrechtsorganisationen weitergegeben hatten.

Doch wenn all dies darauf abzielte, die Selbstverbrennungen zu verhindern, erreichte man damit nur das Gegenteil. Mitte August verteilte ein Mönch in Ganzi (tibetisch Kandze), einer weiteren Region in Sichuan mit großen Spannungen, Flugblätter, in denen er die Rückkehr des Dalai Lama forderte, ehe er vor den Verwaltungsgebäuden seines Landkreises Benzin trank und sich anzündete. Am 26. September wiederholte Phuntsogs jüngerer Bruder Kelsang – ebenfalls Mönch in Kirti – gemeinsam mit einem 18-jährigen Freund aus dem Kloster die Selbstverbrennung seines Bruders an nahezu derselben Stelle. Mit dem gleichen offenen Lächeln und dem Kinngrübchen war der knapp 18-jährige Kelsang fast so etwas wie die jüngere Version seines Bruders. Kelsang und der Freund überlebten und wurden ebenso wie Tapey zur Abschreckung im chinesischen Fernsehen gezeigt.

Daraufhin verfeinerten die Aktivisten ihre Technik, um sicherzugehen, dass die Tat auch wirklich mit ihrem Tod endete. Sie packten sich in Decken, die anschließend mit Draht umwickelt wurden, sodass sie sich während der Löschaktionen nicht leicht entfernen ließen. Außerdem übergossen sie sich nicht nur mit Benzin, sondern tranken es auch, um innere Verbrennungen zu erzeugen. Sie wollten sterben, denn besser, sie waren tot, als mit amputierten Gliedmaßen in einem chinesischen Krankenhaus eingesperrt zu sein.

Am 7. Oktober kam es zur gemeinsamen Selbstverbrennung von zwei ehemaligen Mönchen aus Kirti, die das Kloster während der Abschottung hatten verlassen müssen. Kayang und Choepel, beide etwa 19 Jahre alt, hielten sich bei der Hand, als sie sich auf Ngabas Hauptstraße anzündeten. Sie wurden ins Krankenhaus gebracht, starben aber kurz darauf.

Zehn Tage später verbrannte sich vor dem Nonnenkloster Dechen Choekorling in Mamae, ungefähr drei Kilometer westlich von Kirti gelegen, eine ebenfalls politisch aktive 20-jährige Nonne. Während der Proteste des Jahres 2008 hatten sich die Nonnen dem Demonstrationszug angeschlossen, und eine von ihnen war von den Kugeln tödlich getroffen worden. Die 20-jährige Tenzin Wangmo, die sich nun selbst verbrannt hatte, war eine junge Frau, deren Schönheit durch die Kopfrasur erst richtig zur Geltung kam, wie das später von ihren Angehörigen veröffentlichte Foto zeigte. Sie war die erste Nonne, die ihr Leben als radikales Zeichen des Protests gegen die Unterdrückung ihres Volkes einsetzte.

Für die Propagandafachleute der Chinesen wurde es immer schwieriger, die Tibeter als glückliches Volk darzustellen. Eine Selbstverbrennung zog die nächste nach sich und die wieder eine neue. Sie fanden keinen Weg, die Proteste aufzuhalten.

Trauer

Noch nie war Ngaba so berühmt gewesen. Die abgeschiedene kleine Stadt, die gerade ihre erste Ampelanlage bekommen hatte – ein Ort, den selbst in der Provinz Sichuan bislang nur wenige gekannt und noch weniger besucht hatten –, brachte Tibet jetzt erneut in die Schlagzeilen. Als Welthauptstadt der Selbstverbrennungen unangefochten, schaffte sie es weltweit auf die Titelseiten der Zeitungen. Man beschäftigte sich mit ihr in Dokumentensammlungen und auf Kongresssitzungen und wissenschaftlichen Tagungen. Um nähere Informationen zu bekommen, beantragte Gary Locke, der US-Botschafter in China, eine Besuchsgenehmigung für Ngaba, aber man ließ ihn nur bis nach Songpan kommen, das ebenfalls Teil des weiträumigen Regierungsbezirks Ngaba, vom gleichnamigen Landkreis allerdings 160 Kilometer entfernt ist. Fremde waren in Ngaba von den chinesischen Behörden noch nie gern gesehen, aber es handelte sich

Fotos von Selbstverbrennungsopfern, Dharamsala.

schließlich auch nicht um einen Touristenort. Doch nun ließen sich Neugierige nicht so leicht abschrecken. Ausländische Fernsehteams versuchten, sich an der Kette der Kontrollpunkte vorbeizustehlen. Eine beliebte Methode bestand darin, dass der Berichterstatter auf dem Rücksitz zusammenkauerte und versuchte, durch das Autofenster Bilder einzufangen, die in der allgemeinen Verwirrung für Klarheit sorgen könnten.

Nicht nur Journalisten und Diplomaten bemühten sich um Zutritt in die Stadt. Tibeter aus anderen Gebieten kamen in der ausdrücklichen Absicht nach Ngaba, sich selbst zu verbrennen. Die Hauptstraße, die auf chinesischen Karten als Nationalstraße 302 oder Qingtong Lu vermerkt ist, wurde von Tibetern jetzt in Straße der Helden oder der Märtyrer – Pawo – umbenannt. Um ihnen den Zugang zu erschweren, wurden an den Zufahrtsrouten Kameras installiert, die mit grellem Blitz Aufnahmen von sämtlichen Fahrzeugen und deren Insassen machten. Panzersperren und hohe, schräg stehende Barrikaden aus Armierungseisen riegelten sämtliche Stadtzugänge ab und fanden sich an fast jeder Querstraße. Zwischen Fahrradtaxis und Händlerkarren erblickte man futuristische Fahrzeuge, ausgestattet mit modernster Kontrolltechnologie. Ein weißes Panzerfahrzeug hatte Schwenkkameras auf dem Dach, die sich auf Passanten richten ließen, ein anderes mit Tarnanstrich Maschinengewehre. Ein längliches weißes Gefährt war mit einem Geschützturm bestückt. Überdimensionale Busse fuhren mit blinkendem Blaulicht uniformiertes Personal an ihre Einsatzorte. Man sah auch herkömmliche Fahrzeuge – Truppentransporter mit Plane, Jeeps und Polizeiwagen. Ein gepanzerter Mannschaftswagen stand vor dem Yongali-Warenhaus vom »Bürstenkopf«, das 2008 von Protestlern geplündert worden war.

2011 überstieg Chinas Etat für innere Sicherheit mit gut 68 Milliarden Euro erstmals die Verteidigungsausgaben. Im Regierungsbezirk Ngaba wurde das Budget zur »Aufrechterhaltung der Stabilität«, wie es die Chinesen nannten, zwischen 2002 und 2009 ver-

276

sechsfacht und betrug laut einer Untersuchung von Human Rights Watch etwa das Fünffache der Ausgaben für nichttibetische Gebiete in der Provinz Sichuan. Wer dem Militär und wer der Polizei angehörte, ließ sich schwer sagen, da die Trennlinie für die Funktionen in China unscharf verläuft, aber es gab eine solche Vielzahl an Uniformen und Abzeichen, dass es etwas von einer Militärparade hatte. Die Spezialpolizei, die in Zweierreihen durch die Straßen marschierte, war schwarz gekleidet und mit Schutzschilden ausstaffiert, die bewaffnete *Wujing* trug Khaki oder Hellgrün mit roten Epauletten. Die Sicherheitskräfte hatten Gewehre, Schilde und stachelbewehrte Schlagstöcke dabei – und Feuerlöscher, der neueste und unverzichtbarste Gegenstand ihrer Ausrüstung.

Es war riskant, als Zeuge eine Selbstverbrennung mitzuerleben. Wie immer es auch ablief, wurden mindestens ein halbes Dutzend Menschen festgenommen. Etliche Festnahmen resultierten aus dem Gerangel, das um die Leichen entstand. Sobald jemand verbrannt war, stürzten Tibeter herbei und erhoben Anspruch auf den Leichnam, um ein Gebetsritual und die Bestattung abzuhalten. Lebte die betreffende Person noch, brachte man sie zum Sterben zu einer ruhigen Kultstätte. Es kursierten Horrorgeschichten über Opfer von Selbstverbrennungen, die sterbend in chinesischen Krankenhäusern gequält worden waren.

Im Verwaltungszentrum von Meruma zündete sich am 23. Dezember 2013 um zwei Uhr nachmittags ein Mann namens Kunchok Tsetsen an. Es war kurz vor Schulschluss, und einige Eltern standen in der Nähe, um ihre Kinder abzuholen. Als sie den Verbrannten sahen, eilten sie herbei und halfen, die Leiche in einen Transporter zu laden. Überwachungskameras nahmen die Szene auf, und alle beteiligten Eltern wurden festgenommen. Ein ehemaliger Mönch berichtete mir, seine Schwester, die ihre Tochter abholen wollte, sei an jenem Nachmittag verhaftet worden. Sie wurde zu einer dreijährigen Haftstrafe verurteilt.

Mit der Zeit wuchs unter den Tibetern Ngabas die Empörung über den besonderen Sicherheitskordon um ihre Stadt. Die örtliche Tankstelle SINOPEC in der Nähe des Klosters Se war von der Polizei mit Flatterband abgeriegelt worden. Benzin konnte man nur mit einem Ausweis bekommen. Benzin oder Petroleum in Kanistern zu kaufen war ebenfalls verboten, was die Tibeter vom Land, die bei ihren seltenen Fahrten in die Stadt ihre Vorräte wieder auffüllten, vor Probleme stellte. All jene, die keinen Stromanschluss hatten, benutzten nach wie vor Petroleumlampen.

Die Inhaberin einer Gemischtwarenhandlung wurde verhaftet, nachdem sie einem Mönch Petroleum verkauft hatte, der sich in der Folge anzündete. »Es war ein Familienbetrieb. Sie hatten viele Kinder. Der Ehemann flehte die Polizei an, stattdessen ihn mitzunehmen, aber sie gingen nicht darauf ein, denn sie war diejenige gewesen, die es verkauft hatte«, erzählte mir ein Nachbar. Es musste jemand bestraft werden.

Die größte Unannehmlichkeit bestand jedoch darin, dass Ngaba fast vollständig von Nachrichtenverbindungen abgeschnitten war. Betroffen waren sowohl das Festnetz als auch der Mobilfunk und 3G. Zwischen 2011 und 2013 konnte man Regierungsstellen in Ngaba selbst von Peking aus nur schwer erreichen. Die Polizeiwache und das Postbüro hatten eine Zeit lang noch Zugang zum Internet, doch dann wurde auch dieses komplett abgeschaltet und nicht nur zensiert, wie es in China meist der Fall ist. Daraus erwuchs das ganz neue Phänomen der »Internetflüchtlinge«. Bewohner aus Ngaba mussten über die Grenze in die Provinz Qinghai reisen, wo Internetcafés nach wie vor funktionstüchtig waren.

Geschäftsleute – darunter auch Chinesen – appellierten an Regierungsvertreter, die Verbindungen wiederherzustellen. Obwohl das wirtschaftliche Leben ohne Telefon und Internet quasi abgewürgt war, blieben die Behörden hart. Wenn sie die Selbstverbrennungen schon nicht verhindern konnten, wollten sie zumindest dafür sorgen, dass die Menschen nichts davon erfuhren. Eine Selbstverbrennung ohne jede öffentliche Aufmerksamkeit war so bedeutungslos wie ein in China umgefallener Sack Reis.

Allerdings ereignete sich in Ngaba nur sehr wenig, was nicht irgendwann mit einer Kamera festgehalten wurde. Tibeter nehmen neueste technische Errungenschaften bereitwillig an; auf Motorräder und Sonnenkollektoren folgte bei den Anschaffungen gleich das iPhone oder ein Samsung Galaxy. Viele Selbstverbrennungen wurden aufgezeichnet – ob per Handy oder durch die allgegenwärtigen Überwachungskameras – und veröffentlicht; es waren die ersten im Zeitalter sozialer Medien. Auf YouTube sind fast ein Dutzend Videos abrufbar, jedes ist auf seine Weise grauenvoll. Nur wenige, die sich anzündeten, besaßen die vollendete Selbstbeherrschung des vietnamesischen Mönchs Thich Quang Duc, der die ganze Zeit regungslos in vollkommenem Lotussitz verharrte. In den Videos aus Ngaba rast ein Mönch wie ein Feuerball durch eine schwach beleuchtete Straße. Ein anderer zuckt und zerfällt wie ein ins Feuer geworfenes Stück Papier. Wird ein Körper vollständig von den Flammen verzehrt, schrumpft er, geschwärzt und in sich verwunden, auf die Größe eines Kindes zusammen. Das Schlimmste sind die Schreie der Umstehenden – eine schrille Totenklage wie von einem Tier, das stranguliert wird.

Oft hinterließen die Menschen über die äußerst populäre Nachrichten-App WeChat Abschiedsbotschaften und Videos. Einer der wortgewandtesten war der angesehene reinkarnierte Mönch Lama Sobha, der in seinem neunminütigen Text unter anderem sagte: »Ich gebe meinen Körper als Opfergabe des Lichts, um die Dunkelheit zu vertreiben und alle Menschen vom Leid zu erlösen.« Ein anderer kündigte seine Selbstverbrennung über eine bei tibetischen Geschäftsleuten beliebte WeChat-Gruppe an, die für Gewaltlosigkeit eintrat.

Im November 2011 fragte man den Dalai Lama immer wieder nach seinem Standpunkt, und seine Stellungnahmen klangen oft konfus. »Mut ist vorhanden – außerordentlicher Mut. Aber wie viel Wirkung?«, sagte er gegenüber der BBC. »Mut allein ist kein Ersatz. Man muss sich seiner Weisheit bedienen.« Später erklärte er, er habe versucht, Mönche und Nonnen von der Selbstverbrennung abzubringen, ohne die Hinterbliebenen zu kränken und die Tat zu verurteilen. »In Wirklichkeit ist es so: Sage ich etwas Positives, werden es mir die Chinesen sofort vorwerfen. Sage ich etwas Negatives, dann mache ich die Angehörigen dieser Menschen sehr traurig. Sie haben ihr Leben geopfert. Es ist nicht einfach.«

Der Dalai Lama steckte in einer Zwickmühle. Die jungen Männer und Frauen, die sich das Leben nahmen, taten es in seinem Namen – sie hatten sein Foto bei sich und wünschten ihm lobsingend ein langes Leben. Die meisten, die vorab Stellungnahmen abgaben, sprachen von ihrem Anliegen, der Dalai Lama möge nach Tibet zurückkehren. Gleichzeitig bedeuteten ihre Selbstverbrennungen eine implizite Ablehnung seiner Strategie. Sein Aufruf zu Gewaltlosigkeit, Geduld und Kooperation mit den Chinesen kam nicht an. Mit den in Flammen aufgehenden Tibetern wurde sein Scheitern offenbar.

Auch für die tibetischen Menschenrechtsvereinigungen war die Situation verfänglich. Sie durften nicht den Eindruck erwecken, als würden sie junge Tibeter zur Selbsttötung ermutigen, aber die Selbstverbrennungen rückten ein Thema ins Bewusstsein der Öffentlichkeit, das schon lange aus den Schlagzeilen verschwunden war. Auf einer Weltbühne, die das Interesse am Selbstbestimmungsrecht von Völkern wie den Kurden und den Palästinensern immer weiter verlor und stets von den neuesten Schrecken im wiederkehrenden Nachrichtenzyklus aufgerieben wurde, standen die Tibeter nicht mehr im Rampenlicht. Die Selbstverbrennungen brachten sie dorthin zurück.

Im Mai 2012 veranstaltete das Collège de France in Paris eine zweitägige Konferenz unter der Überschrift »Tibet brennt: Selbstverbrennung – Ritual oder politischer Protest?« Die Wissenschaftler deckten viele Widersprüche in der buddhistischen Haltung gegenüber Selbsttötungen auf. »Selbstverbrennungen werden je nach der Zeit und der buddhistischen Schule, die man betrachtet, unterschiedlich gesehen«, schrieb die französische Tibetologin und Mitorganisatorin der Konferenz, Katia Buffetril-

280

le, in einer später erschienenen Publikation. »Wie es scheint, findet sich in dem einen oder anderen Text immer die Antwort, die man auch finden möchte.«

Sobald jemand argumentierte, dass Selbsttötung im Buddhismus verboten ist, hielt ein anderer dagegen, die Opfer der Selbstverbrennungen seien zu Bodhisattvas geworden, die ihr Leben dafür hingaben, dass andere Erleuchtung erlangten. Manche beriefen sich auf eine Geschichte, wonach sich Buddha in einer früheren Inkarnation einer Tigerin, die am Verhungern war, geopfert habe, um zu verhindern, dass sie ihre neugeborenen Jungen fraß. Auf der Suche nach einer Lehrmeinung, die Selbstverbrennungen rechtfertigte, führten andere das Lotos-Sutra an, eine bedeutende buddhistische Schrift, die um das 1. Jahrhundert unserer Zeitrechnung zusammengetragen wurde und in der ein als Medizinkönig bekannter Bodhisattva sich durch Verbrennung opfert.

Als sich die Wissenschaft eingehender mit der Geschichte der Selbstverbrennung beschäftigte, wurde so viel klar: Mit den chinesischen Buddhisten, unter denen es seit dem 4. Jahrhundert regelmäßig zu Selbstverbrennungen gekommen war, konnten sich die tibetischen nicht messen. Der Buddhismusforscher James Benn, der das Phänomen untersuchte, hatte Hunderte Fälle von Mönchen, Nonnen, Zen-Meistern, Gelehrten und Eremiten untersucht, die nach buddhistischer Begrifflichkeit ihre irdischen Körper preisgegeben oder verlassen hatten, um auf dem Weg zur Erleuchtung voranzuschreiten. Bisweilen war es ein Spektakel für geladene Gäste gewesen, eine echte Sound- und Lightshow. Wie beim Mönch Dadou: Bevor er sich im 6. Jahrhundert verbrannte, wurde sein Kloster in vielfarbige Lichtstrahlen gehüllt, und in der Umgebung hallten geheimnisvolle Klänge wider. Einige Aktionen wurden – möglicherweise von unzuverlässigen Chronisten – als spontane Selbstverbrennungen beschrieben. Als Methode der Selbsttötung gilt Feuer als ausgesprochen schmerzhaft, wobei der Schmerz durch die Zerstörung der Nervenenden schnell beendet sein soll.

In seiner klassischen Untersuchung zum Selbstmord aus dem Jahr 1897 unterschied der französische Soziologe Émile Durkheim zwischen drei verschiedenen Typen der Selbsttötung: egoistisch, altruistisch (jemand nimmt sich zum Wohl der Gesamtgesellschaft das Leben) und anomisch (der Betroffene befindet sich im Zustand moralischer Verwirrung). »Man nennt Selbstmord jeden Todesfall, der direkt oder indirekt auf eine Handlung oder Unterlassung zurückzuführen ist, die vom Opfer selbst begangen wurde, wobei es das Ergebnis seines Verhaltens im voraus kannte«, so Durkheim. Ein Wissenschaftler, der in dem Magazin *The New Yorker* zitiert wurde, bot eine überzeugende Erklärung: »Unter allen Todesarten wird die durch Feuer am meisten gefürchtet«, und entsprechend »vermittelt sich im Anblick einer Selbstverbrennung zum einen die Bekundung eines unerträglichen Akts und zugleich, ehrlich gesagt, auch moralischer Überlegenheit. [...] Das ist kein Irrsinn. Es ist auf entsetzliche Weise eine Tat der Vernunft.«

Anfangs zumindest waren die meisten Opfer von Selbstverbrennungen keine 30 Jahre alt, viele auch unter 20, und gehörten damit einer Altersgruppe an, die als höchst anfällig für »Suizidwellen« gilt. Psychologen verweisen mitunter auf den Werther-Effekt, so benannt nach Goethes 1774 entstandenem Roman *Die Leiden des jungen Werthers,* dessen Hauptfigur sich nach einer unglücklichen Liebesbeziehung das Leben nimmt. Dem Buch wurde nach seinem Erscheinen angelastet, zu zahllosen Nachahmungssuiziden in Europa angeregt zu haben.

Obwohl die Tibeter in Ngaba über internationale Vorkommnisse nicht unbedingt auf dem Laufenden waren, hatten doch viele vom tunesischen Gemüsehändler Mohamed Bouazizi gehört, dessen Selbstverbrennung im Jahr 2010 nach der Beschlagnahmung seiner elektronischen Waage eine Kette von Ereignissen auslöste, die den Arabischen Frühling herbeiführten. Nicht wenige unter ihnen malten sich aus, dies könne sich in gleicher Weise in China zutragen. Jamyang Norbu, ein in den USA ansässiger tibetischer Intellektueller und eloquenter Kommentator der Vorgänge in Tibet, schrieb im November 2011 in seinem Blog, Selbstverbrennung könne »das ultimative Opfer sein, um das tibetische Volk zum Handeln zu animieren, ganz so wie die Selbstverbrennung Mohamed Bouazizis die unterdrückten Menschen im Nahen Osten aus vielen, vielen Jahrhunderten der Angst und Apathie, des Zynismus und der Verdrossenheit wachgerüttelt hat«.

In der chinesischen Führungsriege lösten die Selbstverbrennungen Panik aus. Es ging nicht nur um den offenkundigen Gesichtsverlust. Peking war bereits nervös wegen der implodierenden Diktaturen in Tunesien, Ägpyten, Libyen und Syrien. Nach dem Vorbild zahlreicher arabischer Staaten organisierten junge Chinesen in der Hauptstadt prodemokratische Demonstrationen. Zwar wagten es nur wenige Chinesen, daran teilzunehmen, doch das internationale Pressekorps war zahlreich vertreten, was für eine entsprechende Berichterstattung sorgte.

Die chinesischen Staatsmedien gingen in die Offensive und versuchten mithilfe von Skandalgeschichten, die Opfer der Selbstverbrennungen zu diskreditieren. Unter der Überschrift »Wahrheit über die Selbstverbrennung« behauptete die staatliche Nachrichtenagentur Xinhua, die Jugendlichen hätten sich wegen schlechter Schulnoten umgebracht und weil sie der Konkurrenz nicht hatten standhalten können. Eine Frau habe mit ihrem trunksüchtigen Ehemann im Dauerstreit gelegen, ein Mann Schuldgefühle wegen des Diebstahls von 8000 Yuan gehabt. Der Lama hatte laut Xinhua ein Verhältnis mit einer verheirateten Frau.

Ein Mönch erzählte mir, dass auf die Angehörigen Druck ausgeübt wurde und sie angeben sollten, die Betroffenen hätten unter Depressionen gelitten. Einer seiner Bekannten aus Dzorge hatte bei einer Selbstverbrennung seine Frau verloren. »Du solltest sagen, dass deine Frau sich aus Kummer umgebracht hat«, legten die Machthaber dem Mann nahe. »Dann bekommst du auch Geld als Entschädigung für den Verlust.« Der Mann weigerte sich und wurde wegen Mitschuld an ihrem Tod verhaftet.

Bis zum November 2019 hatten sich 156 Tibeter selbst verbrannt, rund ein Drittel davon in Ngaba und Umgebung. Darunter waren 30 Mönche, die dem Kloster Kirti angehörten oder einst angehört hatten und zum größten Teil aus Meruma stammten. Fast alle Übrigen kamen aus Amdo und Kham, den östlichen Ausläufern des Tibetischen Hochlands. Selbst bei der einzigen Selbstverbrennung, zu der es vor dem Jokhang-Tempel in Lhasa kam, hatte es sich um einen früheren Kirti-Mönch aus Ngaba gehandelt.

Niemand wusste, warum Ngaba zum Schauplatz der meisten Selbstverbrennungen im Hochland wurde. Man konnte nicht sagen, dass es unter der chinesischen Herrschaft am schlechtesten wegkam. Den Bewohnern ging es finanziell besser als vielen anderen Tibetern. Und öffentliche Einrichtungen und die Infrastruktur waren in vielen tibetischen Städten der Provinz Qinghai, wo die Abwässer durch offene Straßengräben flossen und einstige Nomaden in Betonwohnblöcke umgesiedelt worden waren, oft weitaus schlechter. Gegenüber einer Kommission des amerikanischen Repräsentantenhauses äußerte der Kirti Rinpoche 2011 die Vermutung, es könne daran liegen, dass Ngaba der erste Ort überhaupt gewesen war, in dem Tibeter in den 1930er-Jahren auf chinesische Kommunisten trafen. »Die Menschen in dieser Region tragen eine besondere, seit drei Generationen schwelende Wunde, die außerordentliches Leid verursacht. Sie ist nur sehr schwer zu vergessen oder zu heilen«, so der Kirti Rinpoche.

Der Wissenschaftler Daniel Berounský, der einen Aufsatz zu der Pariser Konferenz beisteuerte, wies ebenfalls auf das hohe Maß an politischem Bewusstsein im Kloster hin. »Zieht man die geschichtliche Entwicklung mit Blick auf die Könige aus Ngawa [Ngaba] und die Kirti-Meister in Betracht, zeigt sich, dass die Mönche sehr stark von ihrer Vorgeschichte geprägt sind, die als Blütezeit angesehen wird.«

In einem seltenen offenen Brief, den ein tibetischer Parteikader in einem Forum veröffentlichte (wo er auch schnell wieder verschwand), wurde dem Parteisekretär des Bezirks Ngaba die Schuld zugewiesen. »Bei manchen hieß er der Oberste der Dämonen, weil er kleinere Vorfälle zu riesigen Auseinandersetzungen hochspielte, um das eigene Vorankommen zu sichern und sich möglichst beliebt zu machen«, schrieb er unter Verwendung seines chinesischen Namens Luo Feng. Er beschwerte sich darüber, dass tibetischsprachige Funktionäre von einer Beförderung ausgeschlossen waren und von den 600 kurz zuvor beförderten Parteifunktionären nur 20 Tibetisch sprachen. Als Tibeter, so schrieb Luo Feng, war man von Haus aus verdächtig.

In jedem Teeladen, jedem Zelt und jedem Haus waren die Selbstverbrennungen ein Thema. Normalerweise sprachen die Menschen dabei mit gedämpfter Stimme, denn darüber zu reden setzte Wissen aus erster Hand voraus, wofür man festgenommen werden konnte. Ein Mönch in seinen Siebzigern, der auf einem windumtosten Berg in einem Dorf knapp zehn Kilometer westlich von Ngaba lebte, erklärte mir, dass Selbsttötung im Buddhismus unter bestimmten Umständen zulässig sei.

»Es hängt alles von den Beweggründen ab. Wenn es jemand zum Wohl des tibetischen Volkes tut, wenn es dem Dalai Lama hilft, in sein Land zurückzukehren, wenn es für Rückhalt aus Amerika und der Europäischen Union sorgt und uns dabei hilft, ein unabhängiges Land zu werden, dann ist es das wert, oder nicht?« Eine Angehörige des Mönchs, die ein paar Jahre jünger war als er, widersprach. Sie war aufgebracht über einen jungen Mann, der sich in einem benachbarten Ort selbst verbrannt hatte. »Sein Vater ist auf beiden Augen blind. Seine Mutter hat Tuberkulose. Wir versuchen, die Familie mit Lebensmitteln und Geld zu unterstützen, aber niemand kümmert sich jetzt um die Eltern.«

Zumindest anfangs zündeten sich ausschließlich Mönche und Nonnen an, die nach dem Verständnis der Tibeter von der Verantwortung für ihre Familien freigestellt waren. Mit Laien verhielt es sich jedoch anders. Eine Selbstverbrennung, die auf breiter Front auf Ablehnung stieß, war die einer 32-jährigen verwitweten Mutter namens Rinchen. Ihr Mann war im Jahr zuvor gestorben. Sie hatte vier Kinder, das jüngste noch kein Jahr alt. Von Rinchen wurde berichtet, sie habe laut die Rückkehr des Dalai Lama nach Tibet gefordert, bevor sie sich am 4. März 2012 morgens um halb sieben vor der Kaserne in Ngaba anzündete. Was ansonsten in ihrem Leben geschehen war und sie zu ihrem Schritt bewogen haben könnte, weiß man nicht. Das einzige unscharfe Foto, das von ihr veröffentlicht wurde, zeigt eine attraktive Frau mit vollen Lippen, schwarzem Haar mit leichtem Seitenscheitel und einer Halskette aus Steinperlen.

Im Zusammenhang mit den Selbstverbrennungen heben die Tibeter immer wieder hervor, dass sie gemäß den Lehren des Dalai Lama zum Gewaltverzicht nur sich selbst etwas zuleide tun könnten. Ein Mann mittleren Alters namens Neykyab, der sich angezündet hatte, befand sich im Streit mit einem Nachbarn. Unmittelbar bevor er sich am 15. April 2015 auf dem eigenen Hof in Brand setzte, erklärte er in einer für Gewaltlosigkeit eintretenden WeChat-Gruppe, dass er sich eher das Leben nehmen würde, als seinem Nachbarn Gewalt anzutun. Die Tibeter stellten die Selbstverbrennungen oft den Gewalttaten in Xinjiang gegenüber, der Provinz im Nordwesten Chinas, wo bei regelmäßig wiederkehrenden Messerangriffen und Anschlägen mit selbst gebastelten Sprengsätzen alljährlich Dutzende Han-Chinesen durch Uiguren umkommen. In der Vergangenheit hatten Tibeter noch erbittert gegen die Rote Armee angekämpft, aber bei den Selbstverbrennungen richtete sich die Gewalt nach innen.

Mit Ausnahme eines Feuerwehrmanns wusste man von keinem Han-Chinesen, der durch Tibeter in Ngaba ernsthaft verletzt worden wäre. Nicht einmal bei einer Rauferei in irgendeiner Bar war ein Chinese von einem Tibeter geschlagen oder niedergestochen worden. Kaum zu glauben, dass es auch nicht nur einmal dazu gekommen wäre, doch entsprechende Berichte sucht man vergeblich.

Die Seilrutsche

Zufällig beobachtete Pema die erste Selbstverbrennung aus nächster Nähe. Im Winter 2009 betrieb sie noch immer ihren Stand mit den gefälschten Turnschuhen, als der Marktplatz von einem unnatürlich hellen Lichtblitz erleuchtet wurde. Er entstand, als sich der Mönch Tapey anzündete, was sie natürlich zu dem Zeitpunkt noch nicht wusste. Chinesische Soldaten bauten sich um den Mann herum auf, dann machten sie plötzlich eine Kehrtwendung, als fürchteten sie, in einen Hinterhalt geraten zu sein. Ihre Waffen zeigten nun auf die verdutzten Marktbesucher. Da Pema sich nirgendwo in Sicherheit bringen konnte, blieb sie wie erstarrt stehen. Sie war dem Ort des Geschehens so nahe, dass sie die verkohlte karmesinrote Robe des Mönchs und sein geschwärztes Gesicht sah, in dem seltsamerweise allein die Nase von den Flammen verschont geblieben war. Dann verfolgte sie, wie chinesische Soldaten ihn aufhoben und in den Laderaum eines Lieferwagens verfrachteten.

Mönch im nepalesischen Dorf Kodari, den Blick auf die Grenze nach Tibet gerichtet, 2014.

»Sie warfen ihn hinein wie ein Tier«, erzählte sie ihrer Familie später.

Die Szene verfolgte sie über Monate hinweg. Wegen ihrer Ängste ging sie immer seltener aus dem Haus. Wenn ihr ein Auto der Paramilitärs mit den Gewehren und Kameras begegnete, die aus dem Waffenturm ragten, fing sie an zu zittern. Für sie war es wie im Krieg. Sie fürchtete sich vor Wegstrecken, auf denen sie Kontrollpunkte passieren musste, obwohl sie neue Ausweispapiere besaß, für die man ihre Fingerabdrücke und ihr Foto eingescannt hatte. Ständig schaute sie sich um, weil sie glaubte, die Polizei sei hinter ihr her. Im letzten Jahr waren so viele Menschen festgenommen worden – Mönche, Schüler und Studenten, Hirten, Marktfrauen –, dass sie einfach nicht mehr zur Ruhe kam. Wenn sie an den Tod ihrer Nichte Lhundup Tso dachte, begann ihr Herz zu rasen.

Pema war stets stolz darauf gewesen, dass sie den Schicksalsschlägen, die sie erlitt – die arrangierte Ehe als Zweitfrau eines armen Mannes, den sie in der Blüte ihrer Jahre verlor, als sie ihn schließlich lieben gelernt hatte –, gefasst begegnet war. Als gläubige Buddhistin hatte sie sich das mit ihrem Karma erklärt. Doch jetzt, so merkte sie, war sie mit ihren Kräften am Ende. Ihre Angehörigen sagten, sie leide an der Windkrankheit, ein unter Tibetern gebräuchlicher Ausdruck für eine Angstphobie.

Pemas jüngster Schützling, ihre Nichte Dechen, war ebenfalls aus der Bahn geworfen worden. Sie hatte sich in der Mittelschule nie richtig eingewöhnen können. In dem Institut brodelten die Spannungen, die zum Teil politischer Natur waren, aber auch auf den typischen Problemen Pubertierender beruhten. Nach der ersten Selbstverbrennung 2009 hatte die Schulverwaltung wochenlang die Tore verriegelt, um die Schüler daran zu hindern, Proteste zu organisieren oder daran teilzunehmen. Einige Mutige kletterten durch die Fenster, Dechen aber wagte das nicht.

Da sie von der Mutter im Stich gelassen und von Vater und Stiefmutter als Belastung empfunden worden war, hatte sich in

Dechen eine große Wut angestaut. Allerdings wurde sie nicht mehr schikaniert wie noch in der Grundschule. Inzwischen hatte sie eine eigene Clique, fünf Mädchen, die hart im Nehmen waren und sich gelobt hatten, sich gegenseitig beizustehen. Immer wieder gerieten sie in Auseinandersetzungen mit anderen Jugendbanden. Eines Tages bedrängten die Mädchen aus ihrer Gruppe einen Jungen aus einer anderen. Einer von ihnen schubste sie zurück, worauf ein als gewalttätig bekanntes Mädchen einen Jungen schlug. Am Abend, als Dechen bereits vergessen hatte, was den Streit überhaupt ausgelöst hatte, merkte sie beim Ausziehen, dass hinten in ihrer Jacke ein langer Schlitz klaffte. Und auf ihrem Rücken zog sich ein flammender, offenbar von einem Messer stammender Schnitt entlang.

Zwar betrachtete Dechen ihre tibetische Herkunft auch weiterhin mit gemischten Gefühlen, doch durch die Ereignisse des vergangenen Jahres war ihre Begeisterung für den ursprünglichen Plan, perfekt Chinesisch zu lernen und sich um eine Stelle in der Verwaltung zu bewerben, beträchtlich abgekühlt. Für die chinesische Regierung zu arbeiten war inzwischen das Letzte, was sie sich vorstellen konnte.

So begann sie, die Schule zu schwänzen und die Hausaufgaben zu vernachlässigen. Wenn die Mittelschule ihre Schüler am Wochenende nach Hause fahren ließ, stahl sie sich abends fort und traf sich mit ihren Freundinnen. In der Vergangenheit waren sie zum Abhängen ins Internetcafé gegangen, aber da das Internet nun abgeschaltet war, konnten sie sich die Zeit nur noch mit Computerspielen vertreiben. Und da sich ein Internetcafé ohne Internet auf Dauer nicht halten konnte, wurde es bald darauf geschlossen. Den Jugendlichen blieb nur noch der Billardsalon oder der Karaokeklub.

Dechens Eltern waren entsetzt. Ihre Stiefmutter rief ihren Vater an, und der kam eilends aus Lhasa herbei, um sich seine Tochter vorzuknöpfen. Ihre erstbeste Lösung für die Probleme mit einer nicht zu bändigenden Jugendlichen war die gleiche wie die anderer Eltern auf der Welt auch, nämlich das störrische Mädchen fort und auf ein Internat zu schicken. Da die Chinesen jedoch fürchteten, Internate könnten zur Brutstätte nationalistischen Gedankenguts werden, hatten sie einen Großteil der tibetischen Einrichtungen geschlossen. Dechen musste also nach Indien übersiedeln, wo von der tibetischen Exilregierung und von Wohlfahrtsverbänden betriebene Schulen jungen Tibetern eine ausgezeichnete Ausbildung allein gegen Begleichung der Unkosten boten. Sie könnte dort nicht nur ihr Tibetisch sowie ihr Chinesisch verbessern, sondern auch Englisch lernen.

Dechen wusste nicht viel über Indien. Zwar betete sie zum Dalai Lama als dem Bodhisattva des Mitgefühls, doch sie hatte letztlich nicht realisiert, dass er ein im indischen Exil lebender Mensch aus Fleisch und Blut war. Dennoch erklärte sie sich auf der Stelle mit dem Plan ihrer Familie einverstanden – sie wusste, dass sie Ngaba verlassen musste.

»Ich möchte nach Indien gehen. Ich glaube, dort kann ich lernen, ein besserer Mensch zu werden«, sagte sie zu ihrem Vater.

Da Dechen erst 14 Jahre alt und, wie sie selbst zugab, nicht gerade die reifste unter den Jugendlichen war, brauchte sie eine Aufsichtsperson. Ihre Angehörigen kamen auf die Idee, Pema mit dieser Aufgabe zu betrauen. Zwar hatte Pema bekanntermaßen gesundheitliche Probleme, aber sie war auch eine äußerst verantwortungsbewusste Person. Schließlich hatte sie Dechen in der Vergangenheit schon einmal unter ihre Fittiche genommen, und sie war auch jetzt bereit zu helfen.

Als Dechens Vater erfuhr, dass die chinesische Regierung Tibetern neuerdings die Ausgabe von Reisepässen verweigerte, stand die Entscheidung fest. Ursprünglich war er davon ausgegangen, dass seine Familie damit keine Probleme haben würde, weil sie aus ihrer unpolitischen Haltung nie einen Hehl gemacht und sich von der Protestbewegung und sämtlichen anderen von den Chinesen als kriminell eingestuften Aktionen ferngehalten hatte. Außerdem war sie geschäftlich erfolgreich genug, um, wenn nötig, die Räder mit Geld zu schmieren. Doch das war mittlerweile unmöglich, und die Frauen würden den Landweg nehmen müssen.

Selbst dies erwies sich nun als schwierig. Für die Fahrt brauchte man nach wie vor eine Reihe von Reisedokumenten, ganz anders als 2006, als Pema mit dem Bus nach Lhasa fahren konnte, um dort die Asche ihres Mannes zu begraben. Und diese Reisedokumente wurden jetzt nur noch ganz selten ausgegeben, besonders, wenn der Antrag von Bewohnern aus Ngaba stammte. Lhasa liegt zwar südwestlich von Ngaba, doch zunächst wendeten sich die beiden Frauen in die entgegengesetzte Richtung, in die Provinz Gansu, wo Bekannte der Familie ihnen bei der Beschaffung der Papiere helfen sollten. Unterwegs besuchten sie einige Klöster und machten ihnen Geldgeschenke und entzündeten Butterlampen. Schließlich brauchten sie für ihre Reise nicht nur die richtigen Dokumente, sondern auch ein gutes Karma.

In Lhasa wohnte Dechen bei ihrem Vater. Sie ging allerdings kaum aus dem Haus, denn dass er die Berechtigung hatte, in der Stadt zu leben, war ein Privileg, das nicht automatisch auch für seine Kinder galt. Sie durfte also nicht auffallen. Pema wohnte bei einem anderen Verwandten und zeigte sich ebenfalls nur selten im Freien. Nur sonntags, wenn die Menschen um Barkhor, Lhasas altem tibetischem Viertel, ihre rituellen Umkreisungen durchführten, war die Menge so groß, dass man darin untertauchen und sich sicher genug fühlen konnte, um die Schönheiten der Stadt zu erkunden.

Nach drei Monaten gelang es Dechens Vater, für die beiden Frauen die begehrten Dokumente für den Besuch von Dham zu bekommen. Sie gingen davon aus, mit diesen Papieren auf der 750 Kilometer langen, über verschneite Pässe führenden Straße mit einem atemberaubenden Blick auf den Mount Everest im Süden bis zur Grenze vorzustoßen. Doch beinahe jede halbe Stunde wurde ihr Auto an einem Kontrollpunkt angehalten, um die Passagiere auszuhorchen. Am dritten Punkt brachte man Pema und

Dechen dazu in unterschiedliche Wachhäuschen. Die Polizisten stellten Dechen unzählige Fragen über ihre Freunde, ihre Familie, die Angehörigen, die sie in Dham besuchen wollten. Sie wussten derart viele Einzelheiten, dass Dechen der Verdacht kam, sie seien bereits im Vorfeld über ihre Pläne informiert worden.

»Sie wollen doch nach Nepal, oder? Und dann geht es weiter nach Indien, nicht wahr?«, setzten sie ihr zu.

Dechen war gut vorbereitet und ließ sich nicht aufs Glatteis führen, war sich zugleich aber sicher, dass Pemas Antworten im anderen Raum mit ihren nicht übereinstimmen würden. Schließlich übergaben die Tibeter sie an einen chinesischen Soldaten, und Dechen ging davon aus, dass ihr Plan aufgeflogen war. Doch der chinesische Soldat blinzelte ihr zu und gab ihr mit einer Handbewegung zu verstehen, ins Auto zu steigen und ihre Fahrt an die Grenze fortzusetzen. Sie wusste nicht, ob er einfach nur nett war oder Schmiergeld bekommen hatte.

Dham war das Tor zwischen der Volksrepublik China und Nepal, der letzte Halt für die Lkw-Fahrer, die billige Industrieexporte – Reiskocher, Handys, DVDs, Turnschuhe und Kleidung – aus China heranschafften. Der chinesische Staatspräsident Xi Jinping bezeichnet diesen Handelsweg gern als die »neue Seidenstraße«. In den 1980er- und 1990er-Jahren waren Ngabas Unternehmer wie Norbu in Dham noch groß im Geschäft und kontrollierten weite Teile des Handels. Doch 2010, bei der Durchreise von Pema und Dechen, befanden sich die meisten Firmen bereits im Besitz von Chinesen. Ihre Laster überquerten die Grenze auf der Sino-Nepal-Freundschaftsbrücke mit ihren Stahlbögen, die zu dem in den 1960ern erbauten Friendship Highway gehörte – Namen, die auf die enge Verbindung zwischen China und Nepal verweisen sollen.

Pema und Dechen konnten die Brücke allerdings nicht überqueren, weil sie keine Pässe besaßen und ihre Papiere nur für die Reise bis Dham galten. Sie warteten drei Tage – erneut ohne das Haus zu verlassen –, bis zwei Männer kamen, die sie auf einer von

Furchen durchzogenen, unbefestigten Straße zur Grenze fuhren. Als sie mit dem Auto nicht mehr weiterkamen, schlugen sie sich durch die Landschaft, durch Wälder mit dicht an dicht stehenden Nadelbäumen und stacheligem Unterholz. Stellenweise war der Weg so steil, dass sie ihn auf ihrem Hinterteil hinunterrutschen mussten. Ihre Handflächen bluteten. Man hatte ihnen zuvor zwar geraten, sich Handschuhe zu besorgen, aber es war ihnen zu gefährlich erschienen, dafür vor die Tür zu gehen.

Irgendwann endete der Pfad am Rand einer Klippe. In der Schlucht unter ihnen floss der Sun Kosi, der Grenzfluss. Er ist zwar nicht tief, aber reißend und stürzt sich tosend über zerklüftete Felsen, die so steil aufragen, als wollten sie die Betrachter herausfordern: Wetten, dass du dich nicht an die Überquerung wagst?

Auf der gegenüberliegenden Seite entdeckten sie einen Mann, der mithilfe eines langen Hakens ein Seil aus dem Wasser fischte. Ihr Führer hatte ein anderes in seiner Tasche dabei. Als der Mann auf Dechen zutrat, ihr das Seil zwischen den Beinen hindurchzog und dann um ihre Schulter und ihre Taille schlang, ehe er es über das Seil warf, das den Fluss überspannte, begann Dechen vor Angst zu zittern. Er hatte ihr ein Gurtzeug angelegt. Und sie verstand: Dies war die Seilrutsche, die sie über den Fluss bringen sollte. Aber das würde sie nicht durchstehen. Unvorstellbar, dass sie sich auf so etwas einließ!

»Nein, nein, das kann ich nicht!«, kreischte sie.

»Nun komm schon, Kleine«, lockten die Männer sie. Pema war bereits ohne Murren hinübergeglitten. Die Schleuser gerieten in Sorge und mahnten Dechen, leise zu sein.

Die stemmte beide Füße fest auf den Boden und grub die Fersen in die Erde – wie ein störrischer Esel, der sich nicht mehr von der Stelle rührt. Doch ehe sie erneut laut werden konnte, gab ihr einer der Führer einen Stoß. Sie verlor das Gleichgewicht und stolperte über den Rand der Klippe. Unter sich sah sie das tosende Wasser, das milchig über die Felsen strömte. Sie schrie. Und sie schrie noch immer aus voller Kehle, als sie auf der anderen Seite ankam. Der Mann mit dem Seil fing sie mit beiden Armen auf und hielt ihr im nächsten Augenblick den Mund zu.

Nun waren sie zwar auf dem nepalesischen Flussufer angekommen, aber sie konnten noch nicht aufatmen. Denn sie waren auf Gedeih und Verderb den Menschenschmugglern ausgeliefert, rauen Kerlen, die Tibetisch im Sherpa-Dialekt sprachen, den die beiden Frauen kaum verstanden. Pema erwartete schon fast, dass man sie ausrauben und vergewaltigen würde. Dechen und sie hatten seit ihrem Aufbruch aus Dham nichts gegessen. Sie hätte eigentlich gern Instant-Nudeln gekauft, doch sie scheute sich, ihre Börse zu öffnen und den Schleusern zu zeigen, dass sie Geld besaß. Außerdem mussten sie nach wie vor den langen Arm Chinas fürchten. Im Grenzgebiet wimmelte es von Zivilstreifen chinesischer Polizisten, große Männer in schwarzen T-Shirts, die sich nicht scheuten, auf der Straße laut Mandarin zu sprechen und damit ihre eigentliche Aufgabe zu enthüllen. An Bäumen und Felsen hingen Kameras. Durch den Bau unzähliger Infrastruktur- und Touristenprojekte hat China die Rolle als wichtigster Geldgeber des verarmten Nepal von Indien übernommen, wie der etwa drei Milliarden Dollar teure Freizeitpark in Lumbini zeigt, an jenem Ort, der der Überlieferung nach die Geburtsstadt des historischen Buddha Siddhartha Gautama ist. Außerdem spricht man von einem Tunnel, der quer durch den Mount Everest führen soll. Diese Entwicklungshilfe ist unter anderem an die Bedingung geknüpft, dass man ein wachsames Auge auf die tibetische Gemeinde hat. (Im Oktober 2019 drängte der chinesische Staatspräsident Xi Jinping die nepalesische Regierung zur Unterzeichnung eines Auslieferungsabkommens, das eindeutig auf tibetische Aktivisten abzielt, die sich über die Grenze geflüchtet haben.)

Erst als sie in Kathmandu in dem vom UN-Flüchtlingsrat eingerichteten und geführten Empfangszentrum zur Registrierung von Tibetern eintrafen, fühlten sich die beiden Frauen wieder sicher.

Insgesamt hatte ihre Reise vier Monate gedauert. Dechens Vater verriet nie, was sie ihn gekostet hatte, doch üblicherweise bekamen Schleuser wie die Männer, die sie über den Fluss gebracht hatten, pro Kopf 10 000 Dollar.

Und das allein, weil sie keine Pässe besaßen: Air China bietet Direktflüge von Chengdu nach Kathmandu an, die etwas über drei Stunden dauern und rund 250 Dollar kosten.

Nach Phuntsogs Selbstverbrennung musste sich Dongtuk auf Anweisung seiner Mutter verstecken. Sie wollte dafür sorgen, dass er weder in die Nähe des Zentrums von Ngaba oder von Meruma oder sonst einem Ort kam, wo er eine Dummheit anstellen oder ihm eine falsche Bemerkung entschlüpfen konnte. Dies bedeutete die Rückkehr zum Hirtenleben, fernab jeglicher Zivilisation und jeglicher Menschen. Er blieb einige Monate im Winterhaus seines Vaters und wartete, dass es warm genug wurde, um auf die Weiden zu ziehen. Als die vom schmelzenden Schnee zurückgelassenen kahlen Flecken von einer Grasdecke überwachsen waren, zogen sie mit den Tieren los in die Berge.

Dongtuk begleitete seinen Halbbruder Rinzen Dorjee. Die Auszeit würde es ihm ermöglichen, den anderen genauer kennenzulernen, aber auch zu üben, sich besser im Sattel zu halten. Sie verbrachten die Tage, indem sie – oft schweigend – nebeneinander durch die Berge ritten. Dies war die tibetische Lebensart, und Dongtuk sah, wie glücklich es Rinzen Dorjee machte, unter dem unendlichen Himmel dahinzuziehen, anstatt im Schneidersitz in einem engen Raum im Kloster zu hocken, Schriften auswendig zu lernen oder in einem Rededuell seinen Standpunkt zu verteidigen. Sie übernachteten in einem schwarzen Filzzelt. Rinzen Dorjee hatte Dongtuk gesagt, er könne nur draußen im Freien richtig fest schlafen, wenn er das Schnaufen und die Bewegungen der Yaks hörte. Dongtuk aber litt unter schrecklicher

Schlaflosigkeit. Für ihn war es der langweiligste Sommer seines Lebens.

Zwar hatte man die Halbbrüder als Kinder zusammengebracht, aber sie waren sich nicht wirklich nahegekommen. Dongtuk, redselig und neugierig, und der schweigsame Rinzen Dorjee gehörten in Kirti verschiedenen Unterrichtsgruppen an und hatten jeweils ihren eigenen Freundeskreis. Allerdings machten sie in jenen turbulenten Jahren die gleichen Erfahrungen: die Schließung ihrer Schule, die Absperrung des Klosters, die Proteste und die Festnahmen, die Selbstverbrennungen. Beide sorgten sich um die Bewahrung der tibetischen Kultur, obwohl es Rinzen Dorjee dabei weniger um das Kloster ging als um das Leben als Halbnomade und Hirte. Einer wie der andere war mit Phuntsog aus ihrem Dorf befreundet gewesen, und auch Rinzen Dorjee fand die Vorstellung, dass ein menschlicher Körper von den Flammen verschlungen wurde, entsetzlich. Aber er bewunderte den Mut, den man brauchte, um eine solche Tat durchzuführen.

»Er hat begriffen, wie man die Aufmerksamkeit der Chinesen erringt, nicht wahr?«, fragte er Dongtuk.

»Aber wozu? Hat es irgendjemandem genutzt?«, entgegnete Dongtuk.

Sie debattierten, wenn sie tagsüber über die Weiden ritten und sich abends im Zelt nebeneinander zur Ruhe betteten. Als sich Anfang September eine Schneedecke auf den Hängen ausbreitete, wurden sie wieder zu Kindern. Sie legten sich auf den Rücken und bewegten die Arme, um die Flügel ihrer Schneeengel zu erzeugen, dann rappelten sie sich auf und begannen unter lautem Gebrüll eine Schneeballschlacht. In Buchstaben, so groß wie nur irgend möglich, schrieben sie mit Zweigen das Wort Bö in den Schnee. Es heißt Tibet.

Einige Wochen später erhielt Dongtuk seine Reisedokumente. Er färbte sich erneut die Haare, zog sein Punk-Outfit an und fuhr geradewegs erst nach Lhasa und dann nach Dham. Nach zwei misslungenen Versuchen, Tibet zu verlassen, erwies sich sein dritter geradezu als Kinderspiel. Anders als Dechen war er von der Seilrutsche begeistert. (Später erfuhr er, dass Nepal-Touristen für das Vergnügen, Schluchten per Seilrutsche zu überqueren, gutes Geld bezahlten.) Einige Tage lang versteckte er sich auf der nepalesischen Seite des Flusses in einem sicheren Haus, dann fuhr er nach Kathmandu, um sich bei der Empfangsstelle der Vereinten Nationen registrieren zu lassen. Außerdem schor er sich dort die Haare, damit man ihn wieder als Mönch erkennen konnte. Von Nepal wandte er sich nach Indien und begab sich im Norden des Landes nach Dharamsala.

Gleich nach seiner Ankunft wurde er wieder im Kloster Kirti aufgenommen und in eine der Unterkünfte eingewiesen, die sich Hunderte von aus Tibet geflüchteten Mönchen teilten. Kirtis Nebenstelle in Dharamsala war 1990 von dem Kirti Rinpoche gegründet worden und liegt nur einen steilen Fußweg vom Hauptsitz des Dalai Lama entfernt. Unverzüglich nahm Dongtuk wieder seine Studien auf.

Da Kirti in der Protestbewegung eine derart große Rolle gespielt hatte, wurde sein Ableger in Dharamsala so etwas wie ein Informationszentrum für die jüngsten Ereignisse. Obwohl keine Nachrichten nach Ngaba hinein- und aus der Stadt herausgelangen konnten, schickten die Einwohner Fotos, Texte und Filme. Im Februar 2012 verbreitete sich die Meldung, dass sich ein aus Meruma stammender ehemaliger Kirti-Mönch angezündet hatte. Noch ehe ein Name fiel, war Dongtuk klar, um wen es sich handelte.

Rinzen Dorjee wählte für seine Selbstverbrennung den Platz vor einer von Ngabas Schulen. Er starb nicht an Ort und Stelle, sondern wurde nach Barkam ins dortige Krankenhaus gebracht. Sein Halbbruder sei nicht geschlagen oder misshandelt worden, erfuhr Dongtuk von seinen Angehörigen. Allerdings hatte ihn die Polizei ohne Unterlass verhört, als er im Sterben lag.

Sein Vater erhielt die Erlaubnis, ihn zu besuchen. Mit einer Stimme, die so schwach war, dass man ihn kaum verstehen konnte, entschuldigte sich Rinzen Dorjee, ihm die weite Reise zugemutet zu haben. Seiner Mutter wünschte er alles Gute. Und dann sagte er – zumindest wurde es Dongtuk so übermittelt: »Mach dir keine Sorgen. Ich weiß, dass ich sterben werde, weil ich Benzin getrunken habe. Ich bedauere es nicht. Was ich getan habe, geschah für alle Tibeter und alle fühlenden Wesen.«

Im Gegensatz zu anderen, die vor ihm diesen Weg gegangen waren, hinterließ er keine Botschaft auf Papier oder als Film. Aber da er ohnehin nie viel gesprochen hatte, verwunderte das niemanden.

Die Presse nahm von seiner Aktion kaum Notiz, denn da Rinzen Dorjee der 21. Mensch war, der sich selbst verbrannt hatte, betrachtete man das nicht mehr als Sensation.

Teil IV
Von 2014 bis zur Gegenwart

Indien

Als Gonpo 1989 in Dharamsala ankam, ging sie davon aus, dass ihr Aufenthalt nur einige Monate dauern würde. Der Zweck der Reise war, eine Audienz beim Dalai Lama zu bekommen und ihr Tibetisch aufzufrischen. Es sollte eine Art Auszeit von ihrer Tätigkeit als Lehrerin sein und ihr die Möglichkeit bieten, an ihre tibetischen Wurzeln anzuknüpfen. Begleitet wurde sie von ihrer elfjährigen Tochter Wangzin. Ihr Mann und ihre jüngere Tochter waren in China geblieben, aber Gonpo hatte versprochen, dass sie nicht allzu lange voneinander getrennt wären.

Die Atmosphäre in Indien fand sie berauschend. Über 100 000 Tibeter lebten dort im Exil; stolz traten sie mit Porträts vom Dalai Lama auf, schwenkten die Schneelöwenflagge und diskutierten in aller Offenheit über die Tibet-Frage. Mittelpunkt der Exilgemeinde war der knapp 500 Kilometer nördlich von Neu-Delhi gelegene ehemalige britische Urlaubsort McLeod Ganj, ein Dorf oberhalb von Dharamsala. Mitte des 19. Jahrhunderts war es vom britischen Militär zum Quartier für die Truppen ausgebaut worden, die das Gebiet verwalteten. Die Briten hatten bereits geplant,

Gonpo in ihrem Zuhause in Dharamsala, 2014.

den Ort zu ihrer Sommerhauptstadt zu machen, als er 1905 durch ein Erdbeben verwüstet wurde und sie auf festeren Boden weiter talwärts ausweichen mussten. Nach Indiens Unabhängigkeit blieben leer stehende Immobilien zurück – malerische Kolonialbauten, die allmählich zerfielen und förmlich mit den Berghängen verwuchsen. Als der Dalai Lama nach Indien floh, schlug ein gewiefter Kaufmann und Inhaber der örtlichen Gemischtwarenhandlung der indischen Regierung vor, ihm das Dorf als Amtssitz anzubieten. Es erfüllte die Anforderungen, die sich für die indische Regierung bezüglich seiner Unterbringung an einem statusgerechten Ort stellten, der zugleich genügend weit abseits lag, um die chinesische Regierung nicht übermäßig zu erzürnen.

Dharamsala gefiel auch den Tibetern. Sie schätzten die relativ kühlen Temperaturen, die Bergluft und den verheißungsvollen Namen – aus dem Hindi übersetzt »Haus des Dharma«. Mit seinen Berghängen und Serpentinen und weit und breit kaum einer horizontalen Ebene glich es Tibet zwar so gut wie gar nicht, aber in der Ferne sah man einen schneebedeckten Bergsporn des Himalaja. Im Umfeld des Dalai Lama entstand binnen kürzester Zeit ein tibetisches Paralleluniversum, ein Hauch von Heimat. Die tibetische Exilregierung ernannte eigene Minister und gründete ein Parlament; sie richtete Schulen ein, ein Museum, eine Bibliothek und einen öffentlichen Dienst – mitsamt Anwärterprüfung. (»Wir haben zwar kein Land, aber eine Bürokratie«, sagte mir ein Sprecher entschuldigend, weil für den Besuch einer Schule ein Presseausweis erforderlich war.) Die vormals leeren Ladenfronten füllten sich; es entstanden Hotels, Cafés mit mehrsprachiger Speisekarte und internationaler Küche, englische Buchhandlungen, Yogastudios und Geschäfte mit kupfernen Klangschalen und Gebetsketten im Angebot.

Der Dalai Lama bereitete Gonpo einen herzlichen Empfang. Sie waren sich schon einmal im Jahr 1956 begegnet, als er ein junger Mönch war und sie als Mädchen ihren Vater auf einer Reise nach Lhasa begleitet hatte. Jetzt fieberte Gonpo dem Treffen sogar noch mehr entgegen als damals als Kind. Und zu ihrem Erstaunen freute auch er sich, sie zu sehen. Tibets spiritueller Führer erklärte ihr, er brauche in Dharamsala dringend ihre Hilfe. In der Exilregierung waren mehrheitlich Flüchtlinge aus Zentraltibet vertreten – die erste Generation, die im Anschluss an die kommunistische Machtübernahme nach Indien gekommen war. Tibeter aus Amdo und Kham, den östlichen Regionen, waren erst ab den 1980er-Jahren in großer Zahl eingetroffen und fühlten sich oft ausgeschlossen. Sie hatten einen anderen Dialekt, auch andere Essgewohnheiten und Bräuche. Um besser in die Exilgemeinde integriert zu werden, benötigten sie eine stärkere Repräsentation. Die tibetische Exilregierung habe ihr eigenes gewähltes Parlament, aber er könne drei Vertreter nominieren. Gonpo, so der Wunsch des Dalai Lama, sollte darunter sein.

Gonpo hatte die besten Voraussetzungen, um zu helfen. Von den Menschen aus Ngaba wurde sie allein schon aufgrund des hohen Ansehens ihres Vaters respektiert, aber sie brachte auch eigene Fähigkeiten mit. Chinesisch beherrschte sie fließend in Wort und Schrift, und da sie in Nanjing diversen Komitees angehört hatte, kannte sie Arbeitsweise und Jargon der Kommunistischen Partei Chinas. Im Zuge der immer wieder ausgesetzten Verhandlungen mit Peking, für die laufend Unterlagen zu übersetzen und auszuwerten waren, würde sie einen unschätzbaren Beitrag leisten können.

Seiner Heiligkeit dem Dalai Lama eine Absage zu erteilen wäre schon schwer genug gewesen, aber dann waren da auch all die Menschen aus Ngaba, denen sie hier begegnete. Unter Berufung auf den Namen ihres Vaters flehten sie sie an zu bleiben. Sie verwendeten sogar die Anrede *Seymo*, Prinzessin, ein Titel, den sie seit ihrer Kindheit nicht mehr gehört hatte. Hinzu kam die instabile politische Situation daheim in China. Mit dem brutalen Vorgehen auf dem Platz des Himmlischen Friedens stand man in dem zur Neige gehenden Jahrzehnt vor einem Scherbenhaufen. Zhao Ziyang, der reformorientierte Generalsekretär der Kommunistischen Partei, war im Zuge der Studentenproteste aus dem Amt gedrängt worden. In Lhasa herrschte Kriegsrecht. Es war nicht ausgeschlossen, dass Gonpo nach ihrer Rückkehr wegen des Treffens mit dem Dalai Lama verhaftet wurde. Ihr Fürsprecher, der Panchen Lama, war im Januar 1989 im Alter von 55 Jahren plötzlich an einem Herzanfall gestorben, wie es hieß; auf seinen Schutz konnte sie nicht länger zählen.

Nach vielen tränenreichen Gesprächen, die Gonpo über knackende Telefonleitungen mit ihrem Mann führte, beschloss sie, noch etwas länger zu bleiben. Und dann noch ein wenig länger. Sie bezog eine kleine Etagenwohnung in einem Gebäude ohne Aufzug, das norwegische Geldgeber für tibetische Flüchtlinge hatten errichten lassen. 16 Jahre sollten vergehen, ehe sie die Angehörigen wiedersah, die sie in China zurückgelassen hatte.

Ich traf Gonpo bei meiner ersten Reise nach Dharamsala im Jahr 2014. Ein Exilant aus Ngaba hatte mir von ihr berichtet und erzählt, sie sei eine bescheidene Person, die nicht gern mit Journalisten rede. Als ich jedoch eines Tages das Exilparlament besuchte und gegenüber dem Sprecher erwähnte, dass ich über Ngaba schrieb, bestand er darauf, dass ich mich mit Gonpo unterhielt. Letztlich war es so, dass er sie regelrecht zu einem Treffen mit mir beorderte. Gonpo, damals Mitte 60, hatte breite Hüften und das grau werdende Haar hinter dem Kopf zusammengebunden, aber mit ihrer schmalen Lücke zwischen den Vorderzähnen und ihrem scheuen Lächeln wirkte sie auf liebenswerte Weise mädchenhaft. Sie trug einen langen Rock mit bunt gestreifter Schürze, in Lhasa das traditionelle Kleidungsstück verheirateter Frauen, das die Exilregierung mittlerweile als Uniform für Mitarbeiterinnen im öffentlichen Dienst eingeführt hatte. Wir saßen an einem niedrigen Tisch im Büro des Sprechers, tranken Tee aus kleinen tulpenförmigen Gläsern und hielten verlegen Small Talk, während wir einem Affen zusahen, der draußen auf dem Fenstersims herumkletterte. Gonpo erzählte mir, sie sei nicht nur Mitglied des

Parlaments, sondern arbeite ganztags als Übersetzerin offizieller Unterlagen und Dokumente. Sie sei sehr stolz darauf, die tibetische Verfassung und das Wahlgesetz ins Chinesische übersetzt zu haben, was auch zeige, wie ernst die Tibeter es mit der Demokratie meinten. Dann entschuldigte sie sich hastig und sagte, es warte noch Arbeit auf sie, die fertig werden müsse. Vom Sprecher dazu gedrängt, schrieb sie auf die Schnelle ihre Telefonnummer in mein Notizbuch.

Nach einigen Tagen und mehreren vergeblichen Versuchen, mit ihr einen Termin festzumachen, kam von einem tibetischen Dolmetscher, mit dem ich zusammenarbeitete, der Vorschlag, an Gonpos freiem Tag bei ihr zu Hause vorbeizuschauen. Er wusste, wo sie wohnte – in Dharamsala kannte jeder jeden. Ihr Apartmenthaus lag an einem überwucherten Fußweg versteckt auf einem Grundstück, das nach seiner Rodung wieder vom Urwald verschlungen zu werden drohte. Über eine Außentreppe stiegen wir bis zu einem mit Topfpflanzen vollgestellten Absatz nach oben und klopften vorsichtig an die Tür.

Zu meiner Erleichterung war Gonpo nicht ungehalten, dass wir unangemeldet bei ihr auftauchten. Sie bat uns in ihre gemütliche Wohnung, in der ein Schnürvorhang Wohn- und Schlafzimmer voneinander trennte. Nachdem sie in die winzige Küche verschwunden und mit Tee und Erdnüssen zurückgekehrt war, nahm sie Platz und entschuldigte sich für ihre frühere Reserviertheit.

»Normalerweise versuche ich, gar nicht über die Vergangenheit zu reden. Es macht mich traurig«, erklärte sie.

An jenem Tag unterhielten wir uns mehrere Stunden. Zwar weinte Gonpo nicht, aber die meiste Zeit hatte sie feuchte Augen, als lebte sie in beständiger Trauer. Sie wies auf die Schwarz-Weiß-Fotos an den Wänden über dem Fernseher, von denen jedes einzelne an einen Verlust gemahnte. Das älteste stammte aus dem Jahr 1954 und zeigte ihren Vater, damals in den Vierzigern, mit dem jungen Dalai Lama und dem Panchen Lama bei einem Aufenthalt in Peking, wo man sie umwarb, damit sie sich für die Kommunistische Partei einsetzten. Auf einer etwas jüngeren Aufnahme sah man ihre Familie vor dem aufwendig gearbeiteten hölzernen Türsturz ihres Hauses in Ngaba. Gonpo ist darauf mit rund fünf Jahren die Kleinste und trägt ein eng von einer Schärpe geschnürtes Gewand und Stiefel, ihr Haar kurz geschoren wie bei einem Jungen. Die Aufnahme stammt aus dem Jahr 1957 und ist möglicherweise das letzte Foto der Familie vor ihrer Vertreibung aus Ngaba. Dann gab es noch das Familienporträt, das im Sommer 1966 im Fotostudio entstand und auf dem sie alle lächeln, als ahne niemand, dass Mao nur wenig später die Kulturrevolution ausrufen würde. Nur ein Jahr später lebten Gonpos Eltern und ihre Schwester nicht mehr.

Auf mehreren Beistelltischen standen verblassende Farbfotos aus den 1980er-Jahren, dem unbeschwertesten Jahrzehnt ihres Lebens, als sie mit Xiao Tu und den kleinen Töchtern in Nanjing wohnte. Die Auflösung dieser Familie empfand sie als genauso schmerzvoll wie den Verlust ihrer Eltern. Nachdem sie nach Indien gegangen war, konnte ihr Ehemann jahrelang keinen Pass bekommen, um aus China auszureisen, und für sie war eine Rückkehr zu riskant. Zu einem Wiedersehen kam es erst 2005. Jetzt trafen sie sich ein- oder zweimal im Jahr, in der Regel während der Feiertage. Ihre Beziehung zu Xiao Tu sei gut, sagte sie. »Er ist ein wunderbarer Mann. Er versteht, dass ich Pflichten habe.« Schwieriger sei die Beziehung zu der Tochter, die sie als Neunjährige zurückließ und die inzwischen mit einem Chinesen verheiratet war. Sie sahen sich erst 2013 wieder.

»Wenn die Familie jetzt zusammenkommt, weinen wir die meiste Zeit«, sagte sie.

Das Auseinanderbrechen von Gonpos Familie vollzog sich parallel zu dem Prozess der Entfremdung zwischen der tibetischen Exilregierung und Peking. Wenn der Dalai Lama nach Tibet zurückkehren könnte, würde das wahrscheinlich auch für Gonpo gelten. Ihr Aufbruch nach Indien fiel in jene beflügelnde Phase am Ende des Kalten Kriegs, als alles möglich schien – die Versöhnung zwischen der Kommunistischen Partei Chinas und den Tibetern eingeschlossen. 1988 hatte der Dalai Lama sein Konzept des »Mittleren Wegs« ausformuliert, nach dem er sich bereit erklärte, Chinas territoriale Integrität anzuerkennen, wenn im Gegenzug Selbstverwaltung und der Schutz der tibetischen Religion, Kultur und Sprache gewährleistet wären. Die Chinesen erwiderten, sie würden mit dem Dalai Lama verhandeln, sofern er die Forderung nach einem unabhängigen Tibet fallen ließe. Die Tibeter versuchten, für Januar 1989 – Gonpo war gerade unterwegs nach Indien – Gesprächstermine in Genf zu vereinbaren, aber die Chinesen beschwerten sich, die Tibeter versuchten, die Frage zu »internationalisieren«. Insbesondere erhoben sie Einwände gegen einen niederländischen Rechtsanwalt, der bei den Unterhandlungen zugegen sein sollte. Immer wenn die Tibeter meinten, ein diplomatischer Durchbruch sei in Sicht, legten die Chinesen nach und stellten eine neue Forderung. Zuletzt willigten sie in Gespräche mit dem Sondergesandten des Dalai Lama, Lodi Gyari, ein, und es kam zu neun Verhandlungsrunden, die zwischen 2002 und 2010 stattfanden, aber zu nichts führten. Hoffnungsfrohe Aufregung entstand dann wieder 2012, als Xi Jinping das Amt des Generalsekretärs der Kommunistischen Partei Chinas antrat. Sein verstorbener Vater, Xi Zhongxun, ein liberaler Politiker der obersten Führungsriege, galt als jemand, der der tibetischen Sache wohlwollend gegenüberstand; jahrzehntelang trug er eine Uhr, die ihm der junge Dalai Lama geschenkt hatte. Xis Mutter praktizierte tibetischen Buddhismus. Xi Jinping aber verfügte eine harte Assimilationspolitik; er schränkte die freie Meinungsäußerung wieder ein und hob die Amtszeitbegrenzung für den Präsidenten auf, sodass er mittlerweile beliebig lange an der Macht bleiben kann.

2011 trat der Dalai Lama offiziell als Vorsitzender der Exilregierung zurück und übertrug deren Führung einem gewählten Premierminister, womit Jahrhunderte theokratischer Herrschaft zu Ende gingen. Während der Dalai Lama auf dieses demokratische Experiment sehr stolz ist, hat es weitere Unterhandlungen faktisch zunichtegemacht, da die Chinesen nicht mit einer Exilregierung verhandeln wollen, sondern ausschließlich mit ihm. Die gegen ihn gerichteten Angriffe setzen sich seither unvermindert fort.

Gonpo war den Tränen nahe, als sie über die festgefahrenen Verhandlungen sprach. »Seine Heiligkeit hat öffentlich bekundet, dass er keine Unabhängigkeit anstrebt. Wir haben sämtliche politischen Zugeständnisse gemacht, die wir nur machen können. Wir sind am Grund des Brunnens angelangt«, sagte sie. »Wenn ich höre, wie sie über Seine Heiligkeit reden, mit welchen Worten sie ihn beleidigen, tut es mir im Herzen weh. Dadurch verschärfen sie die Probleme, die sie mit den Tibetern haben. Ich begreife nicht, was sie damit erreichen wollen.«

Für Gonpo ist es eine höchstpersönliche Angelegenheit. Der Riss zwischen China und den Tibetern zieht sich nicht nur durch ihre Familie; er zieht sich auch durch ihre Psyche. Gonpo liebt China genauso wie Tibet. Sie spricht nach wie vor besser Chinesisch als Tibetisch und hat, mehr als die meisten Han-Chinesen, die ich kenne, die Lehren des Sozialismus verinnerlicht. Sie vermied die auffällige Zurschaustellung von Reichtum. Gonpo empfand es als Ehre, ihre aristokratischen Wurzeln abgestreift zu haben und, wie es nach einem kommunistischen Leitspruch der Chinesen heißt, dem Volk zu dienen.

Es erfülle sie mit Stolz, meinte sie, ganztags zu arbeiten, auch wenn sie dazu morgens und abends einen weiten Weg über den steilen Berghang zurücklegen musste, auf Füßen, die noch immer schmerzten wegen der Frostbeulen, die sie sich Jahrzehnte zuvor in Xinjiang zugezogen hatte. Dem Drängen anderer, in eine schönere und besser gelegene Wohnung umzuziehen, hatte sie sich jahrelang widersetzt und es vorgezogen, so einfach wie möglich zu leben. »Die Leute denken, als Tochter eines Königs müsste ich verwöhnt sein, aber das ist nicht so«, erklärte sie mir.

Auch die Selbstverbrennungen sind für Gonpo eine Tragödie, die sie persönlich nimmt. Von den bisherigen Aktivisten stammte rund ein Drittel aus Ngaba und darunter wiederum eine unverhältnismäßig hohe Anzahl aus dem nach der Mei-Dynastie benannten Dorf Meruma. Wären die Mei-Herrscher noch im Amt, wären es ihre Untertanen; viele von ihnen sind tatsächlich Kinder und Enkel der Generäle und Minister ihres Vaters. »Ich kann nicht fassen, dass wir all die jungen Menschen, deren Leben so kostbar ist, einen nach dem anderen verlieren. Ich bringe es kaum fertig, darüber zu reden«, erklärte sie. Das war alles, was sie dazu sagen wollte.

Im Verlauf des hoffnungsvollen Zwischenspiels Ende der 1980er-Jahre, das Gonpo nach Indien führte, kamen auch viele andere Tibeter aus Ngaba dort an. Einer von ihnen war Delek, der Junge mit der laufenden Nase, der sich in einem Wäschekorb versteckt hatte, als seine Großeltern Schläge bezogen, und der während der Kämpfe der Kulturrevolution Pferde gehütet hatte.

Nach Auflösung der Volkskommunen in den frühen 1980er-Jahren übernahm Delek die Yakherden seiner Familie und arbeitete so hart, dass er genügend Geld sparen konnte, um zu reisen. 1989 brach er zu einer Pilgerfahrt auf. Eigentlich wollte er einige Tempel in der Nähe besuchen, doch dann beschloss er, bis nach Lhasa weiterzufahren. Dort begegnete er zufällig Freunden, die planten, per Anhalter im Laster zum Kailash zu fahren. Auf dem Rückweg hörte er, dass der Dalai Lama im indischen Varanasi eine seiner Unterweisungen erteilte. Da er ohnehin unterwegs war, beschloss er, die Stadt aufzusuchen. Wie Gonpo war auch er überwältigt von der Vitalität der tibetischen Exilgemeinde. Er wusste jetzt, wie Freiheit sich anfühlen konnte, und brachte es nicht mehr über sich, den Rückweg anzutreten.

Abgesehen von ein paar Jahren an einer staatlichen chinesischen Schule mit Bildern von Lenin, Marx und Mao an den Wänden hatte Delek kaum weiter Bildung genossen. Da er jedoch intelligent und außergewöhnlich diszipliniert war, konnte er in den Schulen im Exil seine Kenntnisse im Lesen und Schreiben vervollkommnen. Er hatte eine tadellose Handschrift und besaß damit eine ganz wesentliche Fertigkeit, denn tibetische Schreibmaschinen waren ein rares Gut. Um festzuhalten, was seit der Ankunft der Kommunisten geschehen war, begann er andere Flüchtlinge aus Ngaba zu befragen.

Als selbst ernannter Chronist hat es Delek in Dharamsala zu einiger Bekanntheit gebracht. Er heißt jetzt Amdo Delek – wie viele Tibeter ohne Familiennamen hat er seine Heimatregion als Bestandteil in seinen Namen aufgenommen. In seinem hohlwangigen Gesicht wirkt die markante Nase noch größer, die welligen Haare trägt er in die Stirn gekämmt. Er ist so fit und braun gebrannt, seine Haltung so kerzengerade, dass er aussieht wie ein Manager im Ruhestand, der gerade von seiner Jacht kommt.

Delek lebt auf dem Gelände des Tibetischen Kinderdorfs, einer von der Exilregierung betriebenen Schule für Flüchtlingskinder. Seit langen Jahren hat er hier zum Broterwerb den Posten des Hausmeisters inne und als solcher eine Dienstwohnung. In seiner Wohnstube findet sich eine Unzahl von allen nur erdenklichen Artikeln mit Tibetmotiv. Die obligatorischen Porträts des Dalai Lama wetteifern mit Gebetsfahnen, Schneelöwenflaggen und Gebetsrädern. Eins dieser Räder gleicht einer »Lazy Susan« und steht, wie ein Drehteller, auf seinem Couchtisch. Während er spricht, lässt er es immer wieder kreisen.

Da ich über Ngaba schrieb, gehörte Delek mit zu den Ersten, die ich in Dharamsala aufsuchte. Er erwies sich als wahre Goldgrube; sein Wissen über die Stadt ging zurück bis in die Zeit ihrer Gründung durch die ersten Mei-Könige. Ursprünglich hatte sich Delek bei seinen Recherchen auf die Ereignisse im 20. Jahrhundert konzentriert. Detailliert wollte er für die Nachwelt festhalten, wer von den Kommunisten getötet worden, wer in Haft und wer im Kampf umgekommen war. So hatte er die Namen der Kämpfer zusammengetragen, die 1958 bei Ankunft der Kommunisten in Ngaba Widerstand geleistet hatten. In seiner exquisiten Handschrift waren sie allesamt in den Notizbüchern aufgeführt, die seine Bücherregale füllten. Er besuchte Neuankömmlinge aus Ngaba, vor allem die der älteren Generation, die, nun an einem sicheren Ort angekommen, endlich über die Ereignisse sprechen konnten. Manches hatte Delek selbst miterlebt, beispielsweise die Tötung der tibetischen Männer aus Meruma, die sich 1968 der als Hongcheng bekannten Faktion der Roten Garden angeschlossen hatten und glaubten, ihre Beteiligung sei im Sinne Maos. Er zog ein blaues Kindernotizbuch mit Möwenbildern auf dem Umschlag aus dem Regal und las eine Liste mit Namen vor, die in seiner eleganten Schrift in blauer und roter Tinte darin eingetragen waren.

Alak Jigme, Tashi Gorten, Garcho, Gupta, Thanku Alak, Dhonguk …

»Man hat sie abgeschlachtet. An einem einzigen Tag wurden 59 Männer und 100 Pferde getötet«, erklärte mir Delek.

Er beschäftigte sich auch mit den Abstammungslinien. Als einer der Ersten stellte Delek fest, dass viele der Männer und Frauen, die sich selbst verbrannt hatten, Nachfahren von Widerstandskämpfern waren. Phuntsog zum Beispiel, dessen Selbstverbrennung die Welle eingeleitet hatte, war ein Enkel von Dhondor, einem Anführer der Aufständischen von 1958. Eine bildschöne junge Frau aus Meruma, die sich im Dezember 2014 anzündete, hatte einen Großvater und einen Onkel, die 1968 beim Aufstand der Roten Stadt in den ersten Reihen gestanden hatten.

Delek halfen die Familienverbindungen, sich den Irrsinn besser begreiflich zu machen. Sie erklärten ihm auch, warum so viele derer, die aufbegehrten, aus Meruma stammten. »Dort wohnte eine ganze Reihe der Minister des Königs. Der Ort war von einer starken Spiritualität geprägt«, sagte er. »Den Chinesen die Stirn zu bieten war dort Familientradition.« Die ältere Generation brachte die Kämpfer hervor. Die Jüngeren, die während der Zeit des 14. Dalai Lama zur Schule gegangen waren, nahmen sich dessen Lehre von der Gewaltlosigkeit zu Herzen. Sie hätten keinen anderen töten können als sich selbst.

Wenn man aus Ngaba stammte, hatte man in Dharamsala einen gewissen Nimbus. Seit den Selbstverbrennungen gab es seit Jahren wieder Nachrichten aus Tibet, über die in den Medien berichtet wurde. Manche sammelten auf ihren iPhones die Gesichter der Opfer wie Fußballbilder in einem Satz mit Märtyrermotiven. Im offiziellen Museum der Exilregierung gab es eine Wand mit ihren Porträts. An dem Weg, der zum Tempel des Dalai Lama führt, hing über grobkörnigen Fotos der Opfer ein breites Banner mit der Aufschrift »Das Leben hingeben für Tibet«. Diese Menschen hatten einst kaum aus der Menge herausgeragt, sodass man nicht einmal ein Foto finden konnte, das sie allein zeigte – sie waren womöglich der vierte Sohn oder die dritte Tochter, die man leicht übersah und die praktisch ohne öffentliches Profil existierten. Jetzt waren sie zu Helden geworden, die im Haus des Dalai Lama ausdrücklich gewürdigt wurden.

Fast jeder ehemalige Einwohner Ngabas, den ich traf, kannte jemanden, der sich angezündet hatte oder Zeuge einer Selbstverbrennung geworden war; wenn es sich nicht um einen Angehörigen handelte, dann um jemanden aus der Schule oder Nachbarschaft. Keiner kannte mehr Opfer von Selbstverbrennungen als Dongtuk. Dass er, ein außereheliches Kind ohne Geld und familiäre Bindungen, in der Hackordnung der Flüchtlinge ganz unten stand, spielte keine Rolle mehr; in Dharamsala war er nahezu prominent.

»Richard Gere ist ein Freund von mir«, sagte Dongtuk, als wir uns 2014 zum ersten Mal trafen. Als er dem Schauspieler und langjährigen Aktivisten im Einsatz für Tibet einmal begegnet sei, habe er ihm die Selbstverbrennungen erklärt. Nach diesem Auftakt befürchtete ich, ihm sei die Aufmerksamkeit zu Kopf gestiegen, sodass er mir allenfalls einen gut einstudierten Vortrag halten würde. Letztlich aber saßen wir oft bei etlichen Tassen

Ingwer-Zitronen-Tee zusammen, dem Getränk der Wahl in Dharamsala, und hinter dem forschen Auftreten kam ein nachdenklicher junger Mann zum Vorschein.

Bevor Dongtuk Ngaba verließ, hatte er sich lange mit den Selbstverbrennungen beschäftigt und versucht, sie zu verstehen. Manchmal schien es fast, als sei er neidisch auf Rinzen Dorjee. Zwar hatte Dongtuk in der Klosterschule brilliert, geistreich und intelligent die besten Rededuelle geführt, aber es war Rinzen Dorjee, der in der Welt seine Spuren hinterlassen hatte und dessen Foto vor dem Tempel des Dalai Lama hing. Dongtuk konnte die Tat seines Bruders nicht kritisieren. Es stand ihm nicht zu, nun, da er einen Ehrenplatz im Pantheon der tibetischen Märtyrer einnahm. Aber es war auch nicht so, dass er sie billigte. »Meiner Ansicht nach muss es einen besseren Weg geben, um seinem Anliegen Ausdruck zu verleihen«, sagte er mir. Dongtuk teilte die auch von mir persönlich oft gehörte Auffassung vieler Tibeter, dass die Einzelnen durch ein Gefühl der Ohnmacht und Frustration in die Selbstverbrennungen getrieben wurden. Dongtuk, der seit Kurzem Tagebuch führte, hoffte, seine Begeisterung für die tibetische Sache angemessen zu Papier bringen zu können.

Er zeigte mir ein Handyfoto aus dem Jahr 2009 mit den Novizen seiner Klasse in Kirti, rund 40 Jungen. Zwei von ihnen hatten sich angezündet, und drei oder vier, so nahm er an, saßen im Gefängnis. »Wenn ich heute darüber nachdenke, bin ich sicher, dass ich mich nicht angezündet hätte, aber ich könnte durchaus im Gefängnis sein.«

Tsegyam, der hochtalentierte junge Mann, der in der Mittelschule in Ngaba schon unterrichtet hatte, als er kaum älter war als die Schüler der höheren Klassen, lebt jetzt in Indien, wohin er 1992 floh, nachdem er wegen der Anfertigung chinakritischer Aufrufe eine 18-monatige Haftstrafe verbüßt hatte. In der Folge fand er eine Anstellung als Privatsekretär des Dalai Lama und betreute

die Unterhandlungen mit der chinesischen Regierung, da er fließend Chinesisch sprach. Tsegyam begleitet den Dalai Lama auf
den meisten seiner Reisen zu internationalen Auftritten, und gewöhnlich entdecke ich ihn auf Agenturfotos im Hintergrund. Es
war schwierig, mit ihm einen Interviewtermin zu vereinbaren,
aber als es schließlich klappte, erzählte er angeregt vom intellektuellen Erwachen in den 1980er-Jahren, einer Zeit, nach der er
sich unleugbar zurücksehnte. In seinem Büro im Gebäudekomplex des Dalai Lama in Dharamsala sind die Wände von Bücher-
regalen gesäumt, dort finden sich auch die Literaturzeitschriften,
für die er Beiträge verfasst hat. Nicht ohne Heimatstolz betonte
er, dass Ngaba und andere Teile Osttibets im Bereich der tibetischen Wissenschaft und Kultur die dynamischsten Regionen gewesen seien, die in den letzten Jahren allseits bekannte tibetische
Musiker und Filmemacher hervorgebracht hätten. »Historisch
betrachtet war Lhasa das Zentrum Tibets, aber dort gelten so tief-
greifende Einschränkungen für das geistige Leben, dass sich das
Zentrum Richtung Osten nach Amdo und Kham verlagert hat«,
erklärte er mir. Was natürlich von der Bereitschaft der chinesischen Behörden abhängt, das Fenster der Meinungsfreiheit einen
Spalt weit offen zu halten. Tsegyam hat fast keinen Kontakt mehr
zu seinen Angehörigen in Ngaba. Seit 2008 vermeidet er den direkten Austausch, weil er fürchtet, sie könnten wegen seiner Verbindung zum Dalai Lama bestraft werden.

Auch Tsepey blieb kaum etwas anderes übrig, als China zu verlassen. Nachdem man ihn als Teilnehmer der Proteste von 2008 in
Ngaba identifiziert hatte, war er vier Jahre lang auf der Flucht. Er
vergaß nie die Prahlerei der Polizisten, die Kommunistische Partei kontrolliere »Himmel und Erde«, als sie ihn über seinen In-
stant-Messaging-Account aufgespürt hatten. Nachdem er seinen
Verfolgern entkommen war, versteckte er sich in den Maisfeldern
am Rand von Shenzhen. Irgendwann konnte er eine unregistrier-
te SIM-Karte kaufen (kurz bevor die chinesische Regierung den

Kauf einer Karte an eine Ausweispflicht koppelte). So gelang es ihm, sich mit einem chinesischen Freund in Verbindung zu setzen, mit dem er Buddhismusstudien betrieben hatte. Der Freund nahm die weite Strecke von Peking auf sich, um Tsepey abzuholen und nach Wutai Shan, einer buddhistischen Pilgerstätte, zu bringen. In diesem Versteck blieb Tsepey ein weiteres Jahr unter dem Vorwand, innere Einkehr zu halten.

Seine Tat würde jedoch nicht in Vergessenheit geraten. Sein Name stand in der polizeilichen Datenbank, und auf seine Festnahme war eine Belohnung ausgesetzt. Ein 45-jähriger Mann aus Tsepeys Heimatort, der 2008 wegen der Teilnahme an einer relativ kleinen Protestaktion festgenommen worden war, kam in Polizeigewahrsam zu Tode; sein Leichnam wurde blutverkrustet und bedeckt von Prellungen und Brandblasen an seine Familie zurückgeschickt. Tsepey konnte nicht ausschließen, dass ihn ein ähnliches Schicksal erwartete, wenn er dabliebe. »Wenn du einmal als politisch aktiv auf der schwarzen Liste stehst, ist es aus. Das verzeiht man dir nie«, sagte er, als wir uns 2015 in Dharamsala trafen.

Im Exil ging es Tsepey gut. Sein inzwischen silbergraues Haar kämmte er sich zu einem Haarknoten zurück und trug goldene Ohrstecker, eine Kette aus dicken Holzperlen sowie ein an der Brust weit offen stehendes kariertes Westernhemd. Er war voller Zukunftspläne. Seine Frau – ebenfalls aus Tibet und im Exil – und er wollten ein Baby, und sie wollten nach Australien auswandern, das ehemaligen politischen Häftlingen Asyl bot. Die Rückkehr nach China wäre für ihn nur dann sicher, meinte er, wenn er im Besitz eines australischen Reisepasses sei. Ein Neffe von ihm hatte sich 2014 während der Neujahrsfeiertage vor dem Kloster Kirti angezündet. Dorjee, der junge Mann, war der 25-jährige Sohn von Tsepeys Halbbruder und stammte ebenfalls aus Cha. Obwohl Tsepey zu dem Zeitpunkt schon in Indien war, gaben die Behörden ihm die Schuld, weil er bei ihnen als Unruhestifter galt und seine Kritik an der chinesischen Regierung über WeChat mit seinem Neffen geteilt hatte. »Sie sagten, ich hätte ihn dazu angestiftet«, erinnerte sich Tsepey. »Was für ein Schwachsinn. Mein Neffe hat nie auch nur die leisesten Andeutungen gemacht.«

In Ngaba existierte ein zwangloser Zusammenschluss von Exiltibetern mit Zweigstellen in Kathmandu und Dharamsala. Mein Aufenthalt in Dharamsala im Jahr 2014 fiel zufällig mit dem tibetischen Neujahrsfest Losar zusammen, und ich war zu einer Feier in ein Dachcafé unweit vom Tempel des Dalai Lama eingeladen. Die älteren Frauen hatten zu Hause die Speisen vorbereitet und trugen Tabletts mit *Momos,* den tibetischen Knödeln, und *Khapse* herein, einem frittierten, mit Puderzucker bestreuten Gebäck in Schmetterlingsform. Bei der weitestgehend alkoholfreien Veranstaltung standen die Coca-Cola-Flaschen auf einer Theke in Dreiecksformation wie die Kegel auf der Kegelbahn.

Dhukar fiel mir gleich auf, weil sie außer mir in dem Raum die einzige Frau war, die kein traditionelles tibetisches Gewand trug, sondern Jeanshose und -jacke und einen dazu passenden Jeansrucksack. Ihre Finger, von deren Nägeln der pinkfarbene Hochglanzlack abblätterte, huschten über ihr iPad. Zur Begrüßung blickte sie kurz auf und erklärte mir dann, sie schicke ihrer Familie in der Heimat Neujahrsgrüße.

Zu diesem Zeitpunkt war Dhukar seit zwei Jahren in Indien. Sie sagte, sie sei »ungefähr 18«. Tibeter können oft kein genaues Geburtsdatum nennen (normalerweise gaben sie nur das Jahr des chinesischen oder tibetischen Tierzeichens an, in dem sie geboren wurden). Da Dhukar noch so jung war, schien mir das allerdings erstaunlich, zumal sie den Eindruck machte, gut gebildet zu sein. Sie besuchte ein von der Exilregierung betriebenes Internat und geriet ins Schwärmen, als es um die Schule ging.

»In Ngaba fiel es mir schwer, nicht über die Stränge zu schlagen. Hier aber sorgen die Lehrer dafür, dass ich mich anstrenge und mir Dinge bewusst mache«, sagte sie. Sie las die Essays von Tsering Woeser, einer Schriftstellerin und Aktivistin tibetischer

Herkunft, die in chinesischer Sprache schreibt. »Sie bringen mir etwas über die Kulturrevolution und die Geschehnisse in der Vergangenheit bei, all die Sachen, über die meine Eltern und Großeltern nicht sprechen wollen.«

Dhukar möchte Journalistin werden, wie sie mir sagte, weswegen sie wohl auch so aufgeschlossen auf ein Interview reagierte. Wir blieben in Kontakt, und bei meinem nächsten Besuch lud sie mich zu einem Treffen mit Dolma ein, die sie als ihre Mutter bezeichnete. Bei der Beschreibung von Verwandtschaftsbeziehungen nehmen es die Tibeter nicht so genau – ein Cousin wird oft auch Bruder, eine Tante Mutter genannt. Sie und Dolma lebten in einem Viertel, das im Volksmund Amdo Hill hieß, weil viele der dort lebenden Tibeter aus jener Region Osttibets stammten. Amdo Hill lag gleich hinter der Geschäftsstraße mit den Cafés für Rucksacktouristen und den Souvenirläden, und der Weg dorthin führte über einen abschüssigen Steig mit losen Steinen und baumelnden Stromleitungen. Nach mehreren Betontreppen erreichte man einen langen, schmalen Vorsprung, von dem dicht an dicht, Taubenschlägen gleich, lauter identische Räume abzweigten.

Dolmas und Dhukars Zimmer war keine zehn Quadratmeter groß und grellgrün gestrichen. Zwei hochgeklappte Betten mit zusammengerollten Steppdecken dienten tagsüber als Sofa. Über einem braunen Minikühlschrank hingen ein Wandteppich mit dem blauen heilenden Buddha und ein Porträt des Dalai Lama. Um den Raum zu verschönern, hatte Dolma einen Läufer auf den Linoleumboden gelegt und eine Vase mit Kunstblumen auf den Tisch gestellt, aber die Schäbigkeit ließ sich durch nichts verbergen. Dolma hatte Heimweh. Im Laufe der Zeit hatte sie für das bescheidene Haus, in das sie in Ngaba als junge Braut eingezogen war, die Symbole des sozialen Aufstiegs anschaffen können – Fernseher, Waschmaschine, ein großer Geschirrschrank aus Holz. »Mit dem Strom hat es zu Hause besser geklappt als hier«, klagte sie. »In Indien bricht er immer wieder zusammen.«

Unentwegt beschäftigt sich Dolma mit der Frage, ob es richtig gewesen sei, nach Indien zu gehen. Sicherlich war es eine Freude, das Porträt des Dalai Lama offen aufhängen zu können. Sie besuchte viele seiner Unterweisungen, wenn er in Indien war, und der Anblick seines Wagens, wenn er aus der Residenz herausfuhr, versetzte sie in Begeisterung. Aber sie fühlte sich in Indien nicht heimisch. Chinesen seien ihr lieber als Inder, eröffnete sie mir. Sie würde oft mit dem Vermieter streiten. »Die Inder können uns Tibeter nicht ausstehen. Ständig erhöhen sie unsere Miete.« (Als ich sie das nächste Mal sah, war sie umgezogen und wohnte ein paar Türen weiter in einem Raum, der sich vom vorherigen nur durch den schweinchenrosafarbenen Anstrich unterschied.) Dolma brauchte in Indien nicht zu arbeiten, weil ihr Sohn, der reinkarnierte Mönch, ihr Geld schickte, aber sie langweilte sich und war einsam. Manchmal spielte sie mit dem Gedanken, nach Ngaba zurückzukehren. »Es wurde mit so viel Zwang regiert. Nicht einen Tag fand ich Ruhe und Frieden. Ich war ständig angespannt und hatte Angst, es könnte etwas passieren«, erzählte sie. »Aber zu Hause, da gab es Fortschritt. Das Essen war besser. Selbst als ich arm war, konnte ich *Tsampa* bekommen.«

So schließt sie eine Rückkehr nicht aus. Die chinesische Botschaft in Neu-Delhi teilt an sogenannte Auslandschinesen ein blaues, ausweisartiges Heftchen aus. Werktags sieht man dort bereits ab drei Uhr morgens Hunderte Tibeter reumütig in einer Schlange stehen, um sich von der chinesischen Regierung die Formulare zu besorgen, die ihnen wieder ein Leben in Tibet unter chinesischer Herrschaft ermöglichen.

Indien ist 1951 dem Abkommen über die Rechtsstellung der Flüchtlinge nicht beigetreten, sodass in der Frage der tibetischen Exilanten nach Maßgabe der indischen Regierung und deren Gemütslage verfahren wird. In den vergangenen Jahren hat sich der Wind eher in Richtung einer Aussöhnung mit dem wirtschaftlichen Kraftzentrum China gedreht. Gegenwärtig erhalten Tibeter in Indien keine Meldebescheinigungen, die man jedoch möglichst haben sollte, um eine Wohnung zu mieten, einen Führerschein zu machen oder eine reguläre Anstellung zu finden. Nur Tibeter, die zwischen 1950 und 1987 in Indien geboren wurden, können die indische Staatsbürgerschaft beantragen.

In Indien bleiben oder in die Heimat zurückkehren – viele Tibeter, denen ich begegnet bin, beschäftigt diese Frage unentwegt. Über WeChat schicken ihre Angehörigen ihnen Fotos von neu angeschafften Autos und Motorrädern, von Haushaltsgeräten und umgebauten Häusern – allen Annehmlichkeiten, die in China das Leben im Laufe des letzten Jahrzehnts leichter gemacht haben. In Indien beträgt die Arbeitslosenquote unter jungen Tibetern etwa 50 Prozent. Selbst die Souvenirläden, die tibetische Mandalas und Klangschalen verkaufen, werden größtenteils von Muslimen aus Kaschmir betrieben. »Jeder weiß, dass die wirtschaftliche Lage dort besser ist als bei uns. Die Leute gehen lieber zurück, anstatt hier in Baracken zu leben«, sagte ein junger Ingenieur aus Ngaba, den es ebenfalls wieder nach Tibet zog.

Andererseits wäre die Rückkehr nach China auch ein Eingeständnis des Scheiterns in Anbetracht all der Mühen der Flucht, des Geldes, das an die Schleuser geflossen ist, der tagelangen Schneemärsche und der heiklen Grenzüberwindung nach Nepal per Seilrutsche. Tibeter fürchten zu Recht, nach ihrer Rückkehr belangt zu werden, sei es wegen der Teilnahme an einer antichinesischen Demonstration oder wegen Gesprächen mit Journalisten. Nachdem sie in Indien gelebt haben, werden sie unter Dauerverdacht stehen und jedes Wort abwägen, jeden Schritt überdenken müssen.

Nach Angaben der chinesischen Regierung sind seit den 1980er-Jahren 80 000 Tibeter aus dem Exil entweder besuchsweise oder aber endgültig zurückgekehrt. »Zurück ins Mutterland« tönte die Schlagzeile eines 2014 auf einer staatlichen chinesischen Website eingestellten Artikels. Darin wurde ein älterer Rückkehrer zitiert, dessen Ausruf lautete: »Meine Heimatstadt hat enorme Veränderungen erlebt. Die Lebensbedingungen sind viel besser als zuvor. Religionsfreiheit gibt es auch. Meine Heimkehr war die richtige Entscheidung!«

Chinesische Behauptungen von einer massenhaften Rückkehr in die Heimat sind übertrieben, aber dass mehr Tibeter Indien verlassen als dort ankommen, steht außer Zweifel. Die tibetische Bevölkerung in Indien hatte Mitte der 1990er-Jahre mit 118 000 Menschen ihren Höchststand erreicht. Bis 2009 – als der letzte Zensus stattfand – war die Zahl auf 94 000 gesunken. Viele sind in westliche Länder abgewandert, aber den chinesischen Behörden ist es auch gelungen, undichte Stellen an den Grenzen nach Westen zu schließen, sodass man verglichen mit früher nur noch einen Bruchteil an Neuankömmlingen verzeichnet. Ein Aufnahmezentrum in Dharamsala, ein moderner Gebäudekomplex aus gelbgrünen Backsteinen, der 2011 mit US-Mitteln gebaut und vom Botschafter der USA in Indien eingeweiht wurde, stand bei meinen letzten Besuchen praktisch leer. Delek berichtete mir, dass das tibetische Kinderdorf bis 2009, als die Grenzen von China weitgehend geschlossen wurden, pro Jahr in der Regel 1000 neue Schüler aufnahm. Jetzt sind die Einschulungszahlen so stark zurückgegangen, dass er um seine Anstellung bangt.

2015 war der 80. Geburtstag des Dalai Lama, ein einschneidendes Ereignis, das in der internationalen Gemeinde viele ungute Ahnungen weckte. Allgemein herrscht das Gefühl vor, dass sowohl seine Glanzzeit als auch die der tibetischen Exilbewegung vorüber sind. Es mag nicht weiter überraschen, dass sich das verarmte Nepal relativ leicht unter Druck setzen lässt, wenn es um die Kontrolle tibetischer Flüchtlinge geht, doch auch größere und wohlhabendere Länder werden von der zweitgrößten Wirtschaftsmacht der Welt in die Zange genommen. Unter Einsatz diplomatischer Treuetests straft Peking die Länder ab, die Seine Heiligkeit empfangen, und belohnt diejenigen, die davon Abstand nehmen. 2014 verweigerte Südafrika dem Dalai Lama ein Visum für die Teilnahme an einem Treffen von Friedensnobelpreisträgern. Das Treffen wurde nach Rom verlegt, wo Papst Franziskus es ablehnte, dem Dalai Lama eine Audienz zu gewähren. Auch die Inder fürchten die Chinesen. Eine Veranstaltung, auf der man 2018 unter der Überschrift »Danke, Indien« feierlich das bevorstehende 60-jährige Bestehen der tibetischen Exilgemeinde in Indien begehen wollte, fiel deutlich kleiner aus als geplant, nachdem die indische Regierung ihren Vertretern die Teilnahme untersagt hatte.

Dass der Dalai Lama auf sein Lebensende zugeht, macht den Tibetern schwer zu schaffen. Sicherlich handelt es sich bei der Bestimmung seines Nachfolgers durch Reinkarnation um ein dysfunktionales System. Peking hat zu verstehen gegeben, dass es die Entscheidung für den nächsten Dalai Lama im Alleingang treffen will.

Die Vorstellung, dass sich kommunistische Technokraten in Fragen der Reinkarnation einschalten, sorgt für viel Belustigung. (»Reinkarnation geht die Kommunisten nichts an«, meinte der Dalai Lama zu mir und sagte scherzend, die Partei solle erst einmal die Reinkarnation von Mao Tse-tung finden, wenn sie die buddhistische Lehre von der Wiedergeburt aufrichtig anerkenne.) Die Folgen einer chinesischen Einmischung könnten allerdings tödlich sein. Sollten sich Tibeter und Chinesen jeweils für einen eigenen Dalai Lama entscheiden, wird es zu einer Spaltung und damit höchstwahrscheinlich zu noch mehr Spannungen kommen als 1989 nach dem Tod des Panchen Lama, als es ebenfalls konkurrierende Reinkarnationen gab. Und ob ein kommender Dalai Lama, sei er von den Tibetern oder den Chinesen bestimmt, die Botschaft der Gewaltlosigkeit genauso überzeugend vermitteln kann, steht in den Sternen.

Damit seine Lehren fortbestehen, könnte der Dalai Lama nach eigener Aussage auch zu Lebzeiten einen Nachfolger ernennen. Erst kürzlich gab es Hinweise, er werde unmittelbar vor seinem 90. Geburtstag ein Gremium von Lamas einsetzen, das dazu einen Plan entwickeln soll. Doch dass der Dalai Lama die Planung des Unvermeidlichen so lange hinauszögert, bereitet tibetischen Intellektuellen Sorgen.

»Er handelt ausgesprochen verantwortungslos«, sagt Jamyang Norbu, ein tibetischer Schriftsteller, der mittlerweile in Tennessee lebt. »Die Chinesen haben bereits eine Kommission für die Bestimmung des nächsten Dalai Lama eingesetzt. Wenn wir nicht bald mit etwas aufwarten, kommen sie uns zuvor. Sie werden einen reizenden kleinen Tibeter ausfindig machen, den sie dann bestens im Griff haben.«

Das Anwesen des Dalai Lama ist in auffälliger Weise unauffällig, die Architektur erinnert eher an eine Mittelschule aus den 1970er-Jahren als an den prächtigen Potala-Palast. Zu der in den Hang gebauten Residenz gehören ein Tempel und Bürogebäude, umgeben von Terrassen aus Gussbeton, auf denen bei öffentlichen Zeremonien der Großteil der tibetischen Bevölkerung Dharamsalas Platz findet. Ein kleiner Wartebereich mit Metalldetektorschleuse mündet in einen von Rosenspalieren gesäumten Weg, auf dem Seine Heiligkeit Besucher in Empfang nimmt. Man mag darüber streiten, ob der Dalai Lama die Quelle grenzenloser Weisheit ist oder nicht, aber seine Geduld dürfte tatsächlich grenzenlos sein, sieht man, wie viele Anhänger vor ihm niederfallen, seine Robe küssen und ihre Kinder hochheben, damit er ihnen über die Wange streicht. In der fast endlos erscheinenden Schlange stehen tibetische Hirten und Filmstars, europäische Parlamentarier, Künstler und natürlich Journalisten. In jüngerer Vergangenheit haben auch viele chinesische Buddhisten die Pilgerfahrt unternommen und sind, aus Angst vor Schwierigkeiten mit ihren Behörden, auf diskretem Weg angereist. Weil er hofft, dass sie ihre Regierung gegenüber Tibet vielleicht milder stimmen, bemüht sich der Dalai Lama in ganz besonderem Maße, seine chinesischen Besucher zu sehen.

Der Dalai Lama ist auf unermüdliche, beinahe schon anstrengende Weise optimistisch, wenn es um die eigene Gesundheit und Langlebigkeit sowie um China und die Zukunft der Tibeter in den Grenzen Chinas geht. Als ich ihn traf, verwies er auf eine Rede des chinesischen Staatspräsidenten Xi Jinping in Paris, in der die Rolle des Buddhismus in der chinesischen Kultur zur Sprache kam. Er bezieht sich auf seine Freundschaft mit Xi Jinpings Vater, den liberalen Xi Zhongxun. Gereizt reagiert er auf die Andeutung, China habe gewonnen und die Tibeter verloren: »Ich halte China gar nicht für mächtig. Mächtig ist es in Bezug auf Wirtschaft und Waffen, aber wenn es um moralische Grundsätze geht, ist es sehr schwach. Die ganze Gesellschaft ist voller Argwohn und Misstrauen.«

Wir sprachen lange über Ngaba und ganz allgemein über die Region Amdo, aus der er stammt. Da der Dalai Lama sein Elternhaus mit vier Jahren verließ und von Lhasa, in dem er anschließend lebte, mit 24 Jahren nach Indien flüchtete, ist er auf Besucher angewiesen, die ihm die Situation aus eigener Anschauung schildern. »Ein Chinese, der gerade erst aus Tibet zurückkam, erzählte mir, dass rein äußerlich vieles im Entstehen ist – neue Straßen, neue Bauten. Die wirtschaftlichen Bedingungen seien recht gut. Er meinte aber, dass die Tibeter innerlich überhaupt nicht glücklich sind. Als er mir das sagte – er saß da, wo Sie gerade sitzen –, hatte er Tränen in den Augen.«

Unter den vielen religiösen Vertretern, die nach Indien kommen, um die Weisheit des Dalai Lama zu ergründen, sind auch jüdische Persönlichkeiten. Unweigerlich gibt er die Frage an sie zurück, wie man eine Kultur im Exil bewahren kann. »Sie haben beschrieben, wie das jüdische Volk vor 2000 Jahren seine Heimat verlor, und wie es kam, dass es immer noch da ist. Mein Volk hat seine Heimat gerade erst verloren, und ich weiß, dass uns ein langer Weg ins Exil bevorsteht«, zitierte der vor wenigen Jahren verstorbene Elie Wiesel in dem Magazin *The New Yorker* den Dalai Lama mit einer Äußerung anlässlich ihres Gesprächs in den 1970er-Jahren und der anschließenden Frage: »Wie habt ihr es geschafft, zu überleben?«

In ihrem Ringen um Unabhängigkeit hat die tibetische Exilregierung die Messlatte für den Erfolg durch weitgehende Zugeständnisse gesenkt. Das Ziel heißt jetzt: überleben. Obwohl der Sammlungsruf *Rangzen* – Freiheit – noch nicht verklungen ist, beziehen sich Tibeter heutzutage eher auf die Freiheit, ihre Kultur, ihre Erinnerungen und ihre Sprache sowohl innerhalb als auch außerhalb Chinas bewahren zu können. Als Volk auf der Verliererseite der Geschichte versuchen sie, die eigene Geschichte am Leben zu erhalten. Die Bibliothek tibetischer Schriften und Archive in Dharamsala enthält über 100 000 tibetischsprachige Titel, vom buddhistischen Kanon über medizinische und astronomische Abhandlungen bis hin zu moderner Poesie. Mit den von ihr betriebenen Schulen sorgt die tibetische Exilregierung dafür, dass die Sprache für die jüngere Generation lebendig bleibt und Tibetischunterricht in China gefördert wird.

Es erfüllt den Dalai Lama mit Stolz, dass viele Tibeter danach streben, die eigene Sprache zu erlernen. »Während der Kulturrevolution hatten sich einige chinesische Funktionäre darauf eingeschworen, dass Tibetisch innerhalb von 15 Jahren ausgelöscht sein sollte. Und es gibt uns immer noch«, meinte er. Seit er als Vorsitzender der Exilregierung zurückgetreten und nur noch spirituelles Oberhaupt der Tibeter ist, sieht er sich im Wesentlichen als Inspiration für den Fortbestand tibetischer Zivilisation. »Darin liegt meine Verantwortung: im Erhalt der tibetischen Kultur, der Kultur des Friedens und des Mitgefühls.«

Das klingt nach einem bescheidenen und erreichbaren Ziel. Eigentlich sollte die Bewahrung der Kultur für eine Supermacht, die im Begriff ist, die größte Wirtschaftsmacht der Welt zu werden, nichts Bedrohliches sein. Meine Reisen durch Tibet legen jedoch leider einen anderen Schluss nahe.

Alles außer Freiheit

Das erste Mal reiste ich Mitte 2013 nach Ngaba. Zwar gab es im chinesischen Recht keine Bestimmung, die dagegensprach – tatsächlich hieß es bei meinem Anruf im Presseamt des Regierungsbezirks, ein Besuch sei zulässig –, doch ich hatte gehört, dass die chinesische Polizei Ausländer an Kontrollpunkten aufhielt. Es hatte bereits mehr als 100 Selbstverbrennungen gegeben, und die Stadt war abgeriegelt. Ich legte meine Ankunft in die Abenddämmerung, meine bevorzugte Zeit für unbeobachtete Fahrten durch das Tibetische Hochland. In einer nahe gelegenen Stadt nahm ich mir ein Taxi und ließ mich im Dunkel der Rückbank weit nach unten sinken, um möglichst nicht aufzufallen. Auf unserem Weg durch die, von Hirtenlagern abgesehen, unbelebte Landschaft fuhr lediglich ein kurzer, blendender Kamerablitz durch die Nacht. Die Behörden hatten unser Fahrzeug fotografiert, es aber anscheinend nicht geschafft, meine Anwesenheit auf dem Rücksitz zu registrieren. Das Taxi setzte seinen Weg über die leere Straße fort. Wir erreichten den Kontrollpunkt gleich

Tibeter in Meruma bei einer politischen Belehrung, Dezember 2019.

hinter dem Kloster Kirti just, als Schichtwechsel war, und rutschten geradewegs durch.

Erleichtert atmete ich auf – vielleicht etwas vorschnell. Als wir auf den Marktplatz vor dem Kloster zusteuerten, kam ich mir vor wie in einem der Kriegsgebiete, die ich beruflich über die Jahre aufgesucht hatte, sei es Bagdad, Sarajevo oder der Gazastreifen. Es war diese eigenartige Mischung aus Alltag und Militär – Menschen, die im Wirrwarr der Marktstände abends noch schnell einkauften und so taten, als wäre alles ganz normal, obwohl dem offenkundig nicht so war. Im Umkreis sah man überall mit Planen bespannte Militär-Lkws, Jeeps mit Tarnanstrich, Streifenwagen mit aufmontierten Kameras. Vor dem Warenhaus an der Hauptkreuzung stand ein gepanzerter Truppentransporter. Spontan hielt ich für ein Foto mein Mobiltelefon ans Fenster, besann mich dann aber eines Besseren und ließ das Gerät wieder in meine Tasche gleiten.

Als ich Ngaba besser kennenlernte, konnte ich nachvollziehen, wie sich die Stadt – und die Lage Tibets – durch die Selbstverbrennungen verändert hatte. Bei dem Versuch, sie zu unterdrücken, wechselte die chinesische Regierung zwischen Zuckerbrot und Peitsche. Die Bezirksregierung hatte in einer Blitzaktion Projekte gestartet, die die Stadt zu einem Aushängeschild für Modernität machen sollten. Die Hauptstraße war nur noch in einer Richtung befahrbar, sodass der Verkehr in einer geordneten Schleife vom Markt zur Mittelschule verlief. Gleichzeitig hatte man die Wandbemalungen mit tibetischen Motiven und die tibetische Beschriftung der Schilder in die Wege geleitet.

Wie überall in China, prangten auf großen roten Spruchbändern die neuesten Parolen der Kommunistischen Partei.

Gemeinsam errichten wir eine schöne Heimat.
Verneigt euch tief. Schenkt den Menschen Gehör.

Einige Tibeter äußerten mir gegenüber, die Kommunistische Partei habe ihrer Ansicht nach die Botschaft der Selbstverbrennungen als unmissverständliche Unmutsäußerung zur Kenntnis genommen. Die Regierung hatte das unpopuläre Wasserumleitungsprojekt gestoppt, das möglicherweise ein Austrocknen des Flusses Nagqu bewirkt hätte. Die Pläne zur Unterbringung von 60 000 chinesischen Arbeitern und deren Familien auf der südlichen Uferseite waren zurückgestellt worden, wenngleich auf dem dafür vorgesehenen Gelände Militärbaracken standen und ein neuer Gebäudekomplex der Regierung entstehen sollte, mit einer Zufahrt über eine protzige vierspurige Brücke und durch riesige lackierte Tore, gekrönt mit dem tibetischen Symbol des Buddhaknotens.

Shi Jun, der Parteisekretär des Regierungsbezirks Ngaba, dessen doktrinäre Maßnahmen viele als Ursache der Unruhen ansahen, war 2012 von seinem Posten abgezogen worden, und obwohl er nun in der Provinzverwaltung tätig war, konnte sich die aufgeheizte Atmosphäre durch seinen Fortgang beruhigen. Fotos des Dalai Lama, die aus dem Kloster Kirti entfernt worden waren, hingen wieder – auch wenn niemand sagen konnte, für wie lange. Eine Gruppe von Geschäftsleuten aus Ngaba hatte Geld gesammelt und einen Hort für Enten und Kühe errichten lassen, die man vor dem Schlachthaus gerettet hatte, als Variante des buddhistischen Brauchs der Tierbefreiung, durch die man sich Verdienste erwarb. Der Bau befindet sich am Nordufer des Flusses hinter dem Kloster Se.

2014 sah ich auf einer Reise nach Ngaba viele Hirten, die wasserdichte weiße Planenzelte bezogen hatten. Sie waren von der Lokalregierung als unentgeltlicher Ersatz für die massigen traditionellen Zelte aus schwarzem Filz verteilt worden. Die Regierung gab auch kostenlos Bauholz für Yakpferche aus und gewährte Tibetern Zuschüsse für Hausanbauten.

»Ich kann diese Selbstverbrennungen nicht gutheißen, denn es ist ein fürchterlicher Verlust an Menschenleben. Aber ich muss auch zugeben, dass die Regierung mehr für uns tut«, sagte mir eine Hausfrau aus Ngaba, deren Familie Geld für den Umbau ihres Heims erhalten hatte. »Durch ihr Opfer ist unser Leben besser geworden.«

Mittlerweile gab es Pläne, aus Gonpos einstigem Palast eine Touristenattraktion zu machen. Kurz vor der Abzweigung der Straße wurde sogar ein Wegweiser aufgestellt, um die Menschen zum Palast zu leiten. Bei meinem letzten Aufenthalt hatte sich jedoch noch nichts getan, und mir wurde berichtet, dass der örtliche Parteisekretär, der das Projekt angeregt hatte, versetzt worden war.

Als ich durch Ritzen in den Toren spähte, sah ich, dass auf dem Dach Gras wuchs. Die Umgebungsmauer war lediglich mit Yakdung ausgebessert, das Gebäude selbst aber in einigermaßen gutem Zustand. Die auskragenden Holzveranden, die damals die Toiletten beherbergten, waren nach wie vor da. Nachbarn hatten vor dem Palast inzwischen eine Kapelle für den verstorbenen Mei-König errichtet. Der kleine, viereckige Bau spannte sich über einen Bach und war karmesinrot gestrichen, die Eingangstür zierte eine Abbildung des Dharma-Rads.

Weitere Vorzeigeprojekte waren im Dorf Meruma im Bau. Direkt an der Nationalstraße 302 standen neue narzissengelbe Häuser mit den gleichen Wandbildern wie in Ngabas Innenstadt. »Das ist ein Projekt des schönen Scheins. Sie haben 20 oder 30 wirklich hübsche Musterhäuser gebaut, um sie offiziellen Besuchern zu zeigen«, sagte mir ein 54-jähriger ehemaliger Hirte. Er führte mich durch sein eher bescheidenes Haus abseits der Hauptstraße. Der kahle, viereckige Kasten aus Betonblocksteinen hatte nicht einmal 15 000 Euro gekostet, war aber auch nicht mehr als ein Dach über dem Kopf. Der Mann berichtete, er habe den Beton für die Bodenplatte selbst gegossen und die Wände gekachelt, aber bei den Fenstern sei ihm das Geld ausgegangen, sodass er das Haus nur noch nutzen konnte, um darin Gerste zu lagern.

Wo man in Ngaba auch hinsah, schoss etwas Neues aus dem Boden. Die örtlichen Behörden gestalteten weitere touristische Stätten für Chinesen, die sich in der Region auf die Spuren des Langen Marsches begaben. An der Straße westlich der Stadt legten sie Fischteiche an, offensichtlich einzig und allein für chinesische Touristen, da Tibeter gewöhnlich keinen Fisch essen.

Wie viele Chinesen in Ngaba leben, bleibt unklar, weil ein Großteil der neuen Migranten ihren rechtmäßigen Wohnsitz weiterhin in ihren eigenen Heimatstädten haben. Nahezu alle Obst- und Gemüsehändler und die meisten Restaurantbesitzer waren Chinesen oder Hui. Einen weiteren Zuzug chinesischer Zuwanderer beförderte das Erdbeben in Sichuan im Jahr 2008, dessen Epizentrum in dem ebenfalls zum Regierungsbezirk Ngaba gehörenden Wenchuan lag und das ihre Häuser und Arbeitsstätten zerstört hatte. Es kamen allerdings auch sehr viele Angehörige der chinesischen Mittelschicht. Als ich eines Abends im Zentrum Ngabas unterwegs war, sah ich Scharen junger Männer und Frauen in Businesskleidung, die, während sie sich angeregt auf Chinesisch unterhielten, aus den Büros in Richtung der beliebten Restaurants mit Feuertopf im Angebot strömten. Andere standen plaudernd draußen vor dem Karaokeklub mit dem grellen Regenbogenlicht. Ein blitzblanker Range Rover ohne Nummernschild rauschte die Hauptstraße entlang, ein Bild, das ich von Peking her kannte und das auf neureiche Chinesen oder aber deren Sprösslinge mit Kontakten zur Partyszene schließen ließ.

Ungeachtet aller Entwicklungsprojekte entstanden aber, wie es aussah, nur wenige neue Arbeitsplätze für Tibeter. Als 2014 im Autonomen Bezirk Tibet der Flughafen von Hongyuan errichtet wurde, sah ich während meines Besuchs unter den Arbeitern nur Chinesen. Bautrupps setzten sich grundsätzlich allein aus Chinesen zusammen. Ein freundlicher junger Mann, der in Ngaba im Bezirksbüro arbeitete und sich als Zou Shuangquan vorstellte, erklärte mir, Tibeter hätten für Bauarbeiten nicht viel übrig. »Tibeter sind nicht ernsthaft auf Arbeitssuche. Die Nomaden haben

Yaks und können nach Raupenpilzen graben. Damit verdienen sie immer noch mehr als in einer regulären Anstellung«, sagte Zou, der unter den chinesischen Funktionären, mit denen ich sprach, als einer der wenigen der tibetischen Kultur gegenüber tatsächlich aufgeschlossen war und sich ernsthaft bemühte, die Sprache zu lernen.

Der einzige Ort, an dem ich in Ngaba auf tibetische Bauarbeiter traf, war ein Hotel, das einem Tibeter gehörte. Ich stieß dort auf zwei Frauen, die dabei waren, eine Schubkarre mit Baumaterial über einen unfertigen Treppenaufgang nach oben zu befördern. Eine der beiden – sie war schlank und grazil – trug eine gepolsterte Jacke in dem bei Buddhisten beliebten knalligen Orange, doch erst als sie die Wollmütze abnahm und ihr geschorener Schädel sichtbar wurde, bemerkte ich, dass sie eine Nonne war. Sie hieß Yangchen und sprach gut chinesisch, was sie sich, wie sie mir erzählte, beim Fernsehen und durch Bücher selbst beigebracht habe. Weil ihre Familie arm war, schuftete sie für 100 Yuan am Tag auf Baustellen, die Hälfte der Summe, die ein chinesischer Arbeiter bekam. »Ich hatte Glück, dass mich ein Tibeter beschäftigt. Die meisten Betriebe und Läden gehören Han-Chinesen, die dann natürlich am liebsten Han-Chinesen nehmen«, erklärte Yanchen nüchtern und ohne jede Bitterkeit in ihrer Stimme.

Die jungen Tibeter, denen ich begegnete, waren in der Regel ebenso darauf bedacht, eine sichere Anstellung zu finden wie Angehörige ihrer Generation überall auf der Welt sonst auch. Dass die Tibeter nicht irgendein exotischer, von der Außenwelt abgeschnittener Stamm sind, der seine althergebrachte Zivilisation gegen den Vormarsch der Moderne zu bewahren sucht, sollte sich herumgesprochen haben. Sie fordern Infrastruktur, Technologie, weiterführende Schulbildung und die Möglichkeit zu studieren. Aber sie beharren auch auf Beibehaltung ihrer Sprache und ihrer Kultur sowie auf freier Religionsausübung.

Da die Tibeter auf dem Arbeitsmarkt seitens der Privatwirtschaft unter massiver Diskriminierung zu leiden haben, streben viele junge Menschen eine Anstellung in der öffentlichen Verwaltung an. Dies erfordert von ihnen allerdings auch Opfer, etwa wenn es um die Ausübung ihres buddhistischen Glaubens geht. »Was bleibt uns in Ngaba denn sonst noch übrig? Wir müssen mit der Kommunistischen Partei zusammenarbeiten, sonst gehen wir Yakherden hüten und sammeln Raupenpilze«, beschwerte sich ein gut gebildeter 24-Jähriger namens Tashi.

»Wenn ich in Tibet geblieben wäre, wäre ich vielleicht Lehrer geworden und würde 2000 Yuan [240 Euro] im Monat verdienen«, sagte mir ein in Indien lebender junger Mann, der Dorjee hieß. »Wenn ich dann weiter aufsteigen wollte, müsste ich in die Kommunistische Partei eintreten. In der Privatwirtschaft können wir mit den Chinesen nicht konkurrieren. Die Kluft zwischen dem Bildungsangebot in Tibet und dem für chinesische Schüler und Studenten ist einfach zu groß.«

Die Erfahrung machte ich auch, als ich in Begleitung einer Fotografin eine von der Regierung betriebene Grundschule in einem Ort unweit von Ngaba besuchte. Im Klassenzimmer liefen schätzungsweise 30 Sechsjährige herum und spielten. Wir hielten nach einer Lehrkraft Ausschau, doch weit und breit war kein Erwachsener zu sehen. Als die Kinder auf uns aufmerkam wurden, rannten sie an ihre Plätze – sie saßen jeweils zu dritt an einem Zweiertisch – und sahen uns erwartungsvoll an. Wäre es nach ihnen gegangen, hätte die Unterrichtsstunde beginnen können. Ein Mädchen zeigte auf eine Klassenkameradin, die Nasenbluten hatte. Entschuldigend musste ich erklären, dass wir keine Lehrerinnen waren und nichts für sie tun konnten, von dem Papiertaschentuch, das wir dem Mädchen gaben, einmal abgesehen. (Von einer Lehrkraft hörte ich später, die Erzieher hätten zum Zeitpunkt unseres Besuchs Mittagspause gehabt; als die Fotografin früher am Morgen eingetroffen war, hatte sie im Klassenzimmer allerdings auch keinen Lehrer angetroffen.)

Ein ums andere Mal hörte ich dieselben Geschichten. Wie überall in China ging es fast jedem finanziell besser als noch vor zehn Jahren. Trotzdem waren die Tibeter noch immer arm – selbst nach den Maßstäben der ländlichen Regionen Chinas. Und dass die chinesischen Neuankömmlinge in der Stadt einen höheren Lebensstandard hatten, blieb ihnen nicht verborgen.

Durch das Tibetische Hochland zu reisen war kein Zuckerschlecken. Eines Tages legte ich auf meinem Weg nach Ngaba in einem kleinen Ort namens Darlag einen Zwischenstopp ein, um dort zu übernachten. Als ich in der regnerischen Nacht meinen Weg suchte – der Strom war bereits abgestellt –, stolperte ich in einen offenen Abwassergraben. Das wäre weiter nicht tragisch gewesen, hätte man in dem Hotel, das ich dann erreichte, nicht auch schon das Wasser abgestellt, sodass ich mich nicht waschen konnte.

Ein andermal wohnte ich bei einer tibetischen Familie in einem Dorf wenige Stunden von Ngaba entfernt (den Namen lasse ich unerwähnt, um meine Gastgeber zu schützen). Mit Ausnahme der Hauptstraße gab es keine befestigten Wege. Um ins Haus zu kommen, musste man über glitschige, mit Lehm und Regenwasser verschmierte Steine steigen, obwohl es sich in einem dicht bebauten, relativ neu von der Regierung angelegten Wohnviertel befand. Zwar besaß jede Familie einen ummauerten Vorplatz, doch der war gerade groß genug, um darin Yakdung zum Verbrennen zu lagern, nicht aber um Tiere zu halten. Die meisten Leute in dem Viertel waren ehemalige Hirten, denen man nahegelegt hatte, ihre Herden zu verkaufen und sesshaft zu werden. Die Häuser waren aus Lehm und Ziegel gebaut; die Dächer lagen auf hölzernen Querbalken. Da sie leicht vorstanden, ergab sich ein dekoratives Muster aus umlaufenden Kreisen. Im Haus meiner Wirte wurden Glühbirne und Kassettenrekorder mittels eines Solarmoduls betrieben, da der Ort ansonsten nur unzureichend mit Strom versorgt wurde. Der Innenbereich bestand im Wesentlichen aus einem länglichen Raum mit einem durch eine Gewebeplane abgetrennten Schlafbereich. Die Wände waren, wie in tibetischen Häusern sehr verbreitet, mit grellbunten Farbfotos aus Zeitschriften tapeziert – Vögel, Blumen, mollige Kleinkinder, Popstars.

Den Mittelpunkt im Innern bildete ein Ofen, der Heizung und Kochstelle zugleich war und auf dem beständig ein Kessel mit Wasser vor sich hin köchelte. So konnten meine Gastgeber jederzeit einen warmen *Tsampa*-Brei zubereiten, den sie zu allen Mahlzeiten aßen, bevor sie flink und geräuschlos die Keramikschalen sauber leckten.

Meine Wirtin war eine auf die 60 Jahre zugehende Witwe und lebte mit mehreren ihrer erwachsenen Kinder zusammen. Wie viele Tibeter ihrer Generation hatte sie schon früh die Eltern verloren. Ihr Vater starb im Gefängnis, die Mutter verhungerte in der Zeit der kommunistischen Reformen der 1950er-Jahre. Trotz eines Lebens mit viel Not und schwerer Arbeit und der Belastung durch zahlreiche Geburten war die Witwe eine adrette, energische Frau, die Kompetenz und Ruhe ausstrahlte. Sie begann den Tag mit Niederwerfungen vor einem kleinen Altar – eine Übung, die für viele meiner fitnesserprobten Kolleginnen und Kollegen eine Herausforderung wäre –, machte dann den Ofen sauber und schöpfte Wasser aus dem Brunnen, um die Kessel wieder aufzufüllen. Die Familie hatte ein besseres Auskommen als die meisten anderen im Dorf, weil Verwandte von auswärts Geld schickten, aber arm war sie dennoch. Im Haus war es immer kalt, man trug wollene Skimützen. Alle wirkten unterernährt, vor allem eine Tochter, die etwa 25 Jahre alt war. Ihren Angehörigen zufolge litt sie an Tuberkulose, die richtige Medizin für sie könne man nicht bekommen. Eine Verwandte, die ich kennenlernte – eine Frau von 65 Jahren –, zeigte mir Tabletten, die ihr jemand als Bluthochdruckmittel aus Amerika verkauft hatte. Sie bat mich, ihr die Aufschrift vorzulesen, die als Inhaltsstoffe Schlangenhaut und Ginseng auswies. Es kostete mich Überwindung, ihr zu sagen, dass ich es nicht für ein Mittel aus den USA hielt.

Die Hygieneverhältnisse waren schlecht. Die Menschen verrichteten ihre Notdurft im Fluss und hatten immer einen Stein dabei, um streunende Hunde zu vertreiben. Eines Morgens beging ich den Fehler, aus dem Tor herauszutreten, bevor ich einen Stein aufgesammelt hatte. Ich war kaum draußen, als ein großer gelber Hund um die Ecke fegte, mich in den Oberschenkel biss und gleich wieder davonjagte.

Im Dorf gab es an der Hauptstraße auch eine Art Toilettenhaus, wobei es sich jedoch lediglich um einen Betonkasten mit Grube und ohne Dach handelte, der für die meisten Anwohner mit einem langen Fußmarsch verbunden war.

Soweit ich es beurteilen kann, beschränkte sich das Angebot staatlicher Versorgungsleistungen auf die Polizeiarbeit. Das Amt für öffentliche Sicherheit, das prominent aus einer kleinen Geschäftszeile hervorstach, war neben dem Kloster das größte Gebäude vor Ort. Ich konnte mir nicht erklären, warum dieses Dorf, dessen 2000 Bewohner größtenteils Rentner waren, in dem weder Proteste noch Selbstverbrennungen stattgefunden hatten, derart viele Sicherheitskräfte brauchte. Fortwährend kreisten Polizeiwagen um das Kloster und einen kleinen Parkplatz, auf dem Busse abgestellt wurden. Fast schien es, als seien im Ort ausschließlich Polizeifahrzeuge unterwegs. Dies wurde mir unangenehm vor Augen geführt, als ich mich einmal auf dem Rückweg ins Dorf befand. Weil es kein Taxi gab, versuchten es eine befreundete Tibeterin und ich per Anhalter. Es wurde bereits dunkel, und es kam kein Auto, bis zu unserer Erleichterung auf dem Bergrücken ein Scheinwerferlicht auftauchte. Als das Fahrzeug jedoch näher rollte, erkannten wir anhand des Nummernschilds, dass es sich um die bewaffnete Polizei handelte. Wir befanden uns im offenen Hochland, es gab keinen Baum oder sonst irgendetwas, wo man sich hätte verstecken oder auf die Schnelle hinlaufen können, ohne sich verdächtig zu machen. Wir hatten keine andere Wahl, als uns auf den Rücksitz zu kauern.

»*Ni hui shuo putong hua?*«, fragte der Zivilpolizist. Sprechen Sie Chinesisch? Ich senkte schweigend den Kopf und tat, als würde ich ihn nicht verstehen. Zum Glück bot das Dämmerlicht Schutz. Als der Wagen das Dorf erreicht hatte, bedankte meine Freundin sich nuschelnd, und wir stiegen ohne weitere Vorfälle aus.

Nach Ansicht von Experten existiert in China zwischen der Kommunistischen Partei und dem Volk so etwas wie ein stillschweigendes Abkommen: Wirtschaftswachstum als Gegenleistung für die Duldung des Einparteienstaats. Nach demselben Schema versucht es die Partei auch in Tibet, und möglicherweise geht die Rechnung sogar auf, denn die Tibeter, die ich kennengelernt habe, wissen die wirtschaftlichen Errungenschaften, die ihnen nach 70 Jahren Herrschaft durch die Kommunistische Partei zur Verfügung stehen, aufrichtig zu schätzen. Nicht alles ist Propaganda. Die Menschen in Tibet wollen nicht zurück in die Vergangenheit. Allerdings wünschen sie sich bei dem Deal dieselben Bedingungen, die auch für Han-Chinesen gelten – wenn auch nicht dieselben Rechte wie in demokratischen Ländern mit Wahlen oder Redefreiheit, aber doch zumindest die Grundrechte, wie sie den meisten chinesischen Staatsbürgern zugestanden werden: das Recht, nach Belieben im eigenen Land zu reisen; das Recht auf einen Pass; das Recht, seine Kinder auf ausländische Schulen zu schicken; das Recht, selbst ins Ausland zu reisen; das Recht, die eigene Sprache zu lernen; das Recht, das Bild ihres spirituellen Oberhaupts zu zeigen.

Ein tibetischer Geschäftsmann, einer der Unternehmer, die in den 1980er-Jahren in Ngaba für den Wiederaufbau sorgten und der heute ein gemachter Mann ist, brachte es prägnant auf den Punkt. Er besitzt zwei Häuser, zwei Autos, darunter das neue Modell eines japanischen SUV, jeweils das neueste iPhone und iPad. Doch trotz jahrzehntelanger Bemühungen und eines jungfräulichen Strafregisters gelingt es ihm nicht, einen Pass zu bekommen.

»Ich habe alles, was ich mir im Leben nur wünschen kann, außer meine Freiheit«, sagte er mir.

2014 und 2015 ließen die Fälle von Selbstverbrennungen allmählich nach, und an ihre Stelle trat eine neue Form des Protests.

Einzelne Demonstranten schwenkten auf offener Straße Porträts des Dalai Lama und riefen protibetische Parolen. Im zweiten Halbjahr 2015 zählte die International Campaign for Tibet 14 gemeldete Vorfälle; insgesamt nahmen die Aktionen mit jedem darauffolgenden Jahr wieder ab. Wie bei den Selbstverbrennungen auch gingen viele dieser Einzelproteste auf Kirti-Mönche aus Meruma zurück; sie wurden zu zwei- bis dreijährigen Haftstrafen verurteilt.

Unter Tibetern ist die Angst in ähnlichem Maße verbreitet wie bei den Menschen in Nordkorea, denen ich begegnet bin. Auf einer Reise nach Jiuzhaigou, dem Touristenort, in dem Tsepey arbeitete, stellte ich einer jungen tibetischen Frau eine belanglose Frage zu der musikalischen Einlage, die wir sahen. Sie wurde ganz blass und sagte, sie dürfe nicht mit mir reden. Ein tibetischer Wissenschaftler, den ich auf einem staatlich organisierten Vortrag kennengelernt hatte, legte auf, als ich ihn anrief, nicht aus Unhöflichkeit, sondern aus Angst.

Wie es der norwegische Politikwissenschaftler Stein Ringen formuliert hat, entwickelt sich China zu einer »perfekten Diktatur«. Schon jetzt ist die staatliche Kontrolle umfassend und die Ausspähung der Netzkommunikation lückenlos; die Überwachungskameras sind allgegenwärtig, und das biometrische Tracking der Bevölkerung ist derart perfekt, dass die Aufrechterhaltung der Ordnung beinahe hundertprozentig gewährt ist. Chinas neuer Ansatz zur Kontrolle von Widerspruch ist nicht so barbarisch wie Methoden anderer Regime – Giftgasangriffe auf die Zivilbevölkerung beispielsweise, wie in Syrien durch Bashar al-Assad –, hat aber den gleichen Lähmungseffekt. Angeblich waren im Jahr 2020 626 Millionen Überwachungskameras installiert, wie ein britisches Unternehmen für Technologieberatung angab, also eine für zwei Einwohner. Mithilfe neuester Gesichtserkennungsverfahren können Sicherheitsbehörden schon heute Teilnehmer an Protesten identifizieren, aber genauso gut Menschen, die bei Rot über die Straße gehen oder Drehkreuze überspringen.

In Ngaba und anderen Regionen Tibets wurden elektronische Sozialversicherungskarten ausgestellt, die fortgeschrittene Formen der biometrischen Analyse wie Iris-Scans zur Identifizierung heranziehen. Ein derzeit im Aufbau befindliches »Sozialkredit«-System wird die Regierung in die Lage versetzen, bei Regelverstößen die Täter durch den Entzug von Privilegien – beispielsweise der Möglichkeit, sich eine Zugfahrkarte zu kaufen – ohne zeitliche Verzögerung zu bestrafen. Noch ist China vielleicht nicht die von Kritikern befürchtete Dystopie, aber es ist auf dem Weg dorthin. Die Einschüchterung reicht weit über die Landesgrenzen hinaus. Außerhalb Chinas lebende Tibeter (andere Auslandschinesen im Übrigen auch) vermuten, dass ihre – insbesondere über WeChat verschickten – Mails und Textnachrichten überwacht werden und deren Inhalte ihnen zum Nachteil gereichen können. Mehrere in New York lebende Tibeter haben mir berichtet, dass ihre Angehörigen in Tibet nur eingeschränkt mit ihnen kommunizieren, aus Angst, ein negativer Kommentar könnte als Kritik an der Regierung missverstanden werden. Deshalb wüssten sie oft nicht genau, was in der Heimat vor sich gehe.

Die Uiguren haben allerdings noch mehr zu leiden: Gegenwärtig werden bis zu einer Million Uiguren gegen ihren Willen in »patriotischen Erziehungslagern« festgehalten, wo sie für wenig bis gar kein Geld untergeordnete Tätigkeiten verrichten und den Indoktrinierungen der Kommunistischen Partei ausgesetzt sind. Ihre Kinder werden oft in Internate geschickt, damit sie Chinesisch lernen. Die chinesische Regierung behauptet, die Internierungslager dienten der beruflichen Ausbildung und der Vorbeugung radikalislamischer Bestrebungen. Eingerichtet wurden sie von Chen Quanguo, einem Hardliner der Integrationspolitik, der fünf Jahre lang als kommunistischer Parteisekretär in der Autonomen Region Tibet wirkte, bevor er 2016 in gleicher Funktion nach Xinjiang versetzt wurde.

Auch wenn die Tibeter nicht in Internierungslagern zusammengetrieben sind, stehen sie unter dem unerbittlichen Dauerbeschuss der chinesischen Propaganda. Ihnen wird nahegelegt und mitunter auch befohlen, zu Hause Bildnisse von Xi Jinping und chinesische Fahnen aufzustellen. (»Meine Mutter hat ein Bild von Xi Jinping in ihrem Schlafzimmer«, sagte mir ein Tibeter aus einem anderen Teil Amdos.) Für die Feier des Jahrestags der Gründung der Volksrepublik China am 1. Oktober wurden 2019 Studenten aus Ngaba zur Teilnahme an einem »Mutterland«-Gesangswettbewerb verpflichtet: »Drückt eure unendliche Liebe zur Partei aus und bringt zum 70. Jahrestag der Gründung des Neuen China ein Geschenk dar.« Unter den Posts von der Verwaltung des Regierungsbezirks Ngaba zeigt ein neueres, im Dezember 2019 eingestelltes Bild Tibeter in Meruma bei einer Versammlung zur »Stärkung einer bodenständigen Sozialordnung«. Auf dem Foto sieht man sie, wie sie auf dem Boden sitzen und sich gutenteils ihre Umhänge um den Kopf gewickelt haben. An jenem Tag herrschten Minusgrade. In der Regel kann man aus einem Foto nicht viel herauslesen, doch ich vermute, dass sie dort nicht freiwillig versammelt waren.

Um meine eigene Sicherheit habe ich mir bei meinen Reisen durch das Hochland von Tibet keine Gedanken gemacht. Da ich rechtmäßig mit gültigem Visum und Presseausweis unterwegs war, hätte man mich wohl schlimmstenfalls einen Tag lang festhalten und dann aus der Stadt hinausbegleiten können. Meine Sorge galt eher den Tibetern, die mir behilflich waren oder sogar mit mir sprachen. Sie konnten ernsthafte Probleme bekommen – womöglich verhaftet werden oder ihre Arbeit verlieren.

Zwar genießen auch die Chinesen keine uneingeschränkte Meinungsfreiheit, aber im Vergleich zu Minderheiten haben sie bei Weitem mehr Spielraum. Trotz Aushöhlung der persönlichen Freiheitsrechte unter Xi Jinping kommen Han-Chinesen, die mit Journalisten reden und unbedeutendere Maßnahmen ihrer Regierung kritisieren, in aller Regel ungestraft davon.

Wenn ich mich in China mit Tibetern unterhielt, geschah dies stets in Privaträumen oder an abgeschiedenen Orten, selbst bei unverfänglichen Gesprächen, in denen es nicht um Politik ging. Hatte ich tibetische Übersetzer und Fahrer bei mir, ließ ich Vorsicht walten, um ihnen keinen Ärger einzuhandeln. Dies erschwerte die Vorarbeit für dieses Buch, weil viele Tibeter kaum Chinesisch sprechen. Hin und wieder versuchte ich mich mit meinem gebrochenen Chinesisch in Interviews mit Tibetern, die ebenfalls nur gebrochen Chinesisch sprachen, und trotz unseres beschränkten Wortschatzes gelang uns die Verständigung. Schwierigere tibetische Formulierungen nahm ich manchmal auf, um sie zu einem späteren Zeitpunkt übersetzen zu lassen. Bei anderer Gelegenheit fungierten jüngere Familienangehörige als Dolmetscher und übersetzten ins Chinesische, was die Älteren sagten.

Insgesamt habe ich bei meinen Recherchen Dutzende Bewohner aus Ngaba interviewt. Als ich dann das Buch schrieb, beschloss ich jedoch, mich auf diejenigen zu konzentrieren, die im Ausland oder in anderen Teilen Chinas leben und ihre Geschichte in aller Nuanciertheit weitergeben konnten. Aus langjähriger journalistischer Arbeit mit Überläufern, Flüchtlingen und Exilanten weiß ich, dass Menschen über den einmal verlassenen Ort oft unbefangener reden als jene, die sich zum Bleiben entschlossen haben. Um dies aufzuwiegen, entschied ich mich für Personen, deren Schilderung von noch in Tibet lebenden Angehörigen und Freunden untermauert werden konnte. Mit wenigen Ausnahmen (Tsegyam, der Schulmitarbeiter, und Tsepey, der ehemalige Auftrittskünstler) haben die in diesem Buch vorgestellten Menschen Tibet nicht aus politischen Gründen verlassen, sondern um ihre Ausbildung fortzusetzen oder sich persönlich weiterzuentwickeln.

Es waren größtenteils ganz normale Menschen, die gehofft hatten, im von China beherrschten Tibet ein unspektakuläres, glückliches Leben führen zu können, und nicht damit gerechnet hatten, sich einmal zwischen ihrem Glauben, ihrer Familie und ihrem Land entscheiden zu müssen.

Im Zentrum des Konflikts steht der Dalai Lama. Viele Tibeter haben mir zu verstehen gegeben, sie könnten sich leichter mit einem Leben in Chinas Grenzen abfinden, wenn die Regierung ihre Verunglimpfungen des Dalai Lama einstellen würde.

Denn unabhängig davon, was er sagt, die chinesische Regierung wird ihrer Anfeindungen nicht müde. Ihr Hass auf ihn scheint grenzenlos. Unter uns Journalisten kursierte der Witz von Lord Voldemort, dem Antagonisten von Harry Potter in Joanne K. Rowlings Romanen – er, dessen Name nicht genannt und dessen Bild (in vielen Teilen Tibets) nicht gezeigt werden darf. Dies konnte ich selbst erleben, als ich 2014 auf dem Rückflug aus Nepal einen Zwischenstopp in Lhasa machte. Ich stieg zwar nur um, wusste aber, dass meine Taschen durchsucht werden könnten, und hatte darauf geachtet, nichts Verfängliches mitzuführen. Sogar meinen Kindle hatte ich weggegeben. In meinem Gepäck befand sich einzig eine Ausgabe eines verbreiteten englischsprachigen Nepal-Reiseführers, den ich für harmlos genug gehalten hatte. Wie sich herausstellte, war der Lonely-Planet-Führer aber genau das Buch, das man suchte. Sobald meine Tasche den Gepäckscanner durchlaufen hatte, zog der uniformierte Grenzschutzbedienstete es mit einem Griff heraus. Kundig schlug er die Seite 315 auf, die den Stein des Anstoßes enthielt. Unten auf der Seite waren mehrere historische Fotos abgebildet, darunter ein derart kleines, dass ich die Augen zukneifen musste, um zu erkennen, dass der Dalai Lama darauf abgebildet war.

»Nie kai wanxiou«, sagte ich zu ihm. Das ist wohl nicht Ihr Ernst.

Die Sache wurde erörtert. Ich schlug ihm vor, die inkriminierte Seite herauszureißen und mir das Buch wieder zurückzugeben. Ich verwies auf den empfohlenen Verkaufspreis von 27,99 Dollar. Er schüttelte den Kopf und verstaute das Buch hinter seinem Tisch, zweifelsohne auf einem Stapel anderer Bücher aus dem Besitz ahnungsloser Reisender. Der Mann vom Grenzschutz war ein großer Tibeter mit strammer Haltung in einer paramilitärischen

Uniform, und er lächelte ein wenig, als wollte er mir sagen, dass auch er dies für albern hielt, aber seine Arbeit machen und eine Familie ernähren müsse und keine andere Wahl habe, als sich an eine skurrile, widersinnige chinesische Vorschrift zu halten.

Das Andenken an den Dalai Lama auszulöschen ist ein Ding der Unmöglichkeit. Wo seine Bilder verboten wurden, beten die Tibeter stattdessen zu Avalokiteshvara, dem tausendarmigen Bodhisattva des Mitgefühls, dessen Darstellungen in tibetischen Klöster zu finden sind. Der Dalai Lama gilt als die Reinkarnation des Avalokiteshvara, der das abwesende spirituelle Oberhaupt ersetzen muss. »Es macht nichts, wenn wir kein Foto haben. Wir wissen, wo er ist«, sagte mir ein Tibeter in Lhasa.

Die bekennenden Atheisten in der Kommunistischen Partei fürchten den Dalai Lama fraglos wegen der Ergebenheit, die ihm die Tibeter beweisen, aber wie hartnäckig sie daran festhalten, scheint man zu unterschätzen. Während der sieben Jahre, in denen ich in China gelebt habe, hat mich auf meinen Reisen in tibetische Regionen immer wieder erstaunt, mit welcher inneren Anteilnahme die Tibeter vom Dalai Lama sprechen. Ich sah, wie überwältigt mein Mitarbeiter – ein gebildeter, erklärtermaßen diesseitig orientierter Mann – war, als wir den Dalai Lama zu einem Interview trafen. Der Mittdreißiger, ein böser Zyniker und Vernunftmensch, mochte der Führungsrolle des Dalai Lama in der Exilgemeinde noch so kritisch gegenüberstehen – es änderte nichts: In Gegenwart seiner Heiligkeit schmolz er förmlich dahin.

Zufällig war ich 2015 kurz vor dem 80. Geburtstag des Dalai Lama in China und kam durch Ngaba. Zwar war es in jener Zeit zu keinen neuen Selbstverbrennungen mehr gekommen, aber die Stadt wurde streng kontrolliert, denn die Behörden rüsteten sich, um eventuelle Feierlichkeiten zu unterbinden. Mein Interview lag noch nicht lange zurück, und ich hatte noch immer Fotos auf dem Handy. Die Empfehlung, sie zu löschen, hatte ich missachtet – zu stark war die Verlockung, damit anzugeben. Nachdem ich sie einigen Tibetern gezeigt hatte, wurde ich plötzlich zu einer

Art offizieller Gesandten. Vormals verschlossene Türen öffneten sich mir. Ein paar Tage später, als ich vor meiner Abfahrt aus Ngaba den Wagen belud, kam eine Gruppe junger Tibeter auf mich zu, teils Jugendliche, teils schon über 20 Jahre alt – vom äußeren Eindruck her weltliche, Jeans und Smartphone tragende, chinesisch sprechende Männer. Sie hatten eine besondere Bitte. Sie wussten, dass der Dalai Lama seinen Geburtstag in Los Angeles verbringen wollte; ich sollte Geschenke für ihn mitnehmen. Mein Fahrer hatte bereits den Kofferraum für unser Gepäck geöffnet, und bevor ich einschreiten konnte, begannen die jungen Tibeter, dort ihre Geschenke zu verstauen. Darunter waren Jutesäcke mit über zwei Kilo Gerstenmehl für *Tsampa,* weitere Säcke mit Trockengemüse und eine kleinere Tüte voll *Momos* mit Fleischfüllung. Ich versuchte zu protestieren und erklärte, dass ich in New York wohnte und nicht in Los Angeles. New York sei von Los Angeles weit entfernt; ich würde zumindest in nächster Zeit auch nicht dorthin fahren. Außerdem müsse ich auf dem Rückflug mehrmals umsteigen und werde die Lebensmittel mit Sicherheit nicht durch den amerikanischen Zoll bekommen.

»Das macht nichts. Wir wollen zeigen, dass es uns am Herzen liegt«, sagte einer der Männer.

Weiter zu argumentieren war zwecklos. Als wir in dem mit Lebensmitteln bepackten VW die Stadt verließen, konsultierte ich meinen inneren Dalai Lama. Was würde mir der Bodhisattva des Mitgefühls in einer solchen Situation raten? Wir hatten bereits die Route nach Osten in Richtung Chengdu eingeschlagen, als ich mich an eine verarmte, behinderte Frau erinnerte, die ich in einem nahe gelegenen Dorf getroffen hatte. Wir fuhren von der Hauptstraße ab, suchten ihr Haus und stellten die Geschenke für den Dalai Lama aus unserem Kofferraum in ihren Innenhof. Dann ging es zurück nach China.

Anhang

Anmerkungen

Dieses Buch beruht vorwiegend auf Erinnerungen von Tibetern aus Ngaba, die mir mündlich vorgetragen wurden. Als ich im Zuge meiner journalistischen Arbeit unvermittelt vor der Aufgabe stand, mich mit Tibet vertraut zu machen, stützte ich mich auf die Werke vieler Experten, die größere Kenntnisse haben, als ich sie – selbst in mehreren Leben – je ansammeln könnte. Mit diesen Anmerkungen möchte ich ihre Arbeit würdigen und Lesern, die tiefer in die hier behandelte Materie einsteigen möchten, eine Richtung aufzeigen. In den meisten Fällen mache ich keine Seitenangaben, weil die Mehrzahl von uns inzwischen auf elektronische Texte zurückgreift. Da sich die Internetadressen zu einzelnen Artikeln häufig ändern, habe ich nur jene angegeben, die meinem Eindruck nach auf absehbare Zeit bestehen bleiben. Viele der erwähnten Menschenrechtsberichte und wissenschaftlichen Zeitschriften sind leicht aufzufinden – zumindest für Leser, die in Regionen mit unzensiertem Internetzugang leben.

Die konkreten Ortsbeschreibungen stammen von mir. Die meisten der im Text geschilderten Schauplätze habe ich selbst besucht: Ngaba, Chengdu, Lhasa und Lixian, wo der Mei-König und die Königin starben, Jiuzhaigou, wo Tsepey seiner Arbeit nachging, die nepalesische Seite der Grenze, Dharamsala sowie Nanjing und natürlich Peking, wo ich sieben Jahre gelebt habe.

Tibetische Namen sind eine diffizile Angelegenheit. So werden Orten und Regionen – je nachdem, ob die Quelle chinesisch oder tibetisch ist – nicht nur voneinander abweichende und oft auch widersprüchliche Geschichtsabläufe zugeschrieben, sondern auch unterschiedliche Namen, die sich zudem im Laufe der Zeit auch noch häufig geändert haben. Die wissenschaftliche Methode der Romanisierung des Tibetischen, die Wylie-Umschrift, bietet eine korrekte Wiedergabe der tibetischen Schrift – nicht jedoch der tibetischen Aussprache. Ich habe mich bemüht, die gebräuchlichsten und prägnantesten Namen zu verwenden, die interessierte Leser über Suchmaschinen leicht aufspüren können. Ngaba gehört leider zu den schwierigsten Fällen; ich stieß auf eine Handvoll verschiedener Schreibweisen, und selbst die Aussprache schwankt je nach tibetischem Dialekt zwischen »Ngaba« und »Ngawa«. Aber vielleicht wird der Ort dadurch nur noch geheimnisvoller.

Tibeter tragen oft eine ganze Reihe von Namen, allerdings nicht immer Familiennamen. Im Laufe eines Lebens kann sich ein Name ändern, wenn er etwa als nicht glückbringend erscheint oder einen veränderten Status seines Trägers zum Ausdruck bringen soll, beispielsweise durch den Vorsatz »Lobsang« für einen Jungen beim Eintritt in das Kloster Kirti. Viele Tibeter haben Spitznamen, und der Einfachheit halber und zum Schutz der Menschen, die ich beschreibe, verwende ich oft beide.

Einleitung

Im chinesischen Verwaltungssystem ist Ngaba eigentlich ein Landkreis mit einem gleichnamigen Hauptort und umgebenden Großgemeinden, die in Dörfer unterteilt sind. Der Landkreis umfasst eine Bevölkerung von rund 73 000 Einwohnern. Darüber hinaus bezeichnet der Name Ngaba aber auch einen Regierungsbezirk – oder wie es in China heißt: eine Präfektur – von der Größe eines kleinen US-Bundesstaats mit einer Bevölkerung von knapp einer Million Menschen. Verwirrenderweise wird als Hauptstadt des Regierungsbezirks auf manchen Karten ebenfalls Ngaba genannt, aber das wäre in etwa so, als würde man Potsdam schreiben, wenn man Berlin meint. Offiziell heißt der Regierungsbezirk »Autonomer Bezirk Aba der Tibeter und Qiang«. Die Qiang sind eine weitere, mit den Tibetern verwandte ethnische Minderheit.

Die Angabe, wonach 50 000 Sicherheitskräfte in Ngaba stationiert seien, stammte von Kanyag Tsering, dem Pressesprecher des Klosters Kirti, der sie nach eigener Aussage von Regierungsstellen bekommen hat.

Teil I
1958–1976

Die letzte Prinzessin

Gonpos vollständiger Name lautet Gonpo Tso Mevotsang. Tso heißt »See« und wird im Landkreis Amdo oft einem Mädchennanmen hinzugefügt.

Die Schilderungen vom Leben am Hof des Mei-Königs stützen sich im Wesentlichen auf meine Interviews mit Gonpo in Indien. In Ngaba sprach ich mit einem Nachbarn, der die Vertreibung der Königsfamilie aus dem Palast miterlebte. Außerdem las ich Augenzeugenberichte, die in einer 2015 anlässlich des 100. Geburtstags des Königs erschienenen Gedenkschrift zusammengetragen waren. Darunter befanden sich auch Darstellungen seiner Schwester Dhondup und ihres Gatten sowie einstiger Minister am Hof. Ich fuhr mehrfach zum Palast, ohne ihn jedoch je betreten zu dürfen. Einer chinesischen Internetseite entnahm ich zahlreiche Angaben zur Bauweise des Gebäudes und Inneneinrichtung.

Glücklicherweise entdeckte ich das von Choephal, dem einstigen Privatsekretär des Königs, 1993 im Selbstverlag veröffentlichte Buch *A Brief Recollection of the Union of the Mei King and the People for Posterity*. In seinem Text fand ich so viele Einzelheiten über die Geschichte des Königreichs wie nirgends sonst; es soll allerdings auch angemerkt werden, dass es dem Autor in seiner Bewunderung des verstorbenen Königs an Distanz mangelt.

Eine objektivere Darstellung liefern wohl die Erinnerungen des amerikanischen Missionars Robert Ekvall, der Ngaba in den 1920er-Jahren besuchte und gleichfalls vom Regierungsstil des Mei-Königs und dem Bildungsniveau seiner Familie beeindruckt war. Die Transkriptionen der mit ihm 1979 geführten Interviews finden sich in den Billy Graham Center Archives im Wheaton College, Illinois, unter https://www2.wheaton.edu /bgc/archives/transcripts/cn092t01.pdf.

Ekvall schrieb außerdem einen Roman, *The Lama Knows: A Tibetan Legend is Born* (Novato, 1981), dessen Handlung in der Nähe von Ngaba spielt und – obwohl fiktional – uns reichhaltiges Anschauungsmaterial zu Ort und Zeit liefert.

Robert Dean Carlson, ein weiterer Missionar, bereiste Ngaba in den 1940er-Jahren. Seine Erinnerungen finden sich im gleichen Archiv: https://archon.wheaton.edu.

Nach seinem Tod wurde der Mei-König in einer offiziellen, von chinesischen Regierungsstellen herausgegebenen Chronik gewürdigt. Ich danke Jianglin Li für ihren Hinweis auf die 1987 vom Autonomen Bezirk Aba der Tibeter und Qiang veröffentlichte *Anthology of Literature and History,* Band 6.

Daniel Berounský von der Prager Karls-Universität ist Autor eines interessanten Artikels mit dem Titel »Kirti Monastery of Ngawa: Its History and Recent Situation«, erschienen 2012 in einer Ausgabe der *Revue d'Études Tibétaines,* die den Selbstverbrennungen gewidmet war, unter http://himalaya.socanth.cam.ac.uk/collections /journals/ret/pdf/ret_25.pdf.

Zur Mahlzeit Buddhas

Dieses Kapitel beruht in weiten Teilen auf der bahnbrechenden Arbeit der Forscher Jianglin Li und Matthew Akester, die Erfahrungsberichte von Tibetern und Chinesen zu den kriegerischen Auseinandersetzungen der Jahre 1935/36 im Zuge des Langen Marsches entdeckt und ins Englische übertragen haben. Unter der von Akester stammenden Überschrift »Eat the Buddha!« haben die Autoren den Artikel in ihrem Blog veröffentlicht. Aus diesem Beitrag erfuhr ich, dass Ngaba einer der ersten Orte war, an denen Kommunisten und Tibeter aufeinandertrafen, was mich mit dazu bewog, ihn zum Schauplatz meines Buchs zu machen. Der vollständige Aufsatz ist in ihrem Blog unter der Überschrift »Eat the Buddha! Chinese and Tibetan Accounts of the Red Army in Gyalrong and Ngaba 1935-6 and Related Documents« abrufbar unter: http://historicaldocs.blogspot.com/2012/05/red-army-in-ngaba-1935-1936.html.

Die Erinnerungen von Wu Faxian, dem Soldaten der Roten Armee, der darüber schrieb, wie Weihgaben aus den Klöstern verzehrt wurden, erschienen 2006 unter dem englischen Titel *Times of Hardship: Memoirs of Wu Faxian,* Hongkong, 2006. Sun Shuyuns Buch *Maos Langer Marsch: Mythos und Wahrheit,* Berlin, 2008, übersetzt von Henning Thies (engl.: *The Long March: The True History of Communist China's Founding Myth,*

New York, 2007) stützt sich vor allem auf Interviews mit Überlebenden der Roten Armee, aus denen hervorgeht, wie fremd ihnen das Tibetische Hochland war.

In Gesprächen mit Edgar Snow bezeichnete Mao die von der Roten Armee beschlagnahmten Lebensmittel als »unsere einzigen Auslandsschulden« und meinte, »eines Tages müssen wir die Mantzus und Tibeter für die Nahrung bezahlen, die wir ihnen wegnehmen mussten«. Siehe: Edgar Snow, *Roter Stern über China,* Frankfurt/Main, 1970, S. 266, übersetzt von Gerold Dommermuth und Heidi Reichling (engl.: *Red Star Over China,* New York, 1973, Erstausgabe 1937).

Zu den Ursprüngen des tibetischen Volks: Die Legende seiner Abstammung von einem Affen und einer Dämonin fand sich erstmals in buddhistischen Schriften nach dem 10. Jahrhundert; dort werden die tibetischen Stammväter als Emanationen des Bodhisattvas des Mitgefühls beschrieben, wie Matthew Kapstein in *The Tibetans* (Boston, 2006) aufzeigt. Neben diesem Werk war für mich auch das folgende Buch von Rolf A. Stein sehr hilfreich: *Die Kultur Tibets,* Berlin, 1993, übersetzt von Helga Uebach (frz.: *La Civilisation tibétaine,* Paris, 1962). Für meine Darstellung der Geschichte des tibetischen Reichs habe ich das Buch *Tibet: A History* von Sam van Schalk herangezogen (London, 2011).

Die Diskussionen über die ethnische Definition der Tibeter stellt der führende tibetische Historiker Tsering Shakya in seinem 1993 erschienenen Essay »Whither the Tsampa Eaters« dar (online abrufbar unter https://www.academia.edu/691679/Whither_the_Tsampa_Eaters?auto=download).

In der Frage des Überlebens des Mei-Reichs und weiterer kleiner Königtümer innerhalb des chinesischen Kaiserreichs beziehe ich mich auf Jack Patrick Hayes, *A Change in Worlds on the Sino-Tibetan Borderlands: Politics, Economies, and Environments in Northern Sichuan* (Lanham, Maryland, 2014). Der Autor führt aus, dass sowohl die Ming- als auch die Qing-Dynastie zum Zweck des wirtschaftlichen und problemlosen Regierens »bestehende Strukturen nutzten und lokalen Stammesführern offizielle und imperiale Titel übertrugen«. Max Oidtmann von der Georgetown University in Washington gab mir Einblicke in seine Forschungsarbeit zu einer von der Qing-Dynastie veranlassten Rechtsordnung, die sich mit bestehenden tibetischen Stammesherrschaften in Amdo überlappte.

Mit der verwirrenden Begrifflichkeit im Zusammenhang mit Tibets Rechtsstatus befassen sich Amanda Cheney in »Tibet: Lost in Translation: Sovereignty, Suzerainty and International Order Transformation, 1904 – 1906«, *Journal of Contemporary China* (Jg. 26, Nr. 107, 2017) sowie der Artikel »The Political Status of Tibet and the Simla Conference« (1913 – 14) von Ryosuke Kobayashi.

Die Rückkehr des Drachen

Eine Fülle von Informationen fand ich in *My Tibetan Childhood: When Ice Shattered Stone* von Naktsang Nulo, übersetzt von Angus Cargill und Sonam Lhamo (Durham, 2014). Es ist eine der wenigen ins Englische übertragenen Schilderungen der erschütternden und unvollkommen dokumentierten Erfahrungen einfacher Tibeter in den östlichen Ausläufern der Hochebene während der 1950er-Jahre, über die bislang viel zu wenig berichtet wurde. Der Autor lebte in der Provinz Gansu, nicht weit von Ngaba, und gehörte zum Chukama-Clan, dessen fortwährende kriegerische Auseinandersetzungen mit dem Königreich der Mei im Buch ausführlich beschrieben werden. Wie der Tibet-Experte Robbie Barnett in seiner ausgezeichneten Einführung festhält, stammen schriftliche Berichte ansonsten von privilegierten Tibetern und Adligen aus Lhasa, einer Stadt, die in den ersten Jahren unter dem Kommunismus weit weniger zu leiden gehabt hatte. Barnetts Einführung enthält außerdem eine überzeugende Einordnung des Einflusses der östlichen Hochebene auf die tibetische Kultur, Geschichte, Literatur und Wirtschaft, obwohl diese Gegend manchmal als nicht wirklich zu Tibet gehörend betrachtet wurde.

Fundierte Beschreibungen der Ereignisse während der chinesischen Machtergreifung in Tibet fand ich in Tsering Shakyas Buch *The Dragon in the Land of Snows: A History of Modern Tibet since 1947* (Penguin Compass, 2000) und in Melvyn Goldsteins dreibändigem Werk *A Modern History of Tibet*, insbesondere in Band 1: *The Demise of the Lamaist State, 1913 – 1951* (University of California Press, 1989).

Der Dalai Lama schildert seine ersten Begegnungen mit Mao und der Kommunistischen Partei Chinas in seinen Erinnerungen *Mein Leben und mein Volk* (München, 1962, übersetzt von Maria Steininger). Wei-

tere Informationen entstammen John Avedons 1979 erstmals veröffent-
lichter Biografie des Dalai Lama: *In Exile from the Land of Snows* (New
York, 2015), sowie Pico Iyers Gesprächsniederschriften: *Der Dalai Lama*
(München, 2008, übersetzt von Erika Ifang)(engl: *The Open Road,* New
York, 2008).

Meine Informationen über den Umgang des Mei-Königs mit der
Kommunistischen Partei bezog ich aus dem reichen Wissensschatz von
Delek, dem selbst ernannten Chronisten von Ngaba und zugleich einem
der wichtigen Protagonisten des Buchs. Einer meiner Übersetzer führte
zudem 2014 ein Interview mit Jamyang Sonam, einem in den 1920er-Jah-
ren geborenen Exilanten aus Ngaba.

Ma Bufang, der einstige Bündnispartner des Königs, wurde später
Taiwans Botschafter in Saudi-Arabien.

Zusammenbruch der Zeit

Zwar wird Maos »Großer Sprung nach vorn« heute weithin als eine der
schrecklichsten menschengemachten Katastrophen angesehen, doch
die Ereignisse in Tibet gelten dabei oft als Nebenkriegsschauplatz. Eine
Ausnahme stellt Jasper Beckers Buch *Hungry Ghosts: Mao's Secret Famine* (New York, 1997) dar, das auch ein Kapitel über Tibet enthält. Der
niederländische Historiker Frank Dikötter befasst sich in seinen Werken zu den Auswirkungen der kommunistischen Revolution ebenfalls
mit Tibet: *Maos großer Hunger: Massenmord und Menschenexperiment
in China 1958 – 1962,* Stuttgart, 2014, übersetzt von Stephan Gebauer
(engl.: *Mao's Great Famine: The History of China's Most Devastating Ca-
tastrophe, 1958 – 1962,* London, 2010); *The Tragedy of Liberation: A History of the Chinese Revolution, 1945 – 1957* (London, 2013); *Mao und
seine verlorenen Kinder: Chinas Kulturrevolution,* Stuttgart, 2017, übersetzt von Marlies Glaser und Jörn Pinnow (engl.: *The Cultural Revolution: A People's History, 1962 – 1976,* London, 2016).

Yang Ji-Shengs Buch über den »Großen Sprung nach vorn« mit dem
Titel *Tombstone: The Great Chinese Famine, 1958 – 1962* (New York,
2012) gehört zu den wichtigen Werken neuerer Zeit. Es erschien zunächst in Hongkong – die Hungersnot ist im chinesischen Kernland
nach wie vor ein Tabuthema. Yang kommt zu dem Ergebnis, dass in je-

nen Jahren 36 Millionen Menschen verhungert sind und weitere 40 Millionen nicht geboren wurden.

Der Ausdruck *Dhulok,* übersetzt mit »Zusammenbruch der Zeit«, begegnete mir häufiger, als ich mit älteren Bewohnern Ngabas sprach. Ich fand allerdings nur ein einziges schriftliches Beispiel, und zwar in Tsering Wangmo Dhompas Buch *A Home in Tibet* (London, 2013), die mitreißend geschriebenen Erinnerungen der tibetisch-amerikanischen Schriftstellerin, die das etwa 300 Kilometer westlich von Ngaba gelegene Heimatdorf ihrer Mutter in Gyegu aufgesucht hatte.

Die Beschreibung der Han als »Bollwerk der Revolution« stammt aus dem von Warren W. Smith verfassten Beitrag »The Nationalist Policy of the Chinese Communist Party and the Socialist Transformation of Tibet« in *Resistance and Reform in Tibet,* Hrsg. Robert Barnett und Shirin Akiner (London, 1994), Seite 57.

Das Tibetan Centre for Human Rights and Democracy veröffentlichte unter dem Titel »Ancestor's Tomb« 2008 eine Sammlung von Berichten, unter denen einige auch auf das Massaker im Dorf Marang, Ngaba, eingehen. Der Autor, nur bekannt unter seinem Pseudonym Mar Jang-Nyug, ist ein aus Ngaba stammender Schriftsteller und Universitätsstudent.

Außerdem finden sich einige Schilderungen von Kämpfen auch in einer Veröffentlichung namens *Neibu Cankao,* die von der staatlichen chinesischen Nachrichtenagentur Xinhua News Service in limitierter Auflage einzig für Regierungsangehörige herausgegeben wird.

Die ausführlichsten Recherchen zu tibetischen Opferzahlen in jenem Zeitabschnitt wurden von Jianglin Ji durchgeführt. In ihrem Buch *When the Iron Bird Flies: The 1956–1962 Secret War on the Tibetan Plateau* (Taipei, 2012) dokumentiert sie auf der Grundlage offizieller und zum Teil geheimer chinesischer Quellen der Regierung und des Militärs die Unterdrückung des tibetischen Widerstands. Ihre wichtigsten Erkenntnisse hat sie in ihrem Blog *War on Tibet* zusammengefasst: http://historicaldocs.blogspot.com/2013/05/when-iron-bird-flies-summary-of-findings.html.

Patrick French berechnet in seinem Buch *Tibet, Tibet: A Personal History of a Lost Land* (New York, 2003) die tibetischen Opferzahlen anhand der von der chinesischen Regierung bekannt gegebenen und von der Demografin Judith Banister analysierten Daten. Demnach war die

Sterberate in Provinzen mit einem hohen tibetischen Bevölkerungsanteil fast doppelt so hoch wie anderswo in China.

Angaben japanischer Historiker zufolge soll die Zahl der Opfer des Massakers in Nanjing der Jahre 1937/38 irgendwo zwischen 20 000 und 200 000 liegen, während chinesische Stellen von 300 000 zumeist zivilen Opfern ausgehen.

Da der Panchen Lama die Kommunistische Partei anfangs unterstützte, genoss er in den tibetischen Gebieten eingeschränkt Reisefreiheit. Was er vorfand, entsetzte ihn derart, dass er 1962 eine scharfe Kritik an der chinesischen Politik verfasste, die als 70 000-Buchstaben-Petition bekannt wurde. Der Text war ausschließlich höchsten chinesischen Regierungskreisen zugänglich, bis 1996 eine Kopie an den unabhängigen Nachrichtendienst Tibet Information Network gelangte. Daraufhin veröffentlichte der Dienst 1998 eine englische Übersetzung unter dem Titel: *A Poisoned Arrow: The Secret Report of the 10th Panchen Lama*. Ein Teil meiner Zahlen zu Festnahmen und Todesopfern stammen aus diesem Text und den daraus resultierenden Untersuchungen.

Mit dem Engagement der CIA in Tibet beschäftigen sich mehrere Bücher, die von Jonathan Mirsky in einem am 19. April 2013 in *The New York Review of Books* erschienenen Artikel mit dem Titel »The CIA's Cancelled War« prägnant zusammengefasst werden. Im Vorfeld von Richard Nixons historischem Besuch in China beendeten die Vereinigten Staaten diese Beteiligung und betrieben in der Folge eine Politik, die Mirsky zutreffend mit den Worten »vor China einen Kotau machen und dem Dalai Lama alles Gute wünschen« beschreibt.

Ein echtes chinesisches Mädchen

Wie Warren Smith in seinem bereits erwähnten aufschlussreichen Beitrag in *Resistance and Reform in Tibet* schildert, gestaltete China seine Minderheitenpolitik nach dem Vorbild der Sowjetunion. Im Anschluss an die Volkszählung von 1954 wurden 39 Minderheiten anerkannt, ein Jahrzehnt später erhöhte man ihre Zahl auf 56.

Das Plakat, das die Integration der ethnischen Minderheiten im neuen China preist, wurde erstmals 1955 verbreitet. Es ist abrufbar unter https://chineseposters.net/themes/national-minorities.php.

Der vollständige Text des Sechzehn-Punkte-Programms des Zentral-komitees der Kommunistischen Partei Chinas findet sich im Internet unter http://www.infopartisan.net/archive/maowerke/mao_004.htm. Bezüglich der Schilderungen der 1966 in Peking herrschenden Atmo-sphäre, der Parolen und anderer Begeiterscheinungen der Kulturrevolu-tion stütze ich mich auf Roderick MacFarquhars und Michael Schoen-hals' Buch *Mao's Last Revolution* (Cambridge, Massachusetts, 2009).

Der Leitartikel über das Hinwegfegen der »Monster und Dämonen« (*Nuigui sheshen*, wörtlich »Kuhmonster und Schlangendämonen«) vom 1. Juni 1966 war von Maos Politsekretär Chen Boda verfasst und ist in Englisch auf Marxists.org zu finden.

Rote Stadt

Die chinesische Wissenschaftlerin Jianglin Li stellte mir ihre Übersetzungen der in Chinesisch verfassten Erfahrungsberichte aus der Zeit der Kulturrevolution zur Verfügung. Dazu gehören die intern veröffent-lichten Erinnerungen von Dajie, einem tibetischen Kader der Kommu-nistischen Partei aus dem benachbarten Golog, wo der Aufstand be-gann: *Knowledge and Memory in Golok* (Xining, 2008). Eine andere Quelle war Cai Wenbins *Zhao Ziyang in Sichuan* (Hongkong, 2011). Zhao Ziyang, der wegen seiner Sympathien für die Demonstranten am Platz des Himmlischen Friedens ins Abseits gestellt wurde, hatte in der Vergangenheit als Parteisekretär in Sichuan gewirkt und dort den Ruf eines Reformisten genossen. Laut dieser Biografie war er persönlich verantwortlich für die Rehabilitierung von »Hongcheng« Tashi, dem Führer der Bewegung Rote Stadt.

Was die tibetischen Quellen betrifft, habe ich mich auf Matthew Akesters Übersetzung der entscheidenden Abschnitte in *Wounds of Three Generations* gestützt, einer Zusammenstellung der Aufzeichnung mündlicher Erinnerungen, herausgegeben von der Niederlassung des Klosters Kirti im Exil (Dharamsala, 2010).

Während meiner Aufenthalte in Ngaba gelang es mir nicht, den in-zwischen Mitte 80-jährigen Hongcheng Tashi persönlich zu treffen, aber ich sprach lange mit seinem jüngeren Bruder Louri, etwa im glei-chen Alter wie Delek, der ebenfalls an den Kämpfen teilnahm.

Viel bekannter ist ein tibetischer Aufstand, zu dem es 1960 während der Kulturrevolution im Landkreis Nyemo kam und der von einer später hingerichteten Nonne angeführt wurde. Mehr darüber findet sich in Melvyn Goldsteins Monografie *On the Cultural Revolution in Tibet: The Nyemo Incident of 1969* (Berkeley, 2009).

Verbannung

In der Zeit ihrer Verbannung hatte Gonpo nur sehr wenige Kontakte außerhalb des Landwirtschaftsbetriebs und traf kaum mit Kasachen, Uiguren und Mongolen zusammen. Die Kooperative wurde von dem Xinjiang-Produktions-und-Baucorps geleitet, einer 1954 auf Maos Geheiß gegründeten militärischen Organisation zur Entwicklung der Grenzregion. Heute beherbergt Qinghe (Qinggal auf Uigurisch) bedauerlicherweise eins von mehreren Hundert Umerziehungslagern, in denen über eine Million Uiguren festgehalten werden.

Xiao Tu oder »kleiner Hase« ist ein Spitzname, den viele im Jahr des Hasen geborene Chinesen tragen. Um seine Privatsphäre zu schützen, nenne ich Gonpos Ehegatten nicht bei seinem vollen Namen.

Den Text des Lieds habe ich Geremie Barmés Buch *Shades of Mao: The Posthumous Cult of the Great Leader* (Abingdon, 2016) entnommen. Es könnte sich um eine neuere Version der Textfassung handeln, die Gonpo in Erinnerung geblieben ist, wobei sich letztlich alle weitestgehend gleichen.

Das für Verbindungen zwischen Han-Chinesen und Uiguren geltende Eheverbot behandelt James Palmer in seinem Artikel »Blood and Fear in Xinjiang«, *Foreign Policy*, 2. März 2014. Heute werden interethnische Heiraten von einigen Lokalbehörden unterstützt, gelten sie doch als Möglichkeit, die Integration zu fördern.

Die chinesischen Universitäten öffneten ihre Tore wieder im Jahr 1968, allerdings nur für Studenten, die von ihren Kommunistischen Arbeitsbrigaden empfohlen worden waren. Aufnahmeprüfungen wurden in begrenzter Zahl 1973 wieder eingeführt, doch erst 1977 fand in China erneut das *Gaokao* statt, das bis heute geltende landesweite Aufnahmeverfahren.

Teil II
Interregnum 1976–1989

Die schwarze Katze und der goldene Wurm

Anschauliche Beschreibungen der überdrehten Atmosphäre im China der 1980er-Jahre finden sich in Orville Schells *To Get Rich Is Glorious* (New York, 1984).

Schilderungen vom Wiederaufbau des Klosters Kirti und zur Rolle des Geschäftsmanns Karchen gehen weitgehend auf die in Kapitel 13 eingeführte Markthändlerin Pema zurück.

Bei *Beimu*, das zu den von den Tibetern verkauften Kräutern gehört, handelt es sich um *Fritillaria cirrhosa*, die Gelbe Himalaja-Schachblume. Man verwendet ihre Knolle zur Herstellung von Hustensaft.

Die statistischen Daten über den Beitrag des Raupenpilzes oder *Yartsa gunbu* (chinesisch: *Chongcao*) zur tibetischen Wirtschaftsleistung stammen von dem Umweltexperten und Mykologen Daniel Winkler. Die Anthropologin Emilia Róża Sułek hat zu dem Thema das Buch *Trading Caterpillar Fungus in Tibet* (Amsterdam, 2019) veröffentlicht. Für eine in der *Los Angeles Times* erschienene Reportage habe ich im Jahr 2008 eine Familie bei ihrer Raupenpilzsuche begleitet und kann persönlich bestätigen, mit welchen Strapazen für Augen und Lunge sie verbunden ist. Zwar steuert der Pilz nach wie vor einen erheblichen Teil zum verfügbaren Einkommen der Tibeter bei, doch infolge von Übererntung und steigender Durchschnittstemperaturen nehmen die Bestände ab.

Über die Anreize für Han-Chinesen, sich in tibetischen Regionen niederzulassen, weiß man bislang viel zu wenig. Die detaillierteste Arbeit, die mir hierzu vorlag, war *The Long March: Chinese Settlers and Chinese Policies in Eastern Tibet* (International Campaign for Tibet, 1991).

Menschenrechtsorganisationen für Tibet führen an, dass die Politik zur Umsiedlung von Chinesen nach Tibet eine Bestimmung des Genfer Abkommens IV verletzt. Danach darf die »Besetzungsmacht [...] nicht Teile ihrer eigenen Zivilbevölkerung in das von ihr besetzte Gebiet deportieren oder umsiedeln« (Artikel 49 Absatz 6). Die Bestimmung wird meistens im Zusammenhang mit Siedlungsaktivitäten Israels zitiert. Siehe www.tibetjustice.org/reports/wbank/index.html.

Eine tibetische Schule

Neben meinen Interviews mit Tsegyam sprach ich auch mit einem seiner Brüder und informierte mich anhand des Lebenslaufs, der von Human Rights Watch 1999 auf ihrer Website unter https://www.hrw.org/legacy/reports/1999/tibet/Tibetweb-01.htm veröffentlicht wurde.

Die Exekutionen, die Tsegyam als Junge mit ansah, fanden im März 1971 statt. Eins der Opfer, Alak Jigme Samten, war der Mann, der seinem sterbenden Mitstreiter in Meruma Rauch in den Mund blies, wie in Kapitel 6 nach Deleks Erinnerung geschildert. Der andere Hingerichtete hieß Gabe Yonten Gyatso und war ein Anführer der Bewegung aus Golog, von wo aus sich die Aufstände der Roten Stadt ausgebreitet hatten.

In Barkam, der Hauptstadt des Regierungsbezirks Ngaba, gab es in den 1980er- und 1990er-Jahren eine erstaunlich aktive Literaturszene. Aus ihr ist Alai hervorgegangen, ein bekannter Schriftsteller halb tibetischer Herkunft, der den berühmten chinesischen Mao-Dun-Literaturpreis gewonnen hat. Mitte der 1980er-Jahre gab er eine Literaturzeitschrift heraus, in der auch Tsegyams Beiträge veröffentlicht wurden.

Der Vergleich des Dalai Lama mit dem Weihnachtsmann stammte von Dechen, die in Kapitel 13 eingeführt wird.

Der Pfau, der von Westen kam

Zum Prozess der Rehabilitation oder *Pingfan* habe ich mich auf *Politics of Disillusionment, The Chinese Communist Party Under Deng Xiaoping* (New York, 1991) von Hsi-Sheng Ch'i gestützt.

Die Passage über die Exhumierung der sterblichen Überreste des Mei-Königs beruht auf einem Interview mit Jamphel Sangpo, das 2012 in einem aus Anlass des 100. Geburtstags des Königs privat herausgegebenen Buchs erschienen war.

Gonpo hat keine Erinnerung an eine Begegnung mit Delek im Jahr 1984, als er ihr als einer von mehreren Dutzend ehemaligen Untertanen einen Besuch abstattete. Er hingegen erinnert sich sehr genau.

Teil III
1990–2013

Wilder kleiner Yak

Im Rahmen von Chinas komplizierten Vorschriften zur Familienplanung sind einige Minderheiten von der Einkindregelung ausgenommen. Die Umsetzung erfolgt allerdings nicht einheitlich und oft mit großen regionalen Abweichungen. So erfuhr ich von einer Frau, die zur Abtreibung gezwungen wurde, traf aber ebenso Hirtenfamilien mit über zehn Kindern.

Bei den tibetischen Familienstrukturen und dem häufigen Vorkommen alleinerziehender Mütter stütze ich mich auf Melvyn Goldsteins Artikel »When Brothers Share a Wife«, *Natural History* (März 1987). Das von Goldstein untersuchte Dorf lag zwar in Nepal, war von der ethnischen Identität her jedoch tibetisch. Auch wenn Polyandrie in Westnepal häufiger anzutreffen ist, hörte ich doch von mehreren Fällen in Ngaba, und viele Einwohner der Stadt gaben an, bei einer alleinerziehenden Mutter aufgewachsen zu sein.

Die Fernsehserie über den Langen Marsch wurde 2001 vom größten staatlichen Fernsehsender Chinas ausgestrahlt. Sie steht auch für eine Wende in der Propaganda der Kommunistischen Partei Chinas. In der in Meruma gedrehten Folge diskutiert Mao Tse-tung mit einem »lebenden Buddha« (die chinesische Bezeichnung für einen reinkarnierten Lama) über Buddhismus und Kommunismus.

Mao: Ich glaube an den Marxismus.

Lebender Buddha: Wenn Marx die Silbe »Ma« in seinem Namen hat, war er wohl Chinese.

Mao: Nein, ein Deutscher.

Lebender Buddha: Warum hast du dich abgewendet und glaubst an den von einem Deutschen begründeten Marxismus?

Mao: Weil der Marxismus die Probleme lösen kann, vor denen China heute steht ...

Mao: Mach dir keine Sorgen, lebender Buddha. Gewiss sieht die Zukunft für China freie Religionsausübung vor.

Lebender Buddha: Jedenfalls kannst du in deiner Weisheit die Unterstützung deines Volks gewinnen und der Welt Frieden bringen.

Ein Mönchsleben

Als Journalistin ohne tibetisch-buddhistischen Hintergrund fiel es mir schwer, mich in das klösterliche Bildungssystem hineinzudenken. Eine äußerst hilfreiche Quelle war Georges B.J. Dreyfus' Buch *The Sound of Two Hands Clapping* (Berkeley, 2003).

Das »Dritte Nationale Forum für Arbeit in Tibet« fand vom 20. bis 24. Juli 1994 statt und galt als entscheidend für den Richtungswechsel in der Tibetpolitik. Siehe *Cutting Off the Serpent's Head: Tightening Control in Tibet, 1994–1995* von Robert Barnett und Mitarbeitern des Tibet Information Network (Human Rights Watch, 1996). Das von mir angeführte Zitat steht auf Seite 212.

In der Informationsstelle der Niederlassung des Klosters Kirti in Dharamsala konnte ich Kopien von Vorträgen und Prüfungen für die »patriotische Umerziehung« einsehen.

Mitgefühl

Die scheinbar unverfängliche Aufforderung des Dalai Lama an die Tibeter, keine Pelze von geschützten Tieren zu tragen, wirbelte eine Menge Staub auf. Laut einem Artikel aus Dharamsala wurden in Osttibet Pelze im Wert von mindestens 93 Millionen Euro vernichtet. Der Wildlife Trust of India berichtete, dass sich im Regierungsbezirk Ngaba 10 000 Menschen bei einer öffentlichen Verbrennung von Fellen aus drei Lkw-Ladungen versammelt hatten. Im Environmental News Service der Organisation vom 24. Februar 2006 hieß es: »Durch die große Zahl der erschienenen Menschen war es der Polizei unmöglich, das Feuer zu löschen. Acht Personen, zwei Chinesen und sechs Tibeter, wurden noch vor Ort festgenommen. Dies gilt als die größte Menge von Tierhäuten, die in den letzten zwei Wochen verbrannt wurden.«

Die Beschreibung von Lhundup Tsos Kindheit und Jugend stützt sich auf mein Interview mit ihrer Schwester in Indien 2014.

Das Wasserableitungsprojekt wurde nicht weiterverfolgt. Nach Ansicht der Einwohner Ngabas ist dafür die Furcht der Behörden vor groß angelegten Protesten in der Stadt verantwortlich. Allerdings wurden Ende 2018 die Pläne für ein vergleichbares Vorhaben bekannt, bei dem

Wasser aus dem Gelben Fluss (tibetisch: Machu) nach Xining, der Hauptstadt der Provinz Qinghai geleitet werden soll. Siehe auch https://freetibet.org/news-media/na/china-launches-mass-yellow-river-diversion-project.

Chinas Ingenieurprojekten für die Umleitung von Wasser aus dem Süden in den trockenen Norden sind allseits bekannt, und die Widerstände, die sie oft auslösen, beschränken sich nicht auf die Regionen Tibets.

Einen tieferen Einblick in die Auswirkungen chinesischer Strukturmaßnahmen auf das Tibetische Hochland bietet uns Michael Buckleys Buch *Meltdown in Tibet: China's Reckless Destruction of Ecosystems from the Highlands of Tibet to the Deltas of Asia* (New York, 2014). Eine ausgezeichnete Zusammenfassung der Erkenntnisse zu diesem Thema bietet der Artikel von Sulmaan Khan: »Suicide by Drought: How China Is Destroying Its Own Water Supply«, *Foreign Affairs* (18. Juli 2014).

Der Partylöwe

Über die Tibet-Bahn berichtet Pankaj Mishra in »The Train to Tibet«, *The New Yorker,* 16. April 2007. Er zitiert darin die Schriftstellerin Tsering Woeser, die von dem Zug als einer »kolonialen Zumutung« spricht.

Die chinesischen Ambitionen haben landesweit zum Bau überdimensionierter, architektonisch und technisch beeindruckender Flughäfen mit allerdings wenigen Flügen und Passagieren geführt. 2014 besuchte ich die Baustelle des Flughafens Hongyuan. Mein Kollege David Pierson hat das Phänomen humorvoll bearbeitet: »Plenty of New Airports but Few Passengers in China«, *Los Angeles Times,* 13. März 2010.

Die Presseagentur Associated Press berichtete am 29. Juni 1999 unter Berufung auf chinesische Staatsmedien über groß angelegte Militärmanöver: »Chinese Military Exercise on Tibetan Lands«.

2013 verbrachte ich zwei Tage in dem Urlaubsort Jiuzhaigou und besuchte die von Tsepey beschriebene Gala – eine multiethnische Hommage an die Kommunistische Partei Chinas. Zu Beginn der Vorstellung sang eine Tibeterin »Wo ai ni Zhongguo« (»Ich liebe dich, China«).

Als versierte Öffentlichkeitsarbeiter in eigener Sache protestieren die Anhänger des Shugden-Kults regelmäßig lautstark vor den Toren der

Orte, an denen der Dalai Lama spricht, und werfen ihm vor, ein »falscher Dalai Lama« und ein »Diktator« zu sein, der ihre Religionsfreiheit bekämpfe. Im Jahr 2015 berichtete die Agentur Reuters, die Shugden-Bewegung werde von der Kommunistischen Partei Chinas finanziert und koordiniert, um den Dalai Lama zu diskreditieren. Siehe David Lague, Paul Mooney und Benjamin Kang Lim: »China Co-opts a Buddhist Sect in Global Effort to Smear Dalai Lama«, Reuters, 21. Dezember 2015.

Nach Aussage der Tibeter sind Shugden-freundliche Klöster finanziell auffallend gut ausgestattet und werden von der chinesischen Regierung protegiert. Persönlich habe ich chinesische paramilitärische Kräfte gesehen, die in eigens errichteten Wachhäuschen am Kloster Ganden in der Nähe von Lhasa einen Shugden-Altar schützten.

Mit Weisung Nr. 5 des staatlichen Amts für religiöse Angelegenheiten (»Maßnahmen zur Handhabung der Reinkarnation lebender Buddhas«) wurde Folgendes verfügt: »Die Handhabung der Reinkarnation lebender Buddhas innerhalb eines institutionellen Rahmens ist ein entscheidender Schritt. Bei Ermittlung der Reinkarnierten müssen die nationale Einheit und der Zusammenhalt aller ethnischen Gruppen gewahrt sein, und der Prozess der Auffindung kann durch keine Gruppe oder Einzelperson außerhalb unseres Landes beeinflusst werden.«

Wie ein Junge im Kampf zwischen der chinesischen Regierung und dem Dalai Lama zum Faustpfand wurde, schildert Isabel Hilton in ihrem Buch *Die Suche nach dem Panchen Lama: Auf den Spuren eines verschwundenen Kindes*, München, 2008, übersetzt von Sigrid Langhäuser (engl.: *The Search for the Panchen Lama,* New York, 2008).

Die Daten zum Baumbestand stammen aus Daniel Winklers Artikel »Forests, Forest Economy and Deforestation in the Tibetan Prefectures of West Sichuan«, *Commonwealth Forestry Review* (Jg. 75, Nr. 4, 1996). Nach Aussage des darin zitierten Wissenschaftlers von der Abteilung Politikforschung der Kommunistischen Partei in Sichuan müssen die staatlichen Forstunternehmen Quoten erfüllen, die eine nachhaltige Ernte bis um das Dreifache übersteigen. Ein weiterer Forscher wird mit seiner Klage zitiert, die Waldbedeckung im Bezirk Ngaba sei von den 1950er- bis zu den 1980er-Jahren von 19,4 auf zehn Prozent gesunken.

Zu den von Tsepey beobachteten Dörfern, die durch die Umsiedlungsprojekte entstanden: Die Sesshaftmachung von Nomaden bereitet

Tibetern große Sorgen. Hirten werden, so sagen sie, dazu gedrängt, ihre Herden zu verkaufen und damit ihre Lebensart und -grundlage aufzugeben. Nach Aussage der chinesischen Regierung seien die Umsiedlungen nötig zur Vorbeugung von Überweidung und zum Schutz des fragilen Ökosystems im Hochland. Im vorliegenden Buch gehe ich nicht näher darauf ein, da eine solche Entwicklung im Landkreis Ngaba und Umgebung in großem Stil nicht zu erkennen war, sehr wohl aber im nicht weit entfernten Jiuzhi und in Hongyuan. Ich fuhr im unmittelbar nordwestlich von Ngaba gelegenen Golog durch ausufernde Siedlungen, dicht an dicht bestanden mit trostlosen Reihen aus Betonkästen. In dem Artikel »They Say We Should Be Grateful: Mass Housing and Relocation Programs in Tibetan Areas of China« (Juni 2013) befasst sich Human Rights Watch mit dem Thema. Einen wissenschaftlichen Ansatz bietet Jarmila Ptackova in ihrem Beitrag »Sedentarisation of Tibetan Nomads in China: Implementation of the Nomadic Settlement Project in the Tibetan Amdo Area; Qinghai and Sichuan Provinces«, *Pastoralism: Research, Policy and Practice* (2011).

Der Aufstand

Welches Gerät für den Beschuss mit Kieselsteinen verantwortlich war, von denen auch Dongtuk getroffen wurde, konnte nicht mit Sicherheit festgestellt werden. Er war überzeugt, dass es sich nicht um Tränengas handelte. Ich vermute, man verwendete ein Fahrzeug im Stil jener »Kies-Kanone«, wie sie für die israelische Armee entwickelt wurde.

Eine hervorragende Analyse des Aufstands von 2008 findet sich in »The Tibet Protests of Spring 2008: Conflict Between the Nation and State«, von Robbie Barnett, *China Perspectives* (März 2009), der in gesamter Länge im Internet zu finden ist. Wie Barnett es darstellt, hatten diese Proteste in Peking deshalb so starken Nachhall, weil die tibetischen Gemeinschaften in Sichuan, Qinghai und Gansu stets als Beispiele für den erfolgreichen Umgang mit ethnischen Minderheiten gegolten hatten. Im Gegensatz zu anderen Protesten, die in China keine Seltenheit sind – gegen Umweltverschmutzung, Korruption oder Entlassungen –, richteten sich die tibetischen Unruhen des Jahres 2008 unmittelbar gegen die chinesische Herrschaft in Tibet.

362

Der ursprüngliche Bericht der chinesischen Nachrichtenagentur Xinhua vom 20. März (auf den sich Barnett in seinem Artikel bezieht) trug die Überschrift: »URGENT: Four Rioters Shot Dead Sunday in Aba of SW China, Police Sources«.

Weitere Informationen zu den Opfern, die die Aufstände des Jahres 2008 in Lhasa forderten, finden sich in dem Beitrag »Leaked Internal Document Shows China Used Machine Guns to Kill Tibetans in March 2008 Protest« (20. August 2014) auf der Website des Tibetan Centre for Human Rights and Democracy: https://tchrd.org/?s=leaked+internal+-document.

Insgesamt weichen die Angaben von Opferzahlen so weit voneinander ab, dass eine korrekte Zählung kaum möglich ist. Wie Barnett in seinem Artikel schildert, vermeldete die tibetische Exilregierung den Tod von 219 tibetischen Demonstranten in der gesamten Region, während nach Angaben der International Campaign for Tibet (ICT) 114 und der chinesischen Regierung gerade einmal acht Demonstranten starben. Mehr oder weniger übereinstimmend berichteten die chinesische Regierung und die ITC vom Tod eines beziehungsweise zweier Sicherheitsbeamter sowie 18 Unbeteiligter.

Zufällig befand sich James Miles von der britischen Wochenzeitung *The Economist* zur Zeit des Aufstands gerade in Lhasa und war der einzige westliche Journalist vor Ort. Neben ausländischen Touristen wurde er Zeuge, wie Tibeter auf Passanten, die sie für Chinesen oder Hui-Muslime hielten, einstachen und einschlugen. »Es war ein ungewöhnlicher und äußerst schrecklich anzusehender Ausbruch ethnischer Gewalt, der auch anwesende Tibeter überraschte«, erklärte James Miles in einem am 20. März 2008 ausgestrahlten CNN-Interview (www.CNN.com). Ebenso wie viele Kollegen verfasste auch ich einen Artikel über die Angriffe auf Zivilisten: »Tales of Horror from Tibet«, *Los Angeles Times,* 22. März 2008. In einem späteren Bericht über Golog ging ich auf die seit Langem bestehenden Spannungen zwischen Tibetern und Hui-Muslimen ein, die den Gewaltausbrüchen teilweise zugrunde liegen. »Tibetan-Muslim Tensions Roil China«, *Los Angeles Times,* 23. Juni 2008.

Um es noch einmal zu betonen: Seitens der Einwohner Ngabas kam es zu keinerlei Aktionen dieser Art, und muslimische Geschäfte in der Stadt wurden nicht angegriffen.

Das Geisterauge

In der Informationsstelle des Klosters Kirti in Dharamsala sah ich Fotos von Tibetern, die Schilder um den Hals tragen und in Lastwagen abtransportiert werden. Dort zeigte man mir auch Prüfungsunterlagen, die bei den patriotischen Umerziehungssitzungen verwendet wurden.

Mit Zhang Qinglis Angriff auf den Dalai Lama und dessen Entgegnung befasst sich Ching-ching Nis Artikel »China Steps Up Criticism of Dalai Lama«, *Los Angeles Times,* 10. März 2008; ebenso Somini Sengupta in »Dalai Lama Threatens to Resign«, *New York Times,* 19. März 2008.

In Bezug auf die Musik, von der sich Dongtuk und seine Freunde inspirieren ließen, stütze ich mich auf Lama Jabbs Beitrag »Singing the Nation: Modern Tibetan Music and National Identity«. Erstmalig veröffentlicht wurde er in der *Revue d'Études Tibétaines,* Nr. 21 (Oktober 2011). 2008 berichtete ich über die Festnahme eines beliebten Folk-Sängers in Golog: »China Silences a Tibetan Folk Singer«, *Los Angeles Times,* 8. Juni 2008.

Der Text von Tashi Dhondups Lied *1958–2008* ist in englischer Übersetzung neben anderen auf der Website High Peaks Pure Earth (highpeakspureearth.com) nachzulesen, auf der sich tibetische Nachrichten, Kommentare und Dichtung finden, aber auch Übersetzungen aus dem Tibetischen und Chinesischen.

Feiern sollt ihr!

Eine hilfreiche Erklärung der Bewegung »Weißer Mittwoch« oder Lhakar findet sich auf der Website von High Peaks Pure Earth.

In ganz China wurden Tibeter gezwungen, das Neujahrsfest Losar zu feiern: »In Tibet, ›Happy New Year‹ Is Not a Wish; It's an Order«, *Los Angeles Times,* 23. Februar 2009.

Über manipulative Twitter-Accounts mit betont fröhlichen Meldungen schreibt Andrew Jacobs »It's Another Perfect Day in Tibet«, *New York Times,* 21. Juli 2014.

Chinas Bemühungen, die Tibeter als glücklich darzustellen, zeigten sich am auffälligsten in einer Ausstellung mit dem Titel »Tibet of China:

Past and Present«, die 2008 im weitläufigen Kulturpalast der Nationalitäten in Peking gezeigt wurde. Großen Farbfotos von Tibetern mit Apfelbäckchen und von Lebensmitteln im Überfluss wurden gruselige Folterwerkzeuge gegenübergestellt, die in dem Tibet von einst angeblich an Leibeigenen zum Einsatz kamen. Die Besucher der Ausstellung, die ich mir gemeinsam mit der chinesischen Dichterin Tsering Woeser ansah, waren meist chinesische Familien; die Kinder schienen entsetzt.

Eingesperrt

Dass Basketball bei Tibetern so beliebt ist, hat den Filmemacher Ruby Yang zu seinem 2018 präsentierten Dokumentarfilm *Ritoma* inspiriert.

»One Passport, Two Systems; China's Restrictions on Foreign Travel by Tibetans and Others«, Human Rights Watch, 13. Juli 2015. Diesem Bericht ist auch das Zitat des tibetischen Bloggers entnommen.

Mönch in Flammen

Videoaufnahmen der Ereignisse im Anschluss an Phuntsogs Selbstverbrennung finden sich auf der Website https://freetibet.org/about/human-rights/case-studies/phuntsog.

Radio Free Asia berichtete in allen Einzelheiten über die Gerichtsverfahren, die auf Phuntsogs Aktion folgten: »Kirti Monk Sentenced for Murder«, 29. August 2011.

Ein Großteil der Informationen über die Selbstverbrennungen stammen von der tibetischen Autorin und Dichterin Tsering Woeser, die die letzten Erklärungen der Aktivisten für Radio Free Asia einer ausführlichen Analyse unterzog. Ihr Buch *Tibet on Fire* (London, 2016) ist der detaillierteste Bericht über die Selbstverbrennungen, der mir vorlag.

Tapey und andere werden in einem 2012 vom chinesischen Staatssender CCTV gedrehten Dokumentarfilm mit dem Titel »Facts about the Self-Immolations in the Tibetan Area of Ngapa« vorgestellt. Gegenwärtig findet sich eine 30-minütige Version des Films auf YouTube unter https://www.youtube.com/watch?time_continue=83&v=ID1hI528-hA. Nach Ansicht von Tsering Woeser wurde diese Dokumentation vornehmlich für das ausländische Publikum erstellt und auf chinesischen Websites nicht gezeigt.

Trauer

Auf dem Höhepunkt der Selbstverbrennungen erteilten die chinesischen Machthaber dem US-Botschafter Gary Locke die Erlaubnis, den Regierungsbezirk Ngaba zu besuchen. Weiter als bis zu der beschaulichen Stadt Songpan, in der es keinerlei Proteste gab, ließ man ihn allerdings nicht kommen. Ed Wong: »U.S. Ambassador Confirms Meeting with Tibetans in Western China«, *New York Times*, 17. Oktober 2012. Einige Jahre später organisierte die Regierung den Besuch einer Gruppe von Journalisten in der Region; auch bei dieser Gelegenheit wurde das Stadtgebiet von Ngaba gemieden.

Zu den Journalisten, denen es gelang, sich heimlich nach Ngaba einzuschleichen, gehörten Tom Lasseter, der damals für den Medienkonzern McClatchy Newspapers tätig war und sich unter zwei Rucksäcken und einem Schlafsack versteckte, und Jonathan Watts von *The Guardian*, der sich mit einer Körpergröße von über 1,90 Meter auf die Rückbank eines Autos zwängte. Holly Williams von Sky News wurde beim Verlassen Ngabas mit ihrer Crew festgenommen.

Videos von ihrem Aufenthalt vermitteln einen guten Eindruck vom Umfang der Sicherheitsmaßnahmen.

Zu Chinas Ausgaben für innerstaatliche Sicherheit siehe Chris Buckley: »China Internal Security Spending Jumps Past Army Budget«, Reuters, 4. März 2011; Human Rights Watch: »Heavy-Handed Security Exacerbates Grievances, Desperation«, 12. Oktober 2011.

Christoper Beam schrieb einen faszinierenden Artikel über das mühselige Leben in dem von allen Kommunikationswegen abgeschnittenen Ngaba: »Beyond China's Cyber Curtain«, *The New Republic*, 5. Dezember 2013.

Das Zitat von Lama Sobha findet sich in »Harrowing Images and Last Message from Tibet of First Lama to Self-Immolate«, International Campaign for Tibet, 1. Februar 2012.

Die anlässlich der Pariser Konferenz gehaltenen Vorträge wurden von der *Revue d'Études Tibétaines* unter der Gesamtüberschrift »Self-Immolation: Ritual or Political Protest?« in der Ausgabe vom 6. Dezember 2012 herausgegeben und sind abrufbar unter http://himalaya.socanth. cam.ac.uk/collections/journals/ret/pdf/ret_25.pdf. Die Sammlung enthält auch Daniel Berounskýs Beitrag über die Geschichte von Ngaba und Kloster Kirti.

Die ausführlichste Untersuchung zu Selbstverbrennungen unter chinesischen Buddhisten stammt von James Benn: *Burning for the Buddha: Self-Immolation in Chinese Buddhism* (University of Hawai'i Press/Honolulu, 2007). In der oben zitierten Vortragssammlung der *Revue d'Études Tibétaines* findet sich ebenfalls ein Beitrag von James Benn.

Das Zitat über die durch die Selbstverbrennung geltend gemachte moralische Überlegenheit ist einem Artikel von James Verini entnommen: »A Terrible Act of Reason: When Did Self-Immolation Become the Paramount Form of Protest?«, *The New Yorker,* 16. Mai 2012.

Das Buch *Suicide Clusters* von Loren Coleman (London, 1987) enthält eine Fülle an geschichtlichen Daten und Analysen zum Phänomen des Suizids als Nachahmungstat.

Eine Inspiration für dieses Buch war unter anderem auch die englische Übersetzung des Romans *Schnee* von Orhan Pamuk, der auf eine Reihe von Selbsttötungen in der türkischen Stadt Batman zurückgeht.

Die von Jamyang Norbus hergestellte Parallele zwischen dem tunesischen Gemüsehändler und den Selbstverbrennungen in Tibet ist nachzulesen im Blog des Autors *Shadow Tibet* unter https://www.jamyang-norbu.com/blog/: »Igniting the Embers of Independence«, 14. Oktober 2011.

Am 3. November 2011 sprach der Kirti Rinpoche vor der Tom Lantos Human Rights Commission des US-Repräsentantenhauses. Seine vollständige Aussage ist abrufbar unter https://humanrightscommission. house.gov/sites/humanrightscommission.house.gov/files/documents/ Kirti%20Rinpoche%Testimony.pdf.

Den Brief mit den Beschuldigungen Shi Juns entdeckte Tsering Woeser und stellte ihn am 18. Februar 2012 auf ihrem Blog *Invisible Tibet* ein. Eine englische Übersetzung findet sich auf der Website High Peaks Pure Earth. Shi Jun stieß nicht bei allen Tibetern in Ngaba auf Ablehnung. Mehrere Geschäftsleute lobten in Gesprächen mit mir seinen Einsatz für die Unternehmer. Seit seiner Amtszeit in Ngaba hat sich seine Laufbahn rasant enwickelt. Laut *Global Times* wurde er im Mai 2017 zum Stellvertretenden Minister für öffentliche Sicherheit ernannt, im August 2018 zum Stellvertretenden Leiter im Ministerrang der Zentralabteilung Vereinigte Arbeitsfront: http://www.globaltimes.cn/content/1143562.shtml.

Die Seilrutsche

Human Rights Watch verfasste einen Bericht über die Situation der Tibeter in Nepal unter dem Titel »Under China's Shadow: Mistreatment of Tibetans in Nepal«, 1. April 2014. Im darauffolgenden Jahr schrieb ich zu diesem Thema einen Artikel aus dem nepalesischen Grenzort Kodari: »Tibetans Lose a Haven in Nepal Under Chinese Pressure«, *Los Angeles Times*, 6. August 2015.

Aufgrund der Schäden, die durch das Erdbeben von 2015 entstanden, hat sich der Grenzübergang verschoben.

Teil IV
Von 2014 bis zur Gegenwart

Indien

Viele Informationen über die Anfangszeit der tibetischen Exilgemeinde in Dharamsala finden sich in dem bereits erwähnten Buch *In Exile from the Land of Snows* von John Avedon.

In ihrem 2013 als E-Book erschienenen *Dharamsala Days, Dharamsala Nights* schreibt die Mitarbeiterin einer Hilfsorganisation unter dem Pseudonym Pauline MacDonald von der Enttäuschung der dauerhaft in Indien lebenden Flüchtlinge und äußert kluge Kritik an der Exilregierung.

Zur Zukunft der tibetischen Bewegung lieferte Tom Johnson mit *Tragedy in Crimson: How the Dalai Lama Conquered the World but Lost the Battle with China* eine ernüchternde Einschätzung (New York, 2011).

Tsering Shakyas bereits erwähntes Buch *The Dragon in the Land of Snow* gibt Auskunft über den enttäuschenden Dialog zwischen der Exilregierung und Peking.

Xi Jinping hielt seine Rede in Paris am 27. März 2014 im UNES-CO-Hauptquartier in Paris. Über die sowohl beim Vater Xi Zhongxun als auch beim Sohn Xi Jinping vorhandene Faszination für den Buddhismus schreibt Ian Johnson in dem Artikel »What a Buddhist Monk Taught Xi Jinping«, *New York Times,* 24. März 2017. Es handelt sich um einen überarbeiteten Auszug aus Johnsons Buch *The Souls of China: The Return of Religion After Mao* (New York, 2017).

Von Elie Wiesels Unterhaltung mit dem Dalai Lama erzählt Evan Osnos in seinem Artikel »The Next Incarnation«, *The New Yorker,* 27. September 2010.

Zu den unterschiedlichen Deutungen des Begriffs *Rangzen* enthält Tsering Wangmo Dhompas Buch *Home in Tibet* eine aufschlussreiche Passage, die ich nachstehend zitiere: »Wie mir als im Exil lebendem politischen Wesen vermittelt wurde, [versteht man] unter Freiheit Schutz durch das Gesetz, die Möglichkeit, sein Leben nach den eigenen Vorstellungen leben zu können, ohne Tyrannei und Verfolgung. [...] Von den Älteren höre ich, dass für sie Freiheit gleichbedeutend mit dem Recht ist, als Buddhisten leben und dementsprechend ihre Bräuche vollziehen, Lamas und Klöster aufsuchen, an Exerzitien teilnehmen und ihre Studien betreiben zu können. Unter Umständen verweisen sie sogar auf den angestrebten Geisteszustand: frei von Bindungen, Wut, Dummheit, Neid und Überheblichkeit.«

Als ich das Material für das vorliegende Buch zusammengetragen hatte, erfuhr ich von einem gemeinsamen Freund, dass Tsepey in Sydney in Australien an einer schweren Grippe verstorben war. Er war 40 Jahre alt und hinterließ eine Frau und ein Kind.

Alles außer Freiheit

Stein Ringen, *The Perfect Dictatorship: China in the 21st Century* (Hong-kong, 2016).

Was die tibetische Sprache betrifft, scheint die Situation in Ngaba besser zu sein als in Lhasa. Bei meinem dortigen Aufenthalt 2017 war ich schockiert über die ausschließlich chinesisch und englisch beschrifteten Stadtpläne, die aushingen. Ein Burger King am Flughafen bot Menüs in chinesischer und englischer, nicht aber in tibetischer Sprache an, und auch die Zeitschrift von Tibet Airlines enthielt abgesehen von einigen dekorativen Schriftzeichen auf dem Cover nichts Tibetisches. Ein Tibeter beklagte, dass viele offizielle Unterlagen, darunter auch der Reisepassantrag, nur in Chinesisch abgefasst waren.

Zu Chen Quanguo, dem ehemaligen Parteisekretär im Autonomen Gebiet Tibet: Möglicherweise gibt es einen Präzedenzfall für die Masseninhaftierung von Uiguren, die politisch umerzogen werden sollen. 2012 wurden Hunderte Tibeter nach ihrer Rückkehr von einem Gebetsfest, das unter Vorsitz des Dalai Lama im indischen Bodh Gaya stattgefunden hatte, festgesetzt und monatelang in Militärlagern interniert. Die meisten Pilger waren ältere Personen und so gut vernetzt gewesen, dass sie zuvor Pässe erhalten hatten, um legal nach Indien zu reisen. Es ist nicht klar, warum man sie die Reise zunächst antreten ließ, um sie dann bei ihrer Rückkehr zu verhaften, aber die zeitlichen Abläufe legen den Schluss nahe, dass die Festnahmen von Chen Quanguo angeordnet wurden, der kurz zuvor nach Tibet gekommen war. Siehe Edward Wong: »China Said to Detain Returning Tibetan Pilgrims«, *New York Times*, 7. April 2012. Siehe auch »Has the World Lost Sight of Tibet?«, ChinaFile-Gespräch vom 20. November 2018, http://www.chinafile.com/conversation/has-world-lost-sight-of-tibet.

Glossar

Aba: Der chinesische Name von Ngaba.

Amdo: Der tibetische Name für eine Region im Nordosten des Tibetischen Hochlands, die die heutigen chinesischen Provinzen Qinghai, Gansu und Sichuan umfasst.

Autonomer Bezirk Aba (tibetisch: Ngaba) **der Tibeter und Qiang:** Teil der heutigen Provinz Sichuan mit einer Fläche von 83 000 Quadratkilometern, zu dem der Landkreis Ngaba gehört.

Autonomes Gebiet Tibet: 1965 von der Volksrepublik China eingeführte Bezeichnung für das vormals von der Lhasa-Regierung verwaltete Territorium.

Beimu: Gebirgslilie, die von Tibetern vielfach in der traditionellen Medizin verarbeitet wird.

Bodhisattva: Ein Wesen, das Buddhaschaft erreicht hat, zum Heil anderer aber den Weg der Wiedergeburt beschreitet.

Chörten: Die tibetische Bezeichnung für das Sanskritwort Stupa, ein buddhistischer Kultbau.

Chuba: Das traditionelle tibetische Gewand, im Amdo-Dialekt mitunter auch als *Lawa* bezeichnet.

Chushi Gangdruk: Eine tibetische Guerillabewegung, die 1957 für den Kampf gegen die chinesischen kommunistischen Streitkräfte gegründet und eine Zeit lang von der CIA unterstützt wurde.

Danwei (chin.): Arbeitseinheit in der Volksrepublik China, der jeder Chinese zugeordnet war.

Demokratische Reformen: Bezeichnung für eine Phase der Enteignungen und des Klassenkampfs, die ab 1956 in den tibetischen Regionen durchgesetzt wurde.

Dreifaches Juwel: Buddha, Dharma und *Sangha* (die Gemeinschaft der buddhistischen Mönche und Nonnen).

Dunglen: Wörtlich »Zupfen und Singen«, eine Gattung des tibetischen Volksgesangs.

Dzi: Die bei Tibetern als sehr wertvoll geltende gestreifte Achatperle.

Dzomo: Kreuzung aus Hausrind und Yak für die Milchproduktion (die Bezeichnung für das männliche Tier lautet *Dzo*).

Gaokao (chin.): Bezeichnung für die Aufnahmeprüfung an Chinas Universitäten.

Golog: Name einer Region nordwestlich von Ngaba und des dort ansässigen Volks, wörtlich aus dem Tibetischen übersetzt »rebellisch« oder »unbezwungen«.

Hui: Die Volksgruppe chinesischer Muslime.

Hukou (chin.): Die für jeden chinesischen Bürger erforderliche haushaltsbezogene Registrierung.

Jiji fenzi (chin.): Aktivisten, die die Kommunistische Partei Chinas unterstützten; die weniger gebräuchliche tibetische Bezeichnung lautet *Hurtsonchen*.

Kham: Der südöstliche Teil des Tibetischen Hochlands, der die heutigen chinesischen Provinzen Sichuan, Qinghai und Yunnan umfasst.

Khampa: Das Volk in Kham.

Khapse: Frittiertes Neujahrsgebäck.

Khata: Ein traditionell bei der Begrüßung überreichter Schal.

Kora: Die rituelle Umkreisung eines Klosters, Tempels, Stupa o.Ä.

Kulturrevolution: Von Mao Tse-tung über ein Jahrzehnt – von 1966 bis 1976 – geführte Kampagne mit dem Ziel, China von kapitalistischen und reaktionären Elementen zu befreien. Für Tibeter ist der Begriff mitunter weiter gefasst und beinhaltet auch die Zwangskollektivierung, die in den 1950er-Jahren einsetzte.

Lhakar: Wörtlich »Weißer Mittwoch«; Bewegung zur Bewahrung der tibetischen Identität, die dazu aufruft, an jedem Mittwoch ausschließlich Tibetisch zu sprechen und tibetische Kleidung zu tragen.

Liang piao (chin.): Bezugsscheine, die in China von Mitte der 1950er- bis Anfang der 1990er-Jahre ausgegeben wurden.

Lobsang: Tibetischer Name – wörtlich »von edler Gesinnung« –, der dem Namen aller Kirti-Mönche vorangestellt ist.

Losar: Das tibetische Neujahrsfest.

Lungta: Wörtlich »Windpferd«; in der tibetischen Kultur ein Symbol für Glück und Lebenskraft, mit dem Gebetsfahnen bedruckt werden; insbesondere die kleinen Papierfahnen, die wie Konfetti in die Luft geworfen werden.

Mani: Bezeichnung für das berühmteste tibetische Sechs-Silben-Mantra *Om mani padme hum,* das dem Bodhisattva Avalokiteshvara zugeordnet wird.

Momo: Tibetische Knödel.

Monlam: Ein tibetisches Gebetsfest.

Pingfan (chin.): Politische Rehabilitation.

Qiang: Vorwiegend in der Provinz Sichuan angesiedelte ethnische Minderheit.

Rangzen: Tibetisches Wort mit der Bedeutung »Freiheit« oder »Unabhängigkeit«.

Raupenpilz *(Cordyceps sinensis)*: Ein von Tibetern gesammelter, in der traditionellen Medizin hochgeschätzter Pilz.

Rinpoche: In der Regel Ehrentitel für einen hochrangigen Lama.

Sangha: Die buddhistische Gemeinschaft aus Mönchen, Nonnen und Laienschülern.

Stupa: Zeremonieller Bau, in der Regel mit gewölbtem Dach, der Reliquien und heilige Schriften enthält, auf Tibetisch auch *Chörten.*

Tawa: Ein Begriff aus dem Amdo-Tibetischen für die im Umkreis eines Klosters lebende weltliche Gemeinde.

Tejing (chin.): Sonderpolizei.

Thamzing: Anklageversammlung zur Schikane mutmaßlicher Klassenfeinde in der Ära Maos.

Thangka: Einrollbares buddhistisches Wandbild.

Torma: Als Opfergaben dienende Figuren, meist aus Gerstenmehl und Butter, die bei vielen tibetischen Ritualen zum Einsatz kommen.

Tsampa: Tibetisches Grundnahrungsmittel aus geröstetem Gerstenmehl.

Tulku: Ein reinkarnierter Lama, oft ein Kind, das als Reinkarnation in einer Erblinie geistiger Führer wie beispielsweise dem Dalai Lama erkannt wird.

Tusi (chin.): Bezeichnung aus der Kaiserzeit für traditionelle Landesfürsten, die als Beamte mit zentraler Machtbefugnis ausgestattet waren.

Uiguren: Turksprachige, vorwiegend muslimische ethnische Minderheit in Xinjiang.

Wujing (chin.): Bewaffnete Polizei.

Xinjiang (chin.): Wörtlich »Neues Grenzgebiet«; das Gebiet im Nordwesten Chinas an der Grenze zu Russland, Kasachstan, Kirgisistan, Tadschikistan, Afghanistan, Pakistan und Indien.

Dank

Ich widme dieses Buch Lobsang Chokta Trotsik, den ich 2014 durch Vermittlung der Dichterin Tsering Woeser kennengelernt habe. Trotsik, wie er für mich alsbald hieß (er nannte sich nach seinem in Ngaba gelegenen Dorf), war Vizepräsident des PENs Tibetischer Autoren im Ausland, Autor und begeisterter Leser. Er verstand sogleich, was mich an Ngaba interessierte, und billigte meinen Ansatz, über diese Region anhand des Lebens normaler Tibeter zu erzählen. Er stellte mich vielen der Menschen aus Ngaba vor, deren Geschichten das Gerüst dieses Buchs bilden, und bürgte für mich. Am 12. Februar 2015 wurde Trotsik an einer Bushaltestelle in Neu-Delhi erstochen. Noch heute habe ich Mühe, diesen sinnlosen Mord zu begreifen. Sein Tod im Alter von 33 Jahren bedeutet für seine Angehörigen, seine Organisation und letztlich für jeden von uns, dem die tibetische Kultur und Sprache am Herzen liegen, einen unschätzbaren Verlust. Er hatte sich der Aufgabe verschrieben, tibetische Literatur zu digitalisieren und sie über den Bereich des Buddhismus hinaus bekannt zu machen. Was wir mit seinem vorzeitigen Tod verloren haben, kann ich nur ansatzweise ermessen.

Matthew Akester stand mir auf jedem Schritt meines Wegs mit Rat zur Seite. Als ich noch im Unklaren war, welche tibetische Gemeinde im Zentrum meines Buchs stehen sollte, stieß ich auf den von ihm gemeinsam mit Jianglin Ji verfassten Blog. Während des Schreibens, Überarbeitens und Prüfens der Fakten wendete ich mich immer wieder an ihn. Von Akester stammt die Wendung »Eat The Buddha« (»Zur Mahlzeit Buddhas«), die Überschrift eines gemeinsam mit Jianglin Ji verfassten Artikels über das Vordringen der Roten Armee nach Ngaba in den 1930er-Jahren. Jinglian Ji hat eine ganze Reihe neuer Erkenntnisse über das unselige Wirken der Roten Armee in Tibet zwischen den 1930er- und 1950er-Jahren zusammengetragen. Großzügig ließ sie mich einige der dabei entdeckten chinesischen Dokumente und Quellen benutzen.

Nachdem ich Tsering Woeser in dem ereignisreichen Jahr 2008 kennengelernt hatte, besuchte ich mit ihr die Ausstellung *Tibet: Past and Present* im Kulturpalast der Nationalitäten in Peking. Da sie unter Bewachung stand, war es in der Folge nicht leicht, sie zu treffen. Dennoch war ihr Rat von unschätzbarem Wert. Gleiches gilt für ihren Blog, die vielleicht beste Informationsquelle zum aktuellen Tagesgeschehen in Tibet. Außerdem danke ich Dechen Pemba und den Mitarbeitern von *High Peaks Pure Earth,* einer Website, die sich der Veröffentlichung und Übersetzung von Texten aus und über Tibet, darunter auch der Werke von Tsering Woeser, verpflichtet hat.

In Indien ließen die im Buch vorgestellten Tibeterinnen und Tibeter bei zahllosen Tassen Ingwer-Zitronen-Tee geduldig stundenlange Interviews über sich ergehen. Amdo Delek berichtete von seinen jahrzehntelangen Recherchen; Gonpo Tso Mevotsang befasste sich mit schmerzvollen Erinnerungen, damit ich ihre Geschichte erzählen konnte, und ihre Tochter Wangzin Lhamo und andere Angehörige halfen mir beim Zusammentragen von Fakten und Fotos. Ich sprach mit Dutzenden von Menschen aus Ngaba, die im Buch zwar nicht namentlich erwähnt werden, denen ich aber viele detaillierte Informationen verdanke. Besonders hilfreich war Kunchok Gyatso, auch bekannt als Kungam, der Leiter einer Organisation ehemaliger politischer Flüchtlinge im Exil. Tashi Phuntsok und Tsering Wangchuk aus der Abteilung Information und Internationale Beziehungen der Exilregierung halfen mir im Umgang mit der Exilbürokratie. Penpa Tsering, der ehemalige Sprecher des tibetischen Exilparlaments, trug dazu bei, Gonpo von ihrem Widerstand gegen ein Gespräch mit mir abzubringen. Der Kirti Rinpoche, Abt des Klosters, schenkte mir großzügig seine Zeit und ermöglichte mir weitere Interviews in Kirti. Kanyak Tsering und Lobsang Yeshi leiteten im Kloster Kirti ein kleines, aber reichhaltiges Informationszentrum mit Fotos und Dokumenten sowie den während der »patriotischen Umerziehung« eingesetzten Prüfungsfragen. Große Hilfe leisteten mir auch die Mitarbeiter von Menschenrechtsorganisationen, darunter Kate Saunders, einstmals bei der International Campaign for Tibet, Bobbi Nassar und Kerry Wright. Ich konsultierte regelmäßig die Berichte der Interational Campaign for Tibet sowie Human Rights Watch, Amnesty International und des Tibetan Centre for Human Rights and Democracy. Radio Free Asia war oft die erste Quelle, die über Ereignisse in Ngaba berichtete.

Keiner hat so viel dazu beigetragen, Journalisten über Tibet zu informieren, wie Robbie Barnett. Immer wieder gelang es ihm, die Dinge einfach dazustellen, ohne ihnen ihre Dimension zu nehmen, sie eloquent zu schildern und sie zugleich auf den Punkt zu bringen. Wie die Verweise in den Anmerkungen zeigen, sind viele seiner Erkenntnisse in dieses Buch eingeflossen.

Zu den ersten Lesern des Manuskripts gehörten mein Onkel David Schmerler, der in einem Interview mit dem Dalai Lama auch als Kameramann fungierte, und meine Freundin Julie Talen, eine Drehbuchautorin und Filmemacherin mit einem unfehlbaren Gespür für Geschichten. Mit Margaret Scott diskutierte ich regelmäßig über meine Einfälle.

Ursprünglich schrieb ich über Tibet für die *Los Angeles Times*. Die Fotografin Carolyn Cole begleitete mich auf meinen Reisen nach Ngaba, Dharamsala und Nepal. Sie machte nicht nur exzellente Aufnahmen, sondern war auch eine gleichwertige Partnerin bei der Berichterstattung. Beiträge leisteten auch meine Kolleginnen und Kollegen im Pekinger Büro Jia Han, Jon Kaiman, Nicole Liu, Mark Magnier, Julie Makinen, Ching-Ching Ni, David Pierson und Megan Stack. Tommy Yang spürte einen Großteil der wissenschaftlichen Arbeiten auf, die in dieses Buch einflossen, und half mir beim Überprüfen der Fakten bis zur letzten Seite.

Ich danke Marjorie Miller, der ehemaligen Leiterin der Auslands-
redaktion, die mich nach Peking schickte, und ihren Nachfolgern
Mark Porubcansky, Kim Murphy und Mitchell Landsberg, die
meinen Berichten den letzten Schliff gaben und mir ausreichend
Freiraum ließen. Chefredakteur Norman Pearlstine und sein
Stellvertreter Scott Kraft gaben mit das kostbarste Geschenk von
allen – Freiheit –, indem sie es mir ermöglichten, über ein Jahr zu
pausieren.

In meinen sieben Jahren in Peking lernte ich ungeheuer viel
über Chinas Vergangenheit und Zukunft in den endlosen Gesprächen, die wir in Restaurants, Cafés und in unseren Wohnungen führten. Eine ganze Reihe meiner Kollegen in Peking schrieben ebenfalls über Tibet und gaben mir großzügig Tipps und
Hinweise. Evan Osnos verfasste einen hervorragenden Artikel
über den Dalai Lama für *The New Yorker,* aus dem ich in diesem
Buch zitiere, und Ed Wong von der *New York Times* kam mir är-
gerlicherweise oft mit Berichten über Tibet zuvor, ist aber trotzdem ein guter Freund. Andrew Jacobs schrieb einen der lustigs-
ten Texte über Tibet, den ich kenne. Hannah Beech, Ed Gargan
und Jane McCartney hatten sich schon lange vor mir für Tibet
begeistert, desgleichen Tim Johnson, der ein Buch zu diesem
Thema verfasste. Es vergingen kaum einige Tage, in denen ich
nicht mit Gady Epstein über meine Arbeit diskutierte. Jonathan
Watts, Holly Williams und Tom Lasseter hatten bereits vor mir
Ngaba besucht. Andere, die mit mir in Peking Ideen, Mahlzeiten,
Buchtipps und Zeit teilten, waren Jonathan Ansfield, Tina Beeck,
Angus Cargill, Lillian Chou, Sheila Fay, Claudio Garon, Jen Lin-
Liu, Melinda Liu, Jane Perlez, Keith Richburg, Didi Tatlow, Greg
Thurman und Lijia Zhang. Madeleine Grant begleitete mich auf
meinen Reisen in Amdo. In den Vereinigten Staaten berieten
mich Kolleginnen und Kollegen aus Kreisen der Schriftsteller
und Journalisten: Anna Boorstin, Molly Fowler, Robin Golden,
Lee Hockstader, Terri Jentz, Ruth Marcus, Nomi Morris, Lena
Sun, Margaret Scott, Burton Wides und Laura Wides-Muñoz.

Von Eden Mullon und Nicholas Demick bekam ich in all der Zeit Hilfe und Unterstützung.

Den ungeheuren Wissensschatz über Tibet, der von der Forschung zusammengetragen wurde, betrachte ich mit großer Ehrfucht, besonders vor dem Hintergrund der ihnen durch die chinesische Regierung in den Weg gelegten Hindernisse. Wiederholt zog ich die Werke vieler Wissenschaftlerinnen und Wissenschaftler zurate: des verstorbenen Elliot Sperling, des Historikers Tsering Shakya, den ich mehrfach in diesem Buch zitiere, außerdem die Arbeiten von Andrew Fisher über die tibetische Wirtschaft und die von Gray Tuttle über Amdo sowie die von Max Oidtmann, der mir die Feinheiten der Beziehungen zwischen der Qing-Dynastie und den Tibetern erklärte. Zu den China-Experten gehörte Orville Schell, aus dessen Büchern über China und Tibet ich viel gelernt habe.

Flip Brophy, meine Agentin und Freundin hat mich – in den letzten Jahren kompetent unterstützt von Nell Pierce – auf jedem Schritt meines Wegs begleitet. Unschätzbar ist der Beitrag von Julie Grau, die zum Entstehen dieses Buchs beitrug, indem sie aus der Zeitungsreporterin, die ich war, eine Schriftstellerin machte. Ich danke außerdem Cindy Spiegel und Mengfei Chen von Spiegel & Grau. Zwar erschien der Verlust bedingt durch die Schließung ihres Verlags zunächst unersetzlich, aber Andrew Ward, dem ich danke, gewann meinen Respekt. Bella Lacey von Granta Books gab mir immer wieder wertvolle Ratschläge.

Während der Arbeit an diesem Buch ermöglichte mir der Council on Foreign Relations im Rahmen des Edward R. Murrow Press Fellowship einen Aufenthalt in New York. Dabei kam ich in den Genuss eines relativ ruhigen Arbeitsumfelds in New York sowie eines Budgets für Reisekosten. Ich danke Janine Hill und Victoria Harlan, den Betreuerinnen der Stipendiaten, und Elizabeth Economy, der Leiterin der Asienabteilung des Council.

New York bot mir ausgezeichnete Möglichkeiten, mehr über Tibet zu erfahren, wie durch die zahlreichen Vorträge und Filme, die vom Modern Tibetan Studies Program des Weatherhead East Asian Institute der Columbia University angeboten wurden, außerdem durch das hervorragende Angebot der C.V. Starr East Asian Library dieser Universität. Ergänzt wurde dies durch Veranstaltungen der Asia Society, des China Institute, des Rubin Museum of Art und der Trace Foundation sowie der jährlichen, von der Nichtregierungsorganisation Machik organisierten New Yorker Treffen von Tibetern.

Nicht zu vergessen sind all jene, die in meiner Danksagung unerwähnt bleiben. Während dieses Buch in Druck geht, herrscht in China eine unversöhnliche Atmosphäre. Ich verzichte auf die Nennung vieler Namen – von Tibetern, Chinesen und anderen –, denn ich fürchte, ihre Hilfe könnte als eine gegen China gerichtete Aktion interpretiert werden. Zu den Freundinnen und Freunden, Übersetzerinnen und Übersetzern, Interviewten, Ratgebern und Beratern, die ihren Namen nicht gedruckt sehen möchten, gehören: PD, W, DD, LD, J, T, T, K und D mit Familie sowie neben anderen Bewohnern Ngabas D, S, R und T, LC und LD. Ich hoffe, ihr fühlt euch angesprochen und gestattet mir, euch von ganzem Herzen zu danken.

Bildnachweis

Die Fotos aus der *Los Angeles Times* mit freundlicher Genehmigung © 2008–2015 *Los Angeles Times*.

Seite 2: Der Palast des Mei-Königs in Ngaba. Familie Mevotsang, mit freundlicher Genehmigung.

Seite 9: Das Stadtzentrum von Ngaba. Mit freundlicher Genehmigung der Autorin.

Seite 18–21: Karten von Jeffrey L. Ward

Seite 23: Tibetische Landschaft. Carolyn Cole, *Los Angeles Times,* 2014.

Seite 25: Die Königsfamilie von Ngaba, 1957. Gonpo steht vorn in der Mitte, direkt vor ihrem Vater, dem König. Familie Mevotsang, mit freundlicher Genehmigung.

Seite 36: Die chinesische Rote Armee auf dem Weg ins Hochland von Tibet, unterhalb des Berges Jiajin Shan, Juni 1935. Sovfoto/Universal Images Group via Getty Images.

Seite 52: Von links nach rechts: der junge Panchen Lama, der Mei-König, der Dalai Lama und andere Repräsentanten auf ihrer Chinareise, 1954. Familie Mevotsang, mit freundlicher Genehmigung.

Seite 65: Amdo Delek als Erwachsener. Carolyn Cole, *Los Angeles Times,* 2014.

Seite 85: Das letzte Foto von Gonpos Familie, aufgenommen 1966, wenige Monate vor Beginn der Kulturrevolution. Nur sie (oben links) und ihre Tante (oben Mitte) sollten die Zeit überleben. Familie Mevotsang, mit freundlicher Genehmigung.

Seite 98: Meruma village. In the background is the bunker constructed by the People's Liberation Army in 1958 that was the scene of repeated skirmishes between the Chinese and Tibetans. Mit freundlicher Genehmigung der Autorin.

Seite 109: Gonpo und Xiao Tu. Familie Mevotsang, mit freundlicher Genehmigung.

Seite 123: Ein Mann mit seiner Herde Yaks. Jia Han, *Los Angeles Times*, 2008.

Seite 125: Eine Tibeterin mit Raupenpilzen in der Hand. Jia Han, *Los Angeles Times*, 2008.

Seite 145: Tsegyam, 2016. Mit freundlicher Genehmigung der Autorin.

Seite 160: Gonpo mit ihrem Mann und ihren Töchtern auf einem zusammengeklebten Foto. Die vier waren selten an ein und demselben Ort. Familie Mevotsang, mit freundlicher Genehmigung.

Seite 173: Junge im Gras bei einem Gebetsfest. Carolyn Cole, *Los Angeles Times*, 2014.

Seite 175: Junge in Meruma, 2014. Carolyn Cole, *Los Angeles Times*, 2014.

Seite 186: Das Kloster Kirti, 2014. Carolyn Cole, *Los Angeles Times*, 2014.

Seite 196: Gläubige vor dem Kloster Kirti, 2014. Carolyn Cole, *Los Angeles Times*, 2014.

Seite 208: Tänzer und Darsteller in tibetischer Tracht, Jiuzhaigou, 2007. Ian Cruickshank/Alamy stock photo.

Seite 220: Lhundup Tso, Pemas Nichte. Kloster Kirti, mit freundlicher Genehmigung.

Seite 236: Festgenommene Mönche in Ngaba, 2008. Kloster Kirti, mit freundlicher Genehmigung.

Seite 246: Aufmarsch chinesischer Polizisten in Ngaba, 2011. Kloster Kirti, mit freundlicher Genehmigung.

Seite 256: Kontrollpunkt in Ngaba. Kloster Kirti, mit freundlicher Genehmigung.

Seite 265: Der Mönch Phuntsog. Kloster Kirti, mit freundlicher Genehmigung.

Seite 275: Fotos von Selbstverbrennungsopfern, Dharamsala. David Schmerler, 2015.

Seite 287: Mönch im nepalesischen Dorf Kodari, den Blick auf die Grenze nach Tibet gerichtet, 2014. Carolyn Cole, *Los Angeles Times*, 2014.

Seite 299: Frau vor ihrem von Chinesen zugeteilten Zelt, Ngaba, 2014. Carolyn Cole, *Los Angeles Times*, 2014.

Seite 301: Gonpo in ihrem Haus in Dharamsala, 2014. Carolyn Cole, *Los Angeles Times*, 2014.

Seite 325: Tibeter in Meruma bei einer politischen Belehrung, Dezember 2019. Verwaltung des Landkreises Ngaba auf dem Blogging-Dienst Sina-Weibo.